记录历史

秉笔自我

传承后人

中国出版界社长总编辑回忆录丛书

学进人生

齐学进 著

中国出版协会组织编写

中国人事出版社
中国劳动社会保障出版社
中国人力资源和社会保障出版集团有限公司

当代职业出版家的风采

——为“中国出版界社长总编辑回忆录丛书”序

柳斌杰

出版业是人类文明的基石。自古至今，人类创造的一切思想、知识、信息、技术和自身生存、繁衍、发展的故事，都是通过出版产品记录、保存、传播、阅读和继承下来的。没有出版业，就没有人类永恒的记忆；没有出版业，就没有几千年的历史；没有出版业，就没有前人智慧的积累；每一代人只能从头开始面对生活和生产实践。可以想见，如果那样，人类能有今天的文明进步吗？正因为如此，古今中外的伟人都对出版业、印刷术给予高度评价。马克思说，印刷术的发明是人类文明的里程碑，“出版自由”是工人阶级革命的出发点，没有它一切都成泡影。

正因为如此，我每每读到好书，都非常崇敬那些出版家，佩服他们的眼光、智慧和勇气。进入新闻出版界工作十几年，我更加了解当代出版家的勤奋、努力和胆识、才气。他们正在承担着建设出版强国的重任，把文明汇入历史的长河中，谱写中国今日之出版辉煌。

中国出版业是为人类文明做出重要贡献的行业，特别是造纸术和印刷术以“四大发明”闻名于世。由于这两大技术的支撑，中国图书出版就有了悠久历史，把中国古代灿烂的文化保存、传承至今，留下了丰富历史记录和经典图书，使中华几千年文化连续不断，为人类文明做出巨大的贡献。近百年来，随着西学东渐和西方出版技术引入中国，近代中国知识分子开始探索建立现代出版业，巅峰时在世界上居于领先地位，出现了一批近代出版家。

新中国成立六十五年来，党和政府高度重视出版业发展。改造私营出版业，发展国有出版业，建立了独立的出版体系，到“文革”前，古籍整理和专业出版都已具备相当规模。尤其是改革开放以来，随着加入世贸组织和市场经济的建立，我们提出以“功能决定性质，性质决定体制，体制决定机制”的改革思路，整体规划了新闻出版领域的改革发展，引入市场机制，激发创造活力，彻底改变了中国出版业的面貌，把“书荒”变成了“书海”，把出版变成大业，中国图书出版、报纸出版、数字出版都在世界各国的前列，总规模达到1.8万亿元。这为实现十八大提出的“建设社会主义文化强国，增强国家文化软实力”的目标打下了坚实的基础。

无论从规模还是从质量来看，现在是中国出版历史上最辉煌的一个历史阶段，重要古籍、二十六史、佛藏道藏儒藏、中外经典、民族文化、哲学文学、科学技术、教材学术、儿童读物、大众实用各类图书悉数出版，丰富多彩，满足了社会文化传播的需要，满足了教育科技发展的需要，满足了人民大众生活的需求；特别是铸造了马列、理论、历史、古籍、辞书、文学、学术、科学、民族、法律十座高峰，其文化品位和成书规模都是古今中外无与伦比的。中国新闻出版业成为一个如此强势文化产业，应该归功于广大新闻出版工作者的高度热情和创造精神，而出版社的灵魂——社长总编辑更是功不可没，他们应当留在历史上。

江山代有才人出，伟业自有创业人。在我国出版事业改革发展中，涌现出一大批优秀的出版社，这些优秀出版社的社长总编辑作为领军人物，在推动出版事业改革发展中呕心沥血、开拓前进、敢于担当、辛勤耕耘，做出了卓越的贡献。总结传播他们的出版实践、发展理念和工作经验，也是从一个个侧面，鲜活地反映中国当代出版业的发展进程，为后来者留下一份精神遗产。为此，中国出版协会与中国人力资源和社会保障出版集团联合组织策划了“中国出版界社长总编辑回忆录丛书”，以展现改革开放中社长总编辑的风采，同时也是对优秀社长总编辑工作业绩的褒奖和表彰。

优秀是有标准的，本丛书入选的作者本人或其领导的出版单位都是获得过韬奋出版奖、政府奖、中华优秀出版物奖或百佳图书出版奖者。他们是当之无愧的当代出版家，是我们国家的出版精英。我始终认为，当代中国出版家的使命就是要建设出版强国，让中华文化在全人类有更大的影响力。建设出版强国，这是文化强国的一个基础问题。因为出版是一切文化的基础，是一种文化精神的总汇和载体。图书是民族的记忆、国家的档案、永久的产品，要留给后世和子孙后代。我们强调出版要铸造文化之魂，提高文化品位，追求文化精神，把民族精神世世代代传承下去、发扬光大，使中华民族在精神上立起来。就是因为一切都是以出版为基础的，最终文化精华是凝聚在出版上，是经世致用之业。出版家们选择了出版业，也就选择了中华民族最重要的责任，必须深知自己肩负的历史使命，甘于寂寞、甘于奉献，使我们的出版业得以创造性地发展，不但要传承前人几千年创造的文明成果，还要给子孙后代留下当代宝贵的精神财富。

当下这套丛书出版，有以下几个方面的意义：一是能够鲜活、生动地反映出版业改革发展的伟大成就。社长总编辑作为出版业改革发展的组织者和亲历者，撰写回忆录，是从个人工作和单位发展历程融合的角度，真实地论证文化改革的正确性、必要性和重要性，客观地反映出版业改革发展的进程和伟大成就，既有可读性又有可鉴性。二是以自身的实践和思考丰富我国的出版文化。社长总编辑都是出版文化的重要打造者，他们的理念、追求和境界、职业精神，影响着各自出版社的性格，也丰富和发展着我国的出版文化。注意积淀、总结、完善出版文化，应该说是当前和今后出版人的一项义不容辞的责任。三是有助于提升出版研究水平。通过社长总编辑回忆录的编写，可以深入挖掘出版工作的关联谋略和理性思考，促使大家进行多维反思和总结，进一步探讨出版发展规律，推进出版理论和实践的研究，拓宽研究视角和提升研究水平。四是帮助和引领出版业人才成长。在优秀出版社的社长总编辑身上既承载着传统文化的批判继承，又更多地体现改革创新、与时俱进的精神。他们的讲述实际是职业培训的好教材，经验之谈，尤为可贵。尤其是年轻出版人，从中了解当代出版家的形象和风采，懂得尊重劳动、尊重知识、尊重人才、尊重创造的科学人才观，从而激发广大出版工作者的光荣感和责任感，引领出版界青年人才茁壮成长。

感谢为这套丛书出版付出辛勤劳动的所有同事们！在丛书策划和组织过程中，在撰稿、编辑、出版环节上，都得到了很多人的帮助和支持。没有这些付出，这套丛书是无法如期问世的。我们只能努力出好这套书，回报所有参与和支持这项工作的同志们。

祝愿更多的社长总编辑，走进出版家的行列，让世人在这套丛书中看到你的业绩和风采。

（柳斌杰，原新闻出版总署署长、党组书记，国家版权局局长；现为全国人大教科文卫委员会主任委员、中国出版协会理事长）

2014年10月

前　言

过了今天，按照中国的算法，明天进入马年，我也正好满60岁。

回想过去的60年，不知是命运安排，还是一种巧合，正好可以每15年为节点，分为以下四个阶段：

第一个15年，是一生中最重要的15年。生于贫寒之家，长于三年自然灾害，记事日始，尽是艰辛。对于一生影响，或抵得上一所大学。初中伊始，即逢“文革”，14岁便已无学可上，但有幸入伍，上了时人皆慕的军队这所大学。小小年纪，即得到了那个年代所能给予的一切。用一个字来概括，巧合得很，就该是一个“齐”字了。

第二个15年，是打基础的15年。30岁，1984年，由山沟进了城市，由基层进了机关，由初一文化到自学完成了三个大学。如要用一个字来表达，那只能是一个“学”字了。

第三个15年。45岁，1999年，进入了军队最高领率机关，走上了局级领导岗位，参与军队顶层卫生业务谋划。如要用一个字来形容，那就是个“进”字吧。

第四个15年，到60岁。在与我的战友们携手推进军医社跨越式发展的同时，也收获了个人的事业之果。古人有“三十而立”之谓，我在步入60岁时，方有“而立”之感。它得益于天时地利人和，归功于战友们的集体奋斗。挑一字来示意，那就是个“谢”字了。

刚刚走过的这第四个15年，是我生命中最为璀璨的一段时光。前10

年，我有幸在军医社社长兼总编辑的岗位上，与战友们携手实现了军医社的10年持续高速增长，圆了军医社的强社之梦；后5年更加幸运，我又在军医电子出版社社长的岗位上，领衔推进并完成了数字出版的多个国家级重大项目，率先实现了传统出版向数字出版的战略转型，圆了我和战友们的数字出版之梦。回忆并记载这两个圆梦之旅的奋斗历程，我一直在为那些难忘的岁月激动不已。我知道，作为个人之梦、单位之梦，当它汇入国家与民族的复兴之梦时，是那样的渺小和微不足道；但是，当无数个微不足道的个人与单位的发展之梦汇合到一起，那就是排山倒海吞吐宇宙的力量，那就是时代的最强音——为中华民族的伟大复兴而奋斗！

回首过去的15年和走过的整整60年，学进何等幸运！我所走过的人生岁月，正好和我们国家的伟大振兴同步。不论是少年时代的贫寒发奋，还是13年铁道兵生涯的艰辛备尝；不论是战场和震区的生死考验，还是出版战线上的另类拼搏；也不论贡献大小，才情高低，经历平折。因为，我毕竟已把自己的全部生命和能量，整个地融入我们国家和民族的复兴伟业之中。它如同滴水汇入大海，我的心中，满满地装着幸福与感恩。正是这个风起云涌的伟大时代，给我的生命注入了最为激荡的美好时光。

俱往矣。今天，站在60岁这个时间节点上，展望和规划未来的15年，人生又到了一个新的转折关口。我想，60岁到75岁这一年龄段，世界卫生组织只是把它定位为老年前期。既然还未进入老年，就应趁着未老，再努力为国家和社会做点事。当然，在“耳顺”这个年龄做事，已是可大可小，可国可家，可进可退，一切顺心而为。用一字来述怀，那就是一个“顺”字吧。

再向后展望15年或30年，为国家，为社会，该出的力，能做的事，都已尽心无愧。彼时也，或放迹山水，或静养颐年；或亲人相陪，或友人做伴，生活祥和，心中光明，选一字相期许，那就求一个“福”字吧。

以上文字，是我在60岁生日那天所写的随笔。

在《学进人生》结篇之时，遵友人嘱，将这一随笔移来此处，权作“前言”。

此时，我谨将此“前言”，连同《学进人生》这本回忆录一起，敬献给60年来伴我一路走来、给过我无数支持关爱的我的家人、我的师长、我的领导、我的战友、我的同事、我的乡亲，和我所有的至爱亲朋。60年的人生经历告诉我，这个时代的光明与温暖，人间的至情真爱与美好，来自社会的全部正能量，正是通过你们传授传递传承传交给我的。我的生命因此而滋润，灵魂因此而饱满，人生因此而精彩，仅说“谢谢”两字，远难表达我的感激与报恩情怀。好在阳光满天，大路正长，让我们一如既往，把所有的爱和欢歌笑语，伴随着满心洋溢的真善美，一起撒在携手前行的大道上吧！

齐学进

2014年2月28日　记

2014年8月5日　补

目 录

CONTENTS

上 篇

中　篇

第一部分

第二部分

下　篇

上篇

追寻儿时的记忆是快乐的，仿佛又回到了美丽的故乡，投入妈妈温暖的怀抱。

走过45年的漫长军旅生涯，我才发现，真正的人生根基，还是在参军前的15年里。儿时的梦想与追求，欢乐与艰辛，连同与生俱来的基因与禀赋，是那样深刻地影响并支撑着我的人生。

第一章

快乐而清贫的少年

“几回回梦里回延安，双手搂定宝塔山。千声万声呼唤你，母亲延安就在这里！”我对于故乡淮阴的感情，正如贺敬之对于延安一样真挚而浓烈，伴随着我的一生。

一、我的老家在淮阴

1954年3月1日，我出生在江苏淮阴一个普通的小学教师之家。

淮阴，古称清河县。位于江苏省北部平原的腹地，因古代县城在淮河南岸（水之南为阴）而得名。东与淮安和涟水相伴，西与泗阳相邻；南濒洪泽湖，北接沭阳。上述地名有一特点，就是无一例外都带三点水旁，所以淮阴也被称为“漂在水上的地方”。

这块“漂在水上的地方”，自古以来就是人杰地灵、人文荟萃之地。古有兴汉三杰的大军事家韩信，东吴名臣步骘，至近代则涌现了抗日英雄群体——刘老庄八十二烈士等一大批名人志士。至于离我家不到20公里的淮安，先后出现的汉赋大家枚乘、枚皋父子，宋代大诗人张耒，大文学家吴承恩，抗金女英雄梁红玉，抗英英雄关天培，大医学家吴鞠通，特别是敬爱的周恩来总理，更为世人所景仰和熟知。

古人在淮阴留下过大量的传世诗篇。特别是李白在《淮阴书怀寄王宋城》诗中所歌咏的“予为楚壮士”“千金耻为轻”的高洁豪迈，刘禹锡在《淮阴行五首》中所描绘的“簇簇淮阴市，竹楼缘岸上”“烟波与春草，千里同一色”的如画美景，白居易在《自余杭归宿淮口》中所表达的“舟行明月下，夜泊清淮北”“行行弄云水，步步近乡国”的怡然自得，张羽在《清口》中发出的“甘罗城在南，韩信城在东；一为秦人英，一为汉家雄”的英雄感叹，曾激起了多少外乡人对淮阴这一地方的向往，也引发了无数淮阴赤子对家乡的更深挚爱。

小的时候，淮阴对于我，是春天的禾苗翠绿，是夏天的麦子金黄，是秋天的红枣累累，是冬天的皑皑白雪；是早晨的半轮红日，是白天的伙伴喧闹，是夜晚的繁星满天，是晚霞的红云似火；是屋顶的炊烟袅袅，是树上的知了声声，是河塘的蛙鸣阵阵，是门前的鸡鸣狗吠……

淮阴，我亲爱的故乡，每当想起你，都禁不住用最美好的语言赞美你！淮阴，我一生挚爱的故乡，我为你骄傲，也为自己身为一个淮阴人而自豪！

二、我的家，我的妈妈

在对故乡的回忆中，最动人的，是妈妈在傍晚饭前那一声声“小雪子，回家吃饭了”的召唤。

小雪子，是我的小名。听妈妈说，农历正月二十七生我的那天，正好下着小雪，就顺手拿来做了我的乳名。

我记事时，我们家是一个八口人的大家庭。除了爸爸妈妈外，还有祖父、祖母、大哥和一个弟弟、一个妹妹。祖父齐炳金，因为年轻时眼睛受伤，小时候我常拉着他的手到左邻右舍串门，很多儿歌和口算歌诀都是他教我的。祖母因为患丝虫病，导致两腿残废，只能常年待在家中。父亲齐在明，一生以教书为业，是我们老家一带有点名气的教书先生，因为教书地点离家较远，在我的印象中，他好像只有逢年过节才回家一趟，平常很少能见到他。我的大哥因患严重的小儿麻痹症而常年卧床，一日三餐都是靠家人照料。妹妹学美和弟弟学军，在我记事时，他们还都在襁褓之中。全家的生活重担，就都落在妈妈一个人肩上。

这是一副常人难以想象的生活重担：上要侍奉两位70多岁的残疾老人，下要照料六个未成年的孩子（在我的大哥去世后，母亲又陆续添下了晓林、学飞、秀梅三个孩子），其中一个还常年卧床；同时，她还要负责生产队分配给我们家的全部农活，包括每年按人头分的河工（修建水渠河沟等水利设施），以及春耕夏种秋收等男人都很吃力的重体力活；还有全家两亩多自留地上的全部农活，一个七口之家的一日三餐、四季穿戴，外加饲养的一群鸡和一头猪，以及一个家庭永远也做不完的家务。

在我的印象中，妈妈整天都在忙碌，她永远有做不完的事情。每天天未亮，她就早早起床下地劳作，然后又急匆匆地赶回家中，做早饭，服侍老人和病人，喂猪喂鸡喂狗；接着又匆匆去田地干活，中午回家顾不得喝一口水，又得忙着给全家做午饭；饭后全家人休息了，她又要忙着刷锅洗碗，收拾卫生，照顾孩子；下午忙完田里的农活后，她又忙着七口之家的晚饭；晚饭后把老人孩子及猪鸡狗都照料完毕后，她还要为全家老小缝补浆洗。一旦遇到刮风下雨天气不好，其他人都在休息，而母亲则会利用这段时间，在家里制作些手工制品，连同鸡蛋一起，去换回购买柴米油盐的零用钱。在我的印象中，她曾用麦秆制作草帽，用柳条编制筐篓，用芦苇编造草席，都非常的精美，到集市上很受欢迎，虽然卖不了几个钱，但对我们家来说，那却是维持一大家生计的重要支撑。

面对常年如此繁重的家务，面对这样一个老弱病残的大家庭，对一个身强力壮的人来说都是极限，而我的母亲却是以一副瘦小羸弱的重病之躯支撑下来。她患有严重的类风湿关节炎，这病即使在今天，医学仍拿它没有办法，被医学界称为“第二癌症”；随着病程进展，她的十个手指关节都变得畸形，腰也变得不能直立；再到后来，类风湿病开始侵袭眼睛，在我记事时，她的双眼相继患上了严重的虹膜睫状体炎，先是视物不清，不到三年就变得双目近乎失明，只有一点极度模糊的视力。到我参军时的1969年，她已变得全部失明。就在这样的情况下，我的母亲拖着严重的病残之躯（按照国家标准，她患的双目失明和类风湿关节炎，是需被别人照料的特级残疾），不仅把祖父母两位高堂侍奉到高寿离世（祖母活到73岁，祖父活到92岁），还把我们兄妹六人全部拉扯成人。这在任何一个人身上都是难以想象的，毫不夸张地说，她在普通家庭主妇的

1977年10月和祖父、父母亲及弟妹们合影（中排左起：祖父齐炳金、父亲齐在明、母亲李文秀；后排左起：弟齐学军、作者、妹齐学美；前排左起：弟齐晓林、弟齐学飞、妹齐秀梅）

岗位上，创造了一个人间奇迹。

几十年来，她把她的全部心血全部生命，毫无保留地奉献给了我们这个大家庭，奉献给了她给予无限钟爱和无限期望的孩子们。对于我的母亲，我觉得用尽世上所有美好的语言，都难以表达出她的伟大。在我的心中，始终把她和世界上所有伟大的生命并列在一起。她对生命潜能的极限挖掘，她的平凡生命所放射出来的耀眼光彩与惊人能量，不比任何伟大的生命逊色。没有她几十年如一日含辛茹苦的奉献，我们这个大家庭或许早就家破人亡；我们这六个子女，不可能成长成人，更谈不上成才成功。她给了我们生命，更给了我们勤劳与坚韧、吃苦与刚毅、无私与善良的优秀品质。所有这些，今天已化为我们生命的脊梁，并成为我们一生都取之不尽、用之不竭的真正财富。

妈妈，亲爱的妈妈，此生此世，我都以做您的儿子为荣!

三、快乐而清贫的少年时光

1959年秋天，在我5岁时，妈妈做出了一个影响我一生的重大决定：送我上学去!

我清楚地记得，那是一个晴朗的早晨，妈妈为我换上了一身干净衣裳，带我去离家约1公里的长兴小学。校长了解到我的年龄不够入学标准时，劝我回去明年再来，在我妈妈的反复恳求下，校长表示要对我进行入学测验。测验题很简单，就是考我的数数能力。这是我祖父平时已教过我的拿手好戏，我当即1、2、3、4、5…流利地数了起来，还未待我数到100，校长就让我停了下来，说：“这孩子聪明，让他来上学吧。”就这样，我顺利地上了小学，成了班上年纪最小的学生。也由于我母亲的这个决定，我比同龄人得以早上学一两年，从此以后，不论是初中、大学，还是参军，我始终保持了同龄中年纪最小的纪录，并因此得到了许多格外的照顾，特别是在以后几十年的军旅生涯中，每当年龄成为一个重要的考量因素时，我在同龄人中年龄偏小的有利条件，就成了一个重要优势。我的人生之路走得比较顺利，虽然有众多因素，但这始终是重要的一条。

小学的六年时光中，我一直是班上学习较好的。二年级，光荣地加入了少先队，第一次戴上红领巾时的那种兴奋、喜悦和激动，至今仍然历历在目，难以忘怀。或许20世纪60年代的升学压力，远不似今天这么大，小学给我的印象还是非常轻松、好玩、有趣的。放学的途中，我和小伙伴们常常是嬉笑打闹着，或一路滚着铁环，或一路弹着玻璃球，风一样地跑着回家。至于何步乔校长给我们讲的“吃花生”等故事，一些好笑的情节，至今还存留记忆。而他教我们唱的小曲：“一更京儿里呀，月儿出东方呀，约翰逊正在白宫睡大觉呀，忽听得秘书来汇报呀，中国的原子弹爆炸成功了！”虽然过去了50多年，时不时我还能不经意随口哼出。小学校里的老师，每个人都特别和蔼可亲。有一次，我在学校里突然发起烧来，上课的沈老师当即用自行车驮上我去卫生室看病，然后又背着我送回家中。乡村小学学到的知识，或许远远赶不上今天的名牌小学，但它留下的许多快乐美好的记忆，已化作滋润我灵魂的永恒营养。从这个意义上讲，小学所教给你的，并伴随你的人生长久成长的东西，真是大学难以学到的。

农村孩子所学的另一门功课，是与生俱来的农家劳动。由于大哥有病，母亲太忙，弟妹年幼，家里的好多活就自然地落在了我这个不是老大的“老大”肩上。除了下农田做生产队分配的诸如给庄稼松土、施肥、打农药，拾麦子，收玉米、收棉花、收红薯等农活以外，每天放学后的第一件事是去池塘抬水，以供全家做饭和生活洗漱；接着马上去挖猪菜或去割草，以保证猪不饿肚子；然后或哄带弟妹，或清扫院子，直到吃过晚饭，才有半个小时左右属于自己的时间，这时间大多被用来找小伙伴们玩耍，偶尔也看书、做作业。在当时的乡下人眼中，看书学习应算是一种奢侈。我小时候就曾因点煤油灯看书，多次遭祖父批评，说点灯看书太浪费煤油。我的勤劳与节俭，或许就是这样养成的吧。

作为一个农家孩子，再辛苦的劳作都不是问题。饥饿，终日如影随形的饥饿，才是我们那些农村孩子的最大痛苦。1958年“大跃进”中，全村家家户户一夜之间推倒了自家灶台，全部集中到生产队去吃食堂。我虽然只有4岁，但已清楚地记得，前两天有玉米面窝窝头，没有几天就变成了顿顿玉米稀饭，再过几天就变成了清水煮红薯，最后干脆就是顿顿清水煮干红薯叶、胡萝卜缨，苦涩得让人难以下咽。最后实在难以为继，食堂宣布解散。但随之而来的三年自然灾害，面对一大片大地的连年颗粒无收，使得连吃清水煮干红薯叶、胡萝卜缨都成为一种奢望。榆树皮、柳树芽、槐树花、木槿叶，凡是能勉强下咽的东西，也都统统采回家煮进锅里。当这些树皮草根野菜被极度饥饿的人像梳子一样全部梳光采完时，只能把一天三顿缩减为一天两顿、一顿。年底跟母亲去赶集，最大的奢望就是妈妈能买上一块红薯面饼或油条。这种强烈的饥饿感，整整持续了三年。

1962年后，我们家和全国人民一道，从这场深重的灾难中走了出来，但它给我留下终生难忘的饥饿记忆，却一辈子刻骨铭心。它养成了我对粮食的敬重和珍爱，对天底下所有食物从不挑嘴的习惯；它让我从人生一起步，就领略了生活的艰辛与不易；它教我更加坚韧、更加从容地面对一切困境，因为我知道，再苦再难再不易，都不会超过那三年。

我这一辈子，从没有叫过苦的时候，因为人生所有的苦，和我童年的苦相比，它们都已称不上苦。从这个意义上讲，小时候的苦难，才是人生的“西点军校”；它所教给你的，才是你一生受用不尽的财富。

四、“文化大革命”中的初中

1965年，在我11岁那年，顺利地考进了王兴中学。

王兴中学，在我们公社的所在地——王兴镇。从满眼都是草房的农村，来到有着一字排开、非常气派的三幢砖瓦房的兴中校园，感觉不亚于今天的出国。阵风吹来，校园内那两排整齐高大的白杨树，就会发出哗哗哗的巨大声响，仿佛是在一声声地诉说什么，每当这个时候，我就觉得它们是一群有灵性的生命，会不由自主地仰望这白杨，并久久地凝思。我觉得，我和这校园间，有一种心灵上的契合，有一种家的感觉，它的一草一木都吸引着我，使我深深地喜爱上了它。

我在初一的学习算是中等偏上，但我的语文很好。让我喜爱上语文的，是教我们语文的吴逸华老师，她和她的先生蒋本端（校教导处主任），都是从江南来苏北支教的大学生。她说写好作文要多读名著，多留意名著中对人和景物的描写。在她的指点下，我的作文进步很快，她对我的进步非常高兴，在多次语文课上朗读了我的作文，并在我的作文上大段大段地用红笔画出，表示她的欣赏和喜爱。在她的影响下，我开始到图书馆去借阅《红岩》《敌后武工队》《青春之歌》等长篇小说，并开始对作文产生浓厚兴趣。这种对阅读和写作的偏好，影响了我的一生。

初一，飞快地过去了。正当我们意气风发，为进入初二备考的前夕，史无前例的“文化大革命”开始了。一夜之间，校长靠边站了，上课也时上时停；再过几天，高年级的大同学成群结队地离开校门，开始了大串联。正当我十分茫然的时候，我们班上的夏士超同学问我，他已约好另外两位同学去南京串联，愿意带我一起去。能到南京去，这对连县城都未去过的我来讲，无疑是极大的诱惑。当晚我就回家和母亲讲，她对我出远门很不放心，但既然是学校让参加的，她还是选择了支持。尽管我告诉她串联吃住都免费，但临走时，她还是掏出了三块钱塞给我，说是穷家富路。我知道这三块钱的分量，这可是家里的全部积蓄。就这样，1966年10月底的一天，我和夏士超等四位同学，一起踏上了串联之路。

我们一行四人，步行30多华里，于傍晚时来到淮阴县城。这是我第一次来到城市，马路、路灯、楼房、汽车……城里这一切，在我的眼里是那样的新奇。以至于进城当天晚上，我们长时间地在马路上兴奋地漫步，直到子夜一点多，才兴致未尽地回旅店睡觉。第二天一早，我们挤上了淮阴到南京的轮船，这是我第一次坐轮船。京杭大运河上来来往往的各式船只，船舱上忙碌劳作的渔民，河岸边美不胜收的田园风光，让我感到目不暇接。一天一夜到达南京后，我们被安排住在位于紫金山脚下的南京林学院大礼堂。晚上几百人睡在铺着稻草的地铺上，白天则意随兴至，或参加各大学校园的批斗会，或浏览观看铺天盖地的大字报，或驻足路边，旁观那一拨拨情绪激昂的造反派队伍……所有这些闻所未闻、见所未见的事，都让我们感到新奇并惊讶不已。虽然我们作为红卫兵，吃住行都不要钱，但在看了几天看不懂的大字报，参加了几场听不懂的批斗会后，我们感到要理解这些东西，远比课堂上的数理化要难。就这样，在南京看了七天热闹后，我们便打道回了家。来去不到十天的串联，虽然未学到造反精神和本事，但外面的天地之广大，城市之繁华，世界之精彩，还是极大地开阔了我这个12岁农家子弟的眼界。这也为我两年后决意参军，走出家门，奠定了最初的人生志向和思想基础。

随着一批大同学串联后回到学校，原先只有在大城市才能看到的大字报、批斗会，也在我们这所农村中学轰轰烈烈地展开了。不仅校领导无一幸免，部分老师也被批斗。我的初一语文老师吴逸华老师，竟因受不了同学们批斗而要投井，这使我的心灵受到了极大的震撼。几十年来，这个场面一直深深烙在我的脑海里。前几年回老家，我曾打听过吴老师而未果。我多想和她当年的学生们一起，专程去看望她，并当面向她表示我们那一代人的忏悔和道歉，当面请求她对我们当年那些十三四岁少年们年幼无知的原谅。

学校停课期间，我遇到了班主任张仲青老师，他是苏州师范大学分到我们中学来的年轻教师，为人热情，工作积极，由于没有课可上，他每天拿个大木尺，拉上我，在校园内的墙面上写大字标语。写字时他先用尺子打好大字边框，由我用油漆把框内空白处描满。这份工作，大概断断续续做了半年，以至于当年王兴中学校园内墙面上的所有大幅标语，都出自他和我的义务劳动。我的板书之所以写得可以，参军后部队领导之所以让我当上文书，我的字受到认可应当是一个原因。这一点，也许是人生际遇中的另一番“无意插柳”吧！

五、我要当兵

1967年和1968年两年，是我的初二和初三，本应是人生最重要的黄金学习时段，却因“文化大革命”停课而基本荒废了学业。幸好我父亲是小学老师，他上师范时留下的几本教材，就成了我学习的全部课本和精神世界的全部寄托。

1968年底，当我拿到王兴初级中学的毕业证书时，因为当时已无高中可上，内心充满了从未有过的迷惘和困惑。正巧在这时，无意中听到1969年要征兵的消息。尽管自己当时还不满15周岁，但强烈的参军愿望，驱使我找到了我的远房表哥、时任大队民兵营长的刘忠洪，在他的真诚支持和热心帮助下，我顺利地报了名。我清楚地记得，体检的那天，淮阴下了多年未见的大雪。在体检完回家的路上，我去看望在县医院住院的妈妈，告诉她我想参军并参加体检的事，想不到妈妈和父亲均不当回事。事后她才告诉我，她压根儿就不相信身高仅1.57米、体重45公斤、年龄不到15岁的我会体检合格。结果出乎意料，我所在的桃田大队一起去的近20个棒小伙子中，竟然只有我和刘忠禹、马希美三人体检合格。

接下来的事更有戏剧性。

一天，面对铺天盖地的一场大雪，我正在家里看书。突然有人叫我，说有个解放军找我。出门一看，一个个子不高，佩戴着红五星、红领章的军人站在我的家门口。他热情地和我打了招呼，询问完我家里和我个人的情况后，他说雪太大难辨道路，能否让我带路，去看一下本大队的刘忠禹和马希美。我很高兴能为他提供帮助。就这样，我带他从大队的东头走到西头。一路上，他不停地向我问这问那，待走访结束时，我们两人好像已成为很熟悉的好朋友。临分别时，他取下了胸前佩戴的毛主席像章，亲手别在我的胸前。这在当年是相当珍贵的礼物，我一直珍藏了它很多年。看着他渐渐远去的身影，我一直站在原地，久久地不想回家，心中满是要跟他去当兵的向往和憧憬。

也许就因为这一次引路，或许是这一枚毛主席像章，或者是我所不知道的其他原因，十天后，也就是1969年农历新年的前两天，一支敲锣打鼓的队伍来到家门口，给我送来了应征入伍的大红喜报。正月初六，我父亲带着我，去淮阴县人武部报到。领了被子、衣服、鞋子后，开始洗澡、换装、集合。让我感到特别亲切的是，那个大雪天让我带路、送我毛主席像章的解放军，就是我的副排长李炳和（大家都叫他李排副），他拉着我的手，就像是久别重逢的好友。有了他，使我对陌生的军营，一下子有了家一样的温暖感。从此，我都一直把他看作我的兄长，他也像对待弟弟一样地关心和爱护着我。

1969年正月初八，我们集体乘着军车，意气风发，一路高歌，离开了老家淮阴。从此，我开始了人生漫长的军旅生涯，直到今天，此时此刻，我还在穿着我心爱的军装。到2016年3月底，我也将脱下这穿了47年的军装，进入退休军官的行列，但我的心已经永久地留在了军营。军人，是我一辈子引以为自豪的事业；参军，则是我终生无悔的选择。

如果有来生，我还会选择当兵。

第二章

铁道兵战士志在四方

“背上了那个行装，扛起那个枪，雄壮的那个队伍浩浩荡荡。同志呀，你要问我，哪里去啊？我们要到祖国最需要的地方……”这首连周恩来总理都十分喜爱的《铁道兵之歌》从我第一天跨入军营学唱，不仅当铁道兵唱了13年，它还一直伴随我的军旅生涯，直到今天。它那激越豪迈的旋律，一往无前、豪情万丈的气势，不仅让年轻的心为之激荡，几十年后的老兵聚会，还会让每一个老兵唱得泪流满面。因为这歌声里有着我们那一代铁道兵人的全部青春、理想、回忆和追求。

一、军旅生涯从通信兵起步

换上军装，全连集合，我记得是办了三件事。一是分配单位，我被分到二排六班。班长为一起入伍的张文富，虽然同为新兵，但他已上高中，人很老练。二是学打背包，这是当兵的基本功，打好的背包不仅打开能睡，放下能坐，背上就走，而且有棱有角，结实漂亮。新兵有了班长，学会了打背包，再加上立正稍息报数，就像支能带走的队伍了。三是学唱《铁道兵之歌》。这由我们的连长亲自教唱，连长是北京人，不仅个子高、嗓门大、口令有气势，而且歌也唱得好，《铁道兵之歌》从他的嘴里唱出来，洪亮、悠扬、豪迈，我们这些新兵很快就喜欢上了这首歌曲。就这样，我们一路唱着它，下了汽车，又上闷罐火车，经过几天几夜的行军，终于到了我们的目的地——四川省西昌地区德昌县永胜镇农场。

作者新兵照

进了营区，刚放下背包，李排副就交代我一项特殊任务，代表二排向连首长写个决心书。然后全排集合到连部，向连长指导员宣读并递交决心书。刚回到班里，李排副就通知我，连首长已决定调我到连部当通信员，让我马上报到。从离开淮阴老家到驻地，满打满算，我在六班当战士的时间才5~6天，这也是我40多年军旅生涯中，在班里当兵的全部时间。好多年以后，李排副才和我讲，当年他就是担心我年小力薄，在班里干不了重活，所以竭力举荐我，也包括写决心书让连长指导员注意我。对一个他接到部队的农村孩子，能如此悉心爱护，每当回想起这事，我就从心底里为之感动，并为刚到部队就遇到这么一个好人而深深庆幸。

到连部当通信员，工作也是不少的。包括帮连长指导员传达口令，为全连取送报纸信件，收拾连部卫生，加上一日三餐打饭、洗衣服等，整天也是闲不住的。但这些活与新兵们整日在烈日下军训相比，还是轻松多了。特别是当背着小手枪，跟在连长指导员身后到各个班排巡视时，感受到同伴们投过来的，都是无比羡慕的目光。连长贾欣堂、指导员王世鹏都很喜欢我，人也特别风趣，我们三人在连部吃饭时，他们会经常彼此打趣，有时候还常常对着我一个观众，一人唱上一段京剧。

两个月的新兵训练很快就结束了。在分配让我去哪个部队时，连长征求我的意见，我坚决要求跟连长走。连长虽然很喜欢我，但他知道我年纪太小，根本无法承受连队施工中的重体力活，还是决定让我去团卫生队。想不到就这一次新兵分配，竟定下了我这一生的职业，使我这一辈子都和卫生工作深深结缘。在离开新兵连前往卫生队报到的那天，我还是强忍不住，哗哗地流下了眼泪。连长也很依依不舍。直至在分到卫生队很长一段时间里，我还是利用一切机会，请假去看望连长和李排副，直到他们先后转业离开了部队，才慢慢失去了联系。

作者参军后的第一张照片，1969年4月摄于四川省德昌县永胜镇安宁河畔

二、46团卫生队——我的连队我的家

怀着依依不舍的心情，离开了新兵连。到了卫生队后，我才知道它

的番号为铁道兵第十师46团卫生队，对外代号为中国人民解放军8816部队42分队。

卫生队队长叫董慈忠，教导员叫于新华，都是解放战争时期参军的老革命，也都是相貌慈祥的忠厚长者。第一次见面，我就没有一点拘谨，感受到的只是长辈般的亲切温暖。他们两人要我留在队部，继续当通信员。由于经过了新兵连两个月的锻炼，我对做好通信员的工作已不陌生，除了要日日夜夜守着队里唯一的一部电话，以确保随时接听全团25个连队和多个工地打来的急救电话外，其他工作就是上传下达、收发信件报纸、收拾队部卫生等，都已比较熟悉，再加上队部的理发员刘兆铁也主动分担些事，感觉还不及新兵连辛苦。文书熊志斌和我编制所在的勤杂班老班长张贵龙、班副杨有清对我都很照顾。队里人与人之间的关系真诚单纯，整个队里充满了浓浓的亲和氛围，使人感到卫生队就是一个温暖和顺的大家庭。而且隔一两天就能吃上点肉，伙食也比新兵连好了不少，使我一下子就喜欢上了卫生队。

团卫生队坐落在德昌县南永郎镇外，面对郁郁葱葱但山顶终年积雪的大青山，背邻金沙江的一个重要支流——安宁河，河上则是一座看起来年代久远的铁索桥。卫生队门口有一棵特别大的榕树，院外除长了不少芭蕉树外，还有几棵高大挺拔、挂满大朵大朵火红“英雄花”的攀枝花树。穿过离卫生队营区不远的马路，就到了正在火热建设中的成昆铁路（成都至昆明，全长1 085公里）工地。河边还有很多棵番石榴，果实非常的美味可口，背上军用挎包，不一会儿就能摘满而归。这个有着热带风光的美丽驻地，在我的眼中满是诗情画意。晚饭后只要没事，我就会约上唐道华、付在虎等战友到河边散步；或坐在高高的铁索桥上，一边看着汹涌澎湃的河水奔腾着从桥下流过，一边畅谈着古今中外的故事，也抒发着各自的理想、抱负或见识。在那个没有机会读书也无书可读的年代，我的不少历史知识，就是通过和他们交谈而得来的。永郎，是我40多年所住过的众多营区中，印象最深最美的一个。几十年过去了，还时常不经意地回想起它。2012年9月，我利用去西昌开会的机会，特地去永郎旧地重游。遗憾的是，对面高山上终年不化的白雪已经不在，村外的攀枝花树和芭蕉树也已难见踪影，只剩村口那棵孤独的大榕树仍在坚守，不由得令人生出好多感慨。

当年的铁道兵部队出于施工需要，编制比一般陆军部队大得多，全部是五五建制，即一个师五个团，一个团五个营，直到一个排五个班。卫生队也一样，展开约80张病床，内科、外科、传染科、门诊部、放射科、检验科、手术室一应俱全，干部班有十多名军医，还有护理一班、二班和女民兵护理班，共有近30名护理人员。董队长和外科主治军医高希凯、副队长任知方和主治军医杨志诚，都是在我们部队享有较高知名度的外科和内科名医，不仅收治部队官兵，当地也有很多群众来看病。董慈忠队长人如其名，他就如一位有着博大爱心的家长，对队里的每一个人都充满着慈爱和关怀。我曾亲眼看到他在老兵复员时恋恋不舍，竟像孩子一样失声痛哭。但他也是一位有追求有思路有办法的管理者，不仅把一个卫生队管得井井有条，而且还办出了一个有点规模的药厂，利用当地生产的香茅草，提炼加工成专治老慢支的胶囊——“安宁香茅油”，还有其他一些中医蜜炙药丸。靠着他的精心操持，我们这个团卫生队变成了在铁道兵中颇有名气的先进典型。当时，我和全队战友一样，积极响应他的号召，多次背着背篓去山上采中草药，割香茅草，或到小药厂帮助干活。上山采药虽然辛苦，但人在美丽的青山绿水间，身背背篓，三五结伴或穿行在人迹罕至的浓密森林里，或行走在云雾缭绕

1969年11月，在铁道兵第十师46团卫生队小药厂自制中药丸（左三站立者为作者）

的高山之巅，山花遍地，各种说不出名字的植物和高大树木，使人恍如置身植物园中。特别是一路上，时有鸟儿鸣唱，松鼠等小动物在身边奔逸，这是现在山区旅行所绝难感受到的。尤其是当你不断采到罕见难得的药材时，那种一个接一个的意外和惊喜，给人的欢愉更是难以言表。

在董队长和于教导员的身边，我工作得特别努力，也特别快乐开心。虽然我年幼不谙世事，但做事踏实勤快，对领导忠诚可靠，心地单纯善良，对人表里如一，他们对我就像对待自家的孩子，既是疼爱的，也是满意的。1969年底，我光荣地评上了“五好战士”。1970年初，由于老文书提干，又让我承担了卫生队文书（相当于班长，主要是管档案、枪支、实力、文字材料等）的工作。1971年1月，我光荣地加入了中国共产党。从不满15岁参军，不满16岁当上文书，到不满17岁入党，表面上看起来，是我的机遇或者说运气较好，实际上，我成长的每一步当中，都有着我知道的或我不知道的领导战友们，在为我付出数不清的爱护和关照。这一生，我都不会忘记他们。

1970年7月1日，成昆铁路终于建成通车。这是一条在“禁区”建成的铁路，沿线山高谷深，川大流急，地质环境极其复杂，为了建成这条铁路，凿穿了数百座大山，修建隧道427条，架设桥梁653座，桥隧总长度达400多公里，平均每17公里一座桥梁，每25公里一条隧道，是世界铁道史上公认的修建难度最大的铁路之一，外国专家曾断言这里是根本不可能建成铁路的禁区。当时的技术和设备条件又很落后，为了把“铁龙”牵到这里，铁道兵部队付出了巨大的伤亡代价。仅我们团修建的永郎和锦川隧道口外，就各留下了一处烈士陵园，永久地长眠着我的战友。

1970年底，奉上级命令，我们随部队开往陕西安康，担当起襄渝铁路（襄樊至重庆，全长915.6公里）的修建任务。46团所驻的安康地区旬阳县，是全国仅有的没有通汽车的四个县之一。而卫生队则选址在构园镇汉江对面山顶上的小学校里。由于不通汽车，所有装备、机械，包括吃的用的，全部要靠小木船和木筏子，沿着汉江运到山脚下，再用两个肩膀一点一点背到山上；盖病房所需的木料全靠医生护士到十里外的山上砍伐扛运回来，而盖病房所需的沙子则是每天早上用脸盆从汉江河滩端到山上。我因生来单薄，虽然身高已达1.68米，体重也长到了66公斤，但要胜任这些重体力活，对我来说是极为严峻的考验。记得有一次在汉江边上拉纤，因为是逆流而上，我的两个膝盖都磨破了，后来还是在战友的帮助下，才把船拉到驻地；至于到山上扛树被磨破肩膀，下河端沙子被摔伤腰腿，都被视为平常小事。因为大家包括女兵们无一不是这样吃苦拼命。在旬阳构园这段时间，是我当兵生涯中最艰苦也是最锻炼人的一段岁月。

1971年8月，上级分给了卫生队三个到四川医学院（即华西医科大学）上大学的名额，要求从有一年以上卫生工作经历的优秀战士中选拔。尽管我没有当卫生员的经历，队领导还是决定，破例让我和已是卫生员的邓凤鸣、于峰一起去。对于一个只有初一文化底子的我来说，真的让我上大学去，心中还真的忐忑不安。带着这种紧张而兴奋的心情，我跨入了川医的大门。我的人生，也从此翻开了全新的一页。

三、华西坝里的大学时光

我就读的四川医学院，位于成都南门外的锦江之滨。她的历史源头，可上溯到1910年3月11日，美、英、加三国五个基督教会在成都华西坝筹建成立的华西协和大学，这是成都乃至中国西部所建立的第一所具有现代化意义的大学。百年来，校名几经变更，先是“华西大学”，“文化大革命”中改为“四川医学院”，后又改为“华西医科大学”“四川大学华西校区”，而老成都人、老华西人仍然喜欢直称其为“华西”或者“华西坝”。

华西建于20世纪30年代，中西合璧风格的40多座古建筑，将中国古典建筑形式的飞檐、斗拱、青砖、墨瓦、歇山式大屋顶以及具有中国民俗风味的花卉鸟兽饰物等嵌入西洋建筑，既端庄浑厚，又灵巧细腻。校园以钟楼为中心，向南向北延伸为中轴线，主要建筑则向东西方依次铺开，与荷塘、操场、门坊相互呼应，构成一个完整和谐的整体，精致完美，崇宏壮丽。校园东至南台路，北靠锦江，南倚林荫街，西至浆洗街，总面积达1 000多亩。

抗战八年，27所大学内迁，成都的华西坝与重庆的沙坪坝、昆明的下坝，一并成为延续中国高等教育命脉的圣地。当时的金陵大学、金陵女子大学、中央大学医学院、燕京大学、齐鲁大学都迁来华西坝，与东道主华西协和大学同在一个校园里行课，大师云集，精英荟萃，文、理、法、医、农五大专业并开，可谓极一时之盛。而口腔医学尤享盛名，连蒋中正、宋氏三姐妹都来此看牙。

流沙河说过，成都的“文化”在两处，一是少城路的民居建筑，二是华西坝。其“钟楼映月”“三台点兵”“孤岛天堂”“柳塘压雪”等十大景观，令无数学子终其一生幽怀难忘。我和我的同学们从进校园的第一天起，就被她的美丽所深深吸引和陶醉。后来我到过好多大学，总觉得都不及华西的校园漂亮。而华西“以人为本、崇尚学术、追求卓越”的校风文化，则给了我们潜移默化的熏陶，并内化为我们医德操守和职业追求的内核。

军医三大队有200多名学员，全部来自铁道兵的各个部队。一共编有两个中队、六个区队，我分在一中队二区队五班。大队、中队和区队的领导对我们要求很严，不论是早上出操，还是上下课，或是去食堂吃饭，都是排着队，唱着歌，精神抖擞，整整齐齐。平常除了上课，或是听教导员上政治课，或是农副业生产，或是唱歌，或是点名，或开班务会，或安排交流讨论，总之，每天都安排得满满的，让人感到紧张而充实。由于男兵和女兵分开编队管理，加上领导严禁男女生私下接触，以至于我们全大队毕业时，谈婚论嫁的只有私下一对。

学校对我们这个全是军人学员的大队十分重视。在隆重的开学典礼上，学校革委会主任李治平，是原第四野战军卫生部部长，也是红军时期参军的老革命，为我们作了语重心长的讲话。学校选派了最好的教员，来为我们授课带教。我还清楚地记得，我在传染科实习时，带教我们的是一个70多岁非常风趣的老教授，后来才知道，他就是大名鼎鼎的华西医科大学前校长曹仲梁教授；到妇产科实习时，带教我们的则是他的儿子曹泽毅教授，赫赫有名的妇产科大家，后来他担任了国家卫生部副部长、中华医学会会长。在2012年的一次会议上，我对曹泽毅老部长提到这段往事，讲到我有幸得到过他们父子二人，也都是全国顶级医学大家的教诲，只是我后来阴差阳错，一再改行，很是愧对两位前辈名师。但他很理解我们那一代人，说只要尽到全力就好。除了曹仲梁、曹泽毅父子教授，给我留下深刻印象的还有内科的罗得成教授、外科的陈绍基教授，以及带我们实习的王锦秋教授。他们讲课的内容大都已忘记，但他们的音容笑貌都还清晰地留在脑海里。

整个上学期间，我的学习是相当勤奋努力的，因为从农村和部队基层走出来的我，十分珍惜这来之不易的学习机会。因此，在整个上学期间，就是聚精会神地学习学习再学习，并能排除一切杂念和干扰。记得刚开学的两门课是解剖和生理，这是医学基础的主干课程。刚开始学解剖，面对一具具人体标本，我和大部分同学一样，都不敢动手触摸。在老师的反复动员和示范下，我们才克服了心理障碍。只要晚上有空，我都会约上几个同学，到存放大量人体标本的解剖大楼地下室，拿着解剖图书，对照人体标本，来学习解剖结构。后来门卫都认识了我，有时同学有事，我就一个人去，胆子确实锻炼得挺大的。为了背诵一些常用的知识，每天晚上10点熄灯后，我常躲在被窝中用手电筒看书。

由于踏实勤奋，第一次解剖和生理考试，我就得了全大队唯一的两个双百分。作为没有学医经历的我，能一下子得两个满分，引起了负责教学管理的许信利副大队长和我们中队的孙宝昌指导员的重视，他们专门找到我，让我好好总结一下经验，并在学员大会上作重点介绍。这两个双百分，也大大增强了我学习的信心和勇气。整个大学期间，不论是理论课还是临床课，我的学习成绩一直是名列前茅。特别值得一提的是，我对外科手术，有段时间简直到了痴迷的程度，手术操作也感到提升很快，到江油县医院外科实习的后期，有段时间是下乡巡回医疗，对阑尾、疝气等下腹部手术，老师对我已完全放手，一般半个小时都能顺利完成。后来虽然没能以医生特别是外科医生为职业，但当年学习的一些知识，40多年过去，至今还有不少能随口背来。心中的外科医生情结，一直伴随至今。

由于我们是现役军人上学，所以学校只负责教学管理，党政行政管理全部由铁道兵西南指挥部负责。这是一个正军级单位，修建成昆铁路和襄渝铁路的100多万大军（含民兵）都是由它指挥的。当时，指挥部卫生处要选一个学过医、文笔好、综合素质优的人到机关去当助理员。为此，卫生处张起升处长亲自到我们学校考核，包括我等一批候选对象进入了他的视野。在找我谈话前，他先让我写了篇文章，谈话后我已感觉到了他对我的喜爱和满意，只是还需要在基层医疗岗位上再锻炼和再积累一些实际经验。通过这次考核，张处长就记下了我，并在我分回部队后，又到我所在部队进行几次跟踪考核，直到四年后的1978年秋，他终于决定把我调进指挥部（此时已改为铁道兵第一指挥部）。当然，这是后话。

临近毕业前还发生了两个小插曲。第一个插曲是在全国范围内开展的批林批孔运动，由反对资产阶级法权，逐步演变为反对开后门。这时和我同班、同宿舍，并一同与我并肩参加成都市万米长跑的丁寸铁同学，第一个提出要退学的报告，这在全队掀起了轩然大波，因为我们大队的大多数女同学和少部分男同学都出身军干家庭。不发毕业证而要退

在四川医学院毕业时全班合影（前排右一为作者）

回去，不论是对部队，还是对本人，都是一个重大损失。就在为此事闹得不可开交时，上级传达了“走前门也有坏人，走后门也有好人”的最新指示，才使得闹得沸沸扬扬的此事得以平息，我们也得以顺利毕业。第二个插曲是，学校向铁道兵提出，要从一个班选出一名优秀同学留校。作为五班的代表，我和另外20名同学，被学校留了下来。尽管留在大学工作很吸引人，但大部分同学还是舍不得脱这身军装，不少同学天天找领导要求回部队，在留下一个多月后，校领导终于宣布，让我们这些留校的同学全部返回部队。

回想在华西的三年时间，我和我们那一批同学一道，用足那一寸光阴一寸金的宝贵岁月。虽然文化基础都不高，但大家普遍有一股刻苦钻研的劲头。在我们那一批同学里，后来有一批人在业务上很有建树。如盖鲁奥成了解放军总医院的心内科主任，成为享受军职待遇的专业三级教授；陈以旺成为留美医学博士，回国后曾任福建医科大学副校长，受到了时任福建省省长习近平的专门接见。李恒爽则成了有名的肛肠外科专家。有的当上了院长、卫生局局长，有的成了各个医院的业务骨干。大多数人虽然在基层默默无闻，但也都在为人民健康事业忘我奉献，并在各自的岗位上做出了贡献。

转眼间，离开学校已40个年头。2013年11月，我利用去西安开会的机会，专程和林绍忠、任建生同学一起，去母校联系安排我们毕业40周年返校同学会的事情。今天的母校，已今非昔比，除钟楼及附近的建筑外，绝大部分已不复当年模样。但校领导对我们很热情，魏于全副校长（院士）、步宏副校长、周学先副书记都在百忙之中热情地接待了我们，并指定军医三大队的老同学、原华西医院教务处处长杨荣渝的接班人——卿平部长专门协助安排。我们三大队也专门成立了筹备小组，紧锣密鼓地展开了各项筹备工作。

华西，我们永远的母校。再过几个月，您的学子们将从祖国的四面八方，带着对您的不尽思念，再次投向您的怀抱！

四、青海湖，想说爱你不容易

大学毕业后，我恨不得插翅飞回部队。正是这种对部队的思念，在路过西安、安康时，哪里都未去玩，而是直接赶回了阔别近三年的46团卫生队。卫生队仍在构园，与我离开时相比，营建早已结束，各项工作已走上正轨。这时襄渝铁路已经建好，我又和卫生队的战友们一起，匆匆忙忙地离开这个刚建好不久的家，奔赴新的战场——青海，要在世界屋脊上修建全球最长、海拔最高的铁路——青藏铁路。

韩红的一曲《天路》，唱得人人都知道了青藏铁路，人们只知道它是2006年7月1日开通的。但很少有人知道，2006年开通的只是格尔木到拉萨全长为1 142公里的青藏铁路二期工程；而从西宁到格尔木814公里，就是我所在的铁道兵第十师和铁道兵第七师并肩修建的一期工程，它的开通时间是1979年7月1日。一期工程完成后，因囿于当时的科研技术水平，解决不了格尔木到拉萨间的冰冻层和活动沙丘问题，才不得不停止二期工程的修建，直到有了新的技术措施后，二期工程才于新世纪重新上马。而为了这条“天路”，我和我的战友们于1974年就上了青海高原，并为之奋斗了整整八年。

1974年10月到了青海后，我们铁十师的师部驻乌兰县，团部在刚察县吉尔孟公社。我们卫生队驻在青海湖畔边的一片草地上。从出门就爬坡的大巴山区，一下子来到一望无际、开满野花的大草原，觉得格外新奇高兴。但青海湖海拔3 200米，氧气只及内地的80%左右，人只要稍微活动就感到气不够用。由于青海当地生产能力有限，加之交通不便，铁道兵两个师四五万人开上去，生活保障还是很困难的。没有蔬菜，也没有肉吃，只能天天吃粉丝、海带、压缩菜，加上刚去高原还没有高压锅，馒头米饭最多能煮七八成熟。在这方面，我比其他人要好一点，尽管难以下咽，我还是能把肚子吃饱。这也许是我的胃肠经过三年自然灾害，适应能

1976年5月，作者（二排左三）和铁道兵第十师46团卫生队内科的战友们在青海省刚察县吉尔孟驻地留影

力更强一点吧。长期机体缺氧缺维生素，脸上的毛细血管代偿性扩张，我的脸和战友们一样，都开始变成了两个红脸蛋，也叫作两朵“青海花”；指甲因缺氧也都变得很薄，中凹外凸，颜色发紫，并出现了好多纵向的条纹；大脑缺氧导致失眠，胃肠道缺氧导致腹胀；由于我的血压还偏高，时间长了，心电图也开始出现T波异常。当然，上面这些只是机体能感觉到的缺氧影响。面对这种高原特有艰苦环境，我和我的战友们一样，都还是乐观地坚持下来了。八年高原生涯给脸上留下的两朵“青海花”，直到下高原十多年才完全消退；而高原留下的心脏室壁增厚，从到高原三年开始出现，直到离开高原整整30年后，才算是基本恢复正常。像我这样的情况，在我的战友中应该还有不少，只不过我是学医的，对此留意得更细心罢了。我想，要说铁道兵对国家的贡献，除了为国家贡献了一条又一条铁路之外，无数铁道兵战士这种身体上的付出，也应该算是其中之一吧。

就这样，我们一边顽强地对抗着高原反应，一边开始紧张的营区建设。新的营区全部是干打垒，墙是土垒的，屋顶也是在竹帘上铺上油毛毡再压上土。由于刚到高原没有经验，火墙垒得不好，早上起床室内经常都结满了冰。我的手上和脚上在第一个冬天都长了冻疮。尽管在这种非常困难的环境下，我和战友们的生活还是充满了坚强乐观。

为了改善伙食，我们开始用竹帘子到卫生队旁边的布哈河中去捕鱼。由于青海湖鱼夏天要到淡水河口产卵，而藏族人又世世代代不吃鱼，布哈河中的青海湖鱼成群结队，旁若无人，捕捞非常容易。就这样，我们捕了大量的青海湖鱼来改善伙食，并在房前屋后晾了大量的鱼干留作过冬。雨后牛羊圈中常能采到个头惊人的鲜美蘑菇，老班长张贵龙（此时已是军医）偶尔为大家打回些野兔等野味，每周集体乘车去团部看场露天电影，以及傍晚在开满小花的草地上漫步，都为艰苦难挨的高原生活增添了不少乐趣，也成了那个时段难以忘怀的美好回忆。

1975年春节，青海省委、省政府组织的“春节慰问团”，不仅给我们每个团带来了一场精彩的文艺演出，还为我们每个在青海的铁道兵官兵送上了一小包水果糖和一个苹果；这个苹果，对我们自到高原后就再也未见到过水果的人来讲，显得弥足珍贵；但由于苹果经过零下20多摄氏度高寒的长途运输，已经冻成了一个冰疙瘩，根本无从下口；这时，来自当地入伍的青海籍战士教我们一招，把冰疙瘩苹果放入装满冷水的大口缸中泡上一个通宵，这时冰苹果里面的冰就会跑到外面来，并在苹果外面形成了一个冰壳，打开这个冰壳后，就可以享受苹果的美味了。尽管这果肉已变得紫不溜秋，不复洁白也不再嫩脆，但在当时仍觉得那是天下第一的美味。以至于现在想起来，仍觉得它比今天的所有苹果都要香甜。“铁道兵战士面前无难关”，就这样，我们克服了一个又一个难以想象的困难，在青海湖畔扎下了营盘，开始了艰苦而又快乐、单调而又丰富的高原拼搏。

建好了生活和医疗用房，我们就开始了正式的对外收治。我作为刚毕业的大学生，组织上任命我为助理军医。这也是我的第一个干部职务。队领导让我先后在外科、门诊和内科各轮转了半年左右，形式上颇有点像我今天正在中国医师协会主抓的“全国住院医师规范化培训”。其中在内科待的时间较长，超过一年半时间。尽管自己特别想做外科，但新的队领导说内科需要人手，我还是毫无怨言地服从了分配。

由于此时的铁十师已发展为机械化部队，加之我们团约50公里管区内没有隧道，机械化部队在草原上施工，很少再有像修建成昆线时频发的多批量伤员。像我在永郎卫生队当通信员文书时，每周都要有几次被来自各个隧道工地发生塌方而需要急救伤员的电话惊醒的事，此时已不复发生。我当时统计了一下，在门诊时每天约接诊15名患者，在病房管的病人则为15名左右，工作量不是太大。记得在外科几个月时间，我只做了一个阑尾切除手术。虽然吉尔孟公社有卫生院，但时常仍有藏族牧民到卫生队来看病，有时遇有急诊的病人，他们备马请我去他们住的帐篷中出诊。记得有一次因为路途太远，骑马近两个小时后，左右臀部皮肤都磨破了，在马背上每颠一步，都钻心地疼，茫茫草原举目不见一人，既无处求援，又不能下马走路，关键是病人还在等着救治，想到这些，只能咬牙坚持。出诊回来后，内裤都已粘在了肉上，一连好多天坐卧都很痛苦。这段时间虽然病人少，实践机会不多，但这段临床实践经历，还是使我熟悉了基层卫生单位的工作流程，掌握了一名基层军医必备的内外科知识和技能，对于我很快锻炼成长为一名合格的基层军医，从思想作风业务到身心素质等各个方面，都奠定了重要基础。

1977年春，我们团一营卫生所的蒋所长转业，队里派我去一营住勤（帮助工作）一年。一营卫生所紧挨青海湖边，刚去那几天，每天早晚我都要到湖边散步，一望无际的湖面碧波荡漾，不时有海鸥飞过，令人心旷神怡。白天，我和卫生所的何医助及老张、小夏两名卫生员一起，分别到各工地和连队巡诊，有时也给他们上上卫生课。从一营住勤回队后，团直属汽车连又突发大面积流感，全连一下子有好几十人发病，队里又让我火速赶到汽车连，帮助扑灭疫情。我和当时汽车连的卫生员郭元华一起，一边隔离、消毒，消除感染源，切断传染途径，一边自己动手熬中药，对几十名病人进行集中隔离治疗，终于使来势汹汹的疫情得以控制，我也因此受到了领导的多次表扬。

青海湖，美丽的湖。我爱你，尽管不容易。

五、用双脚将百里铁道线丈量

就在我到一营和汽车连帮助工作回卫生队不久，接到上级命令，调我去团里新成立的“灭獭拔源小分队”，负责这支小分队的全面技术业务工作。当时全师共抽调近百名士兵，成立了五支这样的小分队，时间持续了大半年。至今回想起来，这或许是军内甚至是新中国成立以来最为特殊的一支队伍，也是最为特殊的一项工作。

原来，随着铁路建设的顺利推进，铁路沿线的一号病（鼠疫）防治问题逐步摆到了重要议程。鼠疫是由鼠疫杆菌引起的烈性传染病。在人间流行前，一般先在鼠间流行。鼠间鼠疫传染源有野鼠、地鼠、狐、狼、猫、豹等，其中黄鼠属和旱獭属最重要。若每公顷地区发现1~1.5只以上的鼠疫死鼠，该地区又有居民点的话，此地暴发人间鼠疫的危险性极高。当鼠蚤吸取含病菌的鼠血后，即有可能以 “鼠→蚤→人”的传播方式传播，而人一旦感染上肺鼠疫后，患者可借飞沫传播，造成令人谈之色变的人间肺鼠疫大流行。人类历史上曾有三次鼠疫大流行。其中发生在公元6世纪的第一次大流行，起源于中东，流行中心在近东地中海沿岸，这次流行持续了五六十年，流行期每天死亡上万人，死亡总数近亿人。这次大流行直接导致了东罗马帝国的衰落。第二次大流行发生在公元14世纪，流行此起彼伏持续近300年，遍及欧亚大陆和非洲北海岸，尤以欧洲为甚，死亡2 500万人，占当时欧洲人口的1/4。第三次大流行始于19世纪末（1894年），总共波及亚洲、欧洲、美洲和非洲的60多个国家，死亡达千万人以上。三次共有13 500万人死亡。中国历史上也曾发生过严重的鼠疫流行。1793年云南师道南所著的《死鼠行》中，曾这样写道：“东死鼠，西死鼠，人见死鼠如见虎。鼠死不几日，人死如圻堵。”目前，鼠疫在北美、欧洲等地几乎已经绝迹。但在亚洲、非洲的一些地区，人鼠共患状况还时有出现。而青海草原包括青藏铁路沿线都生长着大量的旱獭，也都是鼠疫的潜在中间宿主。为了预防可能发生的鼠间鼠疫疫情对铁路的威胁，上级决定各团专门抽调力量，成立“灭獭拔源小分队”，拔掉铁路沿线的潜在传染源，以确保铁路安全、旅客安全和国家安全。

我带着一名老卫生员罗大全，会合团里给抽调的一个排的兵力，共同组成了铁道兵46团“灭獭拔源小分队”。在搭帐篷安家、支锅做饭等安顿好后，我们就开始拔源工作。具体做法是我们15人分为五组，三人一组，每组间隔约20米，在铁路沿线两侧各5公里范围内，对旱獭洞进行拉网式的查寻。每当发现旱獭洞口，即由一人向洞内灌一种叫氯化钴的杀灭药品。这种氯化钴是一种具有强烈刺激气味的剧毒药品，每次灌药时，强烈的刺鼻气味都会将人呛得咳嗽流泪。因此，我们都盼望刮风，人站在上风方向会好一些。大家也知道这是剧毒，时间长了常感到头痛恶心失眠，但为了完成任务，为了铁路和国家安全这个大局，大家默默地牺牲小我，没有一个人面对毒气退避脱逃。我作为这支队伍的负责人，虽然不用像战士一样分组干活，但每天我都要跟班作业，指导用药，检查质量，督促安全，有时有人生病或缺勤就帮着顶班。整整工作了六个多月，确保把所有的旱獭全部消灭干净，并经上级抽查验收合格后，才于当年10月底收兵。就这样，我们这支背着药品、脚穿防护靴的小分队，将我们团负责的近百里铁路沿线两侧各5公里范围，硬是用双脚来来回回走了上百次，直到把铁路沿线草地全部拉网似地筛查了一遍，才终于完成了上级交给的这一特殊任务。几十年过去，每当听到韩红的那首《天路》，我都会不由自主地想到青海湖畔这段难忘的日子。青藏铁路这么多年有效地杜绝了一号病的发生，实现了让“那条巨龙翻山越岭，为雪域高原送来安康”的梦想，我和战友们为此付出了辛勤的汗水和劳动，并付出了巨大的健康代价。这段历史已经湮没，当年的战友们也早已天各一方，但我相信他们会和我一样，他们的内心深处，一定会以当过这条“天路”的“无名卫士”为荣。

六、跨入中医之门

完成了“灭獭拔源小分队”的工作，刚回到卫生队，就接到师部通知，师里要办一期“西医学习中医”培训班，给46团卫生队一个名额，因为要求有西医基础，且有年龄限制，队领导认为我符合条件，就安排我去参加。就这样，1978年3月，我来到地处青海乌兰的师医院报到，开始了为期近一年的中医学习。

教我们中医的是第二军医大学苏教授，年过半百，花白头发，是位知识渊博、谈吐优雅的高级专家。我们班上有近30名学员，全部课程由他一个人负责讲解。他的课深入浅出，通俗易懂，使得我们这些学了西医的现代医学理论后，本来对中医的阴阳五行都抱怀疑态度的人，也逐渐摒弃了对中医的偏见，并且随着时间的深入，日益提升了对中医的兴趣。为了记住数百个中药汤方，我还制作了一个随身携带的小本子，将它改编成顺口溜，比如中医有个名方叫“四物汤”，有竹茹、甘草、木通、生地这四味中药，单味单味地记是很困难的，而把它编成“竹甘（杆）通地”的口诀，就很容易记。采取这样的办法，把很多汤头改编后，再抄写在小本子上，时时记诵，效果很好。在练习针灸和诊脉时，我们同学们之间就互相练习。负责我们队行政管理的是当时师卫生科的肖谷公助理，写得一手好字，作文写诗也来得很快，是一位很有才华的机关干部，对人善良真诚，他和我很谈得来，也常在一起交流学习体会，学习班结束后，我们也成了很好的朋友。三个月的理论学习，虽然时间很短，还是感到收获颇丰。

接下来是中医实习。为了让这些常年单身在外、思乡心切的干部能借此机会回家多待些日子，经过肖谷公助理的反复努力，师领导终于同意让每人自己联系实习单位，师里不再统一安排。此令一出，每个人都高兴坏了，纷纷与家乡医院联系。我和丁明友联系的是江苏省淮安市第二人民医院（原清江市人民医院）中医科，并于1978年8月回到了老家。

我的这次回家，给全家上下都带来了无比巨大的欢乐。第一眼见到老母亲，她比前几年又增加了不少白发，腰也佝偻了不少。由于眼睛失明，她看不到她的儿子身穿军装、长大成人的模样，只能让我坐在她的身边，一边用手抚摩着我的头发、脸庞和军装，一边用手拭去不断涌出的泪花。我知道，她是多么想看一看她含辛茹苦拉扯大的儿子，这个当年离家时还浑身稚气的小孩子，这个她多少年日日夜夜为之牵挂、为之担忧、为之期盼、为之自豪的家中长子，今天长成了一米八的大小伙子，出息成了大学生，一个部队军官，还有一个她从小就希望我做的职业——医生……从妈妈拉我坐在她身边那一刻起，我就决定，我要在这实习中医的半年里，天天回家陪我的妈妈。从上班的那天起，我就天天早早出门，从老家骑自行车到离家40多里的清江市医院上班（其中大部分是难走的农村土路）。下班再晚也要回去，因为我知道，妈妈在盼儿回家。

院里分配带我的主要是丁爱华老师。她对带我这个穿着军装的徒弟，还是很乐意的。从开始跟着抄方、看舌、把脉，两个月后，我已能运用四诊八纲和脏腑辩证的理论，给病人看病开方。

就在实习顺利进行的时候，一封来自部队“见电速归”的电报，打乱了我平静而幸福的实习生活。我赶快打长途电话去青海老部队问情况，答复是“指挥部卫生处指名要调你去，并限十天内报到”。我知道，是那个从我上大学期间就一直关注我、考察我的老领导，在召唤我。

七、人生，在这里拐了两个弯

铁道兵西南指挥部（代号为总字520部队）原驻成都，自成昆、襄渝铁路修通后，便挥师青海，改名为第一指挥部，指挥铁道兵第七师、第十师，配属164、165、55三所野战医院，负责青藏铁路的修建任务。驻地格尔木，号称是青海第二大城市，有10万人口，但实际上是座兵城。所谓“白天兵看兵，晚上看星星”，除了驻军，就是军属。虽然地处戈壁，但毕竟城里有马路，有白杨树，有商店、书店、电影院，比起我入伍后待过的几个地方，这已算是最好的了。

指挥部卫生处张起升处长是一位1942年参军的老八路，做事认真，关心部下，要求严格。他自1974年毕业前夕对我进行考察后，1976年又到卫生队了解过我的情况，1977年还到“灭獭拔源小分队”所住的帐篷来看过我。好在我这几年工作努力，岗位上轮转了内科、外科、门诊，层级上经历了团卫生队、营卫生所、连卫生室，业务上涉猎了医疗、防疫、西医、中医。从专业的角度看，飘忽不定而不是精专守一，是专业成才的大忌；但对于做管理，广博的专业阅历则是必需的知识与积淀。在这之前的几年中，我也曾一度为专业不定而苦恼，现在我想，这或许就是张处长当年所期望的“在基层多锻炼、多积累”的初衷吧。

张处长对我的到来非常高兴。他分工我负责防疫、评残和统计工作，并指派杨玉堂和杨华两位老助理对我进行帮带。刚到机关时，我写的材料总带些文学意味，特别是自己认为写得美而动人的文字材料，往往离机关文字严谨、准确、逻辑严密、讲求格式的要求差距很大。这时我才体会到，文字水平的背后，实际上反映你认识问题、分析问题、研究问题、解决问题的能力。因此，一个人文字水平高低，绝不是会不会写，也不仅是多读书就能解决的，它是文字、思维能力与综合素质的集中表现。认识到这点后，我更注意从处长和老同志身上学习他们研究思考问题的方法。当然，这绝不是一日之功。

正当青藏铁路热火朝天地修建之时，突然接到通知，撤销铁道兵第一指挥部。组织上为了照顾夫妻关系，便把我分配到了我的妻子郭晓雪所在的165野战医院，在医务处当负责医疗的助理员。这所野战医院原属昆明军区，在修襄渝铁路时配属给铁道兵，当时驻在西宁城郊的乐家湾空军机场。由于病人少，工作轻闲，家家养鸡，户户种菜，倒像个过日子的地方。在我调入165医院的第二年，我的孩子齐乔出生了。然而就在这时，中央军委决定，将铁道兵集体转业，成立中国铁道建设总公司，归铁道部。由于165医院是从昆明军区出来的，不少人都调回了昆明。在郭晓雪父母的多方联系下，我和郭晓雪也于1982年4月调到了位于滇东北曲靖的昆明军区69医院。如果说，从卫生队到指挥部卫生处，是由业务工作转入行政管理，是人生轨迹第一次转弯的话，那么，从青海到云南，则是由兵种部队转到军区部队，成了我人生轨迹的第二次转弯。这两次转弯，对我的人生影响巨大而深远。

第三章

战斗在祖国的大西南

“谁轻轻呼唤，在天上在云端，让我日夜想象，在梦里回荡……彩云之南，归去的地方。往事芬芳，随风飘扬。”每当听到这首悠扬动人的《彩云之南》，它就会把我的思绪带回战场，带回那片火红的红土地。在那里，我先后上了两个对我有重大影响的大学：一个是战场，生死的大学；一个是自学，成长的大学。

一、阿诗玛的家乡——曲靖

从大西北来到具有异域风情的边陲——云南，心中充满了对这片红土地的新奇。四季如春的春城昆明，充满着秀丽的南国风光；地处滇东北的曲靖，洋溢着精巧的边陲古城之美。解放军69医院，就在曲靖城外约1公里的近郊。医院是原滇军的一座军营，院内除新中国成立后新建的病房楼和住宅楼外，其余都是一栋栋具有南国风情的二层木楼，简约清秀而淡雅，独具特色。

院长赵玉振，是解放战争时期入伍的老革命，行事果决，很有魄力，他本人也是业务水平很高的传染科专家，因此在院里很有威信。几个科的主任，也都是资格很老的高级专家。医院编制300张床位，各个学科齐全完备，门诊和病房的病人都很多，是昆明军区很有实力、也是在曲靖很有影响的一所中心医院。我被任命为医务处副营职医疗助理员，负责医疗质量、服务态度、医疗安全及医政方面的事务，工作任务很饱和。在日常医务管理工作中，特别是在整顿处理血库一起经济案件以及主笔起草一些院里的总结报告等主要文件中，我的表现赢得了赵玉振院长的满意和器重。当他被提拔为昆明军区总医院副院长后，还一直在关心和惦记着我。在昆明军区卫生部请他帮助推荐优秀机关人选时，他立即重点推荐了我。1983年8月，在他的大力举荐下，昆明军区后勤部卫生部正式下达调令，调我到昆明军区后勤部卫生部保健办公室工作。这也是我个人事业生涯中的关键一步。从此，我结束了长期在基层工作的历史，有了到大军区这样的高级领导机关学习、锻炼、成长的机会。

今天回想起来，我能在人地生疏的情况下，在69医院工作仅一年半的时间内，就能被军区机关选调，说明那时的用人风气还是很健康很正派的，以赵院长为代表的老革命，是真的出以公心，完全用工作实绩来评价和取舍干部选用。在以后的20多年岁月中，不论我到哪里，赵院长始终对我非常关心。至于我个人，一直深深地感激赵院长对我的关心和爱护。大前年，一向身体健康硬朗的他，突然发现肝部有情况，我听了也很着急，紧急帮他联系到上海第二军医大学东方肝胆外科医院，并请中国最著名的肝胆外科大师吴孟超院士亲自为他治疗。术后恢复很好，不久又能在电话中听到他爽朗的笑声。正在我为他的康复而由衷高兴时，又突然传来他因继发肝癌转移而谢世的噩耗。他对我的真诚关爱和巨大帮助，连同他的音容笑貌，都将永远牢记我的心中！

二、昆明军区卫生部——我的另一所大学

1983年8月中旬，我正式踏进了昆明军区后勤部卫生部的大门，到保健办公室任副营职助理员。部长黄继文是一位新中国成立前参军的老革命，他身材高大，仪表堂堂，满头白发，令人敬畏。我的直接领导——保健办公室主任冯世智，是一位从山西走出来的年近六十的老保健工作者，完全是一副学者风范。他对工作特别认真负责，上到军区首长，下到保健专家，他的协调工作做得都很到位，各项工作安排得井井有条。由于保健办公室只有我和另外一位叫刘丽华的女同志，人手少，保健、疗养、接待、内勤等各项工作基本不分家。尽管头绪很多，但在冯主任的悉心帮助下，我还是能很快适应。有时根据工作需要，要去军区首长家走访。第一次见到过去只有在报纸上见过照片的张铚秀司令员、谢振华政委等首长，既兴奋又紧张，但我发现这些赫赫有名的军中名将，包括负责保健的史景班副政委等军区首长，一个个都挺随和亲切。在保健办期间，还有幸接触了301医院、军医大学及军区总院的知名专家，包括号称“中国胆道之父”

1985年6月，作者从老山前线回来就换上新军装（在昆明军区后勤部办公大楼前留影）

的国内著名肝胆外科专家的黄志强教授，都是在那段时间认识并开始交往的。

到军区机关不久办的一件大事，那就是参加中文大专的全国成人自学考试。我到军区机关报到时，全国自考办统一安排的第一批考试课目的“现代汉语”和“哲学”已于上半年4月份考过了，而下半年10月份新开考的“政治经济学”“写作”“文学概论”，军区后勤部开办的培训班已开学近两个月。如果我放弃这次机会，则只能参加下一轮即三年后的考试；如要参加本轮考试，则不仅要报名下半年开考的三门，还要把上半年已考过的“现代汉语”和“哲学”一并补报上，因为这种补考只安排一次，必须一次性通过，否则也要等三年后才能再有机会补考。为了不错失这一轮难得的培训和学习机会，我只能抓住不到三个月的时间，学好新开的三门，补上已考的两门。对我而言，刚到军区机关，各项工作正在熟悉，没有更多时间学习和复习，又要把正常情况下一年的课程在短短两个月内学完，这无疑是一个极大的挑战。但说放弃不容易。对于刚到大机关工作的我，中文学习是那样的急切和需要。在要么放弃、要么背水一战的面前，我选择了拼搏。这也符合我喜欢挑战和不服输的性格。

目标定下后，立即开始了高速冲刺，除每天只睡四个小时外，我还把所有时间包括吃饭、上厕所、走路的时间，全都利用上了。到了考前一周，则基本上没怎么睡觉。功夫不负有心人，首轮五门考试均一次性通过。其中，“哲学”“政治经济学”“文学概论”都考了80多分。第二年，我感觉到机关工作还需要系统地学习管理知识，又报了成人高考的党政干部管理大专。在三年后取得了中文大专和党政干部管理大专的大学专科文凭后，我觉得后续的本科知识也很重要和需要，就又报名了中文本科阶段的考试。由于1985年底我已调成都，1988年底又调北京工作，每次考试都是专程从成都和北京坐火车赶回昆明参考。在这种没有老师辅导、没有同学切磋的情况下，我的自学成了名副其实的“自学”，自己一个人的学习。

通过连续五年的不懈努力，我以科科均一次性顺利通过的优异成绩，过关斩将，一路冲刺，终于接连通过了中文大专、中文本科、党政干部管理大专的考试，并取得了云南大学和云南师范大学签发的全国成人高等教育自学考试的两个大专和一个本科文凭。由于全国成人高等教育自学考试采取的是考培分离的办法，即培训在全国各地，但考试由全国自考办统一组织，不像在大学里老师可以给出范围和重点，因此考试无重点、无范围、无捷径，唯一的办法，就是把指定教材的内容全部学好掌握。因此，它的通过之难，远远超过全日制在校考试。不少同学在深奥难学的“古代汉语”“古代文学”面前，都不约而同地选择了放弃。和我同期参加昆明军区后勤部中文大专考试培训的200多名学员当中，取得中文大专毕业文凭的军人，只有不到20人；而坚持整整五年时间，到1989年初取得中文本科毕业文凭的，就只剩下3个人了。正是抓住了这种国家自考的机遇，在圆了学医梦的同时，又圆了学中文、学管理之梦。时至今日，我还发自内心地感激国家这一德政。它让我和千千万万个有志于学习的年轻人一样，在自考中实现了一个个人生之梦。

据说，国内绝大部分文凭都不被美国认可，唯有全国成人高等教育自学考试的文凭例外。当然，这种考试之难，也在客观上逼我学多些，学扎实些。在五年自学完成后，这时我发现，和五年前的自己相比，我已变成了另外一个人，眼界和思路都变得开阔了，善于研究问题、分析问题、解决问题了，对起草机关各种文件、讲话不再发怵了，对做好机关工作更加充满了信心和底气。我的名字中的“学进”两字，在这几年中也得到了名副其实的体现，即在学习中进步，在进步中继续学习。不少领导和同事也开始称我为“机关一支笔”。它对我机关生涯的顺利发展，以至于最后走上人民军医出版社社长兼总编辑的岗位，既打下了根基，也创造了条件。

学习，给了我知识，也给了我乐趣。退休以后，我还想背上书包，继续那多彩的学子生涯。

三、参加老山、者阴山自卫还击作战

当兵，虽然实现了参军梦，但一直未上过战场，总觉得愧对了这身军装，总觉得还不是一个真正的名副其实的军人。这时，一个上战场的机会终于来到了。

1984年4月，云南边防老山、者阴山自卫还击作战（又称两山作战）正式打响。奉中央军委命令，昆明军区组成了军区前指，统一指挥两山战役。军区后勤部也组成了后勤前指，负责两山作战的后勤指挥。昆明军区卫生部首批赴任后勤前指的是时任卫勤处处长王谦（后历任第三军医大学校长、总后勤部副部长）和卫生部防疫处的魏树涛助理。1984年10月，昆明军区卫生部酝酿派第二批人去前指，正常情况下会从负责医疗、卫勤、防疫和药材工作的部门选派，作为负责首长保健又是刚到机关工作的我，不主动请求，是不会有这个机会的。因此，当我从卫生部刘忠国副部长处得知这一机会时，我当即主动请缨。两天后，部里即同意了我的请求。

记得正式出发的那天，当我穿着新发的迷彩作战服，头戴钢盔，肩背手枪，真的要离开家的时候，心中还是充满了惜别与悲壮。为了减少离别前的伤感，我阻止了家人前往机场送行的要求，而是选择一个人悄悄地快速离家。那时齐乔才3岁，还不理解爸爸上战场的真正意义。然而，不知道是我低估了一个孩子的智商，还是身着戎服奔赴战场的场景对孩子的影响太大，就在齐乔结婚后一次关于童年记事的闲谈中，齐乔对我讲，他人生中的记忆，竟是始于对我奔赴战场的记忆。他说，自从我上前线后，每当他看到大观街（一条从我家楼门前通往昆明军区总医院的马路）上一批批从前线回来的头戴绷带、手扶拐杖的伤员，就会生出许多莫名的担心：爸爸会不会也在他们的中间？他的话让我震惊。我清楚地记得，我的记事是从5岁开始的，而家人的生死别离，竟让一个孩子的记忆提前了整整两年。一场战争，不仅对一个国家、一个民族的影响很大，对一个家庭、一个孩子的影响同样深远。两山作战从1984年初开始，直到1989年10月才结束。当千千万万个军人义无反顾地奔向战场时，他们的身影，不仅留在了祖国的史册上，也永久地烙在了千千万万个孩子的记忆中，并将伴随着他们的一生。

军用直升机把我和同去的一行五名战友，空送到位于云南文山州的平远街军用机场，再驱车约一个小时，来到了四面环山、仅山口有一条便道通入的军区后勤前指。吃过晚饭后，昆后前指首长即给我们介绍情况，布置任务。已在前指工作了几个月的魏树涛助理，连续一周带我到战区的各个野战医疗所和军卫生处、师卫生科也包括团卫生队，逐个单位介绍情况，熟悉人员。紧接着，就是一场接一场的作战，有时甚至是几个方向同时打响。刚开始时我协助王永新副处长，后来就是我一个人，要独立做好每次作战前的卫勤保障方案，组织各类卫勤机构协调有序地展开战前救治准备、战中伤员前接后送和战区的卫生防疫、药材保障等工作，可以说是千头万绪。稍有不慎，一旦贻误战事，那责任和后果则不堪设想。这对我这个从未做过卫勤组织管理的新手来讲，难度是很大的。好在老魏给我留下了两本战时卫勤组织指挥方面的书，使我能够迅速地填补上这方面的知识空缺。更重要的是，在组织一次接一次的作战保障实践中，使我很快地熟悉了情况，积累了经验。在此后的规模较大的战役中，不论是深入前线阵地调查补充战救器材，还是组织多个医疗队到前线前接伤员，或者调动军用专机和专用列车后送伤员，都能组织得井井有条，很有章法，也受到后勤前指首长的多次表扬。

1985年4月，参加两山自卫反击战时与战友们在战壕中合影（左一为作者）

短短的前指半年，对我的人生影响很大，也留下了许许多多难忘的记忆：前指作战室中那通宵达旦的战前运筹，“三转弯”（为上前线必经要道）沿途中那震耳欲聋的连天炮火，登老山主峰通过雷区时的一路历险，在“662.6”高地上与敌人近在咫尺的意外遭遇，在楠椰某集团军一个团后勤前指掩体门前所遭受的突然空袭，连夜在弹药库装卸炮弹的紧张劳累，每次战后在火葬场清点遗体时的心灵震撼，以及为防范敌特工偷袭的枕戈待旦，接收安排对方俘虏伤员的趣闻轶事等。虽然30年过去了，但只要提到云南、提到老山，这一幕幕情景，就会不由自主地浮现于脑海。经过这场战争，也使我对军人与责任、生死与奉献这些沉甸甸的字眼，有了从未有过的深切而独到的感悟。我知道，一旦穿上这身军装，你的生命便不再属于你自己。当养育你的祖国和人民需要时，你必须挺身而出，以不愧对这身军装。也正因为这样，2008年汶川地震中，我能在中央台已预报当天晚上有6~7级余震的情况下，冒着危险请战，于当天下午赶到灾区，参加抗震救灾。当时不少朋友和同事不理解，我说：“并不是我有多高的觉悟，而是我穿着这身军装！”

从战场归来，上级对我进行了通令嘉奖。虽然入伍后已获得十多次嘉奖，但我还是把这次嘉奖看得很重，因为它来自战场，它和生死相关。

四、剧烈动荡中的1985年

1985年6月中旬，到新建的军区后勤部办公大楼上班的第一天，突然得到消息：将要实行百万大裁军，原有的11个大军区将要合并成七大军区。其中，昆明军区和成都军区也要合并。由于当时昆明军区指挥的两山作战正在激烈进行中，所以在1985年5月23日军委扩大会议上，上会讨论的方案是成都军区撤销，合并到昆明军区。然而，一夜之间，事情发生了戏剧性的变化，在军委扩大会议结束的6月6日，军委正式决定，保留成都军区，撤销昆明军区。这一消息，不啻10级地震，整个昆明军区机关炸开了锅。我也同军区机关上千名干部一样，面临着进退去留、何去何从的严峻选择。

当时，我面临的选择有三：如选择留在部队、留在昆明，就要到军区下属单位去任职；如选择去成都，要把刚刚从曲靖69医院搬到昆明的家，又要搬到成都去，齐乔年迈的姥爷姥姥坚决不同意；如选择就地转业，又舍不得脱下这身军装。反复思考，最终还是以留在昆明军区下属单位工作为好。1985年8月，军区后勤部党委正式发出任命，让我去昆明军区安宁疗养院任副院长（副团职）。

疗养院位于距昆明市区50公里的郊区安宁县，是我国著名的温泉疗养胜地。全院展开近300张疗养床位，担负全区及全军部分高中级干部的疗养保健任务。报到后，院党委决定我主抓营建，主要是负责已开始修建的三幢疗养新楼。面对这项从未接触过的工作，我迅速找来了有关书籍，晚上学习营建知识，白天则跑工地、查质量、抓进度，很快进入了角色。

就在我一心一意投入疗养院营建工作的时候，军区卫生部李开兴部长给我来信，希望我到成都军区卫生部工作。他原是昆明军区卫生部医疗处处长，1984年由处长直接提为昆明军区卫生部部长。他本人是博士出身，知识渊博，才华出众，口才文笔都非常好，对爱学习、文笔好的人特别喜爱。也许是我参加成人自学考试一次性通过五门的优异表现，给他留下了很深印象。当他到新成立的成都军区卫生部后，觉得特别需要有一个思路和文笔都好的人，来做部里的综合计划工作。在这种情况下，他首先想到了我，并取得了时任成都军区卫生部综合计划处处长田鹏飞的完全赞同（田处长是原昆明军区卫生部卫勤处副处长，他对我也非常了解）。而我也为能到综合计划部门工作，特别是在两位老领导的领导下工作而感到非常高兴。虽然家刚从曲靖搬到昆明，全家人也不愿意再搬迁成都，但最终都同意了我的选择。于是，我很快打点了行装，于1985年12月28日，从昆明乘火车来到成都，向我所尊敬和信任的李开兴部长与田鹏飞处长报到。从此，开启了我在卫生综合部门长达十多年的漫长历程。

1985年，短短一年中，随着百万大裁军的浪潮，我由军区前指卫生部、军区保健办、军区疗养院到成都军区卫生部。人的一生很漫长，但真正起决定作用的只有几步。一年之中经历四次变动，而最终确定到成都军区卫生部工作，这是我一生中最重要也是最正确的几次抉择之一。正是在成都军区卫生部综合计划工作的岗位上，我才真正地完成了由一个普通机关干部向优秀机关干部的转变，并奠定了三年后到总部工作的基础。

五、三次入川又出川

与昆明军区合并成立的成都军区，区域包括云、贵、川、藏四个省区，地域辽阔，边境线长，条件艰苦，卫勤保障任务同军事斗争任务一样异常繁重。军区卫生部的六个处室中，综合计划处除负责卫勤组织、卫生战备、科技训练外，综合计划工作是最为重要的一块。李开兴部长和田鹏飞处长让我这个过去从未接触过综合计划工作的人来负责综合计划工作，是对我的极大信任。在军区机关中，搞综合计划的人，常被称为机关的首席助理。因为他思考与谋划的业务工作边界，应该和部长是一致的，他必须要熟悉和考虑包括卫勤、医疗、防疫、药材、科技、训练以至计划生育、爱国卫生、干部保健等整个军区卫生工作，才能完成包括拟制军区卫生工作的中长期规划和年度计划，完成部长交给的各项临时性、突击性任务，特别是各种会议材料、文件的起草。从这个意义上讲，做组织计划的助理员，有点像部长的办公秘书。它对做这项工作的干部素质，提出了比其他岗位更高的要求。当然，也由于这个岗位突击性、随机性的任务多，加班的机会多，工作比较辛苦劳累；对工作研究水平和文字水平的要求较高，逼着你要多学习、多动脑、多掌握信息；业务范围涉及的面比较宽，可以学习了解卫生系统各个部门的业务，快速拓宽管理工作眼界；为部长服务的机会较多，能够多得到部长的指点和帮助。只要用心，不怕吃苦，善于学习，肯于动脑，这也是个特别锻炼人、特别成长人的岗位。

虽然我过去未做过综合计划工作，但我有从基层到大区各级单位的经历，经过医疗、预防、战备、保健、前指等多岗位历练，有了中文

1988年5月，与成都军区卫生部防疫处张友富助理（右一）随同李开兴部长（中）在云南省军区调研

自学考试两年多的积累，特别是经常和李开兴部长一起研究材料、下部队调研，使我的业务能力有了快速提升。很快，我就胜任了这项工作，并成了军区卫生部的两名主力助理员之一（另一名是医疗处的张林助理员，后为成都军区卫生部部长）。在成都军区工作的三年中，凡是军区卫生部出台的重要规划、重要文件，重要会议上首长们的重要讲话，大都出自我和张林的手笔。李开兴部长本人是相当能写的人，文笔好，眼界也高，他本人的讲话特别是公开发表的文章，从来都是自己动笔。但自从他对我的文笔认可后，他的讲话和文章开始交给我写了。

1988年10月前后，针对部分医院盲目追求经济效益忽视技术提高和医疗质量的问题，我在《西南后勤》杂志上公开发表题为“医院应把技术效益放在第一位”的论文。这篇论文发表后，得到了总后勤部卫生部综合计划局傅征局长的注意。恰巧，这时主持总后勤部卫生部工作的张立平部长提出要从全军选调一批有基层工作经验、有思路、文笔好的机关干部，以改变机关干部中“三门”干部（指从家门到学校门、再到机关门）过多的现象。傅征局长（后为总后勤部卫生部副部长）在了解我的成长经历后，觉得我符合条件，在反复协商成都军区卫生部李开兴部长和田鹏飞处长并征得他们同意后，总后勤部正式向成都军区下达了调令。1988年12月30日，在成都军区卫生部工作整整三年后，田鹏飞处长亲自把我从成都送到北京，送进全军最高卫勤指挥机关——总后勤部卫生部。

民间曾有“少不入川”之说，就是担心成都繁花如锦的生活，侵蚀一个年轻人的奋斗精神。我从当兵第一次进川，到上华西读大学时第二次进川，再到两大军区合并第三次进川，每次都给我留下了特别美好的印象。或许是福气太薄，也许是缘分不够，尽管在华西毕业后曾经留校，也尽管在1987年把家从昆明搬到了成都，但最终，命运之神还是让我选择了离开。

尽管无缘安家天府之国，锦绣蓉城，但三次入川，历时八年，它给予我的影响和营养，却是巨大而深远的。20多年过去了，内心深处对四川的爱和眷念，从未有一丝削减。

第四章

在总后机关的辛劳和收获

总后勤部，军委当时三总部之一，是一个神秘而又令人向往的地方。

从当兵第一天开始，从连长的第一堂课中，我就知道了军委、总部；从“听毛主席的话，坚决执行军委总部指示”的训令中，我知道了总部的分量，因为它是和中国最崇高、最神圣的东西紧紧关联在一起的。不论在铁道兵昆明军区还是成都军区，不论在前线还是后方，每当谈起总部，内心深处总是充满着崇敬与神秘。只是到了昆明、成都军区卫生部工作后，有了经常与总部机关直接接触的机会，虽然对总部不再感到神秘，但对总部机关干部襄赞中枢的重要地位，运筹帷幄的过人睿智，协调三军的广阔平台，仍然保持着深深的仰慕之情。

从来没想到，现在，我将成为他们其中的一员。

一、 进京考试得了个满分

总后勤部卫生部，原称中央军委总卫生部。作为全军卫生工作的最高领率机关，在红军时期曾一度和总司令部、总政治部、总供应部并列，称作“司政供卫”，足见其地位的特殊和重要。共和国的多任卫生部部长，如贺诚、饶正锡、傅连暲、钱信忠、张文康等，也都曾是总后卫生部部长。而我所在的综合计划局，则相当于总后卫生部的司令部，担负着综合计划、卫勤指挥、卫生战备、卫生财务和信息自动化等重要任务。傅征局长是总后机关中有名的大笔杆子，也是机关工作经验非常丰富的卫勤领导。由于他本人也是做综合计划助理员出身，对综合计划的业务非常熟悉，对我的指导帮助很大。

我到总后卫生部正式报到的第二天，傅征局长就给我下达了为总后勤部刘明璞副部长起草在全军卫生部长会议上讲话稿的任务。刘明璞副部长我虽未见过面，但在成都军区工作期间，曾在1988年的一期《解放军报》上看过他带领解放军后勤代表团出访美国归来后，美国国防部有关将领对他高效率、快节奏和严谨作风的高度评价。按照惯例，全军卫生部长会议每年召开一次，总后卫生部部长的主报告和总后首长在会议上的讲话，是这个会议的两个主要材料。通常情况下，会组织两个写作班子，在会前一个月左右开始起草。局长把如此重要的一个会议主要文件交给我这样一个刚报到一天的新手，表明了对我的极大重视和信任。但要写好这种大材料，即使对一个老机关来讲，也要进行大量的资料调研，并及早和首长沟通以了解意图，才能使讲话稿实现首长要求，并对全军卫生工作真正有指导作用。对于我一个刚到机关的新人而言，对全军卫生工作的情况不了解、对军委和总部新的意图不了解、对讲话首长的想法不了解，要写好这篇讲话，显然难度很大。

局长显然是看出了我的难处，他说，刘明璞副部长本人既是军医大学毕业的卫生工作内行，又是一个水平非常高、要求非常严的首长，他对文件起草的要求是“三番五次、七稿八覆”，不到讲话的前一天，稿子都要一直持续不断地修改，直到讲话前才算是定稿。他还和我讲，让我不要着急，先拿出个初稿。好在距离开会还有近一个月时间，等他出访回来后，再带我一起向首长汇报，然后根据首长指示，再来修改完善。

接受任务后，我立即投入到收集、学习、研究军委总部重要文件、首长讲话、规划计划、工作安排及全军近些年卫生工作主要情况等起草资料的调研中来，并对刘明璞副部长近些年的主要讲话内容、关注重点及语言风格，都一一进行了重点研究，以了解全军卫生工作的基本情况和主要问题，熟悉总后卫生部新年度工作的主要思路和工作部署，在此基础上，整理出了讲稿的框架思路和主要观点，又经过紧张的起草、修改，在局长出访回国的前一天，终于赶出了5 000余字的初稿。

傅征局长和张立平部长在审核了我的送审稿后，当即报送给了刘明璞副部长。三天后，刘明璞副部长的秘书姜达伟告诉我，报上去的讲话稿已基本认可，看来不会推倒重来或做大的修改了。十天后的全军卫生部长会议上，在刘明璞副部长讲话时，我特地准备了录音，然后对照录音进行了修改校对，发现首长完整地用了这个稿子，通篇改动不到100个字。

一稿通过了总后最难通过的首长讲话，为我在机关赢得了“卫生部一支笔”的美誉。虽然这称赞不是来自组织而是来自民间，但它还是极大地提升了我在领导和同事心目中的地位，极大地增强了我在总部机关做好工作的信心和勇气。在好几位干部从各军区调到总后卫生部试用好几年都不得正式调入的情况下，我到总后卫生部仅试用半年，就于1989年6月上旬，被正式调进了总后机关。

二、笔杆子是这样练出来的

按照局里分工，我仍然是负责综合计划和卫生战备工作。在综合计划方面，自从为刘明璞副部长起草讲话一炮打响之后，我除了负责总后卫生部每年工作要点的谋划与起草、年底卫生部长会议主报告的起草外，开始被频繁地抽调进卫生部各种材料组、文件组和一些大会筹备班子，担负重要文件和首长讲话的起草任务。

1990年9月召开的全军医学科技大会，是全军医学科技发展史上极为重要的一次会议。这次会议，要对1978年以来的全军医学科技工作进行回顾，研究面临的形势和任务，提出到2000年这十年间全军医学科技工作包括军事医学、临床医学、预防医学、生物高新技术、科研成果转化、人才队伍建设、科技条件支撑等在内的总体思路、发展战略和主要对策、措施。对于讲话的主笔人，刘明璞副部长仍点名要我来负责。我对全军医学科技工作不熟悉，要完成时间跨度这么大、内容如此庞繁的讲话起草工作，难度很大。在短短一个月的时间里，要对国家的、军队的科技方针政策进行系统研究把握，对军队过去十多年的医学科技工作进行系统总结，对今后十年的医学科技工作提出整体部署意见，这对我来说确实是一个严峻考验和重大挑战。好在讲话起草前，刘明璞副部长召集机关有关人员，专门对讲稿提纲进行了研究，为起草工作明确了方向、思路和框架。为了完成好这一艰巨任务，我从接到任务的下午，就住进了总后一招，把自己封闭起来，进行突击起草。通过通宵达旦的半个多月加班，终于赶在会前拿出了一个近2万字的初稿，又经科技局赵达生局长（后任军事科学院院长）、吴乐山副局长（后任军事科学院科技部部长）等把关润色，也在刘明璞副部长那里实现了一稿通过。由于这个讲话的起点高、分量重，对指导新形势下的全军科技事业发展，特别是对组织全军科技力量集智攻关，起到了重要的指导作用。讲话在会上和会后下发，受到全军医学科技专家的普遍好评。

1990年12月，与总后勤部刘明璞副部长合影（左起依次为：李春明、作者、刘明璞、袁永林、文俭）

紧接着，在重庆召开的全军医学教育工作会议等全军性的重要会议，性质都和全军医学科技大会差不多，都是在某一个重要的领域中系统地总结过去、分析现状、部署未来，都是在军队卫生工作史上有着历史性意义的重要会议。这几个会议讲话，刘明璞副部长都指名由我来为他起草。现在回想起来，每起草一个讲话，都要研究了解一个领域的工作，这为我加快熟悉卫生口的相关业务，迅速提高机关业务能力，创造了极为难得的条件。当然，每一次为会议准备讲话，大都带有突击性，一旦接手任务，就得全身心投入，一般每天只能睡4~5个小时，有时甚至要投进去几个通宵。比如，为军委迟浩田副主席起草“在全军部队卫生工作会议上的讲话”，为总政李继耐主任起草“在全军计划生育工作会议上的讲话”，为总后赵南起部长起草“在全军卫生工作会议上的讲话”，为总后周克玉政委起草“在纪念国际护士节暨庆祝黎秀芳获南丁格尔奖庆祝大会上的讲话”等，无一不是在这种边研究边突击中加班加点完成的。而我的机关工作能力和业务水平，也在这种实际工作的历练和摔打中得到了快速的增长和提升。

当然，在撰写大量文件的同时，我对自己分管的另一块工作——卫生战备，也投入了大量精力进行熟悉了解，由于我有前线参战的经历，所以在这方面比较得心应手。其中，负责协调西藏拉萨戒严和部队进藏的卫勤保障，实现了大部队进藏“一人不亡、大部不病”；1989年春夏之交政治风波中的伤员救治，同样圆满完成领导交给的任务。由于工作上的出色表现，组织上给我记了三等功。

1990年8月，正当我在北戴河疗养院参加起草我军第一部《全军卫生工作条例》时，接到总后卫生部通知，让我迅速回部机关，跟随张立平部长去兰州军区部队调研。从兰州军区调研回到北京，张立平部长决定让我当他的秘书。

秘书，一个崭新而陌生的岗位。想不到一干，竟是六个年头。

三、给张立平部长当秘书的日子

张立平部长是一位从解放战争时期入伍的老革命，是一位从连队卫生员成长为总后卫生部部长的将军，是一位著名的军队医院管理专家，同时又是一位非常和善、对人真诚的长者。但他对工作却是非常严格、一丝不苟的。他患有严重的腰椎间盘突出，只要坐的时间一长，腰就疼得厉害，但仍然常年带病坚持工作。每天下班时，总是带着厚厚的一个大文件包离开办公室，回家常常工作到深夜。他的这种正直勤奋、坚守原则、严谨扎实的工作作风，对我的教育和影响很大。

当年当秘书的生涯，远不像今天所看到的风光，在它那体面诱人的背后，有着非常忙人、非常拴人、非常累人的一面，当然，它也是非常锻炼人的一个岗位。

给首长当秘书，要根据轻重缓急，安排好首长工作日程，开会、办公、见客，都要安排得井井有条；要帮助首长处理好大量文件，分类提出处理意见；要快捷稳妥地办理好首长交办的各种事项，并要及时回音；还要协调各方，尽可能准确落实好首长意图。这些工作都差不多。要说我这个秘书干得更累的地方，就是因为我是从综合计划的岗位转过来的，因而带来了大量的文字工作。

首先是原属于综合计划部门的每年全军卫生工作安排要点和每年全军卫生工作会议的主报告。我到部办公室工作后，这两项工作就带了过来。在我当秘书的那六年间，每年全军卫生工作要点和部长在全军卫生工作会议上的主报告，基本上就由我牵头起草，并以卫生部办公室的名义下发。其次是根据部长的要求，部办公室成立由我负责的核文小组，凡是以总后卫生部名义上报下发的各种重要文件，都必须经我文字把关。总后卫生部基本上是每天、最多每两天就要出一份文件，文字把关的工作量也相当大。最后是部长的讲话、报告和以他的名义发表的文章，基本上由我负责起草或参与组织起草。当然，最累的还是跟随首长出差，因为每到一个单位，首长都要在调研和听取汇报后做一个正式讲话，而白天因要陪首长参加各项活动，起草讲话时间全部是利用夜间完成的。这种讲话一般在3 000~4 000字之间，起草、修改，加上打印、校对时间，常需要五六个小时，一般要到凌晨三四点，遇到重要讲话，或者打字员水平低，就要搭进去整个通宵。

1990年9月，作者与石虹（左二）、陈运琪（左一）一起跟随总后卫生部张立平部长（右二）赴兰州军区调研途经黄河雕塑时合影

在各种加班加点的工作中，印象最深的是1990年8月21日至8月27日跟随总后刘明璞副部长和张立平部长到大连参加“全军疗养院工作会议”和紧接着召开的“全军药材工作会议”，我创造了整整七天七夜未睡觉的纪录。

记得出差那天，我们到达大连疗养院已经是晚上11点多。在听取总后卫生部医疗局黄茂辉副局长（后任解放军总院医务部主任、少将）关于次日开幕式的汇报后，刘副部长当即指示，考虑到辽宁省委常委、大连市委毕书记要参加会议，把原由黄副局长致开幕词，改为张立平部长来致。我连夜为部长起草，尽管一分钟都没有耽搁，从写到打，到修改、校对、印刷、发放，也还是用了整整一个通宵。

上午大会后，刘副部长安排我和当时在医疗局工作的王应征助理（后任307医院院长）为他起草在这次大会上的讲话，并和我们商量了提纲和分工。接受任务后，我们立即分头动笔，经过一个通宵加上第二天一天的苦战，终于于次日晚饭后七点将稿子准时报送给首长。但刘副部长看了稿子后说，他经过一天与会议代表讨论，启发他思考了近十个新的问题，必须针对这些问题，对稿子做出相应的调整修改。根据首长意见，我们又紧急地开起了夜车。正当我们写到一半时，凌晨三点左右，负责首长警卫的王业宝参谋，翻墙进入了我们住的小楼，说首长现在就要看稿子，让我们写一页，打字员打一页，当即就送首长看一页。就这样，在首长亲自参与的流水作业中，我们赶在第二天中午前，终于完成了这个长达2.4万字的重要文稿。

就在刘副部长讲话结束后的晚宴上，张立平部长找到我，让我为他起草第二天大会总结讲话，希望我再辛苦一下。于是，我又用了整整一个通宵，在第二天上午，为部长赶出了大会总结报告。

虽然整整四个通宵没有合眼，但那时人正年轻，并没有感到太累，还兴致勃勃地参加了当天傍晚安排的参观旅顺港活动。那是我第一次乘坐军舰，在一望无际的蓝色海面上飞驰，那种乘风破浪的感觉，真是非常的棒。

在离开大连返京的火车上，刘明璞副部长和我讲，三天后将在北京召开“全军药材工作会议”，他要出席讲话，要我为他起草讲话稿，并和我一起商定了讲话提纲。由于“全军药材工作会议”已多年未开，上上下下都很期待，所以他要求一定要高标准地起草好这个重要讲话，能够为全军药材工作指路子、明方向、理思路、给办法。他因为要到上海处理一起放射源泄漏的意外事件，后天回京，希望在他回来的当天，能把稿子交给他。我过去对药材工作不熟，时间太紧，于是我从北京站直接赶到会上，抓紧调阅相关资料，一分钟都不敢耽误，经过高度紧张的两天两夜突击，终于赶在刘副部长规定的时间节点，拿出了一个2万多字的稿子。

就在我为连续作战两天两夜又完成一项重大任务而准备犒劳自己，好好吃一顿饭的时候，林杰秘书打来电话，说上海的事故处理困难，总后赵南起部长指示刘副部长不用赶回北京参会了，改由总后李伦副部长代他出席并讲话。张立平部长和我将稿子送给李伦副部长，他在浏览了我为刘副部长准备的稿子后说："我历来不喜欢讲长话，这个稿子基础很好，请你们压缩到6 000字，明天上午交给我。"

按照李伦副部长的要求，我又紧急加班了一个通宵。第二天上午，将压缩到6 000字的稿子交到了李伦副部长手上，他看后当即表示予以采用。

从21日的大连"全军疗养院工作会议"，到27日的"全军药材工作会议"，七天时间，我完成了两个全军性重要会议、四位首长的四个重要讲话，总字数达到5万字。尽管七天七夜没有合眼，但完成了首长们交办的任务，心中还是无比高兴。或许是紧绷的神经一下子放松的缘故，在回家的路上，突然觉得头重脚轻，并总感到脚下的马路高低不平。但当我高一脚低一脚走回家，准备好好补个觉的时候，却翻来覆去怎么也睡不着，最终还是服用了两片安定，才睡了一觉。

也许是有了这七天七夜加班的经历，我对平时加班一两个通宵，也不再有什么压力和负担。在为张立平部长当秘书的近三年中，平均每年通宵加班都超过20天以上。而加班到晚上12点左右，已是家常便饭。以至于上小学四年级的儿子齐齐对我说："爸爸，见你好难。"是的，我每天回家时，他早已睡觉；他起床时，我早已离家上班。但他知道，他的爸爸是一个军人。奉献，又岂止在战场。

四、我给陆增祺部长当秘书

1994年3月，张立平部长退休，接任部长的是上海第二军医大学校长陆增祺将军。陆部长是上海人，1959年入伍，到总后工作前一直在第四军医大学从事医学教育管理工作。由于他1990—1992年曾在总后卫生部担任过副部长，所以对我比较熟悉。他接任部长时，曾有多位领导同志给他推荐过秘书，但他最终还是决定让我当秘书。一个秘书，连续两届为正职首长服务，这在总后机关是非常罕见的，这也充分体现了陆部长对我的高度认可和信任。

1995年9月30日，作者（右一）随同陆增祺部长助理（左二）、白书忠部长（右二）、李超林副部长（左一）看望总后洪学智老部长（左三）

陆部长长期在高等院校从事管理工作，是一位视野开阔、极具远见、敢于创新、气魄非凡的领导。在他身边工作虽然不满三年，但他那种大气磅礴、举重若轻、雷厉风行、明快果断的做事风格，对我的影响很大。在他的领导下，军队卫生工作很快出现了新的气象和局面。他的工作节奏很快，效率很高，在总部机关文山会海的情况下，他能做到案无遗牍，这在总后机关是相当罕见的。作为他的秘书，我努力适应他的工作节奏，尽心尽力地配合他的工作做好服务。

1995年元月，陆部长被中央军委任命为总后勤部部长助理兼卫生部部长，走上了总部领导的岗位。作为一身兼二任的他，既要承担卫生部主官的工作，又要履行总后首长的职责，工作更加紧张繁忙。这时，组织上又为他从第二军医大学选配了该校办公室袁宗法主任当他在总后首长办公室的秘书，专门负责他在总后部长助理任上的相关事务，我则继续负责承担卫生部长秘书的工作。这样，当部长不在卫生部机关的时候，由我负责牵头的事情相对多了起来。据我手头现存的1995年工作总结记载，全年中，除了每周一次、全年52期的部领导办公活动安排，30期的“卫生部要报”的起草、修改和上报，15次部办公会和办公周会的组织及其纪要的起草（全年共拟制7期“部办公会纪要”和8期“部领导办公周报”），完成陆部长助理兼卫生部长临时交办的对各局室上报下发的文件修改把关、讲话起草讨论、信件处理等150多份（平均每周为3份）外，还承担并完成了一年中所有大型会议主要文件的起草工作，一年文字总量要超过60万字。应该说，只要是首长关注和参与的工作，我都很好地参与并实现了他的要求。而首长对我也很关心，有意创造机会让我多参与一些重大活动，比如1995年5月29日至6月14日，在他带领中国军医代表团赴澳大利亚访问（顺访新加坡）时，指名让我参加，这也是我第一次出国，对我研究了解发达国家军队卫勤保障情况，开阔眼界，增长见识，起到了重要作用。1995年底，他在委托我牵头组织起草全军卫生工作会议主报告后，又指名让我牵头组织“驻京医院进一步做好为部队服务工作会议”（即3·6大会）主报告和紧接着召开的“全军总医院和军医大学附属医院院长座谈会”主报告的起草。会后，这两个主报告均以总后勤部文件的形式正式下发全军医院执行，对于进一步端正医院工作导向，调整和明确医院工作的指导思想，把医院建设、改革和服务扭转到履行职能、开拓内涵、质量建院上来，起到了重要作用。我也从这些重大任务的参与和完成中，不断锻炼、充实、提升自己。

1996年7月12日，陆部长助理兼卫生部长找我谈话，说第31届国际军事医学大会将于当年10月在北京召开，为了筹备好这次为全球各国军队所瞩目的盛会，要从全军抽调精兵强将组成筹备办公室，脱产参加筹备工作。从此，我结束了近六个年头的秘书生涯。

在为陆部长助理兼卫生部长当秘书的两年零四个月时间里，我从他身上学到了很多东西。他不光有很强的领导能力，很高的领导水平和领导艺术，还有很高的书法水平。而他很高的写作水平，则是通过拜读他退休后用半年时间撰写的回忆录《足迹——我的七十年》，我才得以全面领略。他的领导艺术和做事风格，对我的影响是很大的。甚至可以说，他也是我人生的一位老师。为他当秘书的经历，为我后来到人民军医出版社当好社长，提供了很多难得的启发和借鉴。

两任部长秘书生涯留给我的，是对我一生都有着重大影响并受用不尽的财富，首长们的言传身教，无时无刻不在影响着、激励着我。从这个意义上讲，当秘书虽然辛苦，但能在首长身边工作，有一位老师每天在身边耳提面命，只要做个有心人善于学习，就可以从秘书岗位上学到很多在其他工作岗位难以学到的东西。秘书工作教给我的大局观和协调意识，在首长身后低调务实做事的作风，善于从多方位多维度思考问题的习惯，都在潜移默化地改变着自己。和当秘书的六年前相比，我觉得自己对人生、对人性、对官场、对事业都已有了更加通透、更加清晰的认识，它使得我在各个方面都更加成熟，能够以更加自信、更加从容、更加平静、更有韧性的态度，来直面自己的人生。

五、难忘的第31届国际军事医学大会

国际军事医学大会，是由国际军事医学委员会负责召开的全球性军事医学盛会，每两年召开一次。在1994年德国召开的第30届大会上，我国成功赢得了第31届大会的举办权。在军事医学界，其意义不比取得奥运会举办权的影响小。

我是1996年7月15日到筹委会办公室报到的。部里指定我担任办公室副主任兼指挥协调组（后与材料组合并）组长，分工负责总体协调、文案拟订、文件起草、首长讲话、日程安排、对外宣传、工作简报等工作。

组织有100多个国家军方参加的大型军事医学国际会议，在中国军队历史上还是第一次。在国际上，因其与政治、军事、外交等问题大量地交融到一起而倍显敏感，加之当时的通讯远不如今天通畅，军队出于保密等需要致使联系相当困难，各国的官方语言不一导致交流不畅；在国内方面，则需要与外交部、公安部和北京市的公安、交通、保卫、旅游等多部门协调，加上会场准备、展览准备、参观现场准备、会谈准备、交通准备、安全保卫准备、宣传报道准备、住宿及饮食准备、翻译准备

等，可以说是千头万绪。为了做到万无一失，办公室和外事部的同志们，基本上每天加班都到深夜两点以后，这种高强度的工作，一直持续到大会召开后的11月上旬，前后达四个多月。

我作为综合部门的负责人之一，主要是负责总体组织与综合协调工作，面对大会组委会7个工作部、40多个工作组、近千名工作人员，头绪繁多，任务很重。我带领王文中、吕吉云、徐勤耕、刘名华、田学军等同志，在大会召开前，主要是牵头组织完成了大会总体运作方案的起草、推演、修改，以及大会《工作手册》的编制工作；完成了两次筹备工作综合性协调会、十多个单项大型活动协调会、工作人员进点动员会、主席办公会、秘书长办公会、北京市人民政府办公厅筹备工作协调会等40多个会议的组织协调工作。

与第31届国际军事医学大会筹备办公室指挥组成员合影（左起依次为：吕吉云、工作人员、王文中、徐勤耕、作者、刘名华、田学军）

就在大会筹备进行之际，1986年7月底，接到了总政治部于当年6月底发出的命令，任命我为总后卫生部卫勤研究室副主任（副师职），由于筹备这次大会，我并没有到职。待大会结束，起草总后向军委关于召开第31届国际军事医学大会的总结报告后第二天，又接到了总后卫生部医疗管理局副局长的任命。这样，我当了未到职的半年研究室主任，就从大会筹委会办公室直接到医疗管理局报到了。

参加这次有近千人筹备、上千名代表参加的第31届国际军事医学大会，对我的组织协调能力是一个重大的锻炼与提升。现在，新的使命正在向我招手。迎接新的挑战，不负组织期望，尽力为军队为国家多出力多做事，这就是我当时接受任命时的唯一心愿。

六、只追求“三分”的副局长

在去总后卫生部医疗管理局报到前，陆增祺部长助理兼卫生部长找我谈话，他说，医疗局是一个职能非常重要、任务非常繁重的部门，但目前工作状态与担负职能任务还不相适应，他希望我能协助王耀忠局长，把医疗管理水平提上去，把医疗局这个重要的部门建强建好。我也清楚地知道，组织上在刚任命自己为卫勤研究室副主任还不到半年，甚至还没有报到的情况下，就把自己派遣到医疗局来工作，足见组织上对医疗局工作的重视和对自己的巨大信任及期待。

1996年12月17日，我正式到医疗局走马上任。王耀忠局长是从302医院副院长的岗位上过来的，他对医院管理工作熟悉，办法多、要求严，对我信任、尊重，也很放手。作为副局长，我非常清楚自己的定位，那就是协助局长，当好助手，带领部属，做好工作。在全局的第一次大会上，我就谈了自己的工作定位：副局长虽然是医疗局的领导，但副局长首先是局长的助手；而助手的本分，说到底，就是抱着“学习、团结、干事业”的态度，为正职“分劳、分忧、分过”。我在任副局长期间，会以这“三分”来要求自己，希望全局同志对我是否做好进行监督。之所以这样提，是因为我经历过的或见到过的好多单位，一把手、二把手热衷于争名争利争功争权，甚至各拉一帮，钩心斗角，最终两败俱伤，不仅大局和事业受损害，单位建设受影响，个人事业受阻碍，心情不爽也常导致健康受损。团结好，大家受益；团结不好，大家受损。团结好时就顺，团结不好就不顺。自己作为副局长，只要我严于律己，推功揽过，即使有人在下面搞动作，也难以成事。因此，只要我在大事上清醒把关，为局长分好“忧”；在具体工作中特别是在突击性任务中冲在前面，为局长分好“劳”；在问题和失误上主动承担责任，为局长分好“过”；这个副手当好了，正副手拧成一股劲，这个单位的工作就必然能搞好。秉承这个理念，我重点做了三条线上的工作：

第一条线，是分管工作新局面的拓展。根据分工，局长主抓医院管理，我则分管部队就医管理改革试点、信访、医政、中医、血液管理、护理等工作。

在部队就医管理改革试点方面，主要是较好地完成了军队就医管理改革试点的调研、组织和协调任务。1998年上半年，经部办公会讨论研究通过，总后卫生部决定，成立由傅征副部长为组长的总后卫生部就医管理改革小组，我为副组长兼办公室主任，具体负责南京战区的就医管理改革试点工作。为了搞好这个试点，我提出了“部队与医院实行经费下拨款与收治数量挂钩，双向考核，超节双担，利益互动”的思路，和李清杰助理（现为总后卫生部部长）、南京军区卫生部陈勇部长、医疗处张亚坤处长一起，抓了福州总医院、漳州175医院、泉州180医院、江西南昌94医院及体系部队的试点。通过1998年底前两个月的试运行，基本上取得了预期的改革效果，为全军的后续医疗体制改革，起到了试水先行的重要作用。

1998年9月，作者与总后卫生部医疗管理局王文中（左）、李清杰助理（右）开会时留影

在信访方面，通过建立季度信访通报制度，逐个查处重大问题，促使了一大批老大难问题的解决。1998年底，反映“三乱”的信访较前几年下降了40%~55%，创历年之最。总后王克部长为此专门批示表扬：“件件有着落，事事有回音，很好，望继续保持发扬。”医疗信访办也逐步扭转了工作被动局面，并连续两年被评为总政总后信访先进单位。

在医政方面，重点抓了长期滞留在部队慢性伤病员这一困扰部队多年的老大难问题。为此，我和郭进助理一起，主动出面协调总参军务部、总政组织部和国家财政部、民政部有关部门，成立了由上述五部门共同组成的联合工作组，由我带队，对滞留在全军的8 000多名慢性伤病员进行了一次大规模调查。在摸清底数的基础上，从立法、政策、投入、安置方式这几个关键环节入手，提出了系统的解决思路和办法。1999年，军地五部委正式下发了《关于处理滞留部队慢性伤病员的意见》，供军地一体执行，从而使长期滞留部队的数万名伤病员很快得到妥善安置，受到军委总部首长和财政部、民政部领导及军地方方面面的好评。

在中医方面，主要是成功组织筹备召开了“全军第四届中医理事会”，会后以总政、总后名义联合下发《关于加强全军中医工作的意见》，较好地解决了制约全军中医事业发展的一系列难题。

在血液管理方面，是和文俭（现任北京军区总医院院长）一起制定了军队贯彻《献血法》的四个配套法规，筹划并协调成立了驻京部队献血委员会，在北京和全军成功地推开了大规模的群众性的无偿献血活动。为了把总后机关的义务献血活动开展起来，在总后机关组织的义务献血活动中，我第一个带头义务献血。当时总后副政委杨德清中将（后为广州军区政委），还专门到献血现场对我进行了慰问和表扬。

在护理管理工作方面，和田晓丽助理员一起主持制定了《军队护士执业管理办法》，组织召开了“全军整体护理现场会”，在全军大中医院中全面推开了整体护理工作。为解决军队连续多年申报“南丁格尔奖”未批的难题，成功组织了兰州军区总医院黎秀芳“南丁格尔奖”的申报，使黎秀芳成为我军第一个“南丁格尔奖”的获得者，也为当代中国护理战线树起了一面旗帜。对推动全军和国家的护理队伍建设，起到了有力的促进作用。

第二条线，是协助局长抓医院管理。在我当副局长的两年多时间里，重点做了三件大事：一是与总后卫生部傅征副部长、总后司令部研究室任朝诗研究员一起，随同总后王克部长赴大连地区部队调研，起草了王克部长在大连地区医院、疗养院工作座谈会上的讲话。这个讲话，成了军队医院、疗养院很长一个时期遵循的主要指导性文件。二是随陆增祺部长助理兼卫生部长先后赴广东和河南部队进行有偿服务调研，起草了《军队卫生单位有偿服务管理办法》，为全军卫生系统正确迅速贯彻军委的不经商决策，扭转有偿服务中的各种不规范行为，促进医疗服务的健康发展，提供了政策依据和遵循原则。三是针对部分军队医院受经济利益驱动即愿多收地方病人少收部队病人问题，我提出建立一种由服务对象对医院进行评价和监督的机制。在1998年全军“先进医院”和第一次“百佳医院”评选中，首次采取依靠统计数据、调查问卷和信访结果的办法来进行评先。这个办法推出后，一改过去“检查组满天飞”，由领导机关凭印象打分，医院只对上负责不对下负责的状况，促

1999年6月，作者陪同总后卫生部傅征副部长（右一）在沈阳战区调研（左一为沈阳军区卫生部刘信部长）

使医院真正重视对军队伤病员的优质服务，推动了医院服务质量和服务态度的实质性好转。

第三条线，是着眼于全局人员文字能力的提高。每逢有重要工作和重大任务时，我都会主动带领有关助理员，先在一起充分讨论，从工作思路到具体措施，从文件架构到写作特点，从一级提纲、二级提纲到三级提纲，都研究清楚落实到文字上之后，才让有关同志动笔。这样，虽然在前期要多花费点时间，但由于前期已反复理清思路，提炼观点，谋划框架，加上三级提纲都已确定，稿子不管谁写，都不会偏到哪里去；写好后，再交我审改把关。实践证明，只要前期讨论到位，后期改起来也会比较省事。尽管这样，一年下来的文字量还是惊人的。以1997年为例，医疗局全年发文248件，以平均每件最少2 000字计算，一年也达50万字。我通过这种办法，很快使全局干部的工作谋划水平和文件起草能力有了较快提高，整体工作效率和工作质量也有了显著加强。随着医疗局各块业务的全面理顺，不论是医院管理、学科建设，还是部队就医管理改革试点、信访、医政、中医、血液管理、护理等工作，都出现了健康快速发展的崭新局面。到1998年底，也就是我任医疗局副局长两年整的时候，陆增祺部长又找我谈话，说医疗局经过近两年的努力，已经成长为卫生部机关很强的一个局，因此，部党委决定，要从医疗局抽调吕书刚、王瑞东、石虹等骨干，支持到部办公室、综合局等重要部门。实践表明，一个单位真正建设好了，不仅出业绩，也出干部。

1998年12月，总后任命我到综合计划局任副局长。回顾为期两年的医疗局副局长经历，自己觉得完成了部长的重托，尽到了一个副局长的本分和责任，兑现了上任时提出的“三分”承诺，带领医疗局实现了向先进局行列的成功跨越。

七、好马也吃回头草

伴随1999年的元旦钟声，我又回到离开八年的综合局。

虽说好马不吃回头草，但我对回综合局当副局长仍感到很高兴，并在不到一年中很快做成了几件有影响的大事。

一是根据军委和总后关于组织制定“十五”建设规划的要求，和徐勤耕助理一起，利用不到一周的时间，突击加班加点，快速完成了全军卫生工作“十五”规划和2010年前发展、建设论证报告，提出了今后5~10年全军卫生工作的发展目标、指导思想、遵循原则和各项建设指标、任务。由于研究深入，论证充分，思路清晰，措施可行，在呈报总后首长后，受到总后分管卫生工作的周友良副部长和陆增祺部长助理的批示表扬，并以总后名义正式上报军委，成为新世纪第一个十年全军卫生工作的指导性文件。而我和徐勤耕助理并肩战斗所完成的这项任务，应该是正常情况下一个工作班子三个月左右才能完成的工作。除了我俩加班熬夜之外，平时工作的丰厚积累，合作中的高度默契，也是这次任务能快速高质量完成的重要原因。

二是和李鲁滨助理一起，修订了《师以下部队药材装备标准》。经过深入基层反复调研，对1978年老标准中的市场难以买到、效期短不易保存、价格高难以承受、效果差不需保留的百余种药品进行了逐一调整置换，从而大大节约了经费支出，实际保障效能也得到了明显提高。

三是在对近千名北京地区老干部逐人、逐病、逐药、逐张发票过细调研的基础上，摸清了老干部本级、院外和自费用药情况，提出了解决思路和对策，为军队医改方案中离退休人员医改政策的制定，提供了重要的决策依据。

四是牵头组织了对全军应急卫勤机动力量建设的达标验收。全军卫勤机动力量作为全军应急保障的拳头力量，其建设在和平时期不易受到重视，为了更好地把这支队伍建好建强，经请示白书忠部长同意，决定对全军重点卫勤机动力量组织一次达标验收。为了避免常见的检查验收走过场，在考核前，我提出并主持制定了以检验动态保障能力为主要内容的新的考核标准，代替过去以考核静态建设为主的旧标准，以实现强化面向实战的工作导向；取缔考核中的千分制做法，减少考核中的烦琐与华而不实现象；确定以要素拉动代替全员拉动，避免“大呼隆”和形式主义；精心组织有针对性有说服力的验收现场会和典型示范，以解决不少单位不想建、不会建和不抓紧建的问题，从而达到考核与调研、促建、理清思路相结合相促进的目的。考核中，我们决定大量地组织现场要素拉动，并在拉动中现场不断出情况，以考核各级卫勤机动力量的实

1999年8月，到军事医学科学院检查卫生战备工作时接受演练分队报告

际建设水平和快速反应能力。为此，我和李鲁滨助理一起预先做了周密细致的案头准备。验收中规模最大的，是到武汉组织对370医院的整体拉动，出动了军列、空军航空兵及集团军部队实兵参与，演习和验收课目包括了卫勤机动力量从开进、展开、救治、回撤的全过程，以及现场救治、前接后送、战场手术、远程医疗等全要素。总后陆增祺部长助理、总后卫生部白书忠部长都亲自参与观摩指导，并对此次的验收演练给予了高度评价。

就在演练结束回京后不久，白书忠部长找我谈话，说人民军医出版社的余满松社长即将退休，部里目前有三名考核优秀的接替人选，我排在第一个，因此先征求我的意见。我当即没有任何迟疑，即明确表示我愿意去。这倒不仅仅因为社长的岗位是正师职，而是因为我已隐约地感觉到，从1983年进入昆明军区卫生部算起，我在大军区和总部机关已待了十七八个年头，这种在高级机关当参谋、做谋划、写材料的工作阅历，对我已经足够，它已经为我独当一面，打下了丰厚的知识、能力、眼界、胸襟积淀。当然，如果仅从仕途考虑，当然在机关发展会更快，但与当官相比，我更想实实在在地做点事，做点自己喜欢做的事，而出版正是自己喜欢的事情之一。命运提供了这个机会，我应该去试一试。我的生性喜欢挑战，我想看看我这个笔杆子，能不能不用笔，也能写出人生的另一份精彩。

中篇

如果说我人生的前45年，都是为当社长在做积淀、打基础，是人生的春夏，那么当社长这15年（当人民军医出版社社长兼总编辑11年，当人民军医电子出版社社长4年），则是人生的秋天，是收获的季节。我有时甚至这样想，前45年的充电与蓄积，仿佛都是为了这后15年的放电发光，照亮自己，也照亮同行的人。

第一部分

我当军医社社长的十年间，尽管终日辛苦、常年劳累，但实际上只做了一件事，那就是——发展！

第五章

上任90天，踢开了“头三脚”

2000年，伴随着21世纪到来的隆隆脚步，我的人生也陡然翻开了完全不同的一页。

时间：2000年1月17日下午。

地点：北京太平路南口人民军医出版社四楼会议室。

当我和全体军人一起起立、立正，聆听总后卫生部白书忠部长宣布胡锦涛主席于1999年12月31日签发的中央军委关于“任命齐学进为人民军医出版社社长兼总编辑”的命令时，既没有升职前的兴奋激动，也没有履新时的紧张不安。我知道，从今天起，我将挑起一个不轻的担子，踏上一个未知的出版征程。

一、家有一老是一宝

在宣布命令的大会上，白书忠部长作了一个简短但令我印象深刻的讲话，他说，人民军医出版社是一个具有光荣传统和悠久历史的出版社，经过一代代人的努力，才有了今天的发展。希望在以齐学进为班长的新班子的带领下，在原有的建设基础之上，取得更大的进步，并具体提出了“一年打基础，两年迈开步，三年大发展”的目标。我也在会上表了态，表示一定不负部首长重托，不负全社同志期望，团结带领全社同志，承前启后，继往开来，用军医社建设、改革和发展的实际成绩，来回报组织和全社同志。

宣布命令大会结束后，老社长余满松开始给我交班。为了给我交好这个班，他特地写了个交班提纲，并用了整整两个半天才详细交完。通过交班，我才知道军医社虽然编制只有20名军人，但加上老同志返聘等已有57人；除了出版《人民军医》和《解放军医学杂志》外，每年还出版图书近100个品种；1999年底销售码洋已有3 000万元，还有2 600多万元的家底。在全国的医学出版界，人民卫生出版社占领全国医药出版的半壁江山，一家独大。在医学科普出版方面，金盾出版社后来居上，一枝独秀。而军医社则在专业出版方面处在与中国医药科技出版社、中国中医药出版社、科学技术文献出版社相比肩的位置。全社人员思想稳定，工作运转正常。以前我在卫生部工作，虽然也知道军医社办得不错，但听了老社长的介绍，使我对军医社的发展有了更清晰的了解，也对余满松老社长更增添了敬意。因此，在交完班后，我首先征求他本人对下一步工作的安排意见，他提出如有可能愿到图书编辑部工作，并强调服从社里的统一安排。

交完班后，我考虑有三件急事必须马上就办，一件大事需要仔细办好。

这三件急事是：一是学习贯彻白书忠部长代表部党委所作的指示，二是要把老社长的工作安排好，三是要明确社领导分工。我的考虑意见，第一，要以白书忠部长在宣布命令大会上提出的如何加快军医社的建设和发展步子，实现一年打基础、两年迈开步、三年大发展的指示为依据，发动全社员工，进行深入研究和思考。第二，对余满松老社长一定要安排好、照顾好、尊重好。除了建议他继续留在支委领导班子，还提议任命他为社里的顾问；具体工作岗位则尊重他本人的意向，到图书编辑部工作，主要负责受社领导委托的图书质控把关，以及对年轻编辑的带教。第三，新的社领导成员分工，我负责全面工作并分管社行政、财务和图书编辑部；陈琪福副社长负责出版和发行；李恩江副社长负责期刊出版。

一件大事是，组建成立社党总支委员会这个新的领导班子。虽然按照部队惯例，现有的几位社领导都会为当然的支委会成员，但一般情况下会选择一位中层干部参加，这位中层干部选择谁比较适合，支部成员如何分工，特别是老社长是否进班子，这些问题需要充分酝酿，形成共识，并报部党委审批。经过反复思考并在广泛征求意见的基础上，最终形成了陈琪福副社长、李恩江副社长、杨磊石主编、黄栩兵主编、余满松老社长和我共六人组成的新班子方案。这个方案，我向部首长报告后，也得到了支持和认可。2000年2月1日，总后卫生部党委下发通知，正式批准了我们社新班子的成立。

随后的新班子分工中，我为书记，陈琪福为副书记，李恩江为组织委员，杨磊石为宣传委员，黄栩兵为青年和保卫委员。这个包括老社长在内的六人班子，就是带领军医社实现大发展的火车头。在这个新班子中，我是年龄最小的一个，也是唯一没有出版经历和经验的。但好在除了我以外，他们五个人都具有丰富的医学专业出版经验。其中，杨磊石和李恩江、黄栩兵分别是医学图书和医学期刊出版方面的行家里手，而陈琪福副社长和余满松老社长，则兼备图书和期刊出版方面的全面经验。班子中有这样五个出版专家，使这个班子在出版业务管理方面很内行，从而让我这个外行社长在做出版业务决策时，感到有依靠、有把握、有底气。我和他们几个人一起共事，大家相互支持、相互配合，取长补短，非常和谐。从老社长开始，大家对我这个班长很尊重、很理解，发现我考虑不周全的问题，他们都会当面善意提醒指出，从不会背后议论搞自由主义。正是由于这个班子的团结好、风气正，在快速推进军医社的各项改革中，才起到了真正的战斗堡垒和核心带头作用。

在这里，我还要专门讲一下余满松老社长进班子的问题。记得在酝酿军医社新班子组成时，也有的同志提醒我在老社长要不要进班子的问题上慎重考虑。当然提建议的同志是考虑到我这个新社长来了，肯定会有新思路新想法，也不可避免地会与老社长原来的做法不一致，担心会与老社长发生分歧甚至冲突，是出于关心我的好心。我当时就表态，老社长不仅应当进班子，而且必须进班子。道理很简单，老社长在领导军医社这几年的建设发展中，积累了很多宝贵的经验，这是一笔巨大的财富，我们应该珍惜并让它充分发挥作用；至于会产生不一样的思路和想法没有关系，只要对军医社建设发展有利，老社长必然是会支持的；反之，如有欠妥之处，正好有老社长帮助把关提醒。至于在班子里谁说了算的问题，我说我从不考虑这个问题，因为班子成员在商量问题时，只有对错，没有尊卑，谁说的对，我就听谁的；而且根据我对余满松老社长的多年了解，他从来都是与人为善，对我也只会帮带扶持。我的想法向分管军医社的傅征副部长汇报后，得到他的完全同意。实践证明，把老社长请进新班子中，对充分发挥好老社长的作用，提升新班子的决策水平，都起到了极为重要的作用。

除了安排余满松老社长外，军医社前几届班子领导成员，也无一例外地全都留社继续工作。2006年，新闻出版总署一位领导来社调研，在了解这一情况后，感慨地说像军医社这样四世同堂的，全国出版界仅此一家。我作为后任，尽心把老社长老领导们安排好，使他们得到尊重和礼遇，工作得愉快顺利，这是责任所系，也是良心所在。

常言道，“家有一老，如有一宝”。家是这样，一个单位又何尝不是如此？一个不敬老的家庭，是为不祥；同理，一个不敬老同志的单位，也绝不会有真正的兴旺发达。

二、再识军医社

军医社作为总后卫生部一个正式建制的正师级单位，应该说我对它的大致情况是知道的，一直感到这是个不错的文化单位，不论是社领导还是编辑，接触中都有一股儒雅之风，学者之气，令人敬重。除此以外，在工作层面还真的谈不上有更深了解。老社长交班后，为了更快地进入角色，也为了更多地了解情况，我开始密集地找人谈话。先是社领导成员与老同志，然后是中层干部，再然后是每一位在职干部，最后是已退下来但不在社里工作的老同志。通过半个月的谈话和了解情况，使我对军医社的现状和历史，重新有了一个新的认识，或者说是有了一个更为清晰的整体了解。

军医社是一个有着悠久历史、人才辈出的出版社。1932年，它诞生在红军时期的红都——江西瑞金。当时的军委总卫生部办了一本油印的小册子，叫作《红色卫生》，这个在今天看起来颇为简陋的出版物，就是《人民军医》杂志的前身。延安时期，为了适应建立抗日统一战线的新形势，它改名为《国防卫生》，刊名是毛泽东主席亲自题字。在这期间，毛主席还先后为《国防卫生》作了两次亲笔题词，一次写的是“增进医学水平，这个刊物是有益的”；一次写的是“反对宗派主义”。后一幅应该是主张中西医相容，不搞门户之争的意思。这个时期杂志的内容与质量，都较红军年代有了较大进步。1949年进城以后，杂志又改名为《人民军医》。1953年，才经中央军委批准，正式成立了人民军医出版社。所以，军医社是先有杂志社，后有出版社。当然，在没有被批准为出版社之前的1950年，也已经开始出版图书。这在当时应该不算违规，或许新闻出版总署的功能还不像今天这样健全，就连人民军医杂志社改为出版社都是由军委而不是由总署审批的。“人民军医”这四个大字，则是朱德总司令于1950年亲自题写的，后又于1956年用简化体重题过一次。陈毅元帅、徐向前元帅、聂荣臻元帅等也都曾为军医社或题社名，或题刊名。江泽民主席于1994年5月为军医社作了“依靠科学技术，提高健康水平”的亲笔题词。杨尚昆、刘华清、张爱萍等党和国家领导人也题了词。所有这些都显示出军医社有别于一般出版单位的特殊历史、特殊地位，以及它在国家和军队建设中的特殊作用。

从新中国成立初期一路走来，到我任之前，军医社已有过十位社长。其中，走到军以上职务（含级别）的有六人。包括第一任社长黄树则，后曾任国家卫生部副部长，也曾为毛泽东主席的保健医生；第二任社长鲁敏之，后任军事医学科学院副政委；第三任社长刘民英，后任第四军医大学副校长；第六任社长高恩显，后任军事医学科学院政治部主任；第八任社长李超林，后任总后卫生部副部长；第十任社长余满松，为专业技术三级高级专家。曾任第二军医大学校长的卢乃禾、现在分管军医社的总后卫生部傅征副部长也曾在社里当过编辑。另外，副社长粟卓然、罗宁和高恩显社长一起，曾入选中宣部组织编写的《编辑家列传》，跻身于中国当代编辑家的行列。一个出版社中，能够走出八位我党我军的高级干部和三位编辑家，这也是非常罕见的。如何在新的形势下续写光荣，既是全社员工对我的要求，也是走访中各位老社长老领导对我这个后来者所寄托的最大期望。

军医社是军队的出版社，它的出版特色也与姓“军”有关。除了每月出版《人民军医》和《解放军医学杂志》这两本月刊外，主要是出版医学图书。从出版结构看，军医社的医学图书专业出版能力比较强，但医学科普和医学教材出版能力比较弱；从选题质量看，虽然历史上曾出版过《手术学全集》《临床技术操作常规》等有影响的品牌图书，但品种较少，且延伸品种没有跟上；从出版能力看，虽然已经形成了加工、校对、排版、出片、美编、印装、物流的完整体系，但专业化水平还不高，出版周期还比较长，出版体量还不大，难以满足快速、大量、高品质出版的需要；虽然市场总体较好，特别是对新书需求旺盛，但退书量近两年明显增多，库存量急剧增大，书均效益和总体效益已开始下降；出版社于1997年搬到了这栋有着900多平方米的新楼，虽然能满足当时的规模，但已没有更大的发展空间，加之办公楼紧挨马路，运装图书的汽车包括上班的自行车都停放困难。机构设置还不健全，办公室、总编室、质控室等职能机构还未建立，策划、加工、出版编辑都在一个图书编辑部而未形成专业化的细分；内部管理上虽然有一些基本制度，但管理还比较粗放，制度还不够健全，运行机制仍是以字数奖励为主，工作导向仍是以数量型增长为主。两本期刊为部队的服务属性与图书以市场为导向的竞争属性，造成了社内的两种不同工作标准、考核标准及分配方法上的双轨，并由此带来“划船”与“坐船”之争，影响着对双方的认可和积极性。在职编辑与总后机关在职军人相比，虽然每年有一定数额的奖金，但与地方同类出版社编辑相比，收入落差还比较大，部分编辑也有到地方工作的想法，在我上班的第一天，就有一个中年骨干来向我辞行而转业到地方工作。看来要把军医社推向快速健康的发展轨道，在让它做好为部队服务的同时，又能真正地做大做强，这是一项相当严峻的任务。我这个社长当得好不好，能否继往开来，再续辉煌，不仅事关我个人的进退荣辱，而且事关军医社的光荣历史能否续写。此时，我开始感到了这副担子沉甸甸的分量。它不仅考验着我的忠诚与勤奋，更考验着我的智慧与勇气。

三、用拐杖绘出来的发展蓝图

把握军医社的昨天和今天，相对容易；但要把握军医社的明天，绘制好军医社的发展蓝图，就不那么容易了。要不要加快发展？怎么加快发展？特别是在军医社这个军事出版单位中，如何既面向部队又面向市场？是稳住规模还是大力发展？是做全业务还是做深专业？是自力更生还是借力发展？发展的速度多少为宜？发展的重点和突破口在哪里？如何培育和形成军医社的核心竞争力？机构如何调整设置？人员如何优化安排？管理手段如何跟上？缺门人才如何引进？激励机制如何调整？思想如何形成共识？这些问题，成了我当时集中思考的主要问题。

为了更准确更深刻更全面地认识、把握和解决好这些问题，我一边在社内广泛征求意见，一边到先进社进行走访，以问计于大家，问计于同行。在社内一轮谈话结束后，我又紧锣密鼓地安排了对金盾出版社、国防工业出版社、人民大学出版社、清华大学出版社、化学工业出版社的走访。这几家出版社大都是抓住改革开放的机会，利用十年左右的黄金发展期快速崛起于业内的。其中，金盾社展室内展览的印数超过100万册的系列农家图书及他们服务“三农”的经验，国防工业出版社分配改革的经验，人大出版社和清华大学出版社成板块推出精品图书及走出去的经验，都给我留下了深刻印象。特别是化工出版社俸培宗社长介绍他们调动全员积极性和快速拓展新出版领域的经验，给了我很多启迪和借鉴。而这些社长，后来也都成了我很好的朋友。

就在我白天晚上都为寻觅军医社的发展之计而奔波和思考时，一天，我无意当中发现科技出版委员会周谊主任在第12届全国科技出版社社长总编辑年会上的讲话摘要，虽然原文记不清了，但主要意思仍然印象很深，那就是做好新世纪、新形势下的科技出版工作，必须要深化改革，加强创新，抓住机遇，加快发展。要抓住“十五”规划起步的难得机遇，把本单位的现状、目标、战略研究透，制定好。周谊主任的这个讲话，对我的启示非常大。是啊，我来当社长的时机，不仅是新世纪起步，更是“十五”起步，这对我来讲是一个多好、多难得的机遇啊！当时，我感到眼前一亮，一个新社长切入工作的抓手找到了！也许是心中过于高兴的缘故，当天傍晚在下办公楼台阶时，不小心因踩空而摔了一跤，导致右足踝部严重受伤，当即急诊送到301医院，拍片诊断是右足踝外侧副韧带撕裂，医生当即给我打了石膏，并告诉我伤筋动骨一百天，一定要固定休息三个月，才能防止日后踝关节松动失稳而留下终生残疾。

在这个节骨眼上要休息三个月，我当时的内心焦急可想而知。但转念一想，事已至此，不如就利用卧床养伤之机，把社里的发展思路好好梳理清楚，同时把社里的“十五”建设发展规划也一并起草出来。这样，岂不是一举三得？就这样，我躺在床上，开始了对军医社发展蓝图和“十五”建设发展规划的思考、梳理与起草。

经过深入思考，我觉得，尽管军医社的发展面临很多问题，但党和国家正在全力推进以经济建设为中心、包括文化建设在内的科学发展，广大人民群众对健康知识的需求随着生活改善而不断增长，军队正在推进的国防建设中的军民融合式发展，为军医社的发展提供了难得的外部机遇和良好的大环境。而军医社经过几十年的建设积累，已在行业内树立了良好口碑和形象，已建成了一支风气较正、业务较熟、作风较硬的编辑出版队伍，已积累了较为丰厚的家底，具备了快速发展的基本条件。只要把战略蓝图规划好，推动军医社走上快速发展的轨道，实现白书忠部长提出的“三年上台阶”的目标，是完全有可能实现的。

在考虑制定发展规划中，遇到的核心问题有两个，即要不要发展和怎么发展的问题。当然，怎么发展的层面上又有两个问题：战略目标、战略步骤如何确定？以什么样的措施来保证战略目标实现？在措施这个层面上，又要把思路调整、结构调整、机构调整、人力调整、分配调整等一系列问题解决好，才能为发展提供方向、布局、团队、人才和动力保障。

当把上述问题都反复思考并理清以后，军医社的发展蓝图已经了然于胸。当时我的考虑是，在战略目标和战略步骤上，从第二年起，每年要实现20%的年均增长，到2005年实现翻一番的目标，即达到6 000万元；再经过五年的努力，实现1个亿的销售，进入亿元医学出版大社的行列。为了实现这一目标，在出版总体思路和布局上，要由原来单一的医学专业出版，调整为以医学专业出版为主体，以医学科普和医学教材出版为两翼，以军事医学出版为后盾的出版格局。为了保证战略目标和总体思路的实现，必须对现有的出版机构、人员先做调整，然后跟进分配机制的调整。

之所以与战略调整同步，对图书出版部门的机构设置进行调整，主要是当时的图书编辑部力量太过薄弱，根本无法适应新的发展战略所要求的快速发展的需要。作为全社市场开拓主力的图书编辑部，当时只有四个人，即杨磊石主编带着姚磊、张建平、靳春桥三位编辑，号称“一个主编三个兵”。如不抓紧调整加强，这个瓶颈势必严重制约整个军医社的起飞。因此，我在制定全社发展战略时，就准备对图书编辑部做点“大手术”，具体考虑是，把现有的图书编辑部一分为四：即以现有的一位主编和三位编辑为骨干，组建三个图书编辑室。另外，把当时编在图书编辑部的负责出版、美编的人员分流出来，分别成立出版中心和美编室。

在考虑对图书编辑部机构和人员大幅度调整的同时，我还考虑新成立一个社办公室。记得我那天报到时，总后卫生部办公室通知要领取打扫卫生的拖把扫帚，因为找不到人，还是余老社长亲自去卫生部办公室扛回来的。当时，我既为老社长的身先士卒而感动，也感到社里没有个办公室，大量的行政事务实在不方便。正好总后卫生部机关调整到我们社的胡仲清助理员，是一个从野战部队基层成长起来、参过战、能力强、精明强干的机关干部，让他来牵头，是个很理想、很难得的人选。

在家养伤的一周内，我对社里的发展思路、机构设置、人员调整这三个方面，已有了一个比较清晰的通盘思考。腹稿打好后，我又用两个半天时间，将它以《人民军医出版社“十五”建设与发展规划》的形式写了出来。下一步，得要和支委一班人商量，以取得共识和支持。而此事必须趁热打铁，越快越好，因为全社人员中有的在等待，有的在观望，如要等到伤好三个月后，势必会给社里的工作和人心稳定带来很大影响。想到这里，我再也躺不住了，马上打电话和301医院骨科联系，借了一副拐杖。当我架着双拐，一个一个台阶从一楼蹦到三楼我的办公室时，出了一身大汗。也许是各位社领导看到我这个样子不容易，在和他们交换意见时，竟是出奇的顺利。也就从这天开始，我开始了两个多月架着拐杖上班的难忘经历。因为我家住在五楼，而在军医社的办公室是三楼，每天都要架着拐杖，一级一级台阶的上上下下，全部重量就只能靠左膝关节来独力承担（据专家介绍，这种拄拐单膝负重量是体重的7~8倍）。时间一长，我的左膝关节开始疼痛，去医院检查诊断为左膝关节半月板损伤，也需要做手术。考虑到右踝关节还未好，石膏还未取，最后一直等到右踝关节痊愈后的2003年春天，才又到301医院骨科做了左膝关节半月板手术。在左膝关节受伤不能拄拐后，为我开车的车队队长宋成宝同志开始每天背着我上下楼。那几年我的体重是93公斤，而宋成宝队长也是近50岁的人了，每天他把我从五楼到三楼的背上背下，也是气喘吁吁，满头大汗，实在让我于心不忍。十多年过去了，每每念及此事，心中总是感动不已。

就这样，靠着拐杖、靠着一班人的理解和同事的帮助，终于完成了对《人民军医出版社“十五”建设与发展规划》的制定，军医社跨入新世纪的发展蓝图终于绘就。它或许不完美，但它确实饱含着自己的全部心血和辛劳，也带着对军医社发展的美好憧憬。当然，这也是新社长交给军医社全体员工的一份作业，是否合格，它要接受军医社全体员工的评判，接受实践和历史的检验。

四、建立在“自行车”上的奋斗目标

我是当兵的，我深知目标的重要。它是一个单位、一个团队进击的方向，也是凝聚人心、激励士气的根本。

在谋划全社“十五”建设发展规划时，我反复考虑过，军医社今后五年的发展指标，可以有低、中、高三种选择，即5%、10%、20%。对于5%，大家普遍认可接受，但我觉得跟不上行业发展步伐；10%，做工作后大家能勉强接受，但十年才能翻番，步子仍觉得太慢；20%，目前绝大部分人难以接受，但却是我最希望的。

记得在和各位总支委员交换意见后，我把我起草的《人民军医出版社“十五”建设与发展规划》下发给全社中层以上领导和老领导征求意见时，不少同志纷纷找我反映：有位年轻编辑说，军医社现在家当不少，存款不少，即使一分钱不赚，就是靠现有的存款和利息，也够我们这几十人发奖金的了，小日子很滋润，没有必要搞得这么辛苦，冒这么大的风险。一位中年骨干对我讲，军医社是个老社，如同一辆开了多年的汽车，如果油门踩得太急、太快，这辆车不仅快不起来，还有可能散架。一位老社长则语重心长地对我说，以他多年来从事出版工作的经验看，一个医学专业出版社，能保持年均5%的增长速度，已算是很不错的了；如果领导有方，人人尽力，最多能达到10%的增速，且不能年年保持；你现在提要年均达到20%的增速，实在是太高了。一旦完成不了，你这个新社长会很被动。为此，他建议我将此调为6%~8%，以留有余地。

方方面面的意见，归结起来就是三条，那就是要不要发展，能不能发展，以什么样的速度发展的问题。我觉得，不从思想上进行交流，在认识上达成共识，这个发展蓝图是很难为大家接受和认可的，也就很难变成大家为之自觉奋斗的共同纲领和行动指南。为此，我在社里先后组织了社领导与中层干部座谈会，还分门别类地组织了老同志座谈会、策划编辑座谈会，让大家充分地敞开思想，发表意见。在此基础上，我结合正在组织学习的“三个代表”理论和部首长的要求，认清发展是顺应时代大潮，落实上级要求；用“停则倒、慢则晃、快则稳、飞则险”的自行车理论，来统一大家对发展速度的认识，强化落后就遭淘汰的危

“停则倒、慢则晃、快则稳、飞则险”

齐学进和他的“自行车理论”

自行车理论

机感，认清安于现状、墨守成规的危害；用中外中小企业特别是出版社创业成功的实例，并结合军医社骨干力量较强、骨干们需要事业发展平台、我们能够把这个平台与团队建成的实际，来统一大家对需要快速发展、能够快速发展的认识，认清不发展、没有发展的平台留不住骨干，军医社的现状也难以维持的危险；有计划、有目的地带领社领导和中层骨干，多次到西单和王府井图书大厦，认清出版社市场地位下降带来的可悲后果，现场感受军医社图书出版上的现实差距和图书市场的强烈竞争压力；到人大、清华、化工、金盾等成功实现快速发展的出版社参观时，则有意尽可能地让全社中层领导都参加前往，通过学习他们快速做大做强的成功做法，增强快速发展的信心和勇气。

通过上述学习、调研、讨论（也包括激烈的争论），全社领导层和骨干层统一了认识：在当时军医社正面临有利于发展的内外环境下，我们应当而且必须抓住机遇，快速发展；否则，不仅当前仅有的市场份额维持不了，已有的也有可能失去。军医社骨干不稳、品牌不硬、效益不高、后劲不足等一系列问题，也只能依靠发展来解决。发展的速度，在可能的情况下，应该力争高一点、快一点、稳一点。而快和稳，又应该统一在一个正确的节点上。这个点，确如“自行车理论”所揭示的规律那样，太快则险，太慢则晃，就军医社来讲，实现每年增长20%的目标，力争五年翻番，实现出版、销售码洋双过亿，从而大步实现由全国医学出版小社向中等社的跨越，是一个较为科学而合理的发展速度，是一个跳一跳能够得着的奋斗目标，也是一个能起到鼓劲加油、凝聚人心、激励士气的行动纲领。认识统一了，目标确立了，如同在军医社竖立起了一面高高飘扬的旗帜，一下子激起了军医人的精气神。这也是军医社发展史上的一次思想解放活动，当做大做强军医社作为全社上下的共同追求时，它所焕发出来的力量，是什么也阻挡不了的。

此刻的军医社，就好像一艘航船，就要拨转船头，驶离平静的港湾，驶上高速行进的航线，开始它五彩缤纷的寻梦航程。

五、组建队伍上战场

确定战略目标以后，关键就是如何组织一支能攻善战的队伍，向着既定的目标冲锋陷阵，攻城略地。

当时，军医社面向市场的主要战场是医学图书。而图书竞争的一线部队是图书编辑部和发行部。考虑到军医社的策划编辑仅是一个主编、三个兵的队伍，要想在烽火四起的医学专业市场上独领风骚，有所作为，这支队伍显然太过势单力薄。因此，抓紧力量组织一支有实力、能打仗的图书编辑团队，就成为当务之急。

考虑到对医学策划编辑的综合素质要求太高，既要懂医，又要有出版工作经验，还要有人际交往能力，因此仅靠自我培养周期太长，远水解不了近渴，只能走引进与重组相结合的路子。好在现在的主编和两位编辑，都是有着多年医学图书编辑出版丰富经验的老编辑，完全具备带队伍的能力与水平，关键是给他们搭建平台，让他们尽快走上领军岗位，配上部属并带领部属赶快干起来。

对于如何尽快打造一支结构合理、实力强健的图书编辑队伍，当时我考虑是以现有的杨磊石主编和姚磊、张建平编辑等几位骨干编辑为基础，成立三个图书编辑室，由他们分别担任主任，先把机构的架子搭起来。当时和事后也曾有人问过我，为什么成立三个，而不是两个也不是四个编辑室？主要是当时能够带兵打仗的将才，社里除了陈琪福副社长和黄栩兵主编外，只有他们三位的能力、经验和综合素质，才能堪当重任。杨磊石在总后卫生部医疗局和卫勤研究室先后当过助理员和研究员，有着丰富的机关工作经验和各方人脉，并已担任图书编辑部主编多年，兼任主任显然不成问题；姚磊从大学一毕业就担任图书编辑，已经担纲完成了不少重要图书的出版，并已取得了不少有影响的成果，当时他的年纪已近四十，需要抓紧搭个平台和梯子，为他更好锻炼成长创造条件，这不论是对他本人的发展，还是为社里培养储备重要骨干，都是非常重要的；张建平虽然比姚磊小几岁，但在图书策划方面也很有经验，且正值年富力强，独当一面也没有问题。正因为有了这样三位将才，所以组织三支队伍，成立三个图书编辑室，是水到渠成、顺理成章的。

有了将，还得有兵，光杆司令打不了仗。为此，从社内《人民军医》杂志抽调了曾星编辑，从《解放军医学杂志》编辑部抽调了张怡泓编辑，加上图书编辑部原有的新编辑靳春桥，配置到三个图书编辑室作为主要骨干力量。在确定选调曾星编辑和张怡泓编辑到图书编辑部的过程中，不论是他们本人，还是分管《解放军医学杂志》的李恩江副社长和《人民军医》杂志的黄栩兵主编，都给予了高度理解和支持。说实话，当时如果没有他们的理解和配合，机构调整要这么快的顺利走开，是不可能的。再就是尽快从社外选调条件合适的优秀编辑，充实到三个编辑室中。

通过紧锣密鼓的选人进人，图书编辑部很快从原来的一个主编、三个兵，一下子建起了三个能独立作战的编辑团队，形成了规模虽小但却是具有强大发展后劲的图书编辑成长平台，使得图书编辑部中策划编辑这支面向市场的先头部队，有了明显加强。2000年3月1日，在我报到后的第42天，新组建的三个图书编辑室正式成立了。各编辑室成员如下：

第一编辑室　主任　杨磊石（兼）
　　　　　　编辑　曾　星　郭伟疆　丁金玉
第二编辑室　主任　姚　磊
　　　　　　编辑　靳春桥
第三编辑室　主任　张建平
　　　　　　编辑　张怡泓

在这之后，又先后从《解放军医学杂志》编辑部调进了医学外语编辑杨化兵，从北大引进了心理学博士秦速励，使得图书编辑部的力量、图书的对外引进与输出，以及心理学方向的组稿，得到了进一步加强。

在筹划成立三个图书编辑室的同时，为把好图书质量控制关，经商余满松老社长和李晨老社长同意，决定同步成立图书质控室。李晨老社长是余满松老社长的前任，是一位编辑与英文造诣都很深、在国内科技出版界颇有影响的资深编审。由他们两人组成的质控室，实际上起到了图书质量总把关、编辑业务总指导、年轻编辑总顾问的作用。

2000年4月中旬，又从解放军医学图书馆选调进了该馆政治部张卫民干事，到军医社接任发行部主任。他到任后，对发行工作进行了多方面的改革，使发行工作很快出现了崭新的局面。

与此同时，为解决美编力量分散、导致封面和版式设计周期太长的问题，我把图书编辑部和《人民军医》杂志编辑部的美编职能打通，实现任务互助，使得美编忙闲不均的问题得到了较好的解决。

2000年9月，中央军委委员、总后勤部王克部长（左一）来军医社视察

经过上述调整，面向市场一线的图书编辑部、发行部，面貌焕然一新；支撑图书一线质量的质控部门，也开始快速运转；美编力量也在整合中增强了实力。所有这些，都开始为向图书市场进击，给予了有力的支撑。

此刻的军医社，正如临战前的部队，厉兵秣马，整装待发。

六、奔跑后的踏步

俗话说，新官上任三把火。

一个单位换了个主官，实际上是换了一个脑袋，换上一种思路。你的一言一行，大家都在关注。一般来说，一个主官，到位三个月左右，对这个单位的建设发展，应该会有一个总体思考。当然，它或者清晰，或者模糊；或者卓见，或者庸识；或者萧规曹随，或者另辟蹊径。不管怎样，它都将清晰地反映出一个主官的追求与价值观，因而具有深刻而稳定的方向性、引领性。

而我，不想把上任前三个月的动作称作“三把火”，因为再大的火，再温暖，也是转瞬即过；而火会伤人，留下的后遗症久治难愈。

我愿意把我走马上任三个月内的思考与改变，称为“头三脚”，因为这是我带领军医社踏上快速发展之路的第一次起步。当然，这个起步，要像部队的正步走一样，“头三脚”一定要踢得漂亮、洒脱、有气势。当然，它也代表着我的追求、我的价值观，并代表着军医社的未来方向。

第一脚，是报到后的第15天，即2月1日，新的支委会领导班子成立，从此，军医社开始在这个新的火车头带领下全速前行。

第二脚，是报到后的第45天，即3月1日，全社新成立了三个图书编辑室、质量控制室、社办公室和以我为组长的选题领导小组（统一负责全社的选题审核与报批），图书出版全部按这个新架构运转。

第三脚，是报到后的第90天，即4月12日，凝聚全社希望的发展蓝图——《人民军医出版社“十五”建设与发展规划》经社支委会讨论通过，并经部首长批准，正式下发全社施行。

上任90天，从建一个好班子、筹划一个好战略、建一支好队伍入手，办成了这三件大事。实践证明，这三件大事，确实是事关军医社当前和长远发展的战略性、全局性、基础性工程，它们对军医社建设和发展的影响，远远超出了当时的预料。正是因为建了一个好班子，军医社的建设与发展才有了坚强有力的大脑和司令部，从而带领军医社在大发展的征程上迅速奔跑；正是因为有了一个好战略，军医社开始走上了高速发展的轨道，从而创造连续十年的高速发展奇迹；正是因为有了一支以市场为导向的具有坚强战斗力和成长活力的先头部队——图书编辑部，才使得军医社的医学图书出版得以摆脱平面化的出版格局，开始了向着深度专业化出版的大步推进，并推动专业出版水平的节节攀升。

与这三大动作相配套的，是同步推开了对原有制度的重新修订及对缺门制度的制定；组织单本书成本核算，为下一步的分配改革提供依据；筹划组织“千万图书下基层”，等等。

在这种高频率、高节奏的工作推进中，不少同志反映跟不上，吃不消。我也开始认识到“头三脚”步子太大，变化太快，加之有些工作的意义还不被大家所了解和认识，放慢脚步，统一思想，凝集共识，从而使全社上下、每一个同志都能跟上队伍，而不至于掉队落伍。为此，我提出了利用3~5天时间来做统一思想的工作。当时，我给这次活动起了个名字，叫作“踏步”活动。“踏步”，这是我借助部队“队列条令”中的一个术语。当过兵包括参加过军训的都知道，“踏步”的主要功用就是调整步伐和整齐队伍。若前面的人行进得太快，后面的人跟不上队，步伐就会零乱。这时，为了统一步伐，也是为等等后面的同志，指挥员就要发出“踏步”的口令，两只脚在原地上下移动，虽然队伍不再前进，但通过“踏步”，重新把步伐调整一致，则是为了更好地继续前进。为此，我于4月10日和4月11日两个半天，特地召开了“征策恳谈会”，请来全社的老同志和主要骨干，逐个征求意见，并针对部分同志存在的怕变、怕苦、怕跟不上趟等疑惑和担心，反复进行说服；主要是通过强化市场竞争意识，明确图书要占稳书架，不是你把别人挤下来，就是别人把你挤下来，不可能让你的图书四平八稳地永远摆在那里，来破除稳稳当当保现状的思想；确立需求本身就是在不断变化的思想，来说明我们只能以变应变，以快变胜慢变，才能适应瞬息万变的市场，来消除部分同志怕变、怕快的思想；用舒舒服服干不好出版、平平庸庸创不了一流、人生难得几回搏的道理，来激励大家的拼搏精神与竞争斗志；特别是用我社面临着难得的发展机遇，人生价值只有在实现全社大发展中来实现，来增强大家的事业心和使命感。通过这样的思想交锋与真诚交流，使全社同志都能自觉地把投身大发展、实现大发展，不仅看成是个人的责任所在、机遇所在，也当成个人的价值所在、事业所在，从而使全社的发展蓝图，变成了每个人的共同追求，也为我在军医社踢出的“头三脚”，为顺利推进全社的战略转型，奠定了良好的思想基础。

古人说：“二人同心，其利断金。”真正心齐的团队，将无敌于天下。

从这次“踏步”实践中，我再次体会到这一点。

七、战斗的班子兄弟的情

短短三个月，开局顺，步子大，势头好。虽然有多种原因，但班子团结和成员对我的真诚支持是关键。

在新的总支成立的第一次会议上，我讲了一个“马拉车”理论，意思就是几匹马拉车，即使不是千里马，只要齐心协力，朝着一个方向，也一定能把单位建设这驾马车拉起来；相反，即使都是千里马，如果你东我西，马车只能在原地踏步，甚至把马车拉散。因此，我们一定要抓住把军医社做大做强这个方向不动摇，齐心合力，拉着军医社这驾马车奔上快车道。在以后的多个部门和场合，我还多次讲这个论点，希望大家重视团结，协力齐心，共同奋斗。

2000年6月16日下午，为了对上半年工作进行总结回顾，同时也是为了更好地听取大家意见，我主持召开了支部的民主生活会，并于事前通知大家认真准备。会上，大家对我的工作给予了充分肯定，也给予了真诚鼓励、提醒和帮助。大家的发言，使我既深受鼓舞，又深为感动，为自己能和这样一些胸怀广阔、坦诚相处的战友们共事而庆幸。下面，我把其中余满松老社长的发言抄录如下：

我从社长岗位退下来后，新社长对我很尊重，心情很愉快，没有不适应之处。半年来，改革的动作很大，轰轰烈烈，力度大，步子快，全社精神状态好，主要业务工作完成不错，各方面都显现上升势头。一是支部成员尤其是支部核心成员的思想、工作、言行等在全社起到了模范作用，支部发挥出了战斗堡垒作用，员工也感到没法偷懒了。二是全社的向心力、凝聚力得到加强。人员调动、任务改变、机构调整、制度建设，都进展得很顺利。以前多年酝酿未能做成的事，都很好地做起来了。三是思想稳定，工作积极性高。各项要求得到有效贯彻，支部能组织得起来、发动得起来，体现了支部的战斗力。四是通过半年调整，为军医社今后的发展奠定了非常好的基础。可以预见，下半年或者明年会有明显效果。总的来看，上半年的形势很好，非常喜人。建议：在业务工作抓紧的同时，思想工作要进一步加强。作为老社长，我发自内心地全力支持新社长工作。

虽然这么多年过去了，但在军医社的改革起步时，从老社长开始，到陈琪福、李恩江、黄栩兵、杨磊石，从军医社发展大局出发，对我这个新社长所表现出来的宽容、理解和支持，以及在十年如一日的改革与发展实践中，他们每一位成员所给予的实实在在的帮助、支持与做出的贡献，都始终温暖着、感动着我，同时也激励着、鞭策着我：不负班子各位战友的真情，为了军医社这个共同的家，为了军医社发展这个共同

作者（右三）与余满松老社长（右一）及领导班子研究工作

的梦，而尽到自己的最大努力。真的，有了这么好的携手并进的战友，有了这样一个团结奋进的班子，还有什么样的困难不能克服，什么样的追求不能实现呢？

14年后的今天，重温这些发言，仍然再一次被深深地感动。战友真情，我会永远铭记。

第六章

打一套“组合拳”，强筋壮骨

踢开了“头三脚”，明确了军医社的发展主攻方向，组织了一支能朝着这个方向冲锋的部队，也有了一个能够带领部队冲锋的指挥部，但要赢得战斗，这还远远不够。

有了方向，还必须修好道路，建好路标；有了部队，还必须去掉包袱，添足动力；有了指挥部，不仅要指挥打仗，还要组织好增援部队，跟上后勤保障。只有这样，才能确保一线部队敢打仗、能打仗、打胜仗。

在出版社中，这道路，就是流程；这路标，就是制度；这包袱，就是缺乏专业分工；这动力，就是激励机制；增援部队，就是加工、校对、美编、出版等二线部门；而后勤保障，则是人事、财务、行政等后方支持服务与保障；军医社要姓“军”，职能要高标准履行到位，市场与战场双轨要并行不悖；引凤要筑巢，必须要把办公楼建漂亮；改革成效最终体现在把握产品与质量上，体现在市场与部队的认可上，真正在市场和部队受欢迎、有影响、有地位。

为此，我在踢开“头三脚”的基础上，又紧跟着打了一套由十个方面构成的“组合拳”。那就是推进出版流程、运行模式、分配机制、期刊运行四项改革，抓好人才、制度、网络出版平台和新办公楼四项建设，强化对外和对内两项任务（对外指为部队服务，对内指各二线部门为出版发行等一线服务）。

我期待，通过这套“组合拳”，能让军医社这个几十年的老社强筋壮骨，在快速发展的道路上，像年轻人一样，飞奔！

一、用一张卡片，打通出版流程

一本图书，从选题、组稿开始，到最终形成成品出版，前后经过从策划编辑、加工编辑、校对编辑，到美编、版式、照排、出片、印装、入库，要经过社领导、主编、编辑室主任、质控室主任、出版部主任等各级领导，包括三审三校在内的30多个环节。任何一个环节的粗疏和延误，都将给出版质量和出版效率带来影响。要确保图书本本都是合格产品，前提是图书生产过程中要做到环环合格才行。而这么多的环节，如仅靠各级领导来监管，很难把工作做深做细；而书出来以后才抽查，即仅靠终末质量监控，问题又很难得到及时发现和纠正。军医社虽然每年出书不到100种，出版总量较少，都以单本书的形式由各位责任编辑自主管理，包括该本书的各环节流转、把控、督促，都是责任编辑一人掌控，整个流程还停留在小作坊式的阶段。在这种情况下，如果编辑的责任心较强，对各个环节抓得比较认真，书的质量和周期或许能得到保证。如果编辑责任心不强，或工作太忙，则书的出版就会非常迟缓，有的图书出版周期竟达到一年半左右。导致新书出来后部分内容就已过时陈旧，严重影响市场竞争与销售。加之对众多环节缺少监督，为了赶进度、图省事，加工和审读成了走过场，不仅质量难以保证，且一旦出了问题，也难以追究责任和加以惩罚。而质量监控和责任追究的整体缺失，则导致质量和效率只能建立在依靠员工的责任心和职业精神的基础之上。在这种情况下，负责任且水平高的老编辑（审）手中稿件积压如山，严重超负荷运转，导致工作布局与节奏严重失衡。

为了解决这个问题，我走了当时几家兄弟出版社，想找一个参考的样本，但当时各家出版社都还没有推出此项流程管理。我只好找负责出版部工作的徐英祥主任，请他设法设计一张图书编辑出版流程卡。徐英祥主任虽然是总参工程兵的一位副师长，退休后才于四年前改行到我社做出版兼绘图工作。但他作为哈军工大的高才生，头脑敏捷，思路清晰，善于学习，很快就掌握了出版流程等相关业务，并担负起了相当于总编办主任的工作担子。我对他说了我的意图后，他很快就拿出了样稿。经过几轮修改后，正式决定把这张流程卡作为随书稿流转的一个工作文书。其要点是，根据每个岗位的加工制作任务量和每本书的内容、字数与出版制作的难度，对每本书在每个环节上的时间进度和质量要求，由专人在“图书流程卡”上予以明确规定。各环节则按照“图书流程卡”上规定的时间进度，来确定加工制作的先后与急缓次序，以确保该书在各个生产流程环节中保质按时地完成。为确保诸环节真正负起各自责任，提出了上一环节对下一环节负责、下一环节对上一环节实施质控的要求，即在图书生产流程各环节中，下一环节对上一环节交下来的书稿，对照进度、质量指标要求，对上一环节的工作进行评价，并把这种评价记载于“图书流程卡”，最后由社里根据“图书流程卡”对出版制作环节的每一个人、每一本书和每一天的工作效率和质量进行精确、量化、科学的跟踪与评价，努力使奖惩真正建立在公开、公平、及时、量化的基础之上，以达到奖快罚慢、奖多罚少、奖优罚劣的目的。从形

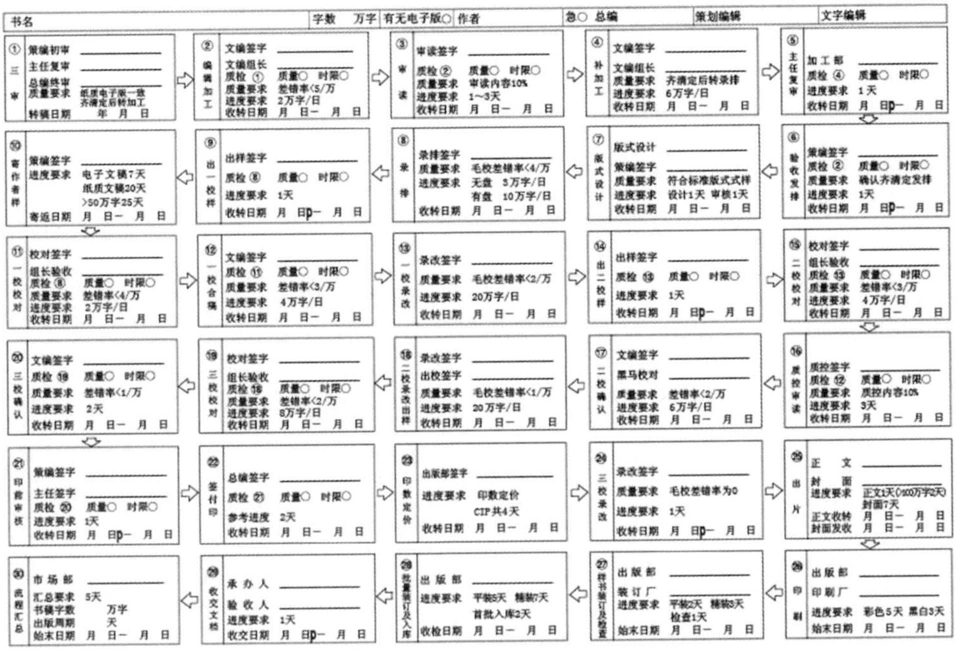

人民军医出版社图书出版流程图

式上看，是利用“图书流程卡”这种手段，实际上是利用制度和机制这只看不见的手，使抓质量、抓效率、抓效益的要求，在每一个人、每一本书、每一个出版环节中，都能得到实实在在的落实。

这张流程卡正式实行后，把每个工作环节都及时、严格地纳入了管理程序，在实践中很快起到了督促各环节编校人员负起责任、过细把关、防止延误、加快书稿周转的作用，有效地减少了书稿梗阻和编校环节空转情况的发生。做到了人人都在管理中、人人又都接受别人的管理，从而在军医社的历史上，第一次铺设出了出版运转的正式通道。尽管它还不是高速公路，但毕竟在没有路的地方，开辟出了这样一条通道，在科技出版界探索出了在书稿流转中环节质量控制模式，较好地解决了书稿运转无序的一大难题。

二、立一套章法，让工作循轨运行

军医社是个老社，在长期建设中积累了一些基本制度，但由于时间较长，多数制度已显过时陈旧，急需更新；也还有不少急待新建补充。否则，大量的工作都靠随机运转，或靠领导临时调度，必然使工作出现无序和忙乱现象。为了解决这个问题，我从管理制度、工作制度和会议制度三方面入手，进行了建设和理顺。

在管理制度方面，主要是由办公室胡仲清主任牵头，会同两个期刊编辑部、图书编辑部、出版部、财务室，分门别类地对原有的行政管理、选题与发稿管理、质量管理、印装管理、书库管理、财务管理等六大类制度进行了系统清理，修订和新制定了46项制度，于2000年6月19日下发执行。这些制度，包括了出版社工作的各个部门、各个环节。有了这一套基本制度，就使得全社工作都建立在有章可循、循章办事的基础之上，同时也为有章必循、违章必纠提供了管理基础和依据。当然，这些制度，不少随着出版社建设和发展的需要，在后来又陆续进行了多次修改。比如《图书流程卡管理制度》和《图书编辑部分配制度》，自2000年下半年推出后，在以后的岁月中，就曾经历过六轮大的修改，直到2007年以后才比较成熟定型。当然，这每一轮新的修改，都是为了解决实践中遇到的新问题新矛盾，是对原有制度的不断补充和完善。这些基本制度运行了十多年，对军医社的长期持续快速发展起到了基础性的支撑作用。其中，于2001年1月对出版合同进行修改确立的字数稿酬和版税稿酬二选一的方式，目的是从根本上建立出版社与作者双赢的机制，打破过去作者把书稿按字数卖给出版社而销售却与作者无关的状况，拉着作者与出版社一起闯市场；而合同中明确规定作者在军医社出版的图书，其电子书、网络图书、数字图书的传播权都归人民军医出版社，则对军医社后期的数字出版奠定了最为关键的内容根基。直到2010年学习科学发展观时，才又一次对全社制度进行了整体梳理和重新修订，并形成了由100多项制度和流程组成的更为完整的军医社的制度体系。

当然，制度建立重要，但制度的严格执行更为关键。落实制度，关键看领导。领导带头，坚持在制度面前人人平等，不搞特殊；不讲人情，不搞“下不为例”；一视同仁，不搞“法外施恩”，制度才能硬起来。记得在2000年9月下旬，全社下发《出版质量事故差错处罚规定》不久，即发生了三本书的质量事故与差错，而这三本书，除了涉及相关美编、版式制作人员外，担任该书的策划编辑和加工编辑，分别是社里的一位副社长、两位主编和三位室主任。考虑到这次严重差错，分别给予了每人1 800元的处罚。一下子处罚了三位社领导，反映出我这个主官对质量问题重视不够，抓得不狠，因此，我觉得自己也负有不可推脱的领导责任，故主动提出自我处罚。这样的一起处分通报公布后，不仅受处罚的几位社领导不再有想法，而且对大家的震动很大。打那以后，质量问题不管是谁，只要一经查实，就按规定处罚，包括经济处罚和通报（到新办公楼后还在社里一层大厅的大屏幕上进行公布），从无一人有不满或提过意见。社里当时规定迟到罚款5元，但我有两次因故迟到，社办公室负责考勤的同志都把我的名字悄悄删掉了，我发现后把名字加上并坚持接受了扣罚。从此，也再没有员工因迟到扣罚而闹意见的事。

在工作制度方面，先后建立了各部门月报制度，并要求与上年同期对照，是增长还是下降，并说明原因；编辑与市场部人员每月深入书店调研制度，以及时了解本版图书上架及销售情况，掌握竞争对手动态，听取读者及书店反映和建议，并带回来进行梳理改进。后来，又和开卷公司进行战略合作，由开卷公司每月对全国医学图书市场和各主要卖场及各类专业图书、各专业出版社的主要产品，按我社要求提供月报，供全社策划编辑和发行人员更准确全面地了解医学图书市场最新情况，从而为及时调整市场对策和策略提供了重要依据。此外，还建立了每年七一党的生日与党员谈心制度，由社领导分头找全体党员进行一次有质量的谈心，了解想法，理顺情绪，帮助解难。

在会议制度方面，建立了每周周会、每半月一次社办公会、每月一次选题领导小组会议、每季一次质量领导小组会议、每季一次总支会议、每年八一建军节召开老同志座谈会。后来，又建立了每周一市场反馈会与新书介绍会制度，以强化市场导向，提升对需求变化的敏锐感知与改进速度。

随着这些制度的建立健全，全社各项工作很快走上了按章办事、有条不紊、忙而有序的工作轨道，不仅大大提高了工作效率，减少了忙乱，而且逐步养成了全社上下按制度办事、按流程办事、按职责办事、按能级办事的良好习惯，为后续的快速发展，从制度层面上提供了支撑与保障。

三、创一种模式，叫作“文策分离”

2000年的军医社，和当时的各家出版社一样，分为编辑部、制作部（有的叫印制部）、发行部三大板块。而每位编辑都是既做选题策划，又做文字加工。自己的书自己加工，大家也都习以为常。沿袭俗成，便成惯例。这时发生的四件事，使我下决心对这一约定俗成的体例动大手术。

第一件事发生在2000年9月4日，余满松老社长参加总政宣传部组织的全军优秀图书评选，他负责全军几家医学类出版社的送选图书审读。在抽检军医社入选的四本送选图书时，他发现这四本书的差错率都超过了万分之三十（国家规定是万分之一），是所有出版社中差错率最高的一家。第二件事是，2000年11月底，一名校对员扛着一个纸箱的书稿来找我反映，这箱书稿本应是策划编辑加工后再交她校对，然而策划编辑连作者邮寄稿子的纸箱都未打开，就直接将箱子连同稿子一起交给了校对员。这样未经编辑加工的稿子，质量能有什么保证？第三件事是，2000年12月初，我对加工稿件进行抽查中，发现有一本近80万字大书，从头到尾翻下来，该书的策划编辑只改了一个标点，但实际上这个稿子有不少问题未能得到发现和纠正。尽管这样，这位编辑仍领取了2 000多元的加工费。当我找这两位编辑了解情况时，第一位编辑说，太忙，整天忙于外出组稿，实在没有时间坐下来改稿子；第二位编辑则说，感觉作者原稿水平高、质量好，就没有细改，当然主要是太忙。第四件事是，我接到来自江苏省徐州市郊区一位农民的来信，反映他出于发家致富的考虑，七拼八凑，买了一头已怀胎的母牛，为了喂养好，他还专门买了一本军医社出版的如何喂养母牛的书，并按照书上介绍的方法，在母牛临产前，给母牛加喂麦麸，结果母牛连同未出生的小牛一起不明不白地死掉了。经过请教专家，发现是因为军医社的书中，将麦麸的用量每次0.7公斤误写成了每次7公斤，用量比正常整整大了10倍，从而导致了母牛和小牛死亡，并要求赔偿7 000元。接信后，我立即查找了有关书稿存根，发现读者反映的问题属实，而“图书流程卡”记录表明，该书的加工编辑是《人民军医》杂志编辑部的一位编辑。他是《人民军医》杂志编辑部的骨干，工作一向很细心，很负责任，但是由于在做杂志编辑工作之余，还承担大量的图书编辑文字加工任务，长期的超负荷运转，导致了这次书稿加工的事故与差错。在接到读者投诉后，虽然加工编辑毫不含糊，爽快地按照读者的要求，一分不少地给读者邮去了7 000元的赔偿款，使这次事件得以顺利平息。但这件事还是引起了我的高度重视和反思，我想，如果这本书不是一本兽医书，事故不是发生在牛身上而是发生在人身上，那后果该是何等严重！我社出版的图书，绝大部分是医学图书，而这些图书中，大量涉及药物名称及剂量，药名错上一个字，就可能变成另外一个完全不同的药品；剂量多一个或少一个小数点，用量就会增加10倍或减少10倍。如果病人按照这写错的药名或剂量来服用，那引起的后果将是多么可怕！如果军医社的图书质量长期停留在这样一个低水平，又如何来打造军医社的品牌？如何树立军医版图书的形象？又通过什么来赢得市场和读者？没有质量支撑的快速发展，又怎能有价值及保持长久？特别是在军医社快速发展、出书数量直线增长的情况下，如果在质量上不把住，“萝卜快了不洗泥”，那后果真是不堪设想。显然，对人命关天的医学图书，必须采取比其他图书更加严格的质量保障措施，全力以赴，把质量提上去，事关根本，刻不容缓。

分析造成加工质量不合格的原因，是与当时军医社没有一支高水平的专业编辑加工队伍有直接关系。多年来，军医社的图书加工，主要是依靠策划编辑自我加工、期刊编辑帮助加工、社领导等有加工能力的相关人员协助加工。在前几年出书量不到100种的情况下，这种零散式的加工尚可应付，但当三个图书编辑室成立起来后，书稿数量开始直线增长，这种方式已远远难以适应。当策划编辑年出书量普遍达到30~60个品种时，市场调研、选题策划、组稿及跟进流程的任务已相当繁重，如果让他们每年再承担数百万字的书稿加工任务，只能导致他们在加工上甚至在选题上忙乱对付，最终带来选题与加工质量的双重降低。期刊编辑也一样，如果加工任务过重，也必然影响他们的期刊主业，并同时影响到书稿加工质量。为了解决这个问题，我决心采取“文策分离”的新模式，即把现有的图书编辑部一分为二，分别组建专门组稿的策划编辑部和专门负责文字加工的加工编辑部。一方面，把加工任务从策划编辑身上剥离下来，取消他们每人每月的人均加工指标，以确保策划编辑都能集中精力做好选题组稿工作；另一方面，对不适合、不喜欢、不擅长做策划的编辑，改行做专门的加工编辑，从而使各人扬长避短，排除干扰，集中精力，做好策划和加工。

令我始料不及的是，这个决定正式出台征求意见时，竟引发了一场轩然大波，绝大部分策划编辑都希望仍然身兼二任，不同意“文策分离”。原因是随着加工任务的剥离，减少了每月在加工书稿方面的收入。这个原因，实际上也是大部分出版社迈不开“文策分离”步子的真正原因。通过会上会下反复做工作，不仅和大家讲清集中精力做好选题、打造精品的责任，而且重点讲清这样做对军医社发展、对个人成长的好处，讲清精力分散以致加工和策划都做不好的危害，同时还加大了对重大选题、精品图书、获奖图书的奖励力度，让每一位策划编辑都认识到，只要把选题做好、图书做好，不仅可以，而且完全能得到比身兼二任时更高的收入，从而使策划编辑增强了集中精力做好选题的信心与热情。通过反复做工作，一场差点夭折的改革才终于在非议和纷争中蹒跚前行，最终上路了。

实践证明，“文策分离”这种模式，不仅是对编辑工作模式的调整，而且对打造精品、提升质量、锻炼队伍、培养人才，都起到了极为重要的作用，并为后续的策划编辑专业化学科细分，打下了极为重要的基础。在采取“文策分离”这种模式后，上述质量问题很快得到了有效控制，也再没有出现过严重的出版事故与重大差错。在2002年、2003年、2004年总政组织的年度图书质量大检查中，军医社每次的质量合格率都达到100%。在2003年底组织的大检查中，还发生过一件趣事，当时带队检查的组长是位叫杨麟慧的老同志，他是一个老出版，新中国成立前就担任华北印装厂厂长，他来之前就听检查组的成员讲，军医社的图书已年检获得100%合格，他说："我不相信，没有100%合格的，肯定是你们工作不细，或者是军医社在迎检中做了手脚。这次检查，事前不通知，而且到军医社的库房随机抽查。"但当他带领检查组在库房中现场抽查了十多本图书后，终于承认军医社的图书质量确实是过硬的。在总结会上，他说："军医社的书经得起查，翻一遍是这样，翻两遍还是这样。说军医社的书100%合格，真实、可靠、可信！"在以后的近十年里，"中国出版政府奖""国家图书奖""中华优秀出版物奖""'三个一百'原创图书出版工程"等国家级精品图书评奖，军医社的图书也开始大步跻身其中，其后获奖数量就一直名列国内各医学出版社前列。"文策分离"在提升质量、提升专业化出版能力、提升编辑水平和能力等方面起到的作用，已被军医社的出版实践一再反复证实。从一定意义上讲，没有"文策分离"这种模式作为早期铺垫和质量支撑，就没有后续的一系列深度改革，也就没有军医社持续十多年的高速发展。

军医社从2001年开始实行"文策分离"模式，至今已13年。作为国内出版界首先吃螃蟹的一家，在当时遭到不少同行的非议，认为"编辑不改稿，就不再是编辑了"。但这种模式在实践中显示了它在提升质量和效率方面的巨大作用，以至于最近两年，原先持非议的同行和所在单位，也陆续开始实行了这种模式。

理论是灰色的，实践之树常青。实践再一次让我深深体会到，如果我们固守一些所谓的传统“惯例”“常理”，各项改革就无法迈开步子。真正有作为的人，一定是实事求是、不循陈规、敢闯新路的人。

四、办一所“出版黄埔军校”，建设过硬队伍

如果说流程改造是图书出版的高速路，“文策分离”是铺就双轨的话，那么没有一支出版部队，这趟高速列车还是开不起来。

首先是加工编辑队伍的建设问题。在“文策分离”中，原想可能有一批人会因做策划编辑市场压力太大而主动选择做加工编辑，出人意料的是，尽管绝大部分策划编辑只是对不让兼做加工编辑有意见，但在选择岗位时，却没有一个人愿意放弃策划编辑而只做加工编辑。“文策分离”后，规定策划编辑已不再加工书稿，导致大量书稿一下子处于无人加工状态，就像现今的一幢幢毛坯房没有装修一样，书稿加工一下子成了燃眉之急。而在社会上医学编辑人才奇缺的情况下，只能靠走自我培养的路子。于是，我和几位社领导商量，决定紧急招聘一批有医学背景、文字水平较好的人来做加工编辑。我找余满松、李晨两位老社长商量，请他俩帮助编一套医学编辑指导教材，并担任加工编辑培训班的主讲老师。同时，请办公室胡仲清主任把一直空闲着的五楼大会议室加以简单装修，提供教学条件。

准备工作开始后，首先碰到的难题是招人困难。由于医学加工编辑必须具有正规医学教育的背景，而这类人员大都从事临床一线医教研工作，很少有愿意从事加工编辑的，光从网上招聘，应聘者很少。为了解决这个难题，我和曾星、胡仲清、周晓州等同志商量，决定印好招聘广告，到医务人员比较集中的总后医学高等学校、301医院、军事医学科学院和空军总医院、海军总医院等单位张贴。其中，广告效果最好的是张

贴到每个单位的食堂门前，排队就餐时都可以看到。当时，有的单位不让贴，周晓州他们就利用中午或晚上没有人的时候去贴；有的刚贴上就被撕掉，他们发现了就悄悄地再去补贴。当时，有的单位领导打电话找我核实此事，经过解释说明，他们也开始理解并支持我们，有的单位干部科还主动向我们推荐他们刚退下来的老同志。通过这种办法，很快招到了50位素质较高、本人愿意从事加工编辑的人员。

教材经过余满松和李晨两位老社长的精心编写，已编成了一套内容齐全、体例完整、非常实用的医学编辑实用教程。五楼大会议室经过简单装修，特别是挂上我社美编、著名书法家吴善茂写的大幅书法——毛泽东《沁园春·雪》的诗词，摆上新买的桌椅后，可坐上百人的会议室兼教室焕然一新。

当学员、教员、教材、教室等条件都具备后，一个由军医社自行筹办的医学编辑“黄埔军校”，终于于2001年2月10日上午正式开学了。当天参加学习的学员共有50名。想到为办好这个培训班，两位老社长加班加点编写讲义的辛苦，胡仲清、周晓州等人为招收学员费尽心血、曲折奔波的艰辛，想到我们将建成一所自己的“出版黄埔军校”，我觉得应该为这个班筹办一个隆重热烈的开学典礼。为此，我专门找总后卫生部傅征副部长作了专门汇报，并请他来出席开学典礼。正式开学的那天，傅征副部长特地过来祝贺，并为大家作了一个非常有鼓动力、也充满感情的讲话，使大家深受教育和鼓舞。开学典礼后，由余满松和李晨两位老社长分别上了开学的头两节课。经过40多天的系统培训和实际工作带教，我们特地为每位学员颁发了结业证书。这个培训班的顺利开办，为军医社的发展提供了急需紧缺的编辑人才资源的支撑。一些当年参加过培训的学员，后来都成为重要的骨干力量。

从那以后，军医社举办编辑业务培训班，在周晓州主任2003年初调任加工编辑部主任以后，就逐步形成常态化的工作，一年一期（特殊情况下，一年两期），每期都在40~50人左右。到2010年，已开办了近10期。依靠这个培训班，解决了编辑人才补充和能力提高的一大难题。军医社目前在社工作的编辑，除了少数由外社引进的编辑以外，绝大部分都是在这个“黄埔学校”中成长起来的。为了做好这项工作，余满松老社长和周晓州主任付出了巨大的心血和辛劳，也为军医社的发展做出了重要贡献。

编辑业务培训班

五、靠一种机制，储足发展动力

机制特别是分配机制，是一个单位的原动力。它用无形之手，体现、强化和实现着工作导向。

就军医社来讲，当时的体量太小，发展是首位矛盾，所以前几年编辑岗位的收入只和出书种数和字数挂钩，这在早期是可以理解的。但随着军医社的快速发展，如不和质量与效益挂钩，导致出书追求字数，不问效益，篇幅越来越大，书均效益越来越低；还有一些岗位不和考核挂钩，导致干好干坏一个样。要把军医社上百号人的积极性、创造性和工作激情都真正调动起来，把他们的聪明才智都激发并释放出来，设计好分配机制，就成了当务之急。

考虑到分配是为实现一个单位的发展目标服务的，无疑应服务与服从于单位的近中远期目标；分配要强调效率，激励竞争，这是第一位的，但也体现一个单位一个团队的人文关怀与温暖，兼顾公平。另外，在具体操作上必须巧妙，做成一种“傻瓜型”的工具，简单、适用、管用、好用。

有了上面一个清晰的方向，我结合军医社图书出版的实际，开始思考这个方案的指导思想、基本思路、总体架构、操作方式，并于2000年11月12日执笔起草了《人民军医出版社分配制度改革实施办法》。

在改革遵循的指导思想和基本原则上，明确为“三个有利于”，即衡量各项改革措施是否正确，是否采用，就是看它“是否有利于提升质量和效益，是否有利于提升核心竞争力，是否有利于调动全社员工的积极性”，这是衡量一切改革措施是上还是下的唯一判断，也作为衡量一切改革得失成败的原则与标准。

根据上述目标和原则，在改革思路上，提出了“四个挂钩”“三个倾斜”“两个打破”“一个目的”的总体考虑。“四个挂钩”即与岗位责任挂钩，与工作数量挂钩，与工作质量挂钩，与工作效率挂钩。与岗位责任挂钩，主要靠基本工资来进行区分；而与工作数量、质量、效率挂钩，则主要是通过绩效浮动来体现。“三个倾斜”即向面对市场一线的编辑和发行部门倾斜，向技术含量高、工作复杂的岗位倾斜，向效益好、贡献大的员工倾斜。“两个打破”即打破干多干少、干好干坏、干快干慢一个样，打破学历、身份、在职军人与聘用员工同工不同酬的陈规。“一个目的”就是建立最大限度调动全体员工积极性的机制，进而实现军医社持续快速稳定发展。

在总体设计上，确定由基本工资收入、浮动工资收入、奖金收入、各类补助收入四个板块构成。基本工资按各岗位等级不同而确定，解决计件难以实现的基本报酬问题；浮动工资主要解决与工作数量、质量、效率挂钩问题；奖金主要解决好管理导向的实现问题，包括与出勤考核、任务奖、劳动纪律、精神文明、作风建设等挂钩；补助则用于解决特殊情况和用于调剂公平，包括岗位补助、伙食补助、通信补助、节日补助、加班补助、生病及困难生活补助等。其中，在基本工资等级的设计上，注意压缩级次与级差，从社领导到平均奖金，只设立了四个级差。在人员的分类上，则尽可能多地采取计件工资，实在难以采取计件工资的岗位再采取计时工资。在奖金的设计上，则采取上不封顶下不保底的做法，奖罚项目和比例、额度则全部对应，实行同奖同罚。

在基本操作上，一是民主与集中相结合。分配方案充分讨论，征求意见，社里再决策。由于分配方案和方法公开透明，每月月底各人的收入，本人都能计算，有些人甚至能发现财务计算上的错误，并常找财务核对，找回财务少发的部分。二是公开与保密相结合。一个部门内相同岗位的人，各人拿多少是公开的，可相互比较的；而不同岗位的收入，则强调高度保密，严禁互相打听，违者要严肃处理。为什么？因为相同的岗位，标准是相同的，收入不同说明工作与贡献不同，比收入就是比贡献，比贡献是可以比出差距、比出干劲的。而不同岗位间工种不同，标准不同，就像相声《五官争功》一样，各个器官之间不具可比性，硬要比较，只能比出牢骚、比出怨气、比出不团结，甚至比出消极怠工。时间一长，收入保密，互不打听，已形成大家自觉遵守的规矩。三是为适应既要快速发展又要讲求质量效益的要求，分配方案中对发稿、出新书都设立了奖励，以鼓励多出书、快出书，同时还在单本书核算的基础上，加大了对效益提成的奖励力度，分设了不同额度的提成比例，对单本书创效和年度创效高的，都设立了更高比例的提成，从而使做得快和做得好的都能得到鼓励。四是突出一线。在分配方案的设计上，奖励重点是一线和贡献大的同志。我在军医社任社长兼总编辑的11年间，没有一次拿过最高奖，不论是月奖金、年奖金，还是全年和每月的总收入，拿得最多的永远是一线的编辑，有的甚至超过了我这个当社长兼总编辑的一倍。姚磊副总编辑原来当编辑和编辑室主任时，一直是全社编辑中也是全社员工中收入最高的，但在当了副总编辑后，收入就再没有达到以前的水平。但他从全社发展大局出发，毫无怨言。由于班子成员不是说得好听，而是十年如一日地做到这样，以行动赢得了大家的认可，从而真正做到群众舒心、骨干服气。

军医社的分配改革方案，自2000年11月启动，以后又调整过多次，差不多每年微调一次，但总体思路和架构一直没有变，因为它得到全社员工的倾心拥护，在实践中真正起到了发展导向和动力作用。当然，这个方案之所以能从2000年11月以来一直持续贯彻执行到今天，和军医社有个好“婆婆”——总后卫生部党委和首长的开明有很大关系，历届部首长从不干涉军医社的具体分配和奖惩，使得军医社党总支能够放开手脚，按照出版规律和军医社的实际，不断调整、完善，使之臻于完美。

没有这一点，军医社不可能有如此生动活泼的工作局面，更谈不上十多年如一日的高速发展。

六、树一种理念，以编辑工作为中心

军医社作为一个以服务军民健康为宗旨的文化出版单位，在鲜明地提出快速发展、做大做强的目标之后，全社上上下下，只有以市场为导向、以一线为重点，凝聚成一个拳头，才能一体互动，形成合力。针对当时存在的“编辑是基础，发行是关键”“出版社要以财务管理为中心”等口号，以及部分人员对编辑不重视，导致编辑人员感到在社里无地位、不受尊重、不被认可的问题，我在社里鲜明地提出了“要以市场为龙头”“以编辑工作为中心”“全员为一线服务”“编辑与发行两轮驱动”等带导向性的理念，对于提升编辑地位，形成全社工作围着市场转、二线围着一线转、一线围着效益转的良好工作氛围，起到了重要作用。

出版社以编辑工作为中心，本来是没有歧义的。但十年“文化大革命”把好多概念搞乱了。1983年，《中共中央、国务院关于加强出版工作的决定》中再次明确提出，编辑工作是整个出版工作的中心环节。我在起草《人民军医出版社“十五”建设与发展规划》的指导思想中，也明确提出了要以编辑为中心这一思想，理由很简单，出版社的根本任务是生产图书这一精神文化产品，出什么、出多少、怎么出，虽然是社领导或社委会的决策，但出版物的直接孕育、催生、培育，却是由编辑来完成的。如果把出版社比作一个企业的话，编辑则是这个企业的工程师和设计者，编辑在出版社中的这种主导责任，又是通过其在出版全程中体现出来的定位需求、策划选题、培育作者、把控质量、产品宣传这五大功能而凸显出来的。因此，编辑在出版社中是责任最大、风险最大、压力最大、技术含量最高的工作岗位，是出版社最为重要的一个关键性支撑性岗位。一个出版社要建设好，必须要有一支政治可靠、业务精专、作风过硬、工作安心的编辑队伍。而确立编辑工作的中心地位，在全社形成尊重编辑、关心编辑、爱护编辑的工作氛围，给编辑搭好平台，帮他们干成事业和实现人生价值，一个出版社才有活力和希望。

为了在这个问题上统一认识，我曾在全社大会上举了大家都特别敬重的总后饶正锡副部长在四军医大指导工作时的一个例子："文化大革命"前，四军医大盖了栋住宅楼，在分配时，按编制序列，机关的处长们优先排在前面，并都挑选了好的楼层。饶部长召集四军医大的领导和机关干部开会，饶部长说，一所医院要办好，靠医生；一所大学要办好，靠教授。现在你们大学盖了新楼，是优先给教授还是机关干部先占呢？饶部长说完这番话后，原先分了好楼层的机关干部，全部退出了钥匙。那么，同样的道理，办好一个出版社，首先要靠编辑。我们不仅要旗帜鲜明地提出这个口号，还要理直气壮地践行这个口号。举个简单的例子吧。比如，其他人员和编辑同时要车，车队往往先派给其他人员，不派给编辑；早上送水，对各位领导和部门领导都送上门，而编辑却自己打水；发放冬储物品，对领导同志送货到家，编辑则不分男女都是自己动手，等等。从现在起，我们就要把这一切改过来。

胡仲清同志作为办公室主任，对于贯彻以编辑工作为中心的思想，态度非常坚决。他从小事入手，采取了一系列具体得力措施，包括编辑要车要优先满足需要，编辑加班要主动安排好加餐，每天早上为编辑主动送水，定期上门为编辑发放办公用品，发放大米、苹果等为编辑送上家门等。社里领导对此认识很一致，出国或社里、部里的重大活动和重要场合尽量创造机会多让编辑人员参加，各类培训、考察、评奖、评比活动优先考虑编辑，评职调级优先保证编辑名额，社里的各项重要决策尽量多听取编辑的意见。特别是按照责权利相统一的原则，给予编辑与其担负责任相适应的权力，体现编辑在诸多出版环节中的主导作用，让编辑对选题策划形成的认识与理念，能够向出版、发行等部门渗透与发散，帮助出版制作部门、设计部门、发行部门和营销部门人员在较深的层面上，把握好每个产品的特点、内涵及其卖点，使以编辑为中心的指导思想，在一点一滴的工作中得以体现，得到落实。

七、强一种氛围，让“坐船”的也争着“划船”

从我到军医社当社长走马上任开始，就常听到在社里有“坐船”和“划船”之分。原来，因为《人民军医》和《解放军医学杂志》这两本期刊是由上级拨款，免费向部队下发，难以产生效益，所发奖金都是靠面向市场的图书编辑、发行部门的效益。因此，图书编辑和发行部门认为，期刊编辑部的奖金都是靠他们辛辛苦苦挣来的，我们是辛苦“划船”的；期刊编辑部的同志则认为，自己的工作虽不挣钱，却是为部队服务所必需的，产生的是军事保障效益和社会效益，我们“坐船”也是应该的。这样，不仅导致了双方的理念偏差，也影响了双方的团结、信任和书刊间的协同配合。

了解情况后，我觉得图书和期刊作为社里工作的两个主力部门，如长时间处于这种状态，对社里的整体建设和发展都很不利。解决这个问题，首先要正确看待各自的分工和贡献，为部队服务是军医社立身之本，两本期刊又是为部队服务的主力；正是两本期刊的存在与发展，才为军医社面向市场创造条件。而图书所产生的效益，又为期刊提供了更好的发展条件。两个部门如同自行车前轮与后轮，互为依存，缺一不可。实际上在市场经济条件下，期刊也是可以通过改革，把发展的路子走宽的，不能一味依赖别人输血，而要立足于培养自身造血功能。图书部门不要因为给了期刊部门一些支持而产生“划船”吃亏之想，期刊部门也不要自恃贡献特殊而长持“坐船”理所当然之念。认识问题解决后，我和当时分管期刊工作的李恩江副社长一起，反复商量期刊的改革方案，针对《人民军医》和《解放军医学杂志》作为运行模式完全不同的两类期刊，提出了不同的解决办法。

《人民军医》作为完全为部队服务的保障类期刊，其经费缺口不能依靠图书部门“划船”来维持，而应该通过向上级说明情况，实现足额经费支持来解决。为此，我多次向总后财务主管领导反映，说明情况，最终取得了财务主管部门的认可，经过两次大幅度地提高经费标准，使《人民军医》的经费保障问题终于得到了较为理想的解决。从此，《人民军医》虽然还在“坐船”，但不再坐图书部门效益之船，而是乘上了军队后勤保障这艘航空母舰。由于《人民军医》不再有创收负担，能够集中精力，瞄准部队需求，提供部队特别是基层卫生人员急需的医学知识，杂志的学术质量和影响力日益提升。到王敏同志当编辑部主任时，已由一本非核心、非统计源期刊，进入了核心期刊和统计源期刊的行列，并跻身中国医学综合类期刊前十名之列，在军队后勤保障中发挥出了日益重要的作用。

《解放军医学杂志》则是一本既面向部队也面向全国和全球的高端学术期刊，但由于多年来走的是只管编稿，不管经营、不求效益、不计成本、不算盈亏的粗犷式发展路子，期刊的学术影响力和效益一直上不去，办刊经费足额依靠上级拨款，奖金全部靠图书部门的创收而吃平均奖，因为常年“坐船”，在社里也没有地位。在我到社里报到时，一位首长找我谈话，就曾征询我是否要把《解放军医学杂志》停办或撤销。在这种情况下，如果我们还抱着“坐船”的心态不放，其前景确实令人担忧。但作为一本全军性的医学学术期刊，只要我们放开思路，完全可以在做好为部队服务的同时，通过提升学术质量和影响力，来更好地做好面向国内外读者的服务，并在这种服务中提升中国军事医学的影响力和地位，同步赢得保障效益、技术效益和经济效益。因此，我在提出要确立“提升质量、办成精品”的目标时，还提出了“分灶吃饭、多劳多得、盈亏归己、综合平衡”的十六字改革方案。决定从2002年开始，社里对其补助性拨款与图书效益增长不再挂钩，编辑部人员的奖金也不再与图书部门人员平均奖挂钩，社里除维持前两年的补贴外，其部门人员工资、奖金以及日常开支，完全依靠自己创收来解决。这个改革方案刚推开时，对于长期以来习惯于“坐船”的《解放军医学杂志》编辑部来讲，是一个极大的压力。但他们面对压力，迎难而上，直面挑战，克服重重困难，一方面调整栏目提升质量，另一方面想方设法拓展广告市场，并在增收节支上想了大量办法，还逐步走开了举办学术会议、开办学习班等新的路子，走上了依靠提升学术质量和学术影响力，促进期刊建设全面步入良性循环的轨道。在之后的几年发展中，在曾星、贾万年副社长的带领下，杂志的整体水平、学术地位和影响力，每年都上一个大台阶。近几年，《解放军医学杂志》已跻身于中国“百种优秀科技期刊”之列，在期刊的影响因子和被引频次、基金论文比等主要的学术质量指标中，《解放军医学杂志》已进入国内医学学术类期刊前五名，并进入了“中国出版政府奖”和“解放军出版奖”的行列，成为中国医学出版界的医学名刊大刊。《解放军医学杂志》编辑部的奖金，不仅大大超过了期刊改革之前，甚至也明显超过了图书部门的平均水平。当然，由于这是他们自己“划船”创造的效益，在理直气壮地赢得效益的同时，还赢得了全社上下的认可和钦佩。现在，这本期刊正在李勇副社长和范晨芳主任的带领下，又新申办了英文版的《解放军军事医学杂志》，正在朝着军事医学大刊的方向迈进。如果我们今天再回过头看看当年的改革，应该算是这本期刊发展历程中的一个历史性转折吧。

八、守一份职分，姓“军”就要为军服务

军医社作为一家军队出版社，自它成立那天起，就一直行进在“八一”军旗下。对于军队，它始终有一种至真至深的情感。但作为军队出版社，其军队属性要求它面向战场讲职能，其文化出版单位属性又要它面向市场谋发展。而战场和市场，又有着根本不同的两种属性，必须遵循不同的规律。而这两种规律之间，在很多方面又是相对立和矛盾的。作为一家军队出版社，如果只面向战场，虽然是完成了上级交给的任务，也有基本的成本保障，但根本谈不上效益和发展；如果仅面向市场，放弃了为部队服务，那又会失去自身存在的价值和立足之本。如何遵循好两种规律，把面向战场和面向市场的工作同步做好，这是对一家军队出版社领导的智慧、胆识和能力的多重考验。

我到军医社上任之初，就在《人民军医出版社“十五”建设与发展规划》中提出了“要把为部队服务作为第一责任，把部队卫生人员和部队官兵需求，作为工作的第一信号”，并把“围绕中心、服务大局、主动跟进、务求实效”作为全社工作遵循的根本原则，使全社上下都始终绷紧姓“军”这根弦，为做好具体服务工作奠定了思想基础。为了解决出版军事医学图书所带来的市场销售难、印数少、效益低、奖金少的问

题，制定了对军事医学选题给予特殊补贴、提高奖励比例、亏损由社里全额承担等一系列政策，从制度和机制上实现了与市场图书的并轨，保护了军事医学图书出版的积极性。

做好为部队服务的出版工作，首先要成立一个军事医学编辑室。当时，我向人民军医出版社的老社长、总后卫生部退下来的李超林副部长汇报，想请他亲自主持这个编辑室的工作，得到了他的热情支持。为做好这项工作，他多次到北京和外地部队调研。发现全军师团营连各级基层部队图书馆中，不仅缺少医学专著，也缺少基本的健康科普读物，包括心理健康读物。为了解决这一问题，他亲自起草了一份关于为部队出版系列卫勤服务保障用书的选题策划报告，建议为师医院、团卫生队、营卫生所分别出一套诊疗丛书和团卫生队军医手册、营卫生所军医手册，为部队基层官兵出一套包括训练伤防护、青春期保健、心理健康知识在内的科普健康丛书，为舰艇军医和空军场站军医各出一本舰艇军医手册和航空军医手册，总共30多个品种，以构建基层军医完整读物体系，从根本上摆脱基层军医和官兵的医学和科普读物缺乏状况。这份报告上报到上级有关部门后，虽然由于经费问题未能落实，但其选题目标和思路为后续出版提供了方向性指导。

为了从组织上落实力量，从《解放军医学杂志》编辑部调来杨化兵副编审，专门负责这项工作。杨化兵同志来了以后，和总后卫生部各个机关局室进行了很好的沟通协调，并根据总后卫生部业务工作需要，策划了一批军事医学和卫勤保障类图书。同时，姚磊主编、杨磊石老主编和张怡泓、秦速励、郭伟疆等各位编辑，为配合军事斗争卫勤保障需要，特别是围绕部队作战、救灾、训练等重大军事行动，策划推出了一批有影响的重要军事医学出版物。短短几年时间，就推出了包括航天医学、航空医学、航海医学、防原医学、防化医学、防生物医学、预防医学、野战外科、野战内科、训练伤防护、官兵心理健康、部队基层卫生手册在内的12个学科100多种出版物，实现了对军事医学出版领域的全面覆盖，形成了比较健全的军事医学出版格局。

为了解决基层缺书又无钱买书的实际困难，从2001年开始，我们组织了“千万图书送基层”活动。从库房中挑选了部队需要的总价值为1 000万码洋、近500个品种的图书，根据部队的不同需要，分类分批无偿向基层和边防部队赠送，受到了部队基层的广泛欢迎。在前期开展的几批赠送活动中，我先后参加了对总后大院通信营、总后直属分部汽车团、云南省军区边防部队的送书活动，中央电视台在新闻联播节目中以“千万图书送基层”活动为题，专门进行了报道。云南省军区还精心制作了“军医图书送云南边防，边防官兵热爱人民军医”的横匾，至今仍挂在军医社二楼的电梯口。这也算是对这一活动的纪念与见证吧。

在图书部门做好为部队出版的同时，两本期刊和音像编辑部也做了扎实努力。音像编辑部每年要组织一批部队卫生人员喜闻乐见的产品，并以其形象、直观、生动而深受部队卫生人员和官兵的喜爱。两本期刊都专门开辟了军事医学、预防医学、基层军医等栏目。《解放军医学杂志》则主要围绕全军医学发展的前沿和高端领域来展开，如果把它比作军队医学殿堂的话，《人民军医》则是一支贴近基层的卫生轻骑兵，不仅其内容是实用技术，作者和读者也主要是部队卫生人员，每期的“综述讲座”也都紧紧围绕部队卫生人员关心的热点难点问题来展开。广大基层卫生人员都把这两本期刊看成是自己的良师益友，亲切地称它们为“不见面的老师”“没有围墙的学校”，在部队卫生建设中发挥了独特的不可替代的重要作用。

通过从导向、机构、机制和书刊盘配套服务入手，实现了为全军卫生人员建成学术园地、培养作者和读者、提供知识保障、提升全军卫勤保障水平和能力的目标。尽管为部队服务毫无经济效益可言，甚至大都是赔钱，但军医社上下仍把它看成是比所有赚钱项目都重要的工作，始终充满感情地忘我投入。这其中起根本性作用的，还是军医人讲职责、守本分、识大体、不忘本，从而使得战场与市场、赚钱与赔钱这两条本来是对立矛盾的轨道，能够并行不悖、协调同行，共同奏响军医社的发展之歌。

九、建一个共同的家，一个漂亮的大本营

2000年初我刚当社长时，军医社办公楼是位于太平路东端的一栋面积为980平方米的五层楼，建于1996年，应该还算是栋新楼。但随着军医社的快速发展，980平方米的空间已不能满足需要；特别是解放军卫生音像出版社并入军医社后，其办公用房无法解决。建一栋新楼，已成为全社员工的共同期盼。

2001年春节前，总后周友良副部长来社里走访，临走前专门问我还有什么困难和问题。我趁机提出办公用房紧张，能否批准我们筹建新办公楼的问题。周友良副部长说：“你们到总后大院周边看看，如能找到合适地点，先商管理局提出意见。”

有了总后首长的表态，我在向总后卫生部白书忠部长报告后，第二天就找了总后管理局营房处的顾正芳处长，他很热心地为我在总后大院东南和西南方向各选了一块地方。我经过反复比较，选中了大院东南角即总后大院毗邻万寿路南端的一块近三亩的地皮，如按地下一层、地面六层设计，可以盖近8 000平方米的面积，完全满足军医社需要。能在万

寿路上找到这么一块宝地，我真是大喜过望。

2001年4月7日下午，白书忠部长主持总后卫生部党委会，大家一致认为，上马这个项目需求明确，机遇难得，论证清晰，对未来发展十分有利，一致同意向总后正式申请立项。

遵照白书忠部长的指示，我连夜给总后卫生部、总后管理局、总后营房部并总后首长起草了正式书面报告。第二天，我就拿着这份报告向有关部门和首长逐个汇报，首长们对此都很支持，大都是听了汇报后当场签字通过。从报告起草报出到首长全部签字同意，总共用了七天时间，就完成了这个项目的立项、审查和批准，这在高级机关中是难以想象的。

楼房好不好，设计是关键。经过反复思考，我对设计提出了三条意见。第一，我们要建的楼面积只有7 000多平方米，高仅六层，这样一栋小楼，在北京随处可见。如果我们在设计上不下足功夫，它就会淹没在北京的一片“水泥森林”之中，毫无特色可言。因此，如何将这栋小楼盖大，让人感到它很大方、很大气，这是第一个要求。第二，我们这栋楼虽然是军队单位建造的，但军队单位并不等于土气，我们首先是个文化单位，如何在设计上体现文化元素、出版特色，让人感到这栋楼很漂亮、很现代、很洋气、很有内涵，真正把土楼建洋，这是第二个要求。第三，我们能投入的经费有限，但绝不能粗制滥造、马虎对付，建楼的钱，绝大部分是军医社几代人用汗水挣下来的家底，一分一厘都来之不易，我们作为后人用前人的钱，必须锱铢必较、倍加珍惜，每一块钱都要用在刀刃上，真正用出效果、用出效益、用出质量，在设计上就是要求体现精致、精细、精美，精益求精，真正把楼建精。

根据上述要求，三家设计单位按期拿出了五个设计方案，经过全社反复比较，选取了古典、现代和综合型三个设计方案。2001年7月13日上午，经白书忠部长和傅征副部长共同商定，最终确定了由总后勤部营房设计院石续然副总工程师亲自设计、也是目前使用的这个式样，典雅里透着现代，庄重中含着飘逸，外观是文化色彩浓烈的砖红色，四外侧边均使用了极为张扬的拓展式造型，整个建筑大气、洋气、精致，透着一个有着厚重文化积淀单位的精气神！

迎着建房中的风风雨雨，这栋房子于2003年1月18日顺利建成并通过了验收。从此，军医社有了一个完全崭新的家，一个能够支撑它快速发展、健康发展的大本营。当然，它既不高又不大，但还是凭借它那典雅大气的造型、硬朗挺拔的身姿、恢宏沉稳的气势、独具一格的气质，成了万寿路南口的一个地标性建筑。这在高楼林立的北京，还是很不容易的。年过半百的总后勤部营房设计院的杨道荣高级工程师在交付仪式上感慨地说：“我干了一辈子营建，从未见过这么好的工程！”

2003年4月10日，在“全军百项工程大检查”中，新楼代表总后系统受检，从设计、施工、管理、成本四个方面综合评定，最终以98分的高分获第一名；5月，被北京市建委评为“2002年北京市青年文明号优秀工程”。2005年，军医社的新楼荣获“全军优质工程奖”，这是全军几十年历史上第一个建筑面积不足1万平方米而破格获奖的项目。当然，这也是一栋名副其实的优质楼、形象楼、干净楼。在全军营建专家组来我社检查时，组长非让我介绍一下建这栋办公楼的体会，我说：“我从未建过楼，要说体会，只有一条，那就是用给自家建房的追求来盖楼。”中午，我和胡仲清主任请他们吃饭。席间，组长和几位专家说：“我们这几个，都是一辈子干营房的，为什么几十年都盖不出一栋像军医社这样的楼？”

位于北京市万寿路南口的人民军医出版社新办公大楼

当时，每个人都陷入了沉思。但我知道，每个人的心中都有一个属于自己的答案。

十、建一个平台，让网络也跑起来

2000年前后，信息化建设成为出版业讨论的热点，也成为很多出版社的重点。但是，出版社信息化建设需要投入一定的人力和财力，投入不足，不易见成效；投入太大，出版社又难以承受。在当时没有足够经验积累和有限的信息技术条件下，有些出版社的信息化建设过于激进，摊子铺得太大，付出较大的代价；也有一些出版社因害怕不堪信息化建设的重负而错失了信息化建设的良机。

在这种情况下如何推进军医社的信息化建设，关键有两条：一是确立一条适合军医社特点的信息化建设发展思路；二是要选一个有思路、懂业务、肯实干的人。经过反复考虑，我提出了“需求牵引、功能实用、合作建设、分步实施”的总体思路，并决定专门成立网络信息办公室，从《解放军医学杂志》编辑部调来既懂医学又懂编辑出版并热爱信息化建设的丁震同志担任主任一职。

丁震同志接手这项工作后，按照社里确定的总体思路，以极大的热情和干劲，投入这项对军医社发展具有全局性意义的开创性工作中，并从以下四个方面很快推开了这项工作。一是办公局域网建设。从2000年12月实施招标，到2001年3月就完成了中心机房建设，全社近100台计算机实现联网。2003年1月新办公楼启用，办公局域网进行升级改造，联网计算机近200台。二是全社计算机接入互联网。2001年2月，全社计算机通过中心机房的网络设备统一接入国际互联网，军医社的编辑可以在互联网上直接查询选题等相关信息。三是门户网站建设。2002年7月签订网站建设合同，注册独立域名，经过一年多的图书信息整理，将军医社历史上约2 000本图书的封面及简介制作成电子版，2003年7月，网站正式上线，实现了网上图书的宣传和检索。四是出版管理信息系统（MIS）开发。这是难度最大的一项工作。前提是要把总体思路、定位、架构搞好，把需求搞准搞清晰。在MIS系统建设过程中，我强调在软件设计中，要结合军医社图书出版流程改造的管理理念，把进度、质量、成本这三条主线扭在一起，逐部门逐环节逐项业务向前推进。各部门在提需求的过程中，也都围绕这个总要求，从而抓住并掌控了软件管理的核心。

2001年7月，军医社与电子工业出版社签订了软件开发合同并投入开发，2003年12月投入使用，实现了网上选题、发稿、材料等集中管理。2001年12月和10月，分别上马了标准化的发行和财务管理软件，实现编辑选题和图书销售、图书成本等重要信息的共享，大大提高了出版管理的效率。

一转眼15个年头过去了。现在回过头来看，军医社的信息化建设之路之所以走得比较成功，主要是在起步时遵循了出版信息化发展规律，紧扣出版行业信息化建设的关键节点，既不冒进，也不保守，走出了一条扎实、稳健的发展道路。2005年2月，在丁震同志调离网络室到图书编辑部后，网站、软件分别交由宁柯、张晶晶负责，而网络机房则由唐京生、庞文韬接替。他们这几位都属于在实践岗位上自学成才的行家，在丁震前期所做的开创性工作基础之上，后续各项工作都做得很出色，门户网站曾被评为全国出版示范网站，宁柯、唐京生、庞文韬都曾被评为军医社先进员工。在这看似平凡而重要的岗位上，为保证军医社这台机器的顺利运转，他们默默贡献着智慧和力量。

第七章

梦想成真的第一次腾飞

2002年12月31日夜，当我刚从新办公楼工地回到老楼，起草向总后卫生部党委报送的年终工作报告时，回想刚到社里，从调整导向、班子、规划，到后来配套推开的四项改革、四项建设和两项服务，直到被员工们称为“头三脚”和“组合拳”的这些举措，确实是收到了实效。今日的军医社，从里到外，都已焕发出了勃勃生机。

此时，我又想起刚到社里一位骨干对我说的一句话：“一辆跑了几十年的汽车，如使劲踩油门，它会散架的。”但此时此刻，我坚信，军医社虽然是个老社，但经过脱胎换骨的改造，它已变得年轻无比，充满活力。

实际上，这三年中，伴随着改革的步伐，它已经开始了奔跑！

一、排行榜上零的突破

随着“文策分离”模式的正式推行，原来压在策划编辑肩上沉重的文字加工负担，被彻底卸了下来，这就使得策划编辑有了更多的时间进行市场调研、联系专家、研究选题；而社里推行的三级选题论证制度，对选题的读者需求、作者水平、销售前景、市场风险及盈亏预测进行深入的研究与把关，从而有效地挡住了不少低水平的选题，保证了选题水平和质量。分配制度的改革，对效益好的图书进行重奖，对亏损的图书实行同比例扣罚，对重印书给予持续激励的机制，使得编辑对选题如履薄冰，精益求精。正如有的编辑所说："书对编辑来说，就像自己的孩子；好书会一直给你挣钱，差书会让你亏得吐血。"也正是因为有这样一个政策机制，即使在社里决定"文策分离"，策划编辑加工书稿不再给钱后，杨磊石等老编辑仍然会对书稿进行认真把关。有了这样一种像对待孩子一样的负责态度，书稿就有了一个精心呵护它的主人。当然，分配机制中对新书出来即给一定数量奖金的政策，也对各位策划编辑盯紧出版流程，加快出书速度，缩短出版周期，起到了有力的促进作用。而流程改造的顺利推进，各项奖惩措施的落实到位，都为快出书、出好书提供了有力保障。

讲到选题，我还想到了那几年老编辑、发行部老同志和书店老朋友们的贡献。由于当时编辑部的快速扩充，不少编辑缺乏市场意识和组稿能力，对市场需求若明若暗，加上作者资源匮乏，对如何策划受市场欢迎的选题感到无从下手。在这种情况下，杨磊石老主编和新任主编姚磊，为带教年轻编辑，不厌其烦，悉心指导，不仅毫无保留地传授宝贵经验，还经常把自己的优秀选题和作者介绍给年轻编辑。在图书编辑出版工作方面有着丰富经验的余满松老社长、陈琪福副社长、黄栩兵老主编，也是全社年轻编辑的良师，他们利用一切机会，对年轻编辑给予热心帮助指导。发行部的张卫民主任、刘建富副主任和祝世源、付水生等老同志，每次出差回来，都结合读者和卖场的最新需求，向编辑部的策划编辑提供一些来自市场一线的新鲜选题建议。我曾经看过付水生的一个小笔记本，上面密密麻麻地记满了这方面的建议和想法。而与军医社常年合作的一批书店的老朋友，比如张曙光、韩雪岩、于凤才、邹勇等，也都为我社的选题提出过不少极有价值的意见和建议。所有这些，如同春雨润物，共同催生军医社选题水平的快速提升。

虽然决定图书能否出版靠社务会，但衡量选题成败的却是读者与市场。2000年虽然新书出版量与1999年相比上升不大，但2001年、2002年新书出版量分别增长了30%和38%，更重要的是，新书的市场竞争力有了明显增强。2002年下半年，在全国医学图书销售前100名排行榜上，人民军医出版社的五本图书，终于第一次高挂榜上。这也是有史以来，军医社的图书第一次入榜。它是军医版图书开始贴近市场、贴近读者的标志，也是军医社选题水平与质量真正提升的标志。以这次“零的突破”为起点，军医社的图书大步走上了又好又快的大道。

二、出好看家书

军医社在几十年的出版积淀中，有一批在国内有影响力的好书。把这些看家书维护好，就能成为军医社经久不衰的品牌。因此，在强调各位策划编辑做好发书、修订、重印的同时，还在分配机制中对重印书给予了同新书同等额度提成的重奖，以激励编辑做好对品牌图书的维护。但对一些大部头的重点系列图书，就需要社领导出面组织实施。我作为身兼总编辑的社长，更有义不容辞的责任。因此，在大力推进改革的同时，我还下大力抓了《手术学全集》和“全国成人高等医学院校教材”等大型系列图书的修订再版。

《手术学全集》是由军医社组织出版的我国历史上第一部大型手术学系列专著，编著者集中了当代外科学界的名家大师。记得我陪同张立平部长去杭州参加了该书第一次编委会，见到了享誉中外医坛的姜泗长、吴孟超、盛志勇和黎鳌、黎磊石、黎介寿三兄弟等院士。为了这套手术学的编写，这么多重量级专家，如此强大的编写阵容，在国内医学编写史上是少见的。这套共有13个分册的皇皇巨著，历时三年，于1995年出版，在国内医学界产生了很大影响。但到2000年时，距第一版编写已时隔八年，不少内容已显陈旧，急需重新修订。只是担心近半数专家年事已高，难以承担如此大部头巨著的修订工作，以至于对是否组织修订一直未能下最后决心。

经和姚磊、杨磊石同志反复商量，综合各方意见，觉得这样一部深受广大医务人员重视和欢迎的重要医学专著，我们有责任把它维护、传承下去，修订中的困难都是可以解决的。经选题领导小组会研究决定，正式启动第2版的修订工作。经过紧张细致的筹备，第2版编写工作会议于2000年8月24日在北京新兴宾馆召开，姜泗长、吴孟超、黄志强、黎介寿、盛志勇、葛宝丰、卢世壁院士和周树夏、傅才英、宋琛、刘桂枝等一批著名医学大家亲自出席。总后卫生部傅征副部长也亲自赶来看望大家并讲话。我在会上就修订体例、重点、分工及主编调整问题作了说明，专家们就如何修订好这部巨著，特别是就如何瞄准国内外最新进展、保持权威实用特色、密切各分卷协同、确保编写进度等方面，发表了重要意见。作为会议主持人，我深为中国这些顶级的医学大家的科学、严谨、求实的精神所感动。会议确定，第2版总主编仍由黎介寿、黎沾良担任，黎介寿、吴孟超、黄志强、姜泗长、盛志勇、葛宝丰、卢世壁等分别担任普外、耳鼻喉、烧伤整形、骨科等各分卷主编。会后，经过各位名家大师近五年的努力，终于使这部2 300万字的新版巨著得以问世。出版短短几年间，普外、妇产等分册已重印5~6次，销售都达到

6万册以上。在中国当代外科工作者的心目中，这部巨著已成为一部极为重要的必修书，在提升中国外科水平方面起到了难以替代的重要作用。

“全国成人高等医学院校教材”是军医社于1997年组织的专为“文化大革命”中被耽误的一代人出版的全国第一部成教医学大专教材，由于内容与体例对路，出版后就受到了热烈欢迎。这也是军医社有史以来推出的第一部教材。经过与参编院校长达三个月的联系协调，在时任河南省新乡医学院成教学院高体健院长（现为全国政协常委、河南省政协副主席）的鼎力支持下，于2002年5月，在新乡医学院成功召开了有23家院校参加的第2版编写工作会议。由于定位准确、内容精练、定价合理，各参编院校踊跃使用，教材于2003年初推出后，一直在国内同类教材中保持领先地位。

在组织推出第2版“全国成人高等医学院校教材”的同时，还组织了“全国成人高等护理教育专升本教材”编写工作，这是军医社首次涉及本科教材，从此在本科教材领域进行了积极尝试。与此同时，我还在时任中国工程院医药卫生学部主席王正国院士的帮助下，在2001年11月15日下午召开的中国工程院医药卫生学部全体会议上，就与中国工程院各位院士合作出版医学经典专著和继续教育高级参考书一事，作了一个20多分钟的专题报告，主要是就如何与院士合作，打造医学精品专著，提出了我们的想法和建议。为了做好这个报告，我在事前做了充分准备，并准备了一个精彩的PPT。报告受到了出席大会的近百名院士的重视和好评，会间休息时，好几位院士对我讲，我是第一个登上中国工程院院士大会讲台的出版社社长；通过我的介绍，他们开始认识了军医社。而军医社的名誉和影响力，也在这次大会上得到了扩大和提升。会后，一些

2001年11月，作者在中国工程院医药卫生学部院士大会上讲话

院士陆续与军医社展开了合作，并推出了一批由院士领衔的合作成果；在新办公楼竣工前聘请顾问并征集院士墙照片时，42名院士答应建立长期合作关系并担任顾问。十年后，在国家出版基金的支持下，由我牵头策划的100名院士参与的大型系列出版物——《中国医学院士文库》，终于圆了军医社与中国医学院士群体合作之梦。

以上这些大型出版物，加上之后组织修订的《实用骨科学》，以及作为《临床医疗技术操作常规》的替代产品——《临床技术操作规范》，直到今天，一直是军医社保持长盛不衰的品牌产品，也是体现军医社形象与地位的看家之作、领衔之作。它们与军医社在之后几年中打造的多部品牌书一起，共同构成了军医社快速发展的品牌书集群，支撑并引领着军医社在通向大社名社的道路上快速行进。

三、五年规划，三年实现

通过一年多的密集改革和深度调整，特别是通过机构重置、人员重分、机构重构、机制重建，从发展方向、发展理念、发展思路、发展方式和运行体制、运行机制等大的方面，凝聚了全社共识，理顺了重大关系，激发了发展活力，全社员工的积极性和工作热情得到了极大调动与发挥，软硬件等快速发展条件也基本具备，从而使人民军医出版社这个老社，开始在发展的快车道上高速前行。

然而，开局的第一年，结果并不令人满意。截至2000年12月底，出现了形势不好的“两降两增”：全社的发行码洋只达到2 780万元，比1999年下降了220万元；相反，库存却出现了大幅度增长，达到历史最高的3 680万元；回款也有所下降，而退书却明显增长。经过总支和社务会分析，大家一致认为，这些数据反映的是前一两年的图书选题和销售状况，加之当年全力推进各项改革，各项工作处于并轨、减速、转弯状态，业务量向下走一点应该是正常的，不能由此动摇改革的决心。而要变下降为上升，最根本的出路仍是改革。

形势发展正如预料的一样，经过2000年一年的改革，蕴藏在全社员工中的巨大积极性和创造精神开始得到迸发，全社的发展开始全面提速。由于上一年配套改革所奠定的体制、机制基础，这种高速发展如同上了高速路的快车，一路呼啸向前。2001年底，全社的新书达到403种，发行码洋达到3 800万元，年增长38%；2002年底，新书达到523种，发行码洋则达到5 900万元，年增长48%。图书市场份额也由2000年的第五位上升到2001年的第四位，继而上升到2002年的第三位。

增长势头喜人。但这是不是只有数量而没有质量的增长？是不是单项冒进？是不是带有短期冲刺性质的增长而难以持续？对此，我做了认真分析与思考。首先，由于全社的图书成绩是与期刊工作、音像工作同步发展的，一线工作是与二线工作同步进行的，因此，它不属于单项冒进，而是全面整体协调发展。其次，这三年随着出版体量的增大，虽然投入总成本增加，但书均的出版成本、发行成本和管理成本，已较第一年分别下降了23%、19%和11%，而人均利润、书均利润和总利润率却分别增长了31%、42%和47%，说明这种增长是有效益、有质量的增长。最后，虽然由于盖新的办公楼，用光了社里的全部积蓄，但2001年、2002年回款已较前两年增长近50%，待回款较前两年增加近2倍，年利润总额较前两年增加了6~7倍，说明这种增长是有后劲、可持续的增长。虽然两年后的发展完全证明了我的判断，但当时有了这样一个判断和结论，还是让我对毫不动摇地继续推动快速发展充满了信心。

军医社的快速发展，也获得了国家新闻出版总署和总后卫生部首长、部党委和部机关的高度认可。出版社连续三年获得国家新闻出版总署颁发的“守信誉重服务先进单位”，社总支也于2001年和2003年先后被总后卫生部党委授予“先进党支部”，标志着全社的整体建设也上了一个大的台阶。

军医社从2000年到2002年底，短短三年时间，就整体上翻了一番，从而使《人民军医出版社“十五”建设与发展规划》中提出的五年翻番的目标，提前两年圆满实现。

五年规划，三年实现，对全社同志都是一个极大的鼓舞，大家对做大做强的信心更足了。而对原先怀疑五年规划能否实现和埋怨指标太高、步子太快、难度太大的同志，则是一次深刻而现实的教育，不少同志从原先的改革摇头派，开始变成了改革的积极支持者、参与者和中坚力量。

目睹军医社三年来翻天覆地的发展变化，我从内心对全社的每一位员工充满了深深的感激。正是他们，用他们的忠诚与勤奋、智慧与汗水，为军医社的发展谱写出了这一篇篇光彩夺目的发展篇章。为此，我在2003年中国邮政为军医社特制的新年贺卡上，写下了这样几句话：

当新的军医出版大楼在京西矗起，
我们的心中还矗立着一座更高的丰碑，
丰碑镌刻着一串令我们永远难忘的名字：
您的名字正在其中闪光！

第八章

唱着歌儿走向二次腾飞

从2000年到2002年底，军医社实现了历史上的第一次翻番。更重要的是，它把军医社送上了登山的快车道，并一下子鼓起了军医人发展的精气神。

快车道上，自有它独到的风景：创新的激情，爬坡的辛苦，登临一峰又一峰的喜悦；在超越别人的同时，更在超越着自己。那是奋斗与进取的快乐，奉献与付出的快乐，简单与纯净的快乐，助人与被助的快乐，成长与成功的快乐，登高与望远的快乐!

那几年，我们在快速地登山。

但，我们是一路唱着歌儿。

一、转型期的“三大转变”

2003年春节，我是在喜悦和思考当中度过的。

五年规划，三年实现，搬到了新办公楼，带来的既是喜悦，也是新的挑战。但下一步何去何从？是继续保持高速发展，还是调整、稳定、减速？这个问题从搬到新楼上班的那天起，就在全社员工中有了两种不同的认识。有的说，近三年发展得太快了，就像汽车长时间高速行驶，一定要维修保养；有的说，高速发展必须有高成本，在盖楼把家底用完还欠了400万元债务的情况下，千万不能借钱搞发展，为安全起见，必须保持一个调整期，稳住规模、稳住速度、稳住投入；但也有不少同志说，现在军医社刚翻了一番，如果就此止步，慢下来，再提速会很困难；气可鼓不可泄，应该一鼓作气，保持调整发展势头，把军医社做大做强。

怎么办？军医社到底何去何从？我知道，此时此刻，军医社又来到了一个重要的转折关头。

春节这几天，我一直在思考这个问题，并带着这个问题，进行了走访和深入思考。几天下来，我的思考日益清晰。我认识到，这三年实现翻番是结果，而在它的背后，是一果多因。主要是，通过这三年持续推进系列改革，已经消除了影响制约军医社快速发展的各种体制性、机制性障碍；通过推进各项软硬件建设，已经创造了快速发展的必备条件。现在，引领军医社这趟高速列车的方向是正确的，路基是坚固的，路轨是通畅的，机车是健康的，动力是充足的，车头与各车厢连接紧密、配合协调、动作和谐。特别是军医社近三年实现的第一次翻番，这是有质量、有效益、有后劲的翻番，使全社员工对军医社的发展质量和发展潜力深信不疑。我坚信，军医社的快速发展，绝不是那种只顾规模、只求速度、只讲码洋的发展，而确实是优质健康可持续的发展。只要对此判断准确，那欠下的外债，应是指日可还，盖楼花光的家底，该会快速垒起。至于把人和车类比而提出的保养维修一说，我觉得这是牵强，对人的最好保养维修，就是给他们创造一个能做事、做成事、舒心做事的环境，如以丧失机遇、牺牲发展、做平庸事业为代价，那种保养是对人的摧残。显然，此时的军医社，天时、地利、人和俱备，军医社历史上罕见的快速发展机遇已经到来。真可谓，八面来风，风归一处；时不我待，机遇难得。作为军医社的当家人，我必须要紧紧抓住这一难得的历史机遇。否则，我将有愧历史，有负岗位和责任，也有负我自己。

基于这个基本判断和认识，我于2月8日，也就是春节上班后的第一天，就主持召开了总支会与社务会联席会议，在会上，我说了春节期间的几点主要思考：

一是军医社的“十五”规划已提前完成，现在军医社的建设、发展和改革正处在一个新的发展起点、也是新的转折点上。我们要研究提出一个从现在起到下一个三年的新的工作指导思想、奋斗目标和发展战略，以明确努力方向，凝集全社共识，动员全体员工为实现新的目标而奋斗。

二是在确立工作指导思想之前，必须对军医社面临的现状、形势、机遇和挑战有一个正确的判断，那就是必须快速发展、能够快速发展、完全可以实现快速发展。

三是提出了当前和今后三年的工作指导思想。“以科学发展观为指导，以发展为主线，以管理创新为动力，实现搬迁到新办公楼后的‘三大转变’，即由小社向大中型出版社的转变，由规模效益型向质量效益型的转变，由常规式发展向跨越式发展的转变。以搬迁新楼为契机，以质量建设为重点，进一步理顺流程、精细管理、降低成本，最大限度地激发全社员工的工作激情和创新精神，探索符合军医社特色的更好更快的发展模式，保持全社高速、持续、稳定、健康的发展局面，为实现国内一流、军内领先的目标，为早日跨入全国优秀出版社行列而努力奋斗。”

四是根据上述指导思想，我提出了主要的实现思路与路径，那就是要以“三大转变”为基本依据，围绕如何创新管理、挖掘内涵，主要从以下七个方面着手：（1）制定图书选题的精品战略，使发展建立在优质产品群的支撑之上；（2）进一步提升精细化、专业化出版水平，使快速发展建立在确保质量的基础之上；（3）进一步优化出版流程，使快速发展建立在高效顺畅的产品线平台之上；（4）进一步降低成本，使快速发展建立在低成本竞争的优势基础之上；（5）深入开展“全员改进活动”，使全社各岗位各环节各项工作都建立在精益化的追求之上；（6）进一步深化分配制度改革，把发展建立在依靠全社员工的工作热情与创新基础之上；（7）开展深入人心的社风文化建设，把全社发展建立在保持全社员工经久不衰的拼搏精神与进取活力之上。

五是为实现上述总体战略与基本思路，必须有坚强的组织力加以保证。为此，提出了组织调整与部室主任调整意见。新设立的机构主要有网络计算机室、人力资源办公室、房管办、图书资料室等一批新的机构，分别由丁震、胡仲清、康福登、李惠芳任上述部门主任（注：在此前后，由于李恩江和杨磊石主编到年龄退出领导岗位，由曾星和姚磊分别接任副社长和主编；解放军卫生音像出版社合并到军医社，张肖苏副社长兼任音像社社长；2004年陈琪福副社长退出领导岗位后，贾万年接任副社长）。

我的上述思考，得到了班子的一致认可。第二天上午，在全社员工大会上，我又对全社员工进行了以“三大转变”为重点的新时期工作指导思想、发展目标、主要思路的宣讲。出乎意料，这个讲话得到了全社员工的强烈反响与共鸣。

新的目标在召唤着大家，一个更加辉煌的前景，已经展现在大家的面前。

新的大楼，新的起步，从进驻新楼的第一天开始，我和战友们一起，又激情满怀，踏上了一个新的奋进历程。

二、手电筒理论与深度专业化之路

工作指导思想和方向、思路确定以后，下面就是分块落实。小社要做成大社，而这个大社不是自封的，也不是上级授予的，而是靠图书产品去市场打拼得来的。要变规模效益为质量效益，必须要改变产品模式，走专业化、精细化出版之路。这就要求我们打破常规，找出跨越式发展路径。而这条路径，对一家专业出版社来说，就是深度的专业细分。

先从编辑部来讲，自从2000年将一个图书编辑部裂变为三个编辑室，继而又实行“文策分离”将加工工作剥离后，编辑生产力得到了极大解放，一时间，组稿、发稿，你追我赶；报选题、出新书，局面一新。原来整天抱怨新书少的发行部各位业务主办，个个笑逐颜开。到2002年底，全年出书已达到近400种，达到平均每天一书。但新书多了，品牌书、畅销书并未增加，说明我们的选题水平还不高，发展还停留在比较粗放的层面。显然，我们在做到从少到多以后，下一步就要朝着从多到好、从多到精的方向努力。做到这一点，只能靠进一步走好深度专业化之路，推开编辑部的第三次分流，势在必行。

按照上述思路，我提出了以医学二级学科为主线，对策划编辑室进行重组，在全社组建10个策划中心，并对策划编辑进行深度专业细分的设想。想不到在征求意见时，竟和上次推行“文策分离”时的情况一样，又遭到部分同志的强烈反对。有一位主任在会上讨论时对我说：

“齐社长，你给我们说说看，在医学领域，还有哪个领域、哪个专业、哪个学科的书，我们还没有出？医学本来就很小，全国医生不到200万人，医学出版空间本来就很窄，即使现在学科还没有细分，我们的选题都很难做，如果你把专业和学科再细分，非让我们只做一两个学科的书，我们的选题就没有办法做了，我们这个策划编辑也就没有办法干了。”

面对这位有着相当策划经验编辑的提问，对于我这个连一天策划编辑都未做过的人来讲，还真有点为难。我真的说不出在医学领域，还有哪个领域、哪个专业、哪个学科的书，军医社还没有出过。但我从认识论和方法论的角度，回答了他的问题。第一，出版的主要矛盾是出版物内容、质量、时效与读者需求不相适应的矛盾；对读者不断增长的需求，我们只能接近他，却永远不能穷尽他；需求无限而提供有限，我们的工作永远没有做到顶的时候，也就是人们常说的没有最好，只有更好。从这个意义上说，军医社的图书还远远没有做到位，没有达到让读者满意。而实践中也确实如此。第二，要把工作做深做精，只能借鉴现代工业化、当然这也会是现代化出版的思路，走深度专业化之路。这就像一只手电筒，当它聚光时，能够照得很远；而当它散光时，虽然它照的面扩大了，但它却照不了几米。因为它的光照面积和距离是成反比的，面积越大，照距越近；要想照远，必须聚光。这个手电筒理论和前面提到的所谓“自行车理论”一样，都很简单，但大道无形，很多真理就寓于这简单浅显之中。只是当我们运用这个道理或原理，跨界解决一个现实难题时，就会显示出真理之光的神奇力量。

认识解决了，具体工作就好办了。从2003年3月起，我们开始把原先的以编辑室为单位的粗放分工，变成从二级学科层面进行细分，共组成了外科（妇产）、内科、骨科、口腔、中医、影像、考试、教材、科普、电子10个策划中心，分别由郭伟疆、秦速励、黄建松、杨化兵（后为杨淮）、王显刚、郭威、丁震、郝文娜、焦健姿、王敏等我社的重要骨干出任中心主任。在我社历史上第一次以策划中心为单位，形成了各个重点学科领域中的作战团队，并以团队形式按学科分工进行深耕细作，为深度提高选题质量打牢了组织与人才基础。这样做的另一个重要意义在于，突破了一般军队出版社都是按编制设置机构的常规，改为按需求设置机构。军医社建社50年来，社内机构一直是按上级颁发的“编制表”执行的。全社只有“四部两室”即两个杂志和一个图书编辑部，加上发行部和印装室、财务部。通过这轮改革，在两三年的时间内，先后完成了在机构设置上的多次调整，把原来的“四部两室”调整加强为“十部二十四室”的运行编制，不仅搭起了一个现代化的组织框架，理顺了内部关系，更重要的是，为出版社后几年的快速扩张，顺利推进我社建设发展史上的“三大转变”，提供了有力的体制架构支撑，也为一系列后续改革奠定了基础。

在从二级学科层面完成机构改革的同时，在策划编辑部内部，又从三级学科层面，对策划编辑的专业进行了进一步细分。有的重要的三级学科如骨科，也专门成立了相应的策划中心，从而使每个中心、每位编辑的专业都聚集得十分清晰。如心内科的编辑，就集中精力研究心内科的市场，联系心内科的专家，瞄准心内科专业国内外做得最好的对手，做精做细做深心内科的图书。这样，那种“大面积广种薄收式”的“万金油”策划，变成了“小面积精耕细作式”的“专家型”策划。有了这一步工作基础，也为后续推开“二次策划”模式，即在选题完成后的跟进策划，包括内容策划、制作策划、营销策划，或者说是深度策划、精细策划与全程策划，打下了坚实基础。更重要的是，这为军医社后来成批量地打造精品、大幅度地提升品牌，为在实践中迅速成长起一批专家型编辑，创造了最为重要的前提条件。

在对策划编辑部进行重组的同时，我们又对加工编辑部进行了重组。我们按照策划编辑的方式，对加工编辑同样根据医学二级学科的专业分类，将其也细分为内科、外科、妇科、儿科、中医、口腔、科普等多个编辑小组。道理很简单，要想把加工做精做到位，同样需要掌握精深的专业知识。你让一个未学过医的人去加工临床专业图书，或让一个学普通内科的人去加工口腔图书，让学西医的人去加工中医图书，都是让他难以胜任并难以确保加工质量的。专业细分既是对人才使用上的扬长避短，也是对加工编辑专业的一种认可和尊重，在推行中没有推行策划编辑分工时的那种阻力，很受加工编辑的欢迎。为了使加工编辑部的专业细分与其上流——相同专业的策划中心相衔接，我们把相同专业的加工中心、策划中心进行一对一对口搭配，有的加工编辑把工位都搬到策划编辑中心，以便于就书稿中的问题进行面对面沟通商量，大大减少了问题积压，提高了工作效率，使策划与加工编辑都感到更加快捷便利。在推动社内加工编辑专业细分的同时，针对180多名社外编辑专业分工不清晰，无专人管理、帮带、督导、检查的问题，我们对社外加工编辑也进行了专业细分，并对管理模式进行了重大改进，即由过去的集中管理，改为交给社内加工编辑分头管理。由社内20名加工编辑分别负责对社外加工编辑的分活、检查、督促，并把社外编辑的工作质量与进度，与社内分管编辑的奖金及收入挂钩，使社外加工编辑队伍的建设很快走上了轨道，加工质量和效率也有了快速提高。在2005年中国版协举办的编校质量大赛中，军医社代表队一举摘取科技类出版社第一的成绩，说到底，这既是走深度专业化之路的必然硕果，也是对深度专业化之路的充分肯定。

通过这样三轮的专业深度细分，军医社前进的步伐，在前三年已经走得很快的基础上，走得更加自信、更加坚实。在此后的三年中，全社的新书品种每年增长29%，造货码洋每年增长32%，图书的重印率上升了40%，进入全国医学图书排行榜的品种较三年前增加了15倍。与国内其他医学出版社相比，军医版图书的质量优势迅速显现，市场竞争实力一年上一个大台阶。军医社从三年前还排在上海科学技术出版社、中国医药科技出版社、中国中医药出版社、科学技术文献出版社之后，到快步赶上并超越这几家国内医学科技出版强社，专业细分是最为关键的因素。

专业化出版还迅速地培养和成长起来了一批优秀策划中心，如外科、骨科、内科、口腔、中医、教材、考试、科普等中心，短短几年，年出版量和盈利就接近甚至超过2000年军医社全年的总和；一批从未接触过医学图书出版的同志，如丁震、郭伟疆、黄建松、秦速励、张怡泓、王显刚、郭威、郝文娜、杨淮等，过去没有做过一天医学策划编辑，但在专业化的道路上，都得到了飞速的成长，很快就都成了各自分管领域的行家里手，赢得了

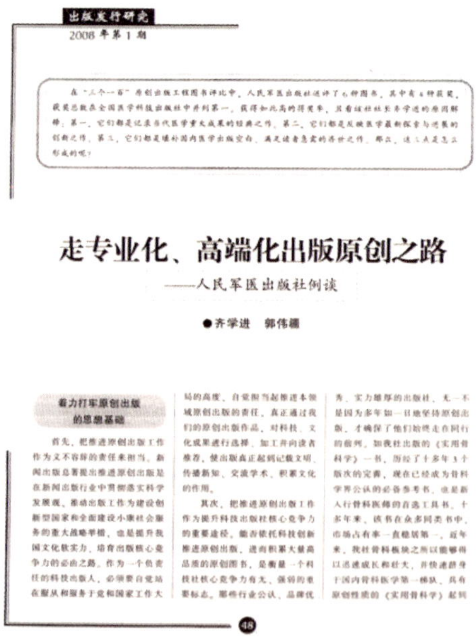
出版发行研究
2008年第1期

在"三个一百"原创出版工程图书评比中，人民军医出版社送评了6种图书，其中有4种获奖，获奖总数在全国医学科技出版社中并列第一。获得如此高的得奖率，只有该社社长学进的原因解释：第一，它们都是记录当代医学重大成果的经典之作；第二，它们都是反映医学最新探索与进展的创新之作；第三，它们都是填补国内医学出版空白、满足读者急需的济世之作。那么，这三点是怎么形成的呢？

走专业化、高端化出版原创之路

——人民军医出版社例谈

●齐学进　郭伟疆

着力打牢原创出版的思想基础

首先，把推进原创出版工作作为义不容辞的责任来担当。新闻出版总署提出推进原创出版是在新闻出版行业中贯彻落实科学发展观、推动出版工作为建设创新型国家和全面建设小康社会服务的重大战略举措，也是提升我国文化软实力、培育出版核心竞争力的必由之路。作为一个负责任的科技出版人，必须要自觉站在服从和服务于党和国家工作大局的高度，自觉担当起推进本领域原创出版的责任，真正通过我们的原创出版作品，对科技、文化成果进行选择、加工并向读者推荐，使出版真正起到记载文明、传播新知、交流学术、积累文化的作用。

其次，把推进原创出版工作作为提升科技出版社核心竞争力的重要途径。能否依托科技创新推进原创出版，进而积累大量高品质的原创图书，是衡量一个科技社核心竞争力有无、强弱的重要标志。那些行业公认、品牌优秀、实力雄厚的出版社，无一不是因为多年如一日地坚持原创出版，才确保了他们始终走在同行的前列。如我社出版的《实用骨科学》一书，历经了十多年3个版次的完善，现在已经成为骨科学界公认的必备参考书，也是新入行骨科医师的首选工具书。十多年来，该书在众多同类书中，市场占有率一直稳居第一。近年来，我社骨科板块之所以能够得以迅速成长和壮大，并快速跻身于国内骨科医学第一梯队，具有原创性质的《实用骨科学》起到

48

作者在《出版发行研究》上发表的论文

同行们的认可和尊敬。比如黄建松于2002年来社时，还是一个刚从医科大学毕业的本科生，自2003年分管骨科专业，不到三年，他就将骨科做得风生水起，成为国内医学出版界骨科出版领域公认做得最好的首席编辑。2005年底，就有猎头公司来挖他，开出了40多万元的年薪。郭威来军医社前未做过医学专业出版，负责超声编辑专业后，短短几年，就将这个专业的市场占有率做到了国内第一。最近，她所策划的图书，已占领国内超声医学图书的半壁江山，占到近50%。

2004年4月，中国科技出版委于国华主任、曾铎副主任和周谊、张学良顾问一行，到军医社调研，也对军医社坚持专业化出版方向，特别是对实行深度专业细分，给予了高度评价。这几位德高望重的老一辈出版家的评价，更坚定了我们走精细化、精深化、精品化专业出版之路的信心。

“从起点到目标之间，两点间的最近距离是直线。”十多年来，如果说军医社的发展没走什么弯路，很大程度上是因为当年选准了深度专业化出版这条直线，然后就把持定力、排除干扰、心无旁骛，坚持走下来。

我想，一个单位如此，人生，何尝又不是这样呢?

三、建一条军医社的出版“高铁”

图书市场不仅是大鱼吃小鱼，而且是快鱼吃慢鱼。为了提高出版质量，缩短出版周期，五年来，我们在全社先后推开了三次大的流程改革。

我们于2001年推开了第一轮流程改造，对流程环节进行了梳理，对于畅通社内出版通道，起到了重要作用。这一次，相当于为军医社新建了一条出版“铁路”。但由于是首次制定流程标准，各环节的质量指标和效率指标偏严偏紧；2003年，为解决第一轮中的问题，对指标进行了部分调整，使各项指标更加切实可行，促进了流程的顺畅运转，能够也较便于考核。这一次，相当于把军医社的老火车换成了一列“动车”，显著地提升了书稿运行速度。但终末监督、考核、奖惩还有不到位之处。

2005年上半年，在认真总结前两轮“流程改造”经验教训的基础上，学习借鉴国际上通行的ISO 9001的管理思路，组织策、审、加工、出版、校对等部门负责人，历时三个月，反复十余稿，终于设计推出了新的出版流程。新一轮出版流程的主要特点是：一是要素分解，责任明细。即将全部出版过程分解为28个环节，对环节质量标准和效率作了更严格、更合理的规定，对每本书、每个环节的责任人均明确规定质量、时限要求，从而把国家新闻出版总署2005年26号令中关于图书质量的标准要求，逐一分解落实到每本书、每个人、每个具体出书环节，实现了质量到人、时限到人、责任到人、奖惩到人。二是环环督察，逆向问责。即规定上一环节向下一环节提供合格产品，下一环节要对上一环节实施质量和效率监控，使整个出版流程环环相扣，首尾相连，从运行制度和机制上将过去被动的专家质控、终末质控，改造为主动的全员质控、全方位质控、全过程质控（这也是我在读中国人民大学在职研究生班时，听老师介绍海尔质控经验所受启发，而向出版领域的成功引入和移植）。三是严格考核，奖惩到位。为了防止因监督、考核和奖罚不到位而导致的“虎头蛇尾”现象，我们指定由市场部专人每月月底对每本书、每张流程卡进行逐一核查，对质量、时限不合格者和下一环节未对上一环节进行负责的监控者，提出处罚意见并报社质控小组，最后以社名义每月对查处结果进行通报，同时在社《军医人通讯》上公布。通过上述努力，我们消除了在推进流程改造中存在的阻力和问题，终于打赢了“流程改造”这场硬仗。这一次，相当于为军医社新建了一条出版

“高铁”。日臻完善的出版流程，为全社书稿的高速顺畅运转，起到了极为重要的作用。

出版流程推出后，先后有近20家兄弟出版社专程前来学习取经。我也曾多次去兄弟出版社介绍有关具体做法。一些军地出版社来我社参观后，对新的出版流程改造给予了很高评价，称之为“对出版管理难题的一个突破”。

伴随着出版流程的不断改进和持续实施，有力地支撑了军医社“三大转变”战略目标的顺利实施，呈现出出版数量、时速、质量、效益四大发展指标全面跃升的喜人态势。出书量和造货码洋连年实现25%的高速增长，年新书出版量由2000年的105种逐年增加至2005年的700余种，四五十万字单本书出版周期由以前的平均213天下降为平均156天。编校质量总体合格率从2000年的约70%逐年提升至2006年的97%。

“只有更好，没有最好”这句话，同样适用于出版流程改造。在军医社已沿用十多年后的今天，一定会有新的薄弱之处需要改进，这也同汽车长途奔波后要维护保养一样。但军医社的流程改造对军医社快速发展所起到的重要支撑作用，对出版社流程改造中所起到的先河和引领作用，也将载入中国当代的出版史册。

军医社的出版流程改造，从我2000年下半年酝酿提出，到不断修订成熟，前后历时六年。军医社的原出版制作部徐英祥主任、加工编辑部的周晓州主任和后来分管加工编辑部的曾星副社长，都曾为此付出了大量心血。特别是周晓州主任，更是为此付出了多年辛劳。他和我合作的论文《图书出版流程图的改造与实践》，曾在2006年荣获中国编辑学会当年唯一的“中国编辑二等奖”，然后又于2008年获得“第二届中华优秀出版物奖优秀论文奖”。当然，在荣誉的背后，他也曾为此遭受过责难，承受了委屈。因此，好多年过去了，只要一想到军医社的出版流程改造，我就会不由自主地想到他，心中充满了对他的感激和敬意。但我相信，每当看到军医社每年上千本书稿都在跟随着出版流程卡运转时，他一定会和我一样，心中满是甜蜜和欣慰。

四、不停顿的机制创新为发展提供动力

如何最大限度地挖掘、调动、激励、维护全体员工的积极性、创造性，最大限度地激发、保护好他们的工作激情和创新精神，这确实是我当社长时持续关注思考的问题。调动积极性，用好人才，有很多方面因素，但最为重要的，一靠机制，二靠文化。前者是利益分配和利益实现，后者是价值趋同和情感赢得。但建立机制的目的绝不是单纯意义上的提利润、涨奖金，而是利用、借助分配这种方式，即利用经济杠杆这只强有力的手，去点拨、去引导、去调动，甚至可以说是去指挥全社员工的兴奋点、关注点、着力点，从而真正聚全社之智、汇全社之力，为实现全社的战略目标服务。因此，在抓社风文化建设的同时，我一直把建立一种能最大限度调动积极性、实现“不用扬鞭自奋蹄”的动力机制，作为主要追求和目标。自2000年开始，每年都针对问题推开一轮分配改革。到了2003年，随着“三大转变”战略的实施，分配机制必须要随之调整，让它更好地贴近新时期发展战略。又经过近三年的摸索，直到2005年，前后历经六年，终于建成了一套与“三大转变”战略相适应，能够适应军医社快速做大做强的发展节奏，融分配与考核于一体，并与军医社文化建设相互配套、紧密衔接的激励体系。其特点主要集中在“任务主导、双向选择、弹性足够、奖惩到位”四个方面。

说“任务主导”，就是说分配如同“藤”，始终是围绕着任务这

个主干来展开的。一个单位的发展规划、战略也好，发展目标和年度任务也好，如果不层层分解到每一个具体部门，进而层层分解到人头，那么，所有的规划、战略、目标就都是空的。只有分解到人头，才算是落地。从2003年实施“三大转变”，提出三年再翻一番的目标，具体到每个部门和每个员工，年增长平均都要达到33%。就拿策划编辑来讲，每个策划编辑的年度选题增长量、新书和重印书增长量、出版与发行码洋增长量、回款及利润增长量、成本控制比例等，都要定得非常清晰。每年一开年，我首先抓的就是这件事。这件事情未办好，我这个当社长的就会睡不好觉。道理很简单，社里的年度任务，一天不分解下去，就一天扛在我身上。“谁的孩子谁抱走”，只有逐级分解下去了，把我肩上的压力经过层层传导，最终落到具体责任人身上，孩子有人领、有人养了，年度任务落到实处了，我才会真正轻松下来。再下来，就是靠各位分管领导操心了，因为指标都在他们身上扛着。每年的任务都按30%的幅度增长，大家之所以不畏难、不叫苦、不怕累，除了责任清晰、事业激励之外，一个重要原因就是钱随事走，分配机制紧紧跟上来了，任务重的收益大，贡献大的奖金多，从而让每一位员工在完成任务、担当责任的同时，能够实现个人价值与追求。一时间，人人以多承担任务为自豪。年底，也个个以多赢得奖金为光荣。这种任务主导的一个重要意义就在于，它是一种前激励；而奖金则属于一种后激励。如果都要等到秋后算账，对当事人算出的只能是懊悔，社里则丧失了宝贵时间和机遇。而任务主导的激励，是在你年初确定任务的同时，也就随着任务指标高低多少，同步确定了你的工资级别，包括任务指标的效益也逐月予以预提。刚开始时，社里领导和财务有人担心，怕提超了，怕人拿了奖金跑了，但十年来，军医社还没有一个员工因为拿了预提奖金而离开的；至于有个别人预提超了，大部分发生在刚来社的年轻编辑身上，一般工作两年左右，他们就都会把预提部分全部还回来。这也算是社里为这部分年轻人成长所给予的无息贷款吧。但这种方式的实行，对培养全社员工不怕压力、敢于争先、勇挑重担、挑战自我的精神，对实现军医社持续十年高速发展所起到的重大作用，绝非金钱所能衡量，也是多少金钱换不来的。

说“双向选择”，是指每年年初由社里提出任务指标下发到各部门，作为部门和员工确定本年度任务指标的指导性依据，但同时社里又配套下发了各类指标与收入、等级的对应参照表，每个策划编辑、加工编辑和发行人员，根据本人的能力与意愿，各自提出本人的任务与指标选定意见。你承担什么样的任务，完成什么样的指标，完全由你自己选定。当然，你完成什么样的任务，也就相应地享受什么样的收入和提成。这就防止在任务分配上的摊派和“一刀切”等强迫命令现象出现，体现对每个员工的高度尊重，也体现了多劳多得、效率优先的原则。刚开始我提出这个设想时，有不少人担心，这样任务会不会分配不下去？我说，基于对人、对人性、对员工素质的基本判断和信任，我相信，不仅不会分不下去，而且可能会比我们由上向下分配更顺利、更易接受，也更顺畅地得到落实。果然，我发现有位编辑，在未实行这项改革措施前，社里年初给她下达的指标是20本新书、10本重印书、600万元造货码洋、500万元发行码洋、250万元回款，她一直认为太高，难以完成，反复找领导要求降低任务指标。但第二年，采取自主选定任务指标时，出人意料的是，她选的比社里下达给她的还高出一个等级。这使我从中得到一个重要启示，那就是同样的任务指标，由领导命令、强迫员工去做和员工本人自觉自愿去做，可能表面上的结果是一样的，但落实效果和内在质量是大不一样的。前一种方式，员工是作为被动的领受者、执行者；后一种方式，员工是作为自主决策者、主动承担者，虽然指标一样，但它给予员工的心理感受，它对员工内在潜能的激发与调动，是前一种方式所无法比拟的。从那以后，我每年都采取后一种方式来分解任务。而这种方法即由员工本人自主选择和受领的方法，对任务指标的选择强度、高度、难度，往往超过我们的预期。依我设计激励方案的初衷，年轻编辑一般是四年左右跃升到上一个级别，但采取自选任务、自调级别、自定收入后，大多数年轻编辑普遍两年左右就会挑战上一个级别。有的年轻编辑到社里也就六七年，已经开始挑战编辑的最高级别，年底的奖金也超过了我这个社长。看到军医社以年轻人为主体的编印发队伍的快速成长，这些几年前的毛头小伙子或小姑娘，能够这么快地成才，我真是由衷的喜悦和欣慰。我想，如果在他们来社之初，就采取强制性措施摊派任务指标，不用说十年，不出三年，他们就有可能被逼走，或者被逼垮。年轻人的成长就如同一棵树木，只有让他枝条舒展地生长，才能成长为一棵大树；太多的束缚，过多的外压，只会促其变形枯萎。这种对奋勇前行精神的培育和激励，对个人价值的自主追求和实现，对个人成长与单位发展的互融式推动，对人性光明一面的照耀和发光放大，才是深藏在这种方式背后的真实意义所在。

说“弹性足够”，是指员工如果年初指标选多了、选高了，本人可以选择退回到下一个任务级别，社里财务室也会在每个季度末对每人完成任务情况进行核算，对连续两个季度未完成任务指标的，则会提醒本人；如下一个季度仍未完成，就要自动下降一个等级。少选了，也可申请追加。这样做，可有效减轻每人在年初选择任务指标时的太大压力，帮助年轻人勇于挑战高一级台阶。从军医社这么多年的实践看，大多数老同志都选得比较准确，一般一经选定，都能如期保质保量完成。而年轻人由于缺少经验，在前五年中会有一些调整现象出现。但一般情况下，一个人调整的次数大都也就一次，从没有反复调整的情况出现。“弹性足够”还有另外一层意思，就是一个部门负责人与员工之间、员工与员工之间，年底任务指标可以相互调剂支援，比如甲员工超额完成了，乙员工可以借用甲员工的超额部分，作为部门内部的相互支援和调剂。这样做，从社里来讲，总任务和部门任务已经完成；从部门来讲，可以增进内部团结协作。当然，对员工本人来讲，既是激励又是保护。而实践中，也没有常年靠他人支持才完成任务的员工。“弹性足够”，说到底，就是员工在选择任务级别时，给出足够的空间和余地，让他们更能游刃有余，心情舒畅。正像不少员工所说的那样：“我们是在爬山，但我们在唱着歌。”是的，一旦唱起了歌，即使爬山很辛苦，也就不会感到太累了。

说“奖惩到位”，其核心是激励要到位。

一是奖惩的要素要齐全，而不要有遗漏、缺位。凡是社里的工作导向、工作要求，大到发展战略，小到具体工作要求，凡是需要员工落实的，都要在分配机制中有所体现。比如，为贯彻总署关于出版物差错率不超过万分之一的要求，我们就得在分配中明确，超过的扣罚；造成损失的要重罚，即承担直接损失的相当比例部分。再比如，在发展初期，为解决新书少的问题而鼓励多出书，就规定每出一本新书，额外奖励400元；而到后几年，要控制出书数量提高单本书效益时，就改为停发新书奖金，而增设对高效益单本书的提成比例。还比如，当社里鼓励多做对外输出产品、为部队服务产品时，就要加大对这几类图书的提成幅度。总之，不论是上级布置的任务，还是本社要实现的目标，都不能依靠会上领导布置、会下领导督促来实现，而是要靠机制这只无形之手，由它来代替领导的日常性督促检查，往往比领导来督办要持久得多、有效得多，因为它和全社员工是如影随形、寸步不离的。即使是再能吃苦、再有本事的领导，有哪一位能做到这个程度呢？

二是奖惩的各种关系要把握好。在我当社长前，各级领导都出于信任，对军医社的奖金就不再过问，一切委托总支做主。在我当社长期间，虽然经历了几任部长副部长，但这一条始终没有变。领导越是高度信任，作为我这个社长、总编、书记一肩挑的当家人，就更要为上级党委首长把好关、当好家。因此，关于分配多少，是否封顶，每年的增长幅度如何把控，一线员工与二线员工之间如何平衡，面向市场与面向战场两类部门之间如何协调，新老员工之间如何照应，领导与员工之间如何比照，效率与公平之间如何结合，分配与积累之间比例如何确定，分配、积累与扩大再生产之间的关系如何把握，等等，都是我经常要思考的问题。对此，我采取的原则是不逾矩、不违章；有规定的按规定办，没有规定的按“三个有利于”的原则办：只要是有利于提升品牌、有利于增强社里总体实力、有利于调动员工积极性的，就大胆地办。按照这个原则，在分配不少方面做了较大突破，比如在奖金封顶问题上，就突破了封顶限制；在效益分配总体比例上，确定了员工的收入要与社里发展同步增长；在分配与积累的关系上，我提出宁可少积累、慢积累，也要确保员工这一头不降低。这句话说起来容易，实际上落实起来难度很大，特别是在新办公楼刚盖好的2003年、2004年，盖楼欠下的外债要还，高速发展的成本急速增加，每到年底，财务室张国深主任就为筹集第二年的资金着急发愁。即使在这种情况下，我还是坚持再难不能难员工，宁可四处化缘，八方求人，借点债务。那两年，部里给予了我们有力支持，帮助我们社渡过了难关。

三是一定要舍得给员工奖励。我一直觉得，社里这些年轻员工，大都是外地人北漂在京，他们上有老、下有小，结婚租房，看病上学，事事要钱，处处不易，钱放在他们兜里，不论是用于孩子上学，还是用于老人看病，或者是用于自己学习，比我们放在社里，甚至比发到我们手里，它所起的作用更大，这钱才显得更有价值。就如我小时候，母亲为了给我买一本定价两角钱的《张骞通西域》的小人书，她专门花了两天时间，用麦秆编织了两顶凉帽，赶集时卖掉，给我买来童年唯一的一本小人书。我知道这两角钱对于有钱人来讲，可能路上见到都懒得捡，但这两角钱对于接近失明的母亲的价值，则相当于她好几天的辛劳，相当于她拖着病体在生产队干两天整活的20个工分，相当于全家吃一个月的一斤食盐。钱只有放在急需的人那里，才能实现它的价值最大化。因此，当我今天有能力来分配奖金时，头脑中产生的上述想法，也是非常自然的。如能把钱发到那些员工们和他们的家人手中，这钱才是真正的有价值、有意义。这钱也才是钱，真正的钱。否则，这钱只是个存款，是个数字，而当钱失去了服务他人、造福他人、救急他人的功能时，这钱是没有多少价值的。这就是我的金钱观，这个金钱观也自然而然地影响了我的分配观。多少年过去了，尽管当年由于处于创业阶段，发给员工的钱比我预想的要低出很多，但我这个理念，我努力多给员工提成的初衷，还是为大家所了解、所认可的。

四是奖惩的成本分摊要合理。成本摊扣之所以是个难点，是因为成本多一分，利润就少一分；而利润少一分，则员工的提成也就会相应减少。因此，作为公开透明的利润分配，成本问题必须要如实地和员工交底。直接成本只要实事求是地计入，这应该是没有问题的，员工都会接受。但管理成本的分摊，如果太高，势必直接降低利润，甚至把一本本来是盈利的图书，算成是一本亏损书，这两种结果，不论是利高变利低，还是是盈利变亏损，都不仅会直接损害员工利益，而且会引发选题误判，让本来可做的图书不敢再做。但如果太低，则社里的管理成本分摊不足，不仅会减少社里积累，更重要的是会造成虚假盈利，同样会导致选题误判，产生错误选题导向。为了解决好这个问题，我和财务进行了反复测算，先后拿出多个方案和比例，并反复开会，让编辑共同参与测算，本着实事求是的原则，直到编辑们都能认可和接受为止。考虑大型医学专著、上级下达的任务性图书、对外输出类图书，普遍存在市场容量小、投入精力大、出版周期长、盈利总额低等实际情况，我们还对这三类图书的提成成本比例进行了削减，以提高这三类图书的盈利水平，达到鼓励多出快出这三类图书的目的。从这个意义上讲，成本调控也是重要手段之一。

五是对领导的奖惩是热点，必须审慎地处理好。在这个问题上，我始终把握的是以下三条：一是把握好总量和比例。一个出版社，领导层担子重，操心的事很多，担负的责任很大，拿少了肯定不妥，也有失实事求是的原则。但领导毕竟不在一线，最高的奖金应该永远是一线员工拿。本着这一原则，我在当社长十多年间，一直是守住上届班子制定的在职社领导略高于在职编辑平均奖金水平30%~40%的比例。二是把握好总量。具体就是把握三个“不能高”，即不能高过一线编辑最高水平，不能高于同行业平均水平，不能高于历史最高增长水平。有了比例，再加上总量控制，军医社领导班子的奖金，长期以来一直处于比较恒定的相对偏低水平。这样，干在前面，拿在后面，群众服气，自己心里也踏实。当然，这也符合我自己严守的“当官绝不发财”的人生信条。三是要着眼调动社领导的积极性，体现干多干少、贡献大小的不一样。对有图书策划能力的社领导，特别是编辑出身的社领导，他们有大量的专家资源，在完成领导工作之余，还加班加点策划了不少有分量的好书。对部分社领导所做的这部分工作，如一分钱都不给，他们的积极性是不能持久的。但如按照编辑的提成比例提成，他们就会得到社领导和编辑的双重收入，这显然是不合理的。为此，我提出三种办法供各位社领导选择，或者走编辑提成，或者按社领导比例分配，或者按社领导比例分配后，将个人所做图书的提成比例按编辑的1/3标准提成。三种办法公布后，全社上下都没有意见。社领导都采用了第三种办法。当然，即使采用第三种办法，对于像姚磊副总编等善于做书的社领导来说，收入还是较他当社领导前大幅度下降。从这个意义上讲，这也是姚副总编等社领导对社里的又一方面的重要贡献。至于我个人，则是采用第一种办法，但我主动放弃了对《临床技术操作规范》等有好几百万巨大效益的重大图书的提成。我不是说自己有多高的觉悟，只是觉得这样做，更符合我的做人信念而已。

六是奖惩的方式必须公开。常言说，没有公开，就没有公正。在军医社的多轮分配改革中，我的一条重要经验，就是从方案制定、集体讨论到下发执行，全过程公开，全员都参与。这样做的好处很多，尽管每次讨论都争论得面红耳赤，不亦乐乎，也尽管我本人的某些想法不被理解，甚至误会，但我始终乐于促成、推动这个过程，并以参与其中为乐。道理很简单，参与，说明大家重视；争论，说明大家信得过你，说明把话都说出来了，不至于窝在心中影响工作；更重要的是，争论是明理和辨别是非的过程。曾经有人问过我，你不觉得员工在会上反驳你，损害你的威信，影响你的形象吗？我说，一点也不。真正损害威信、影响形象的，是你不讲事理，不辨事理，不按规律办事，最终把出版社搞垮，那才是最大的没有面子；再说，所谓领导，说到底，不是靠你的职务在领导，而是靠你善于集中别人的意见，包括反对你的不同意见但却是正确的意见。人们说，格局有多大，事业做多大。这个格局，我觉得就是容人容事的雅量吧。从这个意义上讲，那些不同而有见解的意见和建议，才是真正的无价之宝；那些敢于直言的谔谔之士，才算得上是难得的忠直人才。在这方面，我在出版社的十多年中，像曾星副社长和发行部胡仲清主任，就是经常和我争论甚至争吵的，但我们之间一直保持着很好的诤友关系。

七是奖惩的导向要明朗清晰，让多劳多得光荣成为风气。要和大家说清楚，他得的越多，对社里的贡献就越大，就越得到大家的认同和尊敬。比如图书编辑部原老主编杨磊石，他每年一个人的任务量，就相当于一个有四五名编辑的编辑室。因此，他每年都是先进，年年奖金都是全社第一。但他的贡献大，他自己拿得理直气壮，其他员工也都服气。2012年，在他已从在职干部的岗位上退下来后，军医社还为他上报并最终获批了“韬奋出版奖”，成为继姚磊副总编以后军医社第二位获此殊荣的编辑，成为大家学习的楷模和榜样。

八是在强调效率优先的同时，一定也要强调公平。往往强调了效率即加大激励力度，就会忽视公平，从而出现收入两极分化的现象。为了避免这一点，我除了在分配指导方面提出，军医社的大发展是全社员工共同奋斗的结果，军医社的发展成果一定要让每一位员工分享。因此，除了效率提成是按创收指标外，其余分配都是一视同仁。如每年的年终奖金、先进员工奖励、逢年过节补助，全社从社长到员工，完全都一样。同时每年年底，都要对困难员工给予补助；对生病员工，给予专项接济；对生大病的员工，还发动全社捐款。总之，只有发展成果让全社每一位员工分享，这种发展就不再是冷冰冰的指标和赤裸裸的金钱，而是一种充满着人性光芒、让人感受到温暖的发展，也只有这种机制，才能确保发展得健康，发展得有意义，并让发展充满生命力。

军医社的奖惩机制，虽然内容有很多，但其根本点是信任员工、尊重员工、依靠员工，出发点就是以人为本。其在方法上的精髓，其实就是两个关键词：放开与激励。军医社虽小，从这一点上讲，其实和当年安徽省试行后来在全国推开的分田到户，原理是一样的。我清楚地记得，1978年党的十一届三中全会决定实行改革开放以后，我于1980年回家时，我妈妈拉着我到家里的粮食囤面前，用手摸着快高到屋顶的粮食囤，高兴地告诉我，几十年来，家里从没有收过这么多粮食。当时我就想，淮阴老家天还是那片天，地还是那块地，人还是那些人，为什么一夜之间就由吃不饱变得吃不完，不就是分田到户调动了农民的积极性、解放了农村的生产力吗？想想小时候，生产队的干部辛辛苦苦，每块地种什么，啥时施肥，啥时除草，都由队里统一规划；几点上工，几点下工，就像部队一样，吹着哨子敲着钟，整齐划一，但就是不出粮食；而一个分田到户，就一下子把农民的积极性调动起来了。这一收一放之间，何止天渊之别！从现代管理来讲，过去的收，就是强调控制；而现在的放，注重的是鼓励。我们有些单位搞不上去，领导都像当年的生产队长，对农民这也不放心，那也不相信，这样的单位还想有大的发展，那只能是一种奢望。当领导对员工就像军事单位一样严格控制之日，那就是这个单位的生机和活力窒息之时。党的十六大、十七大、十八大提出的要努力营造让一切创造力竞相迸发，让一切创造财富的源泉充分涌动的生动活泼、全员奋进的局面，又怎么能够实现呢？

五、难题，才是管理进步的真正台阶

十多年社长总编辑兼书记的经历，使我深深体会到每一位出版社领导的不容易。可以说，每天一上班，就会面临大量的管理难题。一方面要考虑带好班子、把好导向、定好目标、建好队伍、育好风气、把好安全；另一方面要思考如何筹划好方略、组织好产品、开拓好市场、提升好效益。但当我想把管理触角深入到出版管理的核心层面，想把管理做精细，想解决发展中面临的瓶颈难点问题的时候，发现下面这些难题，如同一道道关卡，拦在军医社高速前进之路的路口。比如，如何提升选题水平？如何加强质量管理？如何把成本压缩到位？如何建立科学的考核体系？如何控制库存增长过快？如何科学合理确定印数与定价？等等。这些问题，漠视它，不行；绕道走，也不行。唯一的办法是正视它，找出科学合理的办法，去破解、去攻克。

制服的第一只“拦路虎”：降不下的库存

2003年到2004年，全国各出版社的库存总量急剧增加，各社资金周转困难，一度成为全行业不能承受之痛。当时的《中国新闻出版报》曾组织过为期近一个月的专题讨论，集行业之智，以期研究攻克。军医社当时同全国一样，同样在为快速增长的库存而焦急。而通过对库存新增品种的分析，发现主要原因是重印书的量把握不好。每当策划编辑和发行部发现单品种在200本左右时，因怕断货断档就会马上安排重印，且重印的量又往往偏大，从而造成新的库存积压，编辑把它总结为“不重印不亏损，一重印就亏损”。但由于怕库存又导致本应该重印的不敢重印，使得本已占领市场的图书被取代。我想这是对新书和重印书的规律没有真正认识所致，任其发展，必将带来严重损失和浪费。而认识重印书发行规律，必须从图书的走势特点入手。为此，我请张卫民主任统计了科普和专著各一部分图书从上市到不再走动的全过程，我发现，每本书不论大小好坏，从诞生、上市、销售起步、上升、高峰、维持、衰减到死亡，都有一个生命周期，就像一个人一样。我们要真正实现精准新印和重印，只要研究弄清各类图书的“生命周期”特点，就不难做到这一点。为此，我请发行部李剑同志为我在专著、中医、科普这几类图书中，各找出有代表性的100本左右，逐一统计出它们诞生、上市、销售起步、上升、高峰、维持、衰减到死亡的各阶段出库、退货及时间情况。当大量的数据出来后，我用了近一个半月的时间，对这些数据反复归类、分析，终于发现，每类书确实如我预想的那样，是有一个生命周期的，而且这个生命周期是可以预测的。而这种预测的关键点，是根据前三个月的发货量和书店的首批添货量和时间，即可对这本书能够走几年、能够销售多少本进行预测。凡是前三个月走得多、回添量大的，一般生命周期都比较长，走的量也比较多；反之亦然。当然，这三类书的特点也不一样，前三个月同样的发货量，中医书和专著走的时间更长，量也更大些。找到这些基本数值后，我开始用它对各类图书做实验，发现对各类图书预测的准确率达到85%以上。也就是说，用这个办法可以使全社每年增加的近800万元重印库存图书，一年下降640万元。随后，我又让来人民军医电子出版社应聘的闫密，把这个重印书测算办法制作成软件程序，起名叫“重印书测算模型”。使用时，只要把几个数据输进去，就能得出这本书的总销售量预测结果和重印数建议，非常方便（闫密也因此被招进了军医社）。至此，多年来“不重印不亏损，一重印就亏损”的历史，终于被正式终结了。记得有好几位出版界的领导得知我们发明的这个秘密武器后，都专门前来了解，并建议我们成立一个

“重印书测算专业公司”，专门帮助各出版社解决库存居高不下的这个老大难问题。而我们社的“重印书测算模型”从2008年底投入使用，至今已是七个年头，为军医社节省的经费也早就超过了千万元。

制服的第二只“拦路虎”：拿不准的定价

刚来军医社时，军医社的图书是按印张定价，每印张1.60元左右，在全国医学出版社中是偏低的一家。随着单品种销量下降，发行折扣降低，退货日益增加，利润已降到薄利水平。2000年初我刚到军医社时，发现书均利润才两个点左右。通过对北京几大卖场反复调研后，把书价提高到每印张1.90元。在随后的几年中，随着纸价等原辅材料上涨，又先后有过几次提价，最后基本稳定在2.50元（科普和中医书）到3.00元（专著）之间。但不管怎么调整，基本采用的是粗放性定价方式，即按照社里的统一要求，由策划编辑根据每本书的具体情况稍作调整。这样定价的结果，既跟不上市场需要，又反映不了每本书的成本比例，书店和代理商也有意见。针对这个问题，我用了一个“偷懒”的办法。具体来说，即每当遇到一个新的问题时，我要先把它定个位，看它是不是常规性问题，如果不是，说明业内还没有解决办法，比如上面说到的大量库存增长过快问题，那就偷懒不得，自己辛苦研究，但通常能得到独创性的成果。但在现实中，绝大部分问题都是常规性的问题。这类问题，我一般不自己琢磨，而是先找别人的解决办法。因为我相信，我今天遇到的问题，别人不仅早已遇到，而且已有了成功的解决办法。因此，只需把别人的研究成果与经过实践检验是成功的办法，调查了解清楚拿过来即可。这样做看起来是偷懒，实际上比自己关起门来琢磨要好得多、快得多、成本低得多、风险小得多。从我个人的经验看，采取“拿来主义”，借智借力，让最优秀的大脑为我所用，是一种最偷懒也是最聪明的办法。图书定价既然是书业的常规管理，作为出版业已很发达成熟的欧美国家，应该早已遇到，而且早应该有成熟而成功的解决方法。因此，解决这个问题，我就不能用研究“重印书测算模型”那样的办法，不需独创，只需借鉴即可。本着这个理念，我利用一段时间，对国外部分出版社的定价进行了研究，发现他们基本上是使用成本定价法。这个办法优点明显，由于定价与成本紧紧挂钩，并随时依成本升降而浮动，使得每本书的利润空间都很确定，操作方法也比较简单，只需把成本要素算全算精确，再乘以一个变量系数即可。按照这个思路，我让出版制作部的杨威对我社专著、科普和中医类图书的成本，以及前三年的定价，分类进行了详细统计。在此基础上，我进行了一周时间的分析研究、反复测算，终于找出了这几类图书的合理定价系数，再请杨威根据我提出的三类系数，对编辑们正在提交的新书按此办法进行了试定价。经过两个月左右的微调，最终形成了军医社的“新书定价与印数模型”。有了这个模型，编辑出新书时，只要把该书的各项成本全部输入，即可得出该书的准确定价建议，让编辑特别是新编辑头疼的新书定价这一老大难问题，得到了迎刃而解。自从采用“新书定价与印数模型”后，新书定价走上了理性、精准、个性化的轨道。从正式推出全面使用到今天，已有六年多了。在确保军医社效益稳步提升、保持出版环节顺当快捷方面，发挥了极为重大的作用。

制服的第三只“拦路虎”：压不下的成本

图书作为产品，在生产过程中要产生成本，这是常识。2001年前，军医社在这方面的做法，基本上和国内当时的各出版社一样，只要选题通过，该书确定上马，成本就由社里全部承担，花多花少，都和编辑没有关系。因此，在每本书的设计、用料及相关出版环节的开支上，编辑基本不过问。我查了2001年的成本，占到了总定价的32%。为了把过高的成本压下来，我觉得仅靠领导抓是不行的，因为图书出版涉及的环节太多，图书又是小众产品，每年成百上千个品种，领导就是有三头六臂，也没有本事能把这件事盯到位。因此，根本的出路还是要建立一种成本与各环节责任人相关联的机制，让人人都盯着成本，都把开支成本当成花自己的钱一样算计节省，这样成本控制才能真正落到实处。为了做到这一点，在新办公大楼建好后，我就委托财务室张国深主任和负责出版部的陈琪福原副社长一道，花了近半年的时间，对图书直接成本的项目和数额进行了回顾性调查统计。在此基础上，我和张国深同志一起，反复测算出了应该摊入的发行成本和管理成本，从而形成了军医社的全额成本核算办法。接着，我将成本核算与员工利润、提成、奖金紧密挂钩，凡是单本书成本高的，利润就会成比例减少，奖金也就会同步降低。这样一种办法推出后，经过反复征求意见，使成本与提成、奖金间形成了同升同降的关联机制。这一招很灵。从此，每个编辑的眼睛都紧紧盯着成本，从稿费、印费、纸费等大的开支，到排版费、加工费、封面设计费、版式设计费、运费、仓储费、宣传营销费，每一个环节都会被编辑盯得很牢，每一笔开支编辑也都会省之又省。在这种全员努力之下，使长期降不下来的成本，开始了大幅下降。且从2003年到2005年，年年都在下降，下降幅度最大的2005年，全年新书成本比上年同期降低了13.2%，重印书成本比上年降低了2.98%，节省的总额超过了500万元。更重要的是，自从建立了这样一种机制，从根上养成编辑不仅盯稿子、盯流程、盯市场，而且盯成本的良好习惯。也正是靠着这种机制，使管理的触角延伸到了每一个发生成本的角落，使每一个员工都把出版社的钱当作自己的钱来惜用，使每一分钱都能确保花在刀刃上。也是从有了这个机制开始，我这个社长在管钱和花钱上真正开始省心了，因为大家都在精打细算，比我操心费力管得更到位，它标志着这个单位的主人，真的是到位了。

制服的第四只"拦路虎"：慢几拍的奖励

管理学上有一条大家都认同的原理，那就是奖和惩的效应，都会随着时间的延长而呈几何级衰减。因此，要发挥激励或惩戒效应，必须要把实施的时间提前再提前，确保在第一时间兑现。但搞出版的都知道，一本图书从策划、发行、卖出、回款到最后算出盈亏，一般最少两年左右。因此，绝大多数出版社给编辑发奖金，也都是等这本书核算完成，一般在新书出版发行两年左右。为了让编辑尽可能早地拿到奖励，我经过一年多的反复思考，最后终于找出了以盈亏点为提成点，实现了第一时间对编辑的提成奖励。具体做法是，先算某本书的直接和间接成本，根据某本书的发行总数和折扣，计算出两者的交互点。而这个点就是此书的盈亏点，只要未达到这个点，说明这本书的成本还未收回；一旦超过这个点，即按提成比例予以提成。实行这个办法后，使得发行好的新书在两个月内就能得到奖金。当然，财务要辛苦点，但激励效果是很好的。这个办法，据我所知，在其他出版社还没有听说过，这也算是军医社的一个创造吧。

制服的第五只"拦路虎"：提不高的质量

从2000年到2002年底，军医社实现了第一次翻番，而且是有质量、有效益的翻番，但也要看到，由于军医社处于大规模扩张阶段，大量的新人入职且边培训边上马，这也是新人实习进修练手的三年；加之密集的改革项目出台，要说不影响业务工作是不可能的。尽管各项指标都是向上的势头，发展的步伐也比较快，但总体质量仍不尽如人意，单本书效益和行业先进社相比，也还有不小差距。有的编辑为了赶进度、上码洋、上级别，对市场需求研究得不深不透，对读者的反应和对书的评价缺少跟踪问效；本头越来越厚，水分越来越大；读者和书店还反映军医社图书选题较散，没有形成主打系列和重点品牌；封面千人一面，多年不变等。为了克服图书质量上的这种“浮、庸、肿、浅、散”的问题，从2004年开始，我在全社提出了“不求最大，但求最好；不求最快，但求最实”的工作思路和“抢占高端、扩大亮点、加强短板、做透军内”的十六字选题策略，着力打造具有军医社特色的“拳头”与“品牌”产品。在具体措施上，则是通过持续推进以“优生、美容、瘦身、板块、高端、服务”为主题的六大工程建设来加以实现。

抓“优生工程”，从上游切实堵住平庸选题。这一条很关键，选题如果把握不住，就像一个先天残缺的儿童一旦出生，后续要带来长久、持续的麻烦。因为选题不好，一旦选题通过，进入运作程序，先天有缺陷的选题，其后的编审校工作虽然难度成倍增加，但却收效不大，难以对其主体质量产生实质性影响。从编辑加工到三审三校，从封面版式到选纸用料，从物流发货到书店上架，这一全过程要有多少人为之费心出力，但到头来，只是从出版社到书店做了一次无效“旅行”，白白浪费了大量人员精力和社会财富，最终退货又化为纸浆。为杜绝此类现象，必须在选题最上游严格把关，即在选题酝酿阶段就要把关。采取强化首席策划、读者早期参与、改进选题程序等办法，确保不让先天不足的选题出生。六大工程中，唯有这“优先工程”是我直接主抓。每月一次的选题会，我和姚磊副总编及其他社领导都会全程参加；对每一个选题，都是本着“三级把关、四方会审、好中选优、遇疑即停”的原则。三级把关即编辑室、编辑部和社选题领导小组会；四方会审是指策划编辑部、社领导、发行部和书店代表；好中选优是指同类选题不得同时重复上马，只能多中选一、好中选一，杜绝重复，确保最优；遇疑即停是指对有疑问、疑惑、疑虑的选题，必须停下再说，不得勉强上马，不要将就通过。根据我的经验，凡是勉强做的事情，不是水到渠成的事情，最好都不要做。这种办法，就是要确保在当前图书市场供量过剩的情况下，堵住平庸选题。这就要求每一个编辑的选题在上选题会前，本部门要先行研究论证，通过的选题再提交社选题会；在社选题会上，要详细汇报本选题的需求分析结果、同类产品情况、投入预期、市场前景、盈亏预测，全体编辑共同讨论，最后无记名投票；总编办进行汇总后，再提交社选题领导小组逐项审议。通过这样三级把关，选题淘汰率能达到30%左右，从而真正堵住了平庸选题，从整体上提高了选题质量。

抓“美容工程”，增强第一时间征服读者的能力。俗话说“书卖一张皮”，就是强调封面的重要性。因为图书是“微商品”，体量小、数量多，军医社的图书要在书店的汪洋大海中脱颖而出，吸引眼球，书的封面醒目、漂亮、让人喜爱，是进入读者购买视野的重要因素；再加上同类产品很多，读者一般都会在同类产品中挑漂亮顺眼的，因此，一本好书必须是一本能吸引眼球、好看、耐看的书。针对购书时的“2分钟随机购买”心理，对影响甚至决定读者购买的封面、插图、版式、开本、印刷、宣传语等要素，按照市场需求与读者口味，逐项进行改进创新。为了搞好“美容工程”，成立了专门的美编中心，把《人民军医》编辑部成智颖美编调来任主任；从地方某美编公司专门聘请引进了吴朝洪，继而又引入了龙岩、于春华美编，招进了蔡丽丽、周晓冰、牛君、白亚萍等新人，使得美编中心的整体实力大大加强；在社领导分工中，委托姚磊副总编主抓这项工作，他为此想了不少办法，包括组织对每月

美术设计中心研究改进封面设计

新书封面进行民主投票选优，对优秀封面进行奖励，也包括对社会上的知名美编公司进行招标等。在成智颖主任和吴朝洪等各位美编的共同努力下，使军医版图书一改多年来的老面孔，读者和书店纷纷反映，军医版图书封面由暗变“亮”、由土变“洋”，面貌焕然一新了。同时，从解放军总医院引进了医学绘图专家白杰，为军医版图书配绘了大量精美插图。所有这些，对改善军医版图书的形象，增强军医版图书的竞争力，起到了重要作用。

抓“瘦身工程”，对虚泛不实的内容实施“脱水”，使内容更加精准、新颖、实用。一本书水分太多，不仅会在市场上缺乏竞争力，日久也势必影响军医社的品牌和形象。策划和加工从选题、组稿、加工、审稿等阶段，都要想方设法对书中内容进行“脱水”。特别是对一些大部头、动辄上百万字乃至几百万字的图书，尤其要高度警惕，进行重点“脱水”。通过把大书做小，把内容做精，降低了定价，提高了质量，使每本书都有随处可见的内容创新亮点，有整体上较高的新知识含量，真正让读者感到展卷有得，物有所值，以此在读者中逐步形成军医版图书的良好口碑。

抓“板块工程”，主要是着眼于成板块、成系列推出精品力作，克服军医版图书产品线短、散、杂、乱的问题。在军医社长期的出版实践中，特别是经过近些年“选题最优化”的持续努力，经过对军医版畅销书、品牌书、看家书的由点及线、由线及面的拓展，已形成多个品牌系列和有影响的板块，极大地提升了军医社的整体形象和竞争实力。

抓“高端工程”，做到最新内容、最高质量、最精制作。目的是推出一般医学出版社做不到、做不好的产品，形成与一般医学专业出版社之间的错位竞争优势，努力打造独具军医社特色的高端化、系列化、板块化的出版格局。抓高端出版，从2004年起步，并在2004年和2005年做了大量基础性工作，包括高端的选题准备、高端的作者建设、高端的出版人才队伍建设。从2006年开始，高端出版则上升为全社的三大战略，对增强军医社的整体实力和竞争能力，并为促进军医社的持续高速发展，起到了极为重要的作用。

抓“服务工程”，建立与作者和读者的血肉联系。主要是着眼于拓展与作者、读者沟通的渠道。首先是进一步打通营销通道。主要从吸引眼球、拉动终端、开辟通道、做好服务入手，改进和加强发行、营销工作。对包括中盘在内的大、中、小客户，以诚信、合作、双赢为宗旨，研究提出客户管理的策略和方法，走出读者俱乐部建设路子，逐步建立自己的读者网络和队伍。发挥好发行、策编和市场部的积极性，多途径、多方式走出有质量、有实效的营销宣传的路子，建成布局健全、功能强大的销售网络。其次是要打通作者和读者通道。作者和读者的建议和意见，是出版社改进工作的第一信号。这种意见，越多越好。出于这个理念和认识，从2002年开始，我考虑在军医社设立一个市场部，由专人负责和读者的联系、沟通及意见收集、反馈；设计了一个专门的“征求意见表”，放进每一本书中，对每一位读者的意见进行收集、整理和研究；由各学科分工收集与维护本学科的作者，然后集中到总编办公室，建立统一的专家作者资源库，建立与作者顺畅沟通的方式和途径。“问渠哪得清如许，为有源头活水来。”有了和作者、读者的血肉联系，军医社的出版工作就深深地根植于肥沃的土壤之中，并从中得到源源不断的营养和生生不息的活力。

制服的第六只“拦路虎”：老一套的考核

科学地组织实施业绩考核。这是公正评价员工和合理分配效益的基础。为此，我一直把它当作一项系统工程，年年考核，年年改进，最终形成了一套全面、精确、可操作的量化考核指标体系。这套体系是由定性和定量4个大类、29个子类、195项指标组成的全社量化考核指标体系，对全社每一个岗位、每一项业务工作都规定了具体、明确、可操作的量化标准，采用自评、互评、领导考核和主管部门考核相结合的方法，对员工做出全方位的科学、准确的评价。全社考核指标体系的建立，不仅为评价和分配奠定了基础，更重要的是把工作导向和任务指标糅合为一体，综合成为一套可考核可量化可比较的工作标准，它就如同高考对学生所起到的指挥棒作用一样，在引领、导向员工的工作和能力提升方面，起到了“无形之手”的重要作用，并为长效激励机制的建立奠定了扎实基础。

六、众志成城的第二次腾飞

在推进第二次腾飞的过程中，还发生了对助力腾飞有重要影响的三件大事。

第一件大事，是组织了一个国家级重大选题。它是由46本书组成的大型系列图书——《临床技术操作规范》，从策划到出版完成，先后经历了近五年时间。这套书的出版，与我社1960年出版的《医疗护理技术操作常规》有直接的渊源关系。2002年1月，陈琪福副社长告诉我，国家卫生部根据张文康部长的指示，准备借鉴由总后卫生部组织编写、由我社出版的《医疗护理技术操作常规》（以下简称《常规》）的形式，组织出版一套《临床技术操作规范》（以下简称《规范》），并已正式发文委托人民卫生出版社出版。这对我社1960年就组织出版、到1998年已出第四版的《常规》，将是一个巨大的冲击；更重要的是，如军队用《常规》而地方用《规范》，势必造成技术标准执行上的混乱，进而导致在评定医疗事故方面的标准偏差，带来军地医院处理医患矛盾纠纷的关系复杂化。为此，我当即向总后卫生部傅征副部长和白书忠部长写出了书面正式汇报。在报告中，我提出了以下建议：（1）《常规》是总后卫生部针对全军医疗技术操作标准不统一、方式不规范而影响医疗质量和医疗水平问题，在反复调研论证的基础上，组织全军200余位专家历时三年协同攻关编写而成的。以后又经1980年、1987年、1998年三次修订，已成为军地医疗管理界历经40年而常新的权威性技术标准用书。国家卫生部领导近年来反复提出要参照和借鉴军队的成功做法，组织编写全国通用的《规范》，其与《常规》之间具有明显的历史渊源关系。（2）考虑到我国军地医疗机构间互收病人，如军地医疗机构执行不同的标准，势必给军地医疗管理带来混乱。为避免这一情况出现，总后卫生部和人民军医出版社可以从大局出发，在国家新版《规范》推出后，停止对第四版《常规》的出版发行和第五版的修订出版工作。但军医版《常规》作为军地医院规范医疗技术管理的权威用书，作为军地医务人员信任和习惯使用的经典性工具书，作为人民军医出版社历经40年投入巨大人财物而培育出来的主要品牌，一旦停版必将给军医社造成巨大损失，也意味着全军卫生系统几代人的创造性劳动将无偿地奉献给国家。对于军队卫生系统和人民军医出版社为维护国家建立统一的医疗技术标准所做出的牺牲和奉献，希望国家能够给予充分理解和体谅。（3）我们坚决支持国家卫生部组织出版新的统一的《规范》。但鉴于新版《规范》与《常规》在内容和名称方面的相似性，也考虑到《常规》这部书在军地医疗卫生界所形成的历史品牌与影响，建议将新版《规范》交由人民军医出版社出版为妥。白书忠部长和傅征副部长很快同意了我的意见，并于2002年4月12日，以总后卫生部〔2002〕卫医字40号文件的形式，向国家卫生部正式上报了由我代拟的《关于军队参与出版〈临床技术操作规范〉的意见》。国家卫生部在收到总后卫生部的报告后，当即指示由中华医学会组织一次由人民军医出版社、人民卫生出版社、协和医科大学出版社参加的关于《规范》出版的招标。2002年10月5日，招标会在中华医学会正式举行。招标会由中华医学会常务副会长兼秘书长宗淑杰主持，国家卫生部吴明江司长等亲临会场。我和姚磊副总编、王敏主任参加。在会上，我作了约15分钟的陈述，由于准备充分，我的陈述赢得了在场专家一致认可，终于以在场专家全部同意的结果，顺利夺得了对《规范》的出版权。2003年1月18日，在我们搬到新楼的前五天，在总后卫生部二楼会议室隆重举行了《规范》的合同签字仪式，国家卫生部朱庆生副部长和总后卫生部傅征副部长亲自出席并作重要讲话。朱副部长讲话中，把《规范》比作新时期军地医务人员的四书五经，希望军医社和中华医学会及全体专家共同努力，确保打造成为一部精品和传世之作。会后，我和宗淑杰副会长商议，相继召开了多个专业的编写工作会议，为便于及时沟通，军医社和中华医学会建立每月定期协商制度（单月到中华医学会，双月到军医社）。为了确保出版质量，社里专门组织了由我和姚磊副总编牵头，策划、加工、出版、发行等有关部门领导及相关人员共同参加的《规范》编辑班子，具体联络工作由王敏（后改为王琳）负责。姚磊副总编、周晓州主任为保证编辑进度和加工质量，想了很多办法，使全套图书实现了基本无差错的目标。为了给年轻编辑创造参与大型出版项目的机会，社里的大部分编辑都按学科分工参与了相关《规范》分册的责任编辑或文字编辑工作。经过近十个月的艰苦努力，首批六本《规范》（口腔、结核、超声、整形外科、烧伤、核医学分册）于当年年底前完成，2003年12月29日在人民大会堂举行了新闻发布会，朱庆生副部长和总后卫生部张雁灵副部长出席，媒体和业内高度关注，《规范》中的护理分册、口腔分册都高居全国医学图书排行榜前列，在规范医务人员操作、提高医疗技术水平、统一军地技术标准等方面，发挥出了重要的不可代替的作用。对于军医社提升品牌地位、增强整体实力和市场竞争力、由小社向大中型出版社转变，具有里程碑式的标志性意义。有的同志甚至提出，这套巨著对军医社品牌提升的影响力，甚至可以与新建的办公楼相媲美，是一栋漂亮的品牌之“楼”。

第二件大事，是关键时刻张雁灵副部长对我的支持。2003年下半年，在推进全社机构调整和分配机制调整的关键时期，社里和机关都有人向我反映，说军医社的改革步子太大，如不改正，势必影响全社稳定，甚至还有“不换思路就要换人”的传言。就在我思想上委屈苦恼的时候，刚刚胜利完成抗击“非典”任务的小汤山医院张雁灵院长（原北京军区卫生部部长、白求恩军医学院院长），调到总后卫生部任副部长。上任后不久，张副部长就亲自到军医社调研。在听取我代表总支所作的情况汇报后，他在全社领导大会上作了旗帜鲜明的讲话。他说，面对出版业激烈竞争的大环境，军医社要在为军服务上坚定不移，在加快发展上坚定不移，在推进改革上坚定不移，在维护团结上坚定不移。会后，他又和我专门交代，军医社的改革，只要是看准的事，只要是有利于提升品牌、增强实力、加快创新、促进发展的事，就大胆地干。部首长的高度信任和大力支持，彻底打消了我的思想顾虑，使我真正地放开了手脚。当然，部首长越是信任，我越是要对部首长负责，竭智尽力，把军医社的发展真正搞上去，以不负首长重托。

第三件大事，是科技出版委对军医社的得力指导。2004年，就在军医社一边实现快速增长，一边也有的同志拉上社领导找我反映步伐还是太快、要求减速发展时，中国出版协会科技出版工作委员会于国华主任、周谊老主任和曾铎常务副主任兼秘书长、张学良顾问于2004年11月25日来到军医社调研。在听取我的汇报后，科技出版委几位领导对军医社的发展给予了充分肯定，并对如何保持好发展势头提出了极为重要而宝贵的意见。于国华主任明确地指出：“军医社作为军队的一个出版社，一定要正确处理好为部队服务和面向市场的关系；作为一个医学专业出版社，一定要坚定不移地走专业化、精品化、内涵式发展之路；作为一个成功迈开快速发展步子的出版社，一定要珍惜来之不易的发展机遇，继续紧紧扭住发展不放松。”周谊老主任提醒我们：“一定要在快速发展中抓住质量建设这个根本，正确处理好数字与质量、速度与效益、专业与科普的关系，使发展的路子走得稳妥、持续、健康、顺利。”曾铎常务副主任兼秘书长和张学良顾问也从精细管理、优化结构、细分市场等方面给了我们许多指点。一周后，科技出版委秘书处即以简报加按语的形式，向全国科技社转发了军医社建设和改革的八条经验。在委员会强有力的支持下，我们在班子内部和骨干层再次很快统一了认识，使得面对快速发展的争论并有可能减速的军医社之船，继续开足马力，在科学发展的征程上全速前进。

八面来风，共同推动着军医社的更快发展。2003年至2005年这三年中，军医社的发展迈出了更大步伐，实现了每年30%的高速增长，并在2005年底，出版和发行双双突破1.2个亿，实现了历史上的第二次翻番。2006年8月8日，《中国图书商报》排出中国出版竞争力最强的前50名和科技出版前20名，我社首次跻身其中。据国内最具权威的开卷公司报告，这三年中，军医社的市场占有率一路攀高，分别由2002年的5.6%到2003年的5.8%、2004年的6.8%、2005年的7.88%；市场地位也已从“第二集团”中脱颖而出，成为国内医学出版的“两强”；一年中有32种新书进入全国医学图书销售排行榜，上榜次数达107次，心血管、口腔、骨科等重点学科市场份额占有率达20%，进入全国百名图书排行榜由2000年的空白和2003年的28种，快速上升到2004年的66种、2005年的88种；教材进入国家“十一五”规划教材之列，实现了我社在国家级规划教材中零的突破；《临床技术操作规范·护理分册》《专家教您学看化验单》《经络穴位速记手册》等入选2006年全国出版行业优秀畅销书。在国家科技图书奖评奖中，首次夺得了三项高级别的大奖，其中《现代急腹症学》继《手术学全集》后再次荣获国家科技图书奖一等奖，这是国内医学科技社首次获此殊荣。单本书造货码洋达17.6万元，比三年前同

2008年2月27日，作者（前排左二）领取中国出版政府奖

期增长20.5%，成本率和退货率分别比三年前同期下降10.61%和2.53%；重印书比例达到60%，人均效益和书均效益分别比2003年同期提高12%和14%，各项主要发展指标同步创历史最好水平，特别是医学科普和口腔图书首次超过金盾、人卫等强社，位居全国同类图书市场份额第一。《解放军医学杂志》影响因子和总被引频次等各项主要学术指标分别比同期提升了0.133和114次，位次在中国科技统计源期刊中提升了38位，各项指标首次位居全军医学期刊第一，取得了《解放军医学杂志》自创刊以来的最好成绩。

三年辛苦，三年奋斗。军医人的开拓和努力没有白费，面对市场的激烈竞争，他们一路高歌猛进，再一次实现了新的一轮翻番。当军医社跨入销售过亿的门槛时，显示的不仅是军医社快速发展的强劲势头和后劲，在同行的眼中，这也是缩短与人卫社的差距、大步跨进全国医学出版“两强”行列的重要标志。

第九章

气势如虹的第三次腾飞

2005年底，军医社又一次实现了三年翻一番的跨越式发展，跨进了全国医学出版“两强”的行列，圆了军医人的第二个发展之梦，也标志着自2003年开始的“三大转变”圆满成功。

在庆祝胜利之余，下一步怎么办？2003年初提出的问题：是乘势而上，保持快速增长，实现由1个亿向2个亿的第三次翻番，还是稳住步伐、守住摊子？一个关于要不要快速发展、怎么发展的问题，又一次如时光轮回，摆到了我和同事们的面前。

我知道，军医社又来到了一个新的转折路口。

一、谁说过亿的社不能快速翻番

毫无疑问，不主张过快发展的同志，也自有其担忧的理由。他们认为，如每年增长30%以上，发展成本太高，投入资金过大，影响家底的沉淀和积累；全社同志连续多年加班加点，应该让他们减负减压松口气；军医社是军队出版单位，没有必要搞得太大；关键是现在已经搞到一个多亿的规模了，不像当年船小好掉头，再提翻番不太现实，或者是根本不可能，而且稍有差池就难以挽回。

当然，更多的担忧还是来自真正关心我的人。有的老同志私下提醒我，千万不要再提翻番，以免实现不了，对你个人影响太大，见好就收为好。有的朋友劝我，军医社又不是你个人的企业，做得再大，和你也没有什么关系，一退下来，不论多少个亿，你个人带不走一分钱；再说，跑得快了，难免失误，有了成绩是大家的，出了问题都是你一个人担着。家人也劝我，你个人已经功成名就，年龄已近退休，没有必要这么拼命了，急流勇退吧；过去六年干得够辛苦了，最后三年平稳着陆就行了……我承认，家人朋友的劝告，在我的心中还是激起了一层层涟漪。虽然他们都是为了我好，但在我的心目中，军医社的发展，军医社的未来，才是我最为看重的，至于个人的进退得失，即使有所考虑，也应该服从军医社发展的大局。军医社好不容易赢得了这么好的快速发展时机，为了这一天，为了军医社的发展之梦，自己和大家一起付出了多少心血，就此止步，岂不可惜？更重要的是，我喜欢挑战，害怕平淡，拒绝平庸，几十年来都是负重登坡，如果让我一下子迈起八字步，还真的不适应。我曾多次深有感触地讲，做出版和所有做企业的一样，如同穿上了红舞鞋，永远不会有歇下来的时候。宋人杨万里诗云：“莫言下岭便无难，赚得行人空喜欢。正入万山圈子里，一山放过一山拦。”在上下求索的漫漫征程上，这首诗道出了我的内心。

最终我坚持实施第三次翻番目标，关键还是在于我坚信自己的判断，对此充满信心。信心主要来自于前两次翻番过程中在学科建设、团队建设、流程改造、体制建设、机制调整、社风文化、全员改进、管理改进等方面打下的坚实根基，只要把握好发展方向，维护好大家的积极性，完全可以实现持续高速稳定发展。因此，这第三轮翻番，虽然是以亿元为单位的三年翻番，但给我的感觉，可能比第一轮翻番时难度要小得多，工作要顺得多，实现起来也会容易得多。这就像高速列车一样，在路基不好时开着最困难，而一旦上了轨道奔跑起来后，那种高速行进的状态，则是比较容易保持的。三个阶段中，第一次翻番是从2 780万到5 500万，尽管数量不大，但最困难；第二次翻番，从5 500万到1个亿，就比较容易了；而这次由1个亿到2个亿，虽然幅度最大，但应该是最容易实现的。后来的事实证明，我这个判断是正确的。

为慎重起见，我冷静分析了军医社面临的发展形势、自身条件和内外环境，得出的结论让我更加坚定了既定目标。

首先，军医社正面临从未有过的重大发展机遇。随着人民生活水平的提高，对医学保健知识的需求正在快速增长，而医学保健知识产品还远远满足不了广大人民群众的需求。军医社作为我国医学出版的一个大社，在这方面担负着义不容辞的重大责任。国家正在大力推进以“农家书屋”为抓手的文化建设，军医社正面临有利的外在机遇；与此同时，各兄弟医学出版社正在深化改革，加快发展，并把追赶目标锁定在军医社身上，只要我们稍有懈怠，就有可能被竞争对手超越，竞争将比前几年更加激烈。而军医社经过持续六年的改革建设，具备了继续强力推进快速发展的各项条件，全社员工在推进军医社的发展中，实现了个人的同步成长与增收，尝到了发展甜头，快速发展是人心所向，更是大势所趋。军医社虽然是过亿的社，比起2 000万~3 000万的小社，翻番是要困难一些，但天下事皆在人为，我们只要把工作做到位，充分发挥大社的优势和长处，三年再翻一番也同样是能够做到的。因此，指导我们快速发展的“快则稳、慢则晃、停则倒”的“自行车理论”，非但没有过时，而且比过去任何时候更需坚持。

人生能有几回搏。我暗下决心：退休前再做一番拼搏，实现三年再翻一番，把军医社再推上一个大台阶。我的这个想法，得到了总后卫生部张雁灵副部长的肯定与支持。他语重心长地对我说："军医社的发展来之不易，一定要珍惜。往上走，很难；往下走，会很快。一定要坚定不移地坚持发展，坚持改革。不能畏难而止步，不能因少数人有不同意见而让步，更不能让大好的发展局面出现退步。"这番话如和煦春风，吹散了压在我心头的最后一丝阴霾。在当天的工作笔记中，我抄录了陈毅元帅的一首诗："大军西去气如虹，一局南天战又重。半壁河山沉血海，几多知友化沙虫。日搜夜剿人犹在，万死千伤鬼亦雄。物到极时终必变，天翻地覆五洲红。"一遍遍吟着它，那种大无畏的英雄主义气概和不退缩的乐观主义态度，很快化成一股激荡身心的力量，与我的心境和精神形成了强烈共鸣。

决心一下，接下来就要马上行动，当务之急是要凝聚全社共识，明确发展路径。为此，我在全社召开了两次专题会议，作了有针对性的动员部署。

在2006年春节召开的全社中层干部大会上，我向大家说了这么一段话："成由坚韧败由懈。我们经历了六年快速发展，实现了翻两番，但比起我们要把军医社做成军内领先、国内一流、国际知名的医学出版大社强社，这只是万里长征走完了第一步。如果我们自满了过往成绩，松懈了奋斗意志，放弃了进取精神，不光已取得的成绩难以保持，就连已有的成绩也会丧失。况且，我们这点成绩不要说和国外出版巨头较劲，就是和国内的大社相比，也是微不足道的，还远远不具备躺在功劳簿上睡大觉的资格。退一步说，就是超过了10个亿、20个亿，也不能松懈和满足，国际上有多少500强企业，不是没几年就不见踪影了吗？我们这一代人，注定是要做艰苦奋斗的一代人。‘天下事有难易乎？为之，则难者亦易矣；不为，则易者亦难矣。’只有咬定青山不放松，以负重登坡、攻坚克难、一往无前的精神，才能不负前人、不负后人、不负时代、不负历史，把军医社的发展推向新的高度，再创军医社建设史上新的辉煌。”

紧接着在春节后的总支扩大会议上，我以“用科学发展观推动我社创新发展，依靠不停顿的改革来破解发展难题，以创新思路和发展模式来实现第三次腾飞”为题，作了加快发展的动员讲话，提出了军医社在新阶段的发展思路和总体要求。

1. 专找短板，成绩归零。近年来，我社坚持快速发展，取得了明显成效，但与科学发展观的内在要求相比，还有很大差距。我社发展的深层次问题、全局性问题，归结为以下十个方面：一是在品牌建设上，山多峰少，品牌不强；二是在学科建设上，重点不重，聚焦不足；三是在人才建设上，一脚长一脚短，使用多，培养不足；四是在作风建设上，仍有“懒、散、庸、守”现象；五是在文化建设上，有的部门还存在社风不浓、氛围不厚的问题；六是在全员改进中，有“部分人又改又进，部分人不改不进”的问题；七是在机制运行上，还有“缺位和弱运行”问题；八是在执行力上，还存在战略强、规划不强、计划较弱的问题；九是在向现代出版与管理的推进中，还存在步子慢、观念旧、方法少的问题；十是在工作激情的保持上，还存在“有高有低、时盛时衰”的问题。出现这些问题的原因，是对科学发展观的学习理解还不深刻，指导工作、破解难题的力度还不大。学过了不等于学懂了，学懂了不等于会做了，会做了不等于做好了。一定要始终把目光聚焦到这些差距、弱项和短板上，工作指导上保持清醒，自觉把我社良好势头长盛不衰地保持住、发展好。放下包袱，解决难题，要有迎难而上、不解决问题不撒手的决心和气概。社总支将专门召开几个座谈会，听取大家的意见和建议。《军医人通讯》将开辟“用科学发展观破解发展难题”专栏，欢迎大家踊跃投稿。要依靠大家的集体智慧和群策群力来攻坚破难。

2. 要创新发展思路。概括起来就是“形成一个共识，推开三大战略，坚持五个始终扭住，实施多点突破”。

——所谓“一个共识”，就是要认清社情，明确目标，抓住机遇，加快发展。我社建设发展正处在由一个小型出版社向大中型专业出版强社发展的上升期，由规模发展向质量效益发展的转型期，由传统出版向现代出版的变轨期，由粗放管理向精确管理的过渡期，也是我社历史上难得的重要的大发展机遇期。我们一定要紧紧抓住这一重大机遇，推动全社快中求好、好中求快向前发展。如同登山爬坡，后退只能导致前功尽弃，关键时刻必须一鼓作气，才能登上山顶。在这一点上必须形成共识，这也是全社快速发展的思想基础。在总体奋斗目标上，提出2010年要实现“321”的奋斗目标（即实现总后首长提出的“军内领先、国内一流、国际知名”三句话的要求，跻身全国医学出版“两强”，进入全国出版社总排名“100强”），使部队出版保障达到新水平，出版质量和效益跃上新台阶，整体实力实现新突破。在工作指导上，提出了一个坚持、两个扭住、三大战略、四个积累的思想，即要坚持全面落实科学发展观，紧紧扭住质量效益为中心不放松，以实施高端出版、数字出版、整合出版这三大战略为突破口，进一步加快品牌积累、人才积累、资金积累和文化积累的步伐，优化出版结构，加强资源整合，防范经营风险，走出一条投入少、效益高、后劲足，能够持续、快速、稳定发展的路子，并为21世纪前20年的更大发展奠定坚实基础。

——所谓“三大战略”，就是做“中国高端医学出版的引领者，数字医学出版的开拓者，优质医学出版资源的整合者”。放眼全国出版界，随着人民生活水平的提高，健康科普已成为一个热点。全国570多家出版社中，做保健科普出版的出版社达400家之多。军医社作为一个有着50多年历史的医学专业出版社，应该把出版定位在医学专业的高端出版、精品出版上，做中国高端医学出版的引领者；在信息技术、网络技术、移动互联网技术快速发展的支撑和带动下，数字出版前景无限，我们必须敏锐地发现和抓住这个重大机遇，敢于做中国第一个吃螃蟹的人，率先探索医学出版转型之路，做中国数字医学出版的开拓者；要在三年内整体翻番，必须打开思路，做大格局，用大手笔整合国内外各方资源，为军医社发展所用，做中国优质医学出版资源的整合者。形成借力发展、合力发展、助力发展的生动活泼的发展新路子、新格局、新局面。高端出版、数字出版、整合出版，是对第三次腾飞的方向与路径的思考与回答。

——所谓“五个始终扭住”，是强调工作指导上的五条原则。一要始终扭住贯彻科学发展观不放，真正在求深入、见成效上有思路、有对策、有举措、有成果。二要始终扭住一流的建设发展目标不放，全社的发展目标要盯住“军内领先、国内一流、国际知名”不放，具体目标要盯住“最优选题、最小成本、最佳服务、最快时效”不放，各中心和室要盯住本学科市场份额前两名不放，各位策编要盯住“本专业高端出版的领跑者”的定位不放。三要始终扭住问题和短板不放。我们常说“取法于上，得之乎中”；同样道理，我们把目标定位在国际和国内一流上，就会清楚地发现短板在哪里，差距有多大，从而明确主攻方向。四要始终扭住奋发有为的工作激情不放，从近年来的工作情况来看，部门与部门、员工与员工间的工作差距，其深层原因，不是学历，不是年龄，甚至也不是能力，而是争先精神、吃苦精神、拼搏精神、创新精神方面的差距，是斗志、勤奋、学习方面的差距，也是人生坐标和价值观方面的差距。因此，凡无特殊理由年终任务不达标的大部门末位者，确实是工作状态、精神状态不佳的，一定要下决心实行末位淘汰。通过这个办法，把一批真正充满昂扬激情的优秀人才留下来，培养好、重用好，把那些长期不在状态、又不思改进和进取的人，在反复教育、黄牌警告、岗位调整都无效后，就只能坚决劝退，从而永葆军医人队伍的蓬勃朝气和进取活力。五要始终扭住“以人为本”为核心的社风文化建设精髓不放。“八字社风”“五种氛围”和“全员改进活动”，其核心是对员工成长、成功的人文关注，如果说“忠诚、亲和、创新、卓越”是解决员工与企业、员工与员工、守成与进步、平庸与一流的关系，那么学校、家庭、争先、净土、快乐则是营造成长条件、环境的土壤、气候，而“全员改进活动”则是解决成长途径。三个方面相辅相成，加之我们一直强调的“五个始终扭住”，共同构成我社社风文化建设的四大基石，这也是我社独特的、不可复制的核心竞争力，我们一定要努力使之常建常新，真正使之成为我们社长久发展的不竭动力。这“五个始终扭住”，回答的是实现三大战略的条件支撑问题。

——所谓“实施多点突破”，指的是建设一批能立于医学出版前沿的学科中心，使之成为军医社第三次腾飞的增长基地。一般而言，一个单位一个时期，其工作的突破口或叫工作重点方向，只能选择一个，以免兵力分散难收全效。但军医社要在六年连翻两番的基础上再翻一番，再实现三年翻番，也就是说，在三年当中，每年要新增加一个六年前的军医社，这在医学的小众出版领域中，又在既无教材又无系统内发行的情况下，只能走一条超常规发展之路。为此，我提出要通过加快建成一批专业方向明确、能够在各自专业领域独立拼搏的出版中心，依靠它们来实施三大战略、实现第三次翻番目标。这里的每一个出版中心，都是未来三年的一个突破点，多点突破，连点成线，连线成片，从而实现军医社的整体飞跃。

3. 破解发展难题，关键是各级领导带头躬身践行。在那次会上，我送了六句话与大家共勉：一是要以更主动的精神抓谋划，二是要以更开放的眼界抓整合，三是要以更开阔的胸怀育人才，四是要以更精细的管理抓执行，五是要以更高昂的激情争一流，六是要以更高的标准做表率。继续保持艰苦奋斗、负重登坡、迎难而上、争创一流的精神，推动我社建设更好更快地登上新的台阶，实现我社建设史上的第三次腾飞。

我的想法，终于变成了军医人的共同想法。抓住机遇，乘势而上；再接再厉，再翻一番！军医人用自己的行动，再一次做出了无愧于历史的正确抉择。以这两次会议为标志，军医人的第三次腾飞之梦，顺利起飞了！

二、把主力部队打造得更强

第三次腾飞尽管是历史上最大的一次翻番，但比起边打基础边起步的第一次腾飞和边建设边起步的第二次腾飞，由于有了前六年打下的坚实基础，工作相对要顺当不少。要实现战略目标，除了思想、目标、思路、战略上的共识外，把担负这场战役的部队组织调动好，则是这场硬仗能否打赢的关键。

为此，从2006年初开始，我花了很大精力来推进和建设具有战斗力的策划、发行、加工校对、美编、出版制作团队，建设以社办、财务办和总编办为主体的高效率机关，打造了几支推进军医社快速发展的主力部队。加上我社有一支由经验丰富的老同志组成的顾问团队进行帮助指导，几大主力部队很快就体现出了顽强的作风和惊人的战斗力。

第一支部队：攻城略地的“1556部队”

推进“三大战略”，关键是要建设一支业务精湛、作风顽强、能打胜仗的队伍。军医社的出版队伍经过多年建设，已经建起了10个医学策划中心，但部分学科专业分工仍停留在一级、二级学科层面，与专业深度细分的要求还不适应；有的学科市场需求乏力，投入与产出不相适应；10个学科缺少分类管理与指导等。只有对此再作深度调整，才能适应新的战略发展需要。为此，通过研究现状，分析预测前景，本着“有所为、有所不为”的原则，对重点学科建设布局进行了调整，避开对手占有优势的一级学科，重点在二级、三级学科实施密集型布局，在确保“1”个特殊优先发展学科即军事医学的同时，从18个二级学科和50个临床三级学科中，经过反复优化筛选，确定了骨科、口腔、中医、教材考试、科普“5”个一类重点学科和外科、内科、妇产科、超声影像、护理这“5”个二类重点学科，以及药学、儿科、眼科、肿瘤、皮肤、电子这“6”个三类重点学科，确立了“1556”的重点学科建设布局。准备通过两年左右的建设，将这些学科全部建成一类重点学科。考虑成立这17个学科，除了军事医学属于服务保障职能必须重点加强以外，其余16个重点学科都是综合考虑市场前景、容量、现有工作基础、编辑专业特长等因素，和几位社领导反复商讨论证后提出的。

构建这样一个学科布局，使全社的战略重点更加突出，专业策划的纵深得以深度延展，形成与高端出版战略相适应的大纵深成梯次的学科布局，并在起用年轻骨干的同时，形成了一支有朝气和攻坚力的重点学科带头人队伍，不仅使得高端出版、精深策划的战略意图在组织和人才层面得以更好落实，而且为军医社的长远建设，锻炼、成长、储备了各学科的领军人才与队伍。这支部队由于专业方向更加清晰明朗，对各个医学专业领域的研究更加专深精准，对分工专业前沿动向跟踪得更加及时清楚，与各专业的名家大家交往更加密切深入，组稿的能力与水平也得以显著提升。不少专家反映，在各个专业重大业务活动场合，都会看到军医社策划编辑的活跃身影。我听到这个评价特别高兴，因为这说明军医社的专业出版开始真正地扎根于各个医学专业领域的沃土之中了。短短两三年的时间，“1556”的学科建设布局，在实现“三大战略”、达成军医社第三轮翻番中起到了关键作用，在高端化、系列化、板块化出版方面快速占据了先发优势，涌现出了一批高产中心，到2008年底，已有五个中心年出版达2 000万码洋左右，五个达1 000万码洋左右，成为我社抢占图书出版市场的几支作风硬朗、能打硬仗的主力团队。据2008年11月的市场份额统计，黄建松主任领衔的骨科中心，已占领国内市场份额近30%；张怡泓、杨准负责的口腔专业所占市场份额达20%，均为国内第一；郭伟疆领衔的普外科中心，创造了全国销售排行前五名均为军医版图书的好成绩；由王显刚领衔的中医图书，进入市场占有率前三名的总量比同期增加了1倍；由郭威和高爱英分别负责的超声、影像医学，其市场占有率达到30%，并以每年3个百分点高速成长。这些成果，得益于学科建设对高端出版的强势推动，最终形成实力雄厚的多学科齐头并进、多领域喜收硕果的丰收局面。尽管随着形势变化，后来在学科数量上也略有调整，但学科总体布局一直未有大的变化，整个学科建设显示出厚积薄发的持久后劲。2014年，骨科占国内市场份额达到了40.27%，超声达到了52.89%，外科、影像医学等也都达到了近30%；由丁震、秦速励、郝文娜、焦健姿、马莉、张忠丽、崔晓荣等人分工负责的内科、心血管、妇产、儿科、肿瘤、皮肤性病、护理、中医、科普、医学考试等学科，也都取得了节节攀升的不俗业绩。学科建设的长远效应和深远影响力，在成功实践中得到了有力验证。它和社风文化建设、创新管理一起，共同构成了军医社的三大核心竞争力，成为军医社这些年快速增长的一大奥秘。

第二支部队：1+4模式下的编校精英

按照“三大战略”的总体部署，全社每年出版新书要增加近100个品种、总字数增长近1个亿，在这种情况下，为了防止“萝卜快了不洗泥”，以牺牲质量而追求速度，我始终扭住“质量为本”这一根本不放，并从进一步加强加工编辑队伍、吸收新时期编辑成果、推进新一轮出版流程改造切入，从严从细抓实了环节质量。从2006年开始，每年都要组织2~3期、有150~200人参加的编辑培训。教材是我社新出版的共计15万字的《编辑规范与编排格式》，由李晨老社长主编，余满松老社长、周晓州主任主笔，并请余社长等几位老社长有针对性地进行主讲。编辑培训效果很好，从而打牢了图书编辑质量建设的基础。

培训结束后，把最优秀的学员充实到社内和社外编辑队伍中。考虑到一次性领取任务、单独完成的特点，我社的加工编辑和校对大都以社外为主。为了与深度专业化的出版相适应，对社外加工编辑和校对也进行了专业细分。为加强社外与社内加工编辑间的联系，对社外加工编辑按专业分工，归口到社内各加工编辑管理，即由1名社内加工编辑管理4~6名社外加工编辑，形成了1+4的运作模式，并从工作流程、运行机制、收益分配上进行整合，形成了社内与社外加工编辑的紧密合作体。这样，社内的近20名加工编辑就起到了20个编辑组长，或者说是20个加工编辑室主任的作用；而社外加工编辑由于在社内有了专人管理、指导，包括任务分配、进程跟踪、质量把控，使得原本松散的社外加工编辑，一下子形成了紧密的战斗集体。在总结前四轮出版流程改造实践的基础上，还推出了第五轮流程改造，对各环节质量和时限要求进行了新的完善，并从严从细强化了对各个出版主要环节的质量要求。在流程环节上，强化了三审制，建立了加工部主任审签发稿制，提高了环节质量监控标准；在加工运作中，提出了逐句、逐字、逐标点精细加工的新要求，全面推行社内文字编辑对社外加工书稿的监控补加工制度；在校对环节上，由校异同向校是非转变，建立了校对组长审校报告制；在审读把关环节上，推行由抽查向重要书稿全文审读制的转变。编辑、校对、审读共同努力，策划、录排、设计、印装密切配合，形成了严防细把出版差错立体防线。由于建立在新流程之上的质量体系完整严密，环环相扣，各个出版环节责任人高度负责，使得各项质控环节指标得到了全面落实，较好地实现了出版物政治质量无问题、学术质量无疑义、文字质量无差错的目标，为提升图书的市场竞争力、认同力，提供了坚实有力的质量保证。

继2007年代表军队参加首届“韬奋杯”全国出版社青年编校大奖赛活动并取得总分名列全国科技社第一的成绩后，2009年在第二届“韬奋杯”全国出版社青年编校大奖赛中，我社代表解放军参赛，一举夺得了优秀组织奖、团体三等奖、个人三等奖、个人优秀奖等四个奖项，是全军参赛队中唯一的获奖单位，也是全国获奖总数最多的单位。这次比赛，不仅为军队争得了荣誉，本身也是我社多年如一日地抓质量建设、抓素质建设成果的集中展示。与2005年相比，全社图书总体质量合格率由97%上升到99%，绝大多数图书出版周期缩短了近30天，实现了数量指标、质量指标、进度指标的全面进步，从而为我社的快速发展奠定了坚实可靠的质量基础。2008年底，《人民军医》杂志和《解放军医学杂志》双双荣获“全国期刊优秀编校质量奖”。在新闻出版总署 “署优产品”评选中，我社选送的25种图书全部荣获证书，创造了入选率100%的好成绩。

在每年图书总量急剧增加的同时，质量不降反升，军医社加工编辑部和全体校对人员做出了巨大的牺牲和奉献。我曾经计算过，2008年每个工作日出新书4~5本，重印2~3本，每1小时就要出一本书；每本书以40万字计，每天300万字，每一稿都要经过三审三校两次加工，每天要加工审读校对2 000万~3 000万字，平均每人每天要承担4万字左右的任务量。如此巨大的工作量，需要军医社的每位加工校对审读人员付出极为艰苦的劳动。由于常年伏案工作，大部分编辑校对人员都患有颈椎病、腰椎病和视力障碍。但他们无怨无悔，常年如一日地坚守在枯燥繁重的编校岗位上，他们才是支撑军医社发展的真正支柱。虽然军医社能给的待遇并不高，但军医社坚持给他们一种家一样的温暖和理解，给他们以成就感和荣誉感，这才是最为重要的。回想起我当社长的十多年中，总想努力为他们多做一些，但总感觉做得不够。还有各位社外编辑和社外校对，在余满松老社长、李晨老社长和黄栩兵老主编指导下，在周晓州主任、刘平副主任带领下，也为此付出了艰辛劳动，做出了重大贡献。而加工编辑部和审读室对军医社的快速发展所起到的质量把关作用、编辑学校作用和人才基地作用，都值得在功劳簿上写下浓墨重彩的一笔。

第三支部队：六大岗位的无名英雄

军医社的第三次腾飞，不是仅靠哪一个部门、哪一个环节，而是全社各个环节整体高速运转的结果。

首先是美编。这是为新书做美容、制服装、穿衣戴帽的部门。一年上千本书，要打扮得本本抢眼、个个漂亮，既要体现内容特点，又要符合责编要求；不仅封面好看，还要图片美观；不仅书店叫好，还要让作者满意，真正在书店的成千上万本书中脱颖而出，这对美编的创造力是一个巨大的考验和挑战。如果单做一本书，反复构思琢磨，倒也可以做到，但是在每个工作日都要赶出4~5本书的情况下，这就相当不容易了。我刚当社长的前两年，对这个问题是不够重视的，认为医学图书不比文学社科图书，只要把内容做好，封面、版式、用纸一般化就行。直到2002年在书店老总的一次座谈会上，大家反映军医社图书不仅封面老旧，而且开本、版式、插图也较呆板，这个问题才引起我的重视。在后期的六大工程建设中，“美容工程”成为其中一项重要工程。通过引入高水平美编人才，并引进每月评比、社外参与设计等竞争机制，使得图书设计问题很快发生了彻底改观。医学图书的插图很多，有的一本（套）书的插图就有数百张甚至上千张，图的好坏对书的整体质量影响很大，而社会上这方面的人才奇缺，本社美编吴善茂、成智颖和出版制作部的徐英祥主任都利用业务时间参与了绘图工作。在成智颖、吴朝洪、于春华（2011年正式调任漫画出版中心主任）、龙岩、白杰等人的共同努力下，终于使军医社的图书在书店书架上更加抢眼，也在实践中形成了与军医社高端出版定位相契合的庄重、大气、典雅的风格定位，在国内医学出版物中独树一帜，这是相当不容易的。

其次是版式。版式工作看似简单，其实大有文章。有64开、32开、16开等各种传统开本，每种开本又分出大、中、小及各种变异；版式中的竖排、横排、通栏、半栏，字体、字号的选择及其与标题的搭配，文字与图表的设计及搭配，可以说每一页的设计都有众多讲究，而给人的阅读感受也绝不一样。责编们为了让自己的图书尽善尽美，也对版式设计提出了更多要求。激光照排部门的十多位姑娘，在李治英主任的带领下，想方设法，克服重重困难，很好地完成了任务，不断地锻炼成长，如王新红、马英、张丽霞、苟小红、李陶等一批骨干。

再次是印装。我社原来在大兴有一个印装厂，因为各种原因，在我到社以前已交给地方。目前一直是委托从20世纪90年代就开始合作的几家优秀民营企业负责，张宝增、田春来、田根、秦建丽和庞润深等几位负责人，都是很有名气的优秀企业家。在长达20年的合作中，军医社和他们建立了真诚互助的良好关系，每当军医社有重要产品或应急出版时，他们都是二话不说，全力以赴，保质保量地完成任务。我当社长期间，为了压低成本，组织了多次招标，他们都能给予充分的理解，在利润大幅减少的情况下，还十多年如一日地做到质量不降、信任不减，体现了他们做人做事的到位。军医社的发展，也饱含着他们的倾心支持和帮助。而在社内，与印装工作对接的是由原副社长陈琪福任主任的出版制作部，带领郝英华、杨威、张丽霞等人，每天负责印装调度、成本控制、对账结算，如果把印装出版比作流水线的话，他们就是这条流水线上的调度者、监控者、把关人。军医社的规模十年中增长了10倍，他们这个部门的人数只从3人增加到6人，大量的工作都是靠工作改进和加班加点完成的。

第四是仓储。军医社的库房原来在总后驻丰台的823仓库内，面积约2 000平方米，由余小平带领刘颖、张国才等8名员工负责。但随着军医社的快速发展，这种自管自发的小作坊式的仓储，已远远难以适应新的需求。融入现代大物流体系，是唯一正确的选择。在进行市场调研时，北京西南物流公司引起了我的关注。这是北京最大的现代物流公司，距离军医社只有十多公里，库房面积超过20万平方米，库区有铁轨直达，总经理孙志刚是一位在国内现代物流管理领域具有很高知名度和影响力的企业家，在他领导下，不论是计算机管理系统，还是高素质的员工队伍和一丝不苟的工作作风，特别是以人为本、追求卓越的企业文化，都和军医社深度契合。经慎重考虑，我提出把军医社储运部并入西南物流的建议，得到了总支一致同意。储运部的余小平和各位员工也都从大局出发，同意去西南物流工作。2003年12月，大家怀着依依不舍的心情，欢送了去西南物流工作的刘颖、张国才等员工，正式展开了与西南物流的联姻性全面合作。孙志刚总经理对军医社过去的员工视同本单位员工一样给予高度信任，刘颖、张国才等人都在西南物流这个新的集体中，成长为重要的骨干，并先后走上了中层管理岗位。军医社的快速发展有了现代化大物流的支撑，使得军医社的图书更快捷顺当地走向全国，即使是在前些年发生重大雪灾的情况下，在不少出版社都为图书发出而发愁时，军医社的图书却依靠西南物流的空中走道而畅行无阻。现在回想起来，如果当时不走这一步，而继续走自办发行的老路，光物流这一块就会严重拖住军医社发展的后腿，还不用说成本的大幅增加和员工的成长受限了。

第五是财务。前些年，出版行业一直以财务管理为中心，可见财务在出版社中的重要作用和地位。一个出版社如果没有好的财务，连单本书核算都搞不清楚，每个编辑的盈亏效益奖金都搞不准，甚至把盈的算成亏的，或者把亏的算成盈的，那就会给编辑选题带来重大误导或干扰。但要把成本盈亏及时算准做实，加上要按税收、审计、财务、工商等要求全部做到位，还是很不容易的。军医社的财务管理工作，在康福登老主任打的基础之上，经过张国深主任的多年努力，在财务的单本书成本核算、编辑个人和中心的核算、财务的规范化管理、出版财务管理软件开发应用等方面，接连上了几个大的台阶。我印象最深的是年度分配制度改革，基本上都是我提思路，由姚磊和张国深主任具体拟制方案，并由财务室反复测算后，再经过征求意见多次修改完成的。一些大的开支和一些大的合作项目，张国深主任也都参与其中，起到了重要的财务监督和参谋作用。军医社的快速发展，客观上要求财务的节奏也要加快，既要适应编辑、作者、合作方的需要，又要适应上级财务、税收、审计、工商管理等主管部门的要求；既要有高度的原则性，严格按制度办事，又要有一定的灵活性，做到从实际出发；既要执行社领导的指示要求，又要为社领导把关；既要按照出版财务的一般特点和规律办事，又要探索适应军医社快速发展需要的财务管理办法。十多年的实践证明，军医社财务总体上把握和处理好了这些关系。特别是在2008年后，军医社的财务管理已趋于成熟，各类图书的成本核算办法、管理费分摊点、结算盈亏点、效益计领和提成办法，都能与军医社的发展战略同步响应、有机衔接，并给予得力支撑。军医社的财务管理经验和分配办法，曾吸引军内外近20家出版社前来参观学习，张国深主任曾多次在业内出版财务管理会议上介绍经验，他本人也被誉为军医社的好管家，多次立功受奖。

第六是社办与总编办。这两个办公室，本身就是随着军医社的快速发展从无到有、从小到大发展成长起来的。社办从胡仲清任主任时的一个人，到2006年时，已发展成为下设秘书、人力资源、房管、汽车队、资料室、网络室等多个部门、功能全面的行政中心，在原发行部张卫民主任调任办公室主任后，为适应军医社快速发展的需要，在行政管理、人力资源保障、制度建设方面推出了不少新举措。一是坚持抓中层领导和全社员工的在职学习，创造员工的成才环境。二是采取有力措施推进各类专业人员的任职资格培训，打通员工的上升通道。三是改进各项工作与生活条件，为员工创造良好的工作环境。总编办在黄春霞主任的带领下，作为社领导主管编辑部的主要助手，逐步理顺了编辑部内部工作关系，在认真抓好编辑选题管理、出版质量管理、流程管理和各编辑中心行政管理的同时，还重点抓了对外版权合作、网站管理和市场部建设。其中，对外版权引进先由杨化兵、后由孟繁辉负责，取得了突破性进展，成为高端出版的重要生力军；宁柯负责的军医社门户网站曾多次获得行业最佳网站称号；市场部的图书宣传和军医社的品牌宣传，在李琴主任的努力下也逐步打开了局面。这两个综合部门高效而有质量的工作，在军医社的高速发展中发挥了重要的枢纽作用。

军医社还有一支特殊的队伍，这就是由一大批老同志组成的骨干队伍。讲到这里，我的内心总是涌起对军医社的快速发展起到导师作用的一大批老领导、老前辈的深深敬意和谢意。我一直觉得，凡是重要部位只要由一两个老领导、老同志领衔担纲，就比较令人放心，而不会出什么大的问题。他们的丰富经验和崇高威望，本身就是一笔无与伦比的巨大财富。

可见，军医社深度参与市场竞争，靠的不是哪一个人、哪一个部门，这是一种整体竞争、系统竞争和战略竞争。它包括战略、策略，体制、机制，也包括管理、流程，水平、质量；包括骨干、人才，也包括军医社的每一个员工、每一个岗位。这就像一辆汽车，只是发动机或底盘好是不行的，油路、电路、轮胎、方向盘直至每一个零部件都要保持整体全优，这辆车才能在竞争中取胜。做企业就是做系统，哪个环节都不能决定成功，但哪个环节都能决定失败。只有领导力、文化力、管理力、执行力都很优秀，一个企业才能在竞争中取胜。我作为一个社长、总编辑、总支书记，我也只是在这个岗位上，与兄弟社的社长、总编辑、总支书记在竞争，但更深入、更广泛、更有决定意义的竞争，表面上看起来是在产品之间展开，实际上是在产品的背后，即是部门对部门、岗位对岗位、员工对员工之间的竞争，而在更深的层面上，则是最大限度地激发各部门各岗位各员工工作激情与创造精神的管理与管理、文化与文化之间的竞争。因此，在选题未上报、图书未上市之前，胜与负已经决定。

然而，要做系统全优，又谈何容易？它不仅需要智慧引导，靠心血浇灌，更须用关爱和真诚凝聚，只有每一个员工、每一个岗位、每一个细节、每一个产品的背后，都有军医人的极致标准、完美追求以及主动付出、分分钟都未停歇的努力在支撑，这个系统才能全优。

正是有了这支能打硬仗的坚强队伍，军医社这十年来才能攻城略地、所向披靡，这样的队伍才是不可战胜的。

三、高端医学出版中的引领者

我深知，要实现由1个亿到2个亿的第三个翻番，就必须在趋于白热化的市场竞争和日益严重的同质化竞争中走出图书出版的新路。

为此，我经过反复思考，提出了错位竞争、高位胜出的思想和策略，确定了“高端出版、数字出版、整合出版”三大战略。其中，高端出版是主线、是灵魂，也是第三次腾飞的核心内涵；数字出版是长线、是方向，也是第三次腾飞的关键抓手；整合出版是暗线、是手段，也是第三次腾飞的基础条件。

所谓高端出版，就是要避开出版社常规出版路线，致力于作者高端、内容高端、策划高端、制作高端、跟进开发高端，真正具有行业示范意义并被同行普遍认可的高端精品力作，在高端出版中做深专业、做亮特色、做强品牌。

为实现高端出版的重大转型，军医社组建的“1556”重点学科出版团队，为战略实施提供了坚强有力的组织与人才保证。

在“自选搭档、自定岗位、自定级别、自定收入”这一用人机制基础上组合而成、在“忠诚、亲和、创新、卓越”八字社风和“家庭、学校、争先、净土、快乐”五种氛围培育下的各个出版团队，为高端出版的军医社列车准备了最佳驾驶团队。不论是骨科、口腔，还是中医、超声、影像，或是内科、外科、教材、考试，在高端出版战略的指引下，很快出现了多学科齐头并进、多领域开花结果的大好发展局面。

30年书业 力量百版金刊·出版嬗变

做高端医学出版领跑者

——访人民军医出版社社长齐学进

抗震救灾中的排头兵

《中国图书商报》的报道

这里，我选出外妇科出版中心郭伟疆等七位主任的高端出版总结作为案例，可以从不同角度一窥军医社那几年高端出版气势如虹的高速发展风采。

按照齐社长提出的三大战略总要求，我带领第一策划中心的各位同事，在外科、妇产两个学科进行了深度开拓。经过努力，我们联系上了一大批高层次专家，建成近百人的专家编写队伍，很快推出《实用产前诊断学》《妇产科门诊诊疗图谱》《妇产科手术解剖图谱》《剖宫产热点问题解读》等一批优秀图书。在此基础上，我们又由点到线、由线到片，组织推出了“妇产科名家精品系列”“妇产科名家专题系列”“妇产科实用专著系列”“妇产科名家讲坛系列”等多个妇产科板块，从而形成了板块效应和品牌效应。目前妇产科图书市场占有率已达25.49%，并呈逐年上升态势。普外科高端出版集中推出了“普通外科名家精品系列”“普通外科名家专题系列”这两大系列。《手术室护理学》入选“十二五”国家重点图书出版规划项目；《海战外科学》《数字化肝脏外科学》列入国家“十二五”重点出版规划；从SPRINGER引进的《切口疝》《泌尿外科操作手册》等图书，由于内容前沿、制作精美而引起业内高度关注；由协和医院赵玉沛院士任总主编的“普通外科多媒体手术系列”丛书5本的全部出版结题，极大提升了军医社在普通外科专科出版领域的领先地位。经过近几年的发展，普外科现每年出版图书55~65种，造货码洋2 000余万元，并持续保持着向上的发展潜力与后劲。考虑到数字化出版组稿难度更大，按照齐社长的要求，我们在组稿过程中争取先机，加大影像资料、声音资料、图片资料和幻灯资料等多纬度素材的收集力度，能争取到的多媒体资料尽量争取，能够拿到手的当即就带回，从而赢得了主动。我中心目前已实现了操作类图书2/3以上配盘，妇产科手术类、图谱类图书配盘率已经超过75%。

——外妇科出版中心主任　郭伟疆

为了贯彻齐社长提出的高端出版战略，我从2006年开始，在深度市场调研的基础上，制定了“以脊柱外科为切入点，以引进出版为发展契机”的骨科发展战略。通过与爱思唯尔（ELSEVIER）、里品克（LWW）、施普林格（SPRINGER）等国际知名出版公司合作，翻译出版了第11版《坎贝尔骨科手术学》、第6版《洛克伍德-格林成人骨折》、第4版《格林手外科手术学》等全球圣经级骨科精品，迅速抢占了骨科出版高端。紧接着，从脊柱外科向关节外科、创伤骨科、运动医学及关节镜、骨科影像、骨科解剖、骨科康复、骨科护理各板块逐步延伸，并不断强化“产品线”理念，使选题多而有序、不散不乱。对于散在产品，我们也通过封面、版式设计风格、装帧等形式使之逐步归并整合汇入“大骨科”的各个子系列之中，形成了对中国骨科出版领域的高份额占有。2009年，我社骨科学出版市场占有率一直稳定在30%以上，发行码洋年均3 000万元，稳居国内第一。

——骨科中心主任　黄建松

高端出版的核心是高水平一流作者的竞争。我负责的内科和检验板块近几年起步较快，关键就在于做好了与胡大一、李小鹰、丛玉隆等领军大家的合作，和他们合作出版的几十部系列专著，大都成为畅销书。我的体会是，一个好编辑，既要有“天行健，君子以自强不息”的精神，又要有“地势坤，君子以厚德载物”的胸襟，还要有“上善若水，水善利万物而不争”（老子《道德经》）的奉献利他品行。要和专家合作好，一是要当好一个一流的学术秘书，包括编写会议筹备和策划，帮助写好前言、序言、索引，做好光盘、幻灯、会议发言等，事无巨细，都要高标准做好；二是要提供一流的出版平台，包括一流的策划、加工、印刷、装订，以及帮助申请国家出版基金、国家重点图书奖、引进和推出版权等；三是要提供一流的周到相关服务，包括做好会议售书、动员厂家买书等；四是要有真诚密切的情感沟通，比如生日问候、会议陪同、与其家人保持联系等。只有这样，才能使高端出版成为有源之活水，实现事业与友谊双丰收。

——内科检验中心主任　秦速励

我负责的药学出版中心在高端出版实践中，主要是瞄准卫计委、国家食品药品监督管理总局“十二五”规划的发展方向，以“临床用药”为重点，成板块地组织多个药学板块，以赢得军医社图书的实力与地位。以出版《中国国家处方集——化学药品与生物制品卷》《中国国家处方集——儿童卷》为契机，乘势而上组织了多个高端药学板块，如“临床用药策略丛书”板块、“临床安全用药监护丛书”板块、“药物治疗原理与实践”板块、“中药专业系列”板块、“教辅·药学专业课堂笔记口袋丛书”板块，同时配套推出了“全科医生丛书”板块等，每个板块由3~10本书组成。这种高端化、主题化、系列化的推出，对提升品牌、占领市场，起到了极为显著的效果。

——药学出版中心主任　张忠丽

超声医学学科自2005年正式起步，当时全年超声动销品种只有12种，市场占有率仅为8.63%，和第一名人卫社的32%相比，差距巨大。

在这种情况下，经齐社长牵头，我社与爱思唯尔出版公司等国际出版巨头进行战略合作，从爱思唯尔和里品克出版公司挑选出一批超声医学著作；在此基础上，我又陆续组织一批中年专家推出了一批超声专著，使市场占有率有了快速提升，两年后即达到20%。紧接着，经过持续四年的努力，被称为超声医学学科第一品牌书的《超声医学（第6版）》终于组稿成功。它以全新的知识系统、精美的装帧设计，得到了中国超声学界的好评。出版以来，重印5次，累计销售达15 000套，把我社超声专业图书的市场份额快速提升至37%，超过人卫社6%，荣登第一。至此，军医社在超声专业出版领域的局面完全打开，在组稿、出版和销售上完全占据了主动，有能力预测和把控市场。从2012年至今，我社的超声图书动销品种已接近百种，年重印书品种数达到30种，重印书码洋有望达到500万。我相信到2014年底，军医社超声医学图书的市场占有率将达到50%，让我们共同期待和见证这一天的到来吧！

——超声影像医学出版中心主任　郭威

为落实高端出版战略，我和中医出版中心紧跟国家中医发展战略，成功策划了多部中医高端产品。如2006年我策划的《步入中医之门》一书，出来不久，好评如潮，多次重印。在此基础上开发的4本“步入中医之门”系列，已成为我社中医图书的又一品牌。“名老中医学术经验传承丛书”、“国医大师学术传承录”系列图书、“国医大师学术经验研读录”系列图书、“中医优势病种特色诊疗丛书”，保存了大量珍贵的名老中医经验文献而引起业界高度关注。策划出版由中医专业人士撰写的中医文化、中医入门类图书，如《不传之秘——中医师是怎样炼成的》《零起点学中医》《破解中医治病密码》及“易学易记学中医小丛书”等，都深受读者好评。我还策划了名老中医“治病一招鲜”——《现代名老中医珍本丛刊》《中药斗谱——药柜书写指南》《中医微创入路解剖彩色图谱》，均填补了国内空白。《脉学类聚》《毒性本草类纂》分别获得国家古籍出版资助，并入选“十二五”国家重点图书出版规划项目。目前，我社中医专业图书一直稳居国内第二位，获得了业界广泛认可。

——中医出版中心主任　王显刚

我2004年研究生毕业后加入人民军医出版社，主要是缘于齐社长的人格魅力和他给予我做医学编辑信心的一席话。2005年初，根据齐社长提出的“高端出版、数字出版、整合出版”三大战略，我首先策划了医学影像读片精品系列产品线，初步打开了学科建设局面。在此基础上，又陆续策划并出版影像重点、热点专题丛书、高端实用型图书、疾病治疗后影像学丛书，迅速形成了高端品牌效应。我组织业内学术最顶尖的专家集体编写的代表学科发展最高水平的《实用胸部影像诊断学》系列分册，出版后很快成为业内必备书。组织编写的《心血管病CT诊断》《心血管病MRI诊断》《全身CT血管成像》，出版后都深受读者好评。特别是我组织的由美国北美放射学会主席主编的“影像专家鉴别诊断系列”丛书，这是国际上公认的顶级影像名著，全套图书一共8册，总定价2 096元，引进后获得了广泛好评，其中胸部分册和腹部分册一年内就实现了加印。经过上述努力，医学影像板块有了突飞猛进的进展，市场份额占有率从2004年的5%上升到目前的30%，市场占有率排名从全国第五上升到全国第一。《实用儿科放射诊断学》《实用胸部影像诊断学》《能谱CT临床应用》先后获得了中华优秀出版物奖和解放军出版奖图书奖。我本人也多次获得社先进工作者称号和总后卫生部嘉奖，并评上了副编审职称。非常感谢齐社长给我机会和平台，让我有机会乘高端出版的东风，让我和医学影像板块一起成长！

——影像出版中心主任　高爱英

从各位主任的回顾与体会中，特别是从他们带领团队在其学科领域异军突起、屡创佳绩的骄人战绩中，就不难看到军医社那几年攻城略地、所向披靡的进取风采。当然，除了这几位主任和他们的团队外，张怡泓主任的口腔团队、焦健姿主任的科普团队、于春华主任的医学漫画团队，也都在各自的高端出版领域推出了一批有较大反响的高端产品，并打造了各自的品牌。

在军医社的高端出版战略实施中，在图书策划方面起到领军作用的是姚磊副总编和杨磊石老主编。姚磊副总编在2003年担任图书编辑部主编前，就是一位特别优秀的图书编辑，曾组织出版过一批军医版优秀图书。担任主编后，他在协助我抓图书编辑部的建设和改革、组织重大选题、带教年轻编辑的同时，继续利用自身编辑业务熟、作者资源丰富的优势，在繁忙的工作之余，策划推出了一批重点图书，如《黄志强胆道外科学》《肝胆胰外科聚焦》，都曾获得国家优秀图书奖。杨磊石老主编作为姚磊副总编的前任，具有相当丰富的专业出版经验。他从主编岗位退下来后，每年都能组织出版60种左右的新书和60种左右的重印书。在军医社开始腾飞的前几年，他一个人担任责编的再版书约占全社的近1/2，畅销书和重印书占到全社的1/3，年产值（码洋）连续十年超过1 000万元。他积累的上百种修订再版书，50多种已修订到第3版，20多种已修订到第4版、第5版，畅销、长销10~20多年，发行量最多的已达

军医社重点图书展示

到18万多册。他和姚磊作为军医社图书编辑部的新老主编，也是我抓图书出版工作的两位主要助手，在图书编辑中所起到的中流砥柱和榜样带头作用，对我工作的深度理解、鼎力支持和多方帮助，特别是对军医社十年快速发展所起到的难以代替的重要作用和做出的难以估量的重大贡献，都是我永远难以忘怀的。

错位竞争，高位制胜。辅以高端引领，善借外力，重点突破。当你和你的团队走上错位竞争的快车道，跻身行业竞争的最高层，你已将成功握在了手中。这，就是成功实施高端出版战略带给我的启示。

四、 数字医学出版的开拓者

在军医社创新发展的三大战略中，数字出版是长线、是方向，也是第三次腾飞的关键抓手。所谓数字出版，就是要充分利用信息技术、网络技术、移动互联网技术，使纸质图书和传统内容资源实现数字化的生产和传播，完成由传统出版向数字出版的转型，率先开拓出一条中国数字医学出版的新路。

军医社的数字出版，自2006年被提升到第三次腾飞的战略层面之后，开始全面发力，进入了发展的快车道。但寻根溯源，军医社的数字出版早在2000年就开始酝酿，正好与我到军医社当社长同步。从2001年到2003年，我重点抓了三件事，现在回过头来看，对军医社数字出版随后的强势发力，起到了奠基性的作用。

第一件事，是解决了纸质图书的数字版权问题。针对原军医社的出版合同只解决了与作者的纸质版权约定，而对纸质图书的电子、网络、数字版权问题未作明确规定的问题，我委托当时图书编辑部第一编辑室的姚磊主任，对原制式合同进行了修改，规定“凡是在人民军医出版社出版的图书，其电子、网络、数字版权均属于人民军医出版社”。短短的30多个字，却对军医社后来的数字出版，有着难以估量的意义。近两年常听一些兄弟出版社的领导讲，他们虽然守着十几年甚至几十年的出版积累，却由于早先未和作者签下数字版权而不能拿来做数字出版。每每这时，我就为我们能在十年前就签下全部纸质图书的数字版权而暗自庆幸。

第二件事，是实现了对排版文件的归口管理。从2000年开始，先是指定董琨同志归口保管，从2003年开始由李治英同志负责，他们对工作都非常负责，为做好社里排版文件管理想了不少办法。军医社的数字出版工作之所以能从做电子书快速起步，没有李治英主任等提供完整系统的排版文件，是很难做到的。

第三件事，是取得了正式的数字出版权。2003年初，正式成立了由王敏任主任，郭威、马莉为成员的电子出版策划编辑室，挂靠在图书策划编辑部。2004年8月1日，国家新闻出版总署同意了我们的申报，正式发出（新出音字）2004年937号文件，批准成立人民军医电子出版社，社长和法人由我兼任。虽然人民军医电子出版社是隶属人民军医出版社的二级社，与数字出版部对外是一个单位两块牌子，但在国家的出版系列中，和军医社一样，是一个国家级的正式出版单位。军医社从此有了正式的电子、网络、数字出版权，也为军医社正式开展数字出版业务提供了组织与资质保障。

以上这三件事，从内容版权、出版资质、出版资源这三个主要方面，为军医社后来的数字出版奠定了极为重要的基础。2006年，随着“高端出版、数字出版、整合出版”三大战略的强力推进，考虑到数字出版涉及策划、加工、出版、发行和财务多个部门多个系统，好多工作没有一把手出面，难以协调和推开，因此，我决定从2006年11月开始，直接分管数字出版工作。从此，数字出版也成了军医社名副其实的一把手工程。

对于数字出版，我考虑从理思路、定战略、配班子、出产品进行梯次部署。理清思路的前提是要对数字出版业务比较熟悉了解。因此，我主管数字出版后的第一件事，就是带着数字出版部的秦新利主任与王剑、赵威，一起报名参加2007年3月国家新闻出版总署在北京大兴培训基地举办的数字出版培训班。这是一期专为各个出版社管理者举办的数字出版高端论坛，总署特地从美国、英国邀请了世界知名的数字出版专家，使我有机会对国际上数字出版的现状与前沿、现状与趋势，都有了一个比较清楚的认识。参加培训的有来自全国各地的专业人员与编辑共200人左右，社长兼总编的学员好像就我一人。在那几天的培训当中，我们几个白天学习，晚上就理论联系实际，研究探讨军医社的数字出版之路究竟如何走？切入点和突破口又定在哪里？往往是一个思路今天刚提出来，明天又觉得不妥而被推翻，接着又有一个新的思路或想法来代替。在培训班结束时，虽然还未得出明确清晰的思路，但大家都倾向于先做一个装在手机中的“临床用药移动查询软件”，包括先把书配盘做起来。尽管回过头来看，这些思路都还不成熟，也由于种种原因未能付诸实施，但真实反映了我们当时的求知欲望和探索热情。洋溢着创业之初的昂扬斗志，创意灵感随时在萌生、集合、碰撞和发散，让每个人都变得格外奋发和充实。如同文学家和诗人在酝酿构思新作品那样，创意勃发、视通万里而神采飞扬；又如同企业家在创业之初一样，为了一个激动人心的目标，为了这个并不清晰但却是激动人心的未来，毫不吝啬地奉献全部心力、智慧和劳动。所谓“二人同心，其利断金”“办法总比困难多”，在数字出版起步的那段时间里，尽管面临的是“万事开头难”，但我还是深深地激动并快乐着，直到今天还每每让我在心底回味无穷和无限留恋。

此后又经过近半年的学习思考并和秦新利等同志反复讨论研究，我对军医社如何开展数字出版工作的思路逐渐清晰明朗。在2007年12月召开的社总支和社务会联席会议上，我谈了对数字出版的总体思考，确定了以“内容资源数字化、业务流程数字化、出版产品数字化和信息服务数字化”为主要内容的总体思路；把多媒体电子书出版、网站平台建设、医学数据库建设作为战略重点和三大突破口；把“做中国数字医学出版的开拓者”，作为数字出版的主要目标并纳入军医社的整体战略规划。这样“一个目标、三个重点、四化思路”的提出，从大的方向确立了数字出版方向和主要架构，使数字出版战略开始落地。这个用了近一年时间提出的思路，从此成为军医社一直遵循的数字出版总体指导思想。如今八个年头过去了，军医社已成为国内数字出版领军单位，社长也换了三任，但这个战略始终没有变。这充分说明，上述思路经得住时间检验和实践检验，符合数字医学出版的基本规律，也符合军医社的社情实际。

围绕既定战略和思路，从2007年下半年开始着手推进实际工作。首先是组织工作班子。在原有秦新利主任和王剑、赵威、王清海四人的基础上，调进了丁亚红、林思涵、庞文韬（后来又陆续引进徐敬东、金慧珍、张子修、闫密、王飞、王欢、陆忠尉、王玉煌、张帆），逐步壮大了数字出版队伍。在此基础上，围绕多媒体电子书出版、网站平台建设、医学数据库建设这三大重点，开始全面快速推进。

——在电子书出版方面，主要是边打基础边出产品。一方面，抓紧对排版文件的全面整理和收集。当时，由李治英收集的内排文件是比较齐全的，但外排文件、彩排文件、封面文件因多环节参与而导致文档分散在不同部门和人员手中。为解决这个问题，我多次带着数字出版部的同志到出版制作部、激光照排部、美编中心现场办公，在明确内排文件仍由李治英负责的同时，明确了外排文件统一归口由张丽霞、苟小红负责；彩排文件由美编吴朝洪、龙岩、于春华负责；封面文件统一由成智颖主任负责。数字出版部内部则指定了由林思涵与庞文韬（后为朱恺）负责，专门与上述部门及人员接口。另一方面，建立健全相配套的责任制与奖惩办法。从此，在数字出版部、激光照排部、出版制作部、美编中心等部门和各位负责同志的共同努力下，军医社的排版文件管理走上了全面规范、全程顺畅的轨道。经过与方正阿帕比公司合作，成功将我社新中国成立以来的3 330种纸质图书，全部扫描制作成电子样书，并成功建成电子书库；到2008年底，在业内第一家成功实现了电子书与纸质图书的同步制作，出版电子书总量达2 823种，预览版电子书全部上网，电子书销售总额达到40余万元。书配盘全面展开，全年生产光盘78种、

50余万张。操作、影像、图谱类图书配盘率达到30%。《心电图诊断图谱（普及版）》和《临床皮肤病彩色图谱和诊疗指南》荣获首届中国出版政府奖提名奖，占全部电子出版物提名奖获奖总数的半壁河山。

——在医学数据库建设方面，主要是采取战略合作方式。军医社几十年所积累的丰富内容是最大的优势资源，如何使其真正发挥作用以实现持续盈利？这是一个生死攸关的重大问题。经过反复考虑，我决定要把这些内容资源加工整理成为一个国内最大、最专业的医学数据库。但如此庞大的数据库需要投入大量的人力、物力、财力，加工周期也较长，因此我想找个合作单位共同建设。正在这时，我听说解放军医学图书馆也准备建设医学数据库，并已组织了一支二三十人的队伍开展了前期工作。听到这个消息后的第二天，2007年11月30日，我就直接赶赴解放军医学图书馆实地了解考察，与张文举主任进行了深入探讨，并听取了他们的建库工作情况。接着我就到谌佑祥馆长办公室登门拜访，当他了解我的想法后，表示非常支持。2008年5月5日，我率领曾星副社长和姚磊副总编去图书馆，与谌佑祥馆长、陈锐副馆长、巩怀俊副馆长及领导班子成员集体见面，在合作方面取得了完全共识。2008年5月28日，我们两家正式签订了战略合作协议。协议规定由人民军医出版社提供内容资源，由解放军医学图书馆负责数据库制作。数字出版的最大优势在于它的海量信息、节约空间、传送迅捷，因此把出版内容，不论是文字、图片，还是音频、视频，经过碎片化、条目化加工，在此基础上建成数据库，是数字出版的基础工程，也是数字出版的核心和盈利主体。有了海量的碎片化、条目化信息，加上采用多媒体交互的编辑出版技术，就可以极大地拓展出数字出版的空间，很方便地实现“一种资源，反复使用，持续盈利”的目的。后来的事实证明，与解放军医学图书馆的这一战略合作，使军医社很快打造出了数字出版领域极为重要的医学数据库群，并为军医社能够迅速开发出一系列跨媒体产品，快速走出具有军医社特色的数字出版路子，奠定了极为重要的基础。

——在网站建设方面，由宁柯负责自主开发的军医社门户网站全面投入运行。新编《解放军医学杂志》远程投稿和编辑软件、网站投入使用。考试系统的网络销售模式成功实现。医学视频销售系统首次实现销售医学视频资源近5 000分钟，销售回款34万元。面对医学考试用书激烈竞争、传统考试用书出版陷入困境、大量库存积压、亏损严重的情况，考试中心正在评估是否退出医学考试这个出版领域。在这种危急情况下，我坚决支持并大力推动丁震主任提出的与软件公司合作的建议，建成共有试题20万道的大型在线培训网站，将已开发成功的102种面向军地卫生技术人员的考试辅导试卷全部移到网上，通过网卡的功能设置和网络加密技术，实现了在线浏览、有偿下载、在线销售和向考生提供细致的做题、分析及视频培训等服务，受到考生的充分认可，注册人数近10万人，使人民军医出版社的考试用书出版实现了从亏损向盈利的成功转变，并树立了军医社考试的网站品牌。

——在平台建设方面，最重要的是经过反复深入论证，“全军数字医学集成应用系统”得以上马，使得军医社数字出版有了自己的战略性、奠基性工程。2007年，在数字出版刚刚起步时，业内绝大多数人视数字出版为畏途，“做数字出版是找死，不做数字出版是等死”这句话在出版界曾相当流行，也曾给这一新兴事物带来极大的消极影响。但这句话也给了我一个重要启示，那就是要找出一条既不找死又不等死的路子。

经过反复思考，我觉得利用军医社大量出版资源的数字化出版形式，来为部队提供数字医学产品服务，缓解部队各级卫生单位的急需，同时再把为部队服务的产品改造为面向地方的产品走向市场，应该是一条可行的路子。这样不仅不会“找死”，也不会“等死”，在找出一条为部队服务的新路的同时，也可找出一条数字医学出版的新路。至于这个项目的特色，从其名称就可以看出来，即重在“集成”与“应用”。所谓“集成”，是指集电子书建设、内容资源建设、平台建设于一体；所谓“应用”，就是强调要为部队提供切实、到位、实用的数字医学知识服务与保障，能够产生实实在在的服务保障效益，满足部队需要，为部队解决实际问题。为此，我在对北京地区驻京医院近30名专家征求意见的基础上，又先后到上海第二军医大学东方肝胆外科医院找吴孟超院士，去南京军区总医院找黎介寿院士，当面征求他们的意见。我还清楚地记得，当我在下午下班前见到吴孟超院士时，他刚从手术室出来，虽然年近九十，但精神矍铄，神采奕奕。听了我的汇报后，他当即表示：“这是一件大好事。如果通过你们的数字出版，把我的手术介绍出去，让全国的中青年肝胆医生学习，那将会让多少病人受益啊！”院士和专家们的支持，更坚定了我的信心。

调研结束后，我立即和秦新利主任一起，从社里的资源提供、部队需求、框架设计、技术方案和具体实施路径等方面入手，起草了1万多字的建设“全军数字医学集成应用系统”的总体论证报告。这个报告，从适应军地大力推进网络医学教育事业、满足全军医务人员从网上获取新知识新技能的教育培训需要、提升全军卫生信息化建设水平和质量、实现军医社由传统出版向数字出版的战略转型四个方面详细阐述了项目上马的必要性，从网络和硬件条件成熟、军医社具备上马组织大规模数字出版工程的优势和能力、调研论证和总体设计已趋成熟、全军医疗单位有能力有条件有积极性参与和完成项目以及合作单位具有成熟的数据库开发经验五个方面阐述了项目完成的可行性，从指导思想、目标定位、建设思路和准确把握定位、总体设计先行、样本格式统一、健全激励机制、严格质量把关、分步组织实施等具体做法方面详细阐述了总体设计方案，并从运作模式、投资预算、效益与风险评估和需要部首长部机关解决的问题等方面提出了决策参考意见。

2008年11月下旬，我向张雁灵部长作了专门汇报，部长当即表态，这是一件好事，并要我对报告修改完善后向部办公会作一次专题汇报。2008年12月9日，张雁灵部长亲自主持总后卫生部办公会，在听取我的正式汇报后，部办公会经过讨论一致同意正式上马此项工程，并纳入全军卫生工作重点，举全军卫生系统之力加以推进；同时拨给专款700万元，作为这一工程的专项建设经费。2009年1月6日，在海军京海大厦召开的全军卫生工作会议上，张雁灵部长又指示我在大会上作了关于建设“全军数字医学集成应用系统”的专题发言。在会议下发的全军卫生工作要点上，“全军数字医学集成应用系统”也被列入当年的重点工作。有了部首长、部机关的强力支持，军医社的数字出版终于克服了重重困难，如同一列即将出发的高速列车，在经过自2001年以来修建路基、2007年以来打造机车，现在又经过部首长部机关为我们亲自铺路、加油，终于可以高速行驶了！

五、优质医学资源的整合者

在军医社创新发展的三大战略中，整合出版是暗线、是手段，也是第三次腾飞的基础条件。所谓整合出版，就是要在分析自身资源优劣势的基础上加强资源优化整合，全面开展对外对内合作，挖掘国际医学出版巨头与国内高端机构、权威单位的优质出版资源和内容资源，通过有机整合促进深度创新，为高端出版战略和数字出版战略提供支撑，从而实现内容提升和出版转型。整合出版战略的提出，源于我们对国内出版市场的冷静观察和深入分析。在既往调研中我们发现，从2006年开始，不少中小卖场入不敷出，书店门庭冷落，专业书籍销售更是惨淡。我到西南物流仓库查看时，发现不少书竟然连包装也未打开，旅行一圈原封不动地被退回来。有的专业书前些年印3 000册，现在下降为2 000册不到。但当我们到医院等基层单位去调研时，发现由主管部门、权威机构、行业学（协）会等编写下发的标准、规范、新技术新进展方面的图书，还是很受欢迎的。因此，我们提出的整合出版战略，中心是瞄准在行业中具有强势话语权的单位和机构，挖掘利用他们的优势资源，借助他们的品牌地位，推出一批更加权威更加高端也更为各个细分专业领域所急需的产品，从而为医务人员提供最为需要的新知识新技术，为相关机构提供深度的出版服务，为医学出版提供新的增长点，同时为合作伙伴提供互利共赢的平台与机会。如果说高端出版主要是挖掘高端作者、大家名家的出版资源，并由各个策划中心、策划编辑完成的话，那么整合出版战略则主要是挖掘高端机构、权威单位的出版资源，主要由军医社领导从战略层面上加以部署应对，并要亲自出面推动。两者的共同目的，都是为了有效应对同质化、平庸化及低印数、低销售、低读者认同所带来的挑战。

整合出版的主要对象是国际大型出版集团和国家卫生主管部门、国家级行业学（协）会、国家级重点医学院校。因为只有与国际权威出版机构合作，才能确保引进的是国际顶级产品；只有与“国”字头的单位和机构合作，所出产品才具有权威性，并在行业和读者中产生号召力和影响力。而作为国际大型出版集团，他们的好产品要进军中国市场也需要找到中国的最佳合作伙伴；国家级行业学（协）会，他们要有效推进各项业务建设和管理，参与出版也是必要手段和方法。

虽然在2006年前，我们在对外合作和对内合作方面，已经取得了一些重大进展，比如和国家卫生部合作出版《临床技术操作规范》、与国际精萃出版集团进行口腔出版合作，但全面、整体、大规模地开展对外对内合作，还是从2006年以后开始的。自整合出版战略提出后，我们除了进一步做好为部队出版服务外，侧重加大了与国外医学出版巨头及国内“国”字头单位的合作力度。我社除成立先后由杨化兵、杨淮、孟繁辉牵头负责的版权合作中心以专门推进对外合作外，还先后派出王敏主任、马莉主任以帮助工作的身份，长期到国家卫生部医政司和中华医学会坐班，以便就近了解需求，主动提供出版服务。几年下来，不论是在国际合作方面，还是在与国家卫生部及中华医学会、中国医师协会、中国医院管理协会、中华护理学会的合作方面，都涌现出一批有重要影响的优质产品，不仅极大地提升了军医社的行业地位与品牌形象，而且还打造了以口腔和考试用书为代表的一批优势板块，从整体上改善了军医社的学科布局，获得了显著的社会效益与经济效益。

首先，通过整合出版快速建立起了一批高端出版板块，从整体上拉动了多个学科建设。比如通过与全球最大的口腔出版集团——国际精萃出版集团的合作，使得军医社的口腔出版一夜之间脱颖而出。通过引进号称骨科“圣经”的《坎贝尔骨科学》《格林骨折》等国际顶级巨著，为骨科的快速崛起奠定了牢固根基。与国家卫生部医政司和中华医学会合作推出的全套共46本《临床技术操作规范》，自2003年组织出版，到2009年出齐，成为我国历史上第一部、也是行业内唯一一部技术规范类权威用书，对提升全国医务人员的技术操作水平，具有重大作用和深远影响。国家卫生部、总后卫生部和国家中医药管理局曾专门联合下发文件，通知全国各医疗单位加强学习贯彻。与国家卫生部医政司和中国医院管理协会合作出版的《中国国家处方集》（分为成人卷和儿童卷两册），是新中国成立以来首部国家处方权威专著，经300多位专家历时五年反复修订而成，成为规范临床合理用药的行业权威指导用书。该书推出后，成为广大临床医生每人随身必携口袋书，一年中几次加印，以至于该书所用的字典纸一度“洛阳纸贵”。与中国医师协会合作出版的《国家执业医师基本理论基本技术基本技能训练丛书——临床医学分册》《国家执业医师基本理论基本技术基本技能训练丛书——医学影像医学检验分册》，与中华护理学会合作出版的《国家执业护士基本理论基本技术基本技能训练丛书——护理学分册》，为广大临床医护人员打牢基础、提升技能提供了一套权威的继续医学教育用书，被很多医疗单位作为所属医务人员必读书而集体购买，在业内产生了很好影响。与中国医院管理协会合作出版的《国际疾病分类第九版临床修订本手术与操作ICD-9-CM-3》（外版书价格210元），得到了国家卫计委的认可，2013年1月上市，5个月后加印，销量一直很好。在中华医学会医院管理学会支持下翻译的《医院管理传奇——从平庸到卓越》，出版后当年加印两次，并邀请作者参加了第九届国际医院管理交流会，为参会的350名全国院长作了精彩演讲，使本书在业内产生了很大影响，对提升军医社的品牌和市场占有率，也起到了重要作用。

其次，通过整合出版战略推动深度创新。比如军医社医学考试板块得以迅速崛起，就是整合出版和数字出版相结合而创新成功的典型。2005年2月，当我提议把网络室丁震主任从社办公室调到图书编辑部时，就是想利用他在网络计算机方面的造诣和创办社网站方面的经验，在传统与数字出版的结合上探索一条新路子。到2008年，经过在图书编辑部锻炼三年，丁震对医学图书市场有了深度了解。于是，我提议并经社总支同意，专门成立了一个教材与考试医学出版中心，请丁震担任主任，来开拓这个领域的增长点。

丁震到任后果然不负众望，很快捕捉到了战机，提出与一个叫“591guo”的医学考试培训网站进行合作。这是一个有特色的数字医学教育培训网站，内容、管理、影响都不错，如果和军医社合作，利用军医社的品牌和优势内容资源，对该网站也是一个很好的提升。对于这次双赢的合作，我当即给予了明确支持。在同班子成员反复商量后，和该单位达成了战略性合作协议。在双方竭诚合作下，我社考试用书板块很快发生了蜕变，不到一年就推出了主打产品——《护考急救包》，在业内产生了很大影响。

与此同时，为了应对主要竞争对手“独家代理，代理独家”的强势市场垄断，丁震主任带领考试策划中心编辑，深入研究了护理、医师等专业试题两万余道，对人卫社2007年以来多个版本的护理、医师、职称类考试用书，人卫社七版临床医学本科、四版护理本科、二版护理中专等教材，《新编药物学》（第16、17版）等专业图书，以及我社出版的《中国国家处方集》《临床技术操作规范》等100余种参考书进行了深入对比分析，参考了数百万字的各种资料，首创“人民军医出版社点线护考教学法”，共制作护士、护师考试教学幻灯片15 000余张，约200万字。四名编辑共在全军远程网及全国25个省、自治区和直辖市的100余所护理院校授课约150场，行程约30万公里，讲课总时长达1 200小时。共培训护理院校教师近3 000人次，培训军地护理考生10万余人。培训授课受到全国护理专家、教师和学生的普遍认可。

教材与考试医学出版中心还创新性地建立了考试用书直销渠道。通过开展以《护考急救包》为主的考试用书直销工作，与全国200余所院校建立了稳固的合作关系，与院校的领导和老师结下了良好的工作友谊。几年来直销码洋达5 000余万元。强有力的直销渠道建设，与《护考急救包》产品、护理考试教学培训一起，构成了军医社考试用书板块克敌制胜的三大法宝。医学应试题库丛书等近30种图书先后登上全国医学图书排行榜。据开卷公司统计，军医社的考试用书市场占有率也由原来的空白，一跃上升到20%，市场排名基本保持在第二名，有的月份则是第一名。高峰期考试用书市场占有率明显高于其他图书，对军医社整体市场占有率的提升，起到了显著的促进与带动作用。

另外，我们还多方尝试与著名出版人及出版公司进行合作。比如组建的闫树军、崔晓荣策划工作室，刘观涛、金光印策划工作室，石永青工作室，黄鉴保定组稿中心，沈阳组稿中心等，以及与首发经典、共和联动出版公司的合作等，都推出了一些有影响的好书。而比出书挣钱更为重要的，是他们在选题思路、出书效率、成本把控、渠道拓展上的新颖、精细与灵活，给本社编辑工作和运营思路带来的促进与影响，较好地实现了“鲇鱼效应”的初衷。不论从哪个意义上讲，军医社的快速发展，都有他们一份特殊的贡献。

整合出版，说到底是对社外生产力的开发。通过整合出版，为军医社可持续发展搭起了一个崭新的更为广阔的平台。上下左右的八方资源，在这个出版平台汇集、提升、发散，为军医社气势如虹的第三次腾飞，源源不断地输送着强劲动力。

六、八面来风助力第三次腾飞

为确保“高端出版、数字出版、整合出版”三大战略的顺利推进，在工作思路和重心上，把以质量效益为中心的指导思想，落实成为“质量为本、成本领先、渠道为王、品牌是魂”的管理要求；把提高“人均效益”的要求，具体化为“选题最优化、印数精确化、定价合理化、成本最小化”的管理措施；把调动人员积极性和创造精神的要求，转变为责任到人、激励到位、改进到书的管理对策。

在管理配套上，主要推进了十大措施：（1）稳定战略，坚持好中求快，防止左右摇摆；（2）减科普、压教材，加强专著、考试用书和数字出版，使出版结构更加贴近三大战略需要；（3）严格学科分工，从机制上引导编辑把工作做深做精细；（4）改进完善新的图书印数模型，精准印量，压减库存；（5）建立畅销、长销、平销、滞销、库存等分类预警制度，精准印量，防范单书风险；（6）实行编辑驻店制度，及时把握一线销售动向，确立对市场各类军医书的灵敏反馈与调节导向；（7）根据学术、科普和中医、教材的不同情况，分类调整定价模式，实行成本全面联动；（8）拓展新渠道，开源减压，构建精细发行；（9）推进文字编辑的网上加工、审读、传输，缩短编校周期；（10）提高科技附加值，提升单品种盈利能力。

通过积极调整思路，整合优势，以差异化、高端化、精品化、数字化策略应对图书市场的同质化、微利化竞争。收指成拳，以专取胜，靠“专、特、新”品牌来挤占、扩展市场空间，赢得有别于一般出版社的专业优势；抢占高端，以快取胜，构建有别于一般出版社的错位优势，赢得竞争先机；精品立社，以质取胜，走出一条依靠精品和质量提升效益的内涵式、可持续发展的路子。从全局上赢得了战略主动，全社持续、高速、稳定的发展势头得到进一步保持，从而使三大战略的总体要求，从宏观思路到微观对策的各个层面上，都得到了有板有眼、有力度、有成效的落实。

从2006年到2008年的三年间，在全社上下的团结奋斗中，军医社继续保持了年均30%的高速增长。到2008年底，年出书为1 295种，总印数501万册，总造货码洋2.46亿元，发行码洋2.06亿元，回款8 500万元，各项质量指标、效益指标、发展指标均比2005年翻了一番，年销售额、回款额和人均效益、书均效益同步创历史最好水平，成功实现了军医社历史上的第三次腾飞，这也是军医社历史上跨度最大的一次翻番。

在质量、内容和品牌建设上，通过坚持以高端出版为引领，重点规划、密集布局、狠抓源头，使全社高端出版出现了多学科齐头并进、多领域喜获丰收的局面。《坎贝尔骨科学》《赫斯特心脏病学》等60多本国际顶级大型精品巨著的推出，集中体现了高端领域的强势进展，并催生了骨科、口腔等一批高端优势板块，产生了良好的品牌效应和强大的市场竞争力。

继2006年首次跻身全国出版社50强和科技出版社20强行列之后，在2007年新闻出版总署组织的首届中国出版政府奖评审中，我社成为全国仅有的22个获奖社之一，标志着我社由国内优秀出版社向最先进出版社的成功跨越，圆了我社几代人的强社之梦。

回顾这三年，回望这一轮气势如虹的第三次腾飞，我觉得，支撑它的不仅是战略，还有全社近年来的社风文化、全员改进、流程改造、人才建设、机制体制改革等多方面的积淀。其中，社总支对发展方向的正确把握、全社员工的奋力拼搏、各级领导和首长的高度关心，是前提性的三大支撑。

社总支作为第三次腾飞的领头雁，其支撑作用主要体现在把关定向、解难鼓劲上。以强有力的思想工作和作风引领，使全社上下始终保持了昂扬奋发的精神风貌和干劲。特别是针对影响发展的主要问题，有质量有针对性地做好工作。作为总支书记，我在这三年中始终强调的主要观点，概括起来就是五点：一是要树立强烈的危机意识来应对挑战。认清面临的同质化、数字化、国际化、市场化这四大挑战及其严峻性，认清能否成功应对这四大挑战，将决定我社在下一轮市场集中化过程中的地位，从而清醒地认清差距，自觉地把成绩归零，真正瞄准国际先进水平，以强烈的危机意识转变观念、迎接挑战。二是要有敏锐的发展眼光。包括通过高效快捷的运作机制实施产品结构的科学调整与错位布局，加快推进内容、流程、产品和服务的数字化，大步迈开与国外高端产品的深层次合作步伐，以真正抓住同质化、数字化、国际化、市场化挑战背后的重大机遇。三是要以高度的历史自觉来推动转型。在第三次腾飞中，成功推进并加速完成了三大转型的历史性转变，即由中小型出版社向大型出版社的转变，由注重外延发展向注重内涵发展的转变，由传统型出版向数字化出版的转变，一步步实现中国医学图书出版领跑者的目标。四是要以更高的素质和思想作风境界来做工作。真正以科学发展观来研究解决我社发展中的各种矛盾和问题，始终保持昂扬向上的精神面貌和奋斗激情，让“忠诚、亲和、创新、卓越”八字社风和“家庭、学校、争先、净土、快乐”五种氛围占领我们的主阵地，绝不能让负面、消极、涣散和萎靡不振的情绪在军医社有市场。始终围绕问题来做工作，特别是强调更加有质量有深度地开展好“全员改进活动”，在克服困难和解决问题中推动工作进步。更加主动地抓学习，以解决我们在新形势下和挑战面前知识不够、能力不够、经验不足的问题。未雨绸缪，以极其开阔的眼界迎接未来。锐意进取，负重登坡，迎难而上，努力向现代化的出版强社目标前进。五是要用心培养并发挥好骨干作用。前几天，我和一位2007年新进管理岗位的年轻副职主任聊天，她说我在2007年3月送给他们四句话："有胆有识当助手，有声有色做本职，有板有眼抓管理，有滋有味当内行。"她至今还记得很清楚，并一直以此为坐标来激励自己。我说，代表总支提的这些要求，大家之所以接受和认可，主要是你们感受到了我的真诚，是真心为了你们好。当然，这些话都是我的原创，是我本人的体会，而不是从哪里抄来凑合应付。所以，大家爱听，觉得这是我说的心里话，也是对他们有益的话。领导工作的全部成效，则最终体现在员工的认可和实际工作的落实到位。在实施三大战略过程中，各个板块、各个编辑室、各个重点出版物，"不用扬鞭自奋蹄"，你追我赶、热火朝天地向前推进，这是我最为欣慰的。

总后卫生部党委和部领导对我和总支的工作也给予了高度认可。2007年3月15日，总后卫生部陈新年副部长来参加军医社党总支民主生活会代表部党委所作的讲话，至今还令我感动难忘。他说："军医社这个总支集体很有智慧，这个智慧就是体现在思想政治坚定，是大智慧；体现在工作思路清晰，深谋远虑，走一步看三步，有战略家和企业家的风度；体现在建设发展快，在出版界有影响、有地位、有贡献。你们既讲团结，又讲人情，更重事业。你们对上级的指示精神把握准确，自觉落实，体现了较高的政治水准。我在不同的单位听过多次汇报，但均没有你们来得深刻，来得发自内心。学进同志是位优秀的班长和带头人。我感到学进同志有几个特点：一是思想政治坚定，思想素质好，执行上级指示坚决，不打折扣；二是品德高尚，严于律己，宽以待人，与他接触让人有安全感；三是事业心强，兢兢业业，以社为家，带领大家把军医社发展到今天这样一个有影响、有地位、令人瞩目的水平，很不容易；四是责任感强，做事就要做到最好，能走一步看三步；五是为人诚恳，善于团结和统领班子，向心力、凝聚力强；六是自我要求严格，能求真务实、廉洁自律，包括在建设出版社新办公楼时多次拒贿，这确实不容易，是经受住了考验的。希望你们在激烈的市场竞争中继续保持良好发展势头，保持和发扬重团结谋发展的良好氛围，推动出版社又好又快地继续向前发展。”

在总后和总署领导关心支持方面，军医社更是得天独厚。特别令我感动难忘的是2007年，总后勤部在组织筹备“总后贯彻落实科学发展观

2009年5月12日，中央军委委员、总后勤部廖锡龙部长（右一）在总后王谦副部长（左二）、总后卫生部张雁灵部长（左一）等陪同下视察人民军医出版社

经验交流大会”时，我作为大会受表彰的10名先进个人的唯一代表，在大会上作了典型发言，受到了总后党委、首长及参会代表的高度评价。中央军委委员、总后勤部廖锡龙部长在会议结束时，还特地离开座位，走到我的面前，专门对我进行了热情鼓励。2009年初，廖部长又亲临军医社视察，并听取了我的汇报，再次对军医社的发展给予勉励。这使我和全社同志深受教育和鼓舞。

我至今都清楚地记得，继2006年前中央军委委员、总后勤部部长王克上将、总后勤部政委张文台上将、总后勤部副政委刘源中将和国家新闻出版总署龙新民署长先后来社视察指导工作后，总后王谦副部长、孙思敬副政委，总后卫生部李建华、张雁灵部长和陈新年、王玉民副部长，国家新闻出版总署署长柳斌杰和副署长邬书林、阎晓宏、

2008年7月28日，国家新闻出版总署柳斌杰署长（右二）、邬书林副署长（右一）在总后孙思敬副政委（左三）等陪同下视察人民军医出版社

孙寿山，又于2008年前后多次来社指导工作，还分别从多个角度，对军医社的总体战略、发展思路、管理模式、经营特点等进行了极为精辟的总结点评，给予快速发展中的军医社以极大的支持和鼓舞。这些重要讲话，凝聚着首长们对军医社发展模式的独到见解与深层思考，既是对军医社经验的深度挖掘，也是对新形势下出版管理规律的高度概括；它不仅是军医社的宝贵财富，也对其他出版单位的发展有所借鉴。

下面，为首长们来社视察时的讲话摘要。

军医社有以下几个特点：一是有良好的传统。你们提的“亲和”，与目前中央倡导的“和谐”是一样的。而你们早在2001年就提出来了，这是很有见地的。二是有良好的内部小环境。精神面貌非常好。大家一心一意干事业，心情舒畅，优势互补，靠事业、感情拴心留人。你们的班子是一个好班子，而班长起到了很好的主导作用，不仅有团结大家一起干事业的愿望，还有能把大家团结起来一起干事业的本事。现在大家都在讲发展，你们在发展的同时又能保证质量，这是很不容易的。三是有良好的业绩。你们建社时间虽很早，但真正快速发展是在2000年以后。发行码洋过亿，达到中等出版社的规模。在我们新闻出版总署直属出版集团内部的出版社中，也没有几家能过亿的。你们的“全员改进活动”好，实际上是一种自我更新、自我完善，这样才能不断发现问题，不断有所改进。你们对外合作做得非常好。不仅与国外合作，也与国内合作，尤其是国外合作，起点和层次都很高。你们可以很好地总结一下开发社外生产力的经验。所有这些，来之不易，一定要珍惜好，保持发扬好。

——十届全国政协委员、原国家新闻出版总署副署长、中国编辑学会会长桂晓风2007年6月15日来社视察时的讲话军医社的成绩令人瞩目，你们的经验值得在全国出版界推广。如果全国三分之一的出版单位都有你们的这个思路，那么全国出版界的形势就会大不一样。这是由衷的话。假如我再年轻几岁，我也会投奔到你们这里来。

——原国家新闻出版总署副署长、中国期刊协会会长石峰2007年9月6日来社视察时的讲话

在去年召开的总后学习科学发展观经验交流会上，齐学进同志作为军医出版社的优秀代表，介绍了军医出版社从2000年到现在这八年中，在传承历代军医人创业奋进的基础上，在新的形势下如何推进军医出版社跨越式发展的经历。当时在场的人都深受感动。总后廖锡龙部长听完后当场就说，这个干部，这个典型发言，这是个真家伙。首长的语言非常质朴，但实际上包含了很深的东西，充分表达了首长对出版社近几年快速发展的满意之情。今天的军医出版社，已经不是一个单纯的出版单位，是全军医学的一个交流平台、全军实用健康知识的科普园地，也是我们军事医学对外交流的窗口。你们出版的军事出版物有六大系列，并拿出1 300多万元图书光盘支持部队建设。在医学应急保障方面，你们是出版保障的拳头；在医学科技传播方面，你们是培训中心；在卫勤保障方面，你们是智力支撑。正像部队卫生人员所说的，你们是不见面的老师，是没有围墙的大学。除此之外，你们还是一个新老搭配、内外结合、在职和聘用人员其乐融融的和谐社、合作社、共进社。你们还担负着总后卫生部的福利保障。你们浑身都是本事，在军内外影响非常大。去年，齐学进同志作为个人典型在总后贯彻落实科学发展观大会上作了交流，但我觉得军医社值得学习的东西还有很多，总后机关对军医社的

挖掘还不够，去年齐学进同志的发言仅仅是露了冰山一角。军医社的发展模式，已不能简单地以平面传播为主，而是多元发展、多渠道发展、多功能发展的综合出版。军医社除了班子好、风气正、制度严这些根本的经验之外，这几年在探索发展道路、发展模式上的东西更值得我们去思考、挖掘和总结，这有助于我们思考科学发展观的真正内涵。不单对军医社本身，也将对出版和全军卫生工作有帮助。

——总后副政委孙思敬中将2008年4月24日来社视察时的讲话

军医社从2000年至今的八年多时间里，发生了三次飞跃，实现了三次翻番，从一个一般的军队专业出版社，发展到在国内具有中等实力的出版社，再到跻身全国出版社50强，成长为全国出版业的先进典型，走出了一条艰苦创业、创造辉煌之路。去年，齐学进社长在总后贯彻落实科学发展观大会上所作的典型发言，受到总后廖锡龙部长、孙大发政委高度评价。我感到，在总后贯彻落实科学发展观方面，军医社是走在前面的。军队出版单位能取得这样的成绩，很了不起，在全国出版行业也不多见。你们的经验，具有很好的示范作用。特别是在汶川抗震救灾中，你们在40多个小时内突击出版了四种抗震救灾图书和音像制品，并深入一线送到灾区群众和广大官兵手中，为抗震救灾做出了重大贡献，引起了强烈反响，受到了中宣部和国家新闻出版总署的高度评价。军医社的建设、服务和发展业绩表明，是科学发展观给了你们巨大动力，并指引着你们不断开辟新的发展之路。

——总后副部长王谦中将2009年9月1日来社视察时的讲话

军医社从成立之初只有十多人的小型出版社，发展成为有200多人、具有一定实力和规模的出版社，走在了全军出版社的前列，也走在了全国出版社的前列，是很了不起的。军医社的特点：一是始终坚持为兵服务。牢牢把握出版方向和宗旨。二是出版结构优化。军医社的出版结构全面，层次分明，覆盖的领域也较宽，基本包含了所有医学学科，而且形成了自己的品牌。三是出版社秩序井然，员工的精神面貌非常好，每个部门都有一套科学的管理方法。齐学进社长亲自抓管理、搞改革，“出版流程改造”还获得中国编辑科学优秀成果二等奖。四是面对数字化对传统出版的冲击，抓住自身优势，不断拓展新的领域，现在正在建设的“全军数字医学集成应用系统”就非常具有前瞻性。出版社现已成为一个包括期刊、图书、音像、数字出版的功能齐全的大社、强社，已跻身全国出版社50强，在科技出版社中位居军内第一位。军医社建设发展之快之好，完全在我的意料之外。军医社在这样一个基础上再往前走，一定能取得更大的成绩！

——国家新闻出版总署副署长阎晓宏2009年3月2日来社视察时的讲话

这几年，军医社每年都向前跨越一大步，上一个新台阶。无论是在出版方向的把握上，还是在出版社自身的科学化、精细化管理上，以及在走专、精、特、新的专业出版道路上，都取得了令人瞩目的成绩，取得了经济效益和社会效益双丰收。不仅成为全军出版单位的排头兵，而且在全国出版单位中也名列前茅。数字出版代表出版的未来方向，谁在这方面有远见卓识，谁具有战略眼光，谁能够把握机遇，谁就能在未来的竞争中占据主动。可以说，人民军医出版社的领导是有战略眼光的。数字出版确实不是一件简单的事情，真正做起来是需要胆略和气魄的。

目前全国还没有一家出版社开展这种大型的数字出版集成系统研究。人民军医出版社在数字化方面的探索，不仅为全军带了个好头，也为全国出版社带了个好头。总署一定会尽其所能给予全方位的支持。希望人民军医出版社把这个系统建成一个开放的系统，能够不断充填内容，生成新的产品，真正实现盈利。更为重要的是，要构建一个合理的运营模式和可行的利益分配方案，从而调动各方积极性，以保证可持续发展。希望人民军医出版社继续保持工作干劲，以“咬定青山不放松”的精神，抓住数字出版不放松，抓出成绩来。

——国家新闻出版总署副署长孙寿山2009年3月2日来社视察时的讲话

我虽然是第一次到军医社来，但一直对军医社非常关注和关心，在各项评奖和全国排行榜中，经常能看到军医社，而且在排行榜的位置不断上升。可以说，军医社是军内出版界的典范。军医社有着光荣传统，它诞生于革命战争时期，发展在改革开放时期，经历了革命、建设和改革三个时期，都做出了重要贡献。近年来，又积极面向市场，推出了大批优秀专业出版物，年出版2亿余码洋图书，形成了专业即精品、精品出效益的良好发展局面。特别是你们积极应用新技术，在由传统出版向现代出版转变中摸索出了一条新路。首先，你们是改革开放以来在军队出版界率先成立策划部门的出版社。不是坐在编辑部里等稿子，不是来什么稿子就用什么稿子，而是针对社会、市场的真正需要，人民群众和军队的真正需要，策划出精品力作，从而大大加快了出版与市场接轨的进程。现在要发展新型出版物，面向市场，必须要实现这个转变。其次，军医社是一家多媒体互动而非单纯出书的出版社，出书、出刊、出音像制品以及在线视频等，这就大大提升了对知识资源的开发利用水平，提供的读物也更加新颖、丰富。刚才参观的远程会诊系统，它把我们出版社和医学专家联系起来，提供了一个新的资源利用和开发空间。你们重点发展了在线出版、数字出版，建立了不同类型的网站和数据库，说明了你们在现代出版方面有很强的意识。现在很多出版社对向现代出版的转变，没有危机感；有的虽然感到了数字出版所带来的巨大压力，也感到了市场急剧变化带来的冲击，但却不主动思考如何适应这一新的出版形势。这一点，军医社做得非常好。最后，你们一直坚持发扬了我党我军的光荣传统，坚持为国家大局服务、为全军服务、为国防建设服务、为出版全局服务的方向，特别是在国家遇到特殊的、突发的重大灾难事件时，军医社总是走在前面。尤其是在这次抗震救灾中，做得非常好，表现得非常突出，是我国出版界的一个优秀代表。在发展方面，你们也取得了很好的成绩。过去总认为学术著作市场是不行的，而你们做得很好，既是专业性、学术性著作，又有很好的经济效益和社会效益。今年军医社发行要突破2个亿，这是一个很大的进步，也说明大家花了心血，出版了社会需要的精品力作。你们社还集中了一大批院士专家和知名学者，增加了出版产品的影响力，而且逐步开辟了国际市场，有90多种出版物已经走出国门，既反映了我们国家及军队在医学方面的最新成就，也反映了出版领域综合学术专著正走向国际。不要让国外认为中国文化轻飘飘的，就知道少林功夫是中国文化，实际上，中国文化深刻的东西还多得很，对人类做出的贡献是不可磨灭的，至少在医学方面，我们在世界上还有很重要的作为。例如，中医是我们长期发展起来的专门技术，然后通过我们的出版社走出国门，这就增加了中国科学技术发展的分量。走向国外出版市场，不仅在经济效益方面，而且在文化产业主导地位方面意义都很重大，符合胡主席提出的注重中国学术出版走向的要求。我们一直很关注军医社，今后还将一如既往地予以关注。在医学专业出版资源配置方面，我们给予优先照顾。只要是军医社需要的，我们尽力给予支持。我们支持优势出版社利用自己的渠道传播知识、扩大影响，军医社在这方面有光明的前景，希望军医社继续发挥排头兵的作用。我们现在的出版社单位不少，但是真正效益好、有影响、有品牌力、有权威性的出版社并不多。所以，像军医社这么好的出版社，我们应该爱护她、支持她，帮助她更好地发展。感谢总政和总后首长对出版事业的一贯重视和关心，为我们培养出了在全军乃至全国的出版典型单位。作为出版行业的国家主管部门，我们对部队为国家出版事业所做的重大贡献，表示衷心的感谢！

——国家新闻出版总署署长柳斌杰2008年7月28日来社视察时的讲话

柳斌杰署长和各位领导的讲话，对军医社的成绩给予了极高评价，体现了对军医社的充分认可；对军医社发展经验的全面深刻总结，体现了从国家和当代出版发展高度的战略思考；对军医社给予的支持，体现了对军医社的厚重期望。每次回味这些讲话，我都深为感动。我由衷地感到：署长和各位领导的心，是和军医社、军医人连在一起的！

第十章

第四次腾飞的漂亮起跳

2009年，当军医社经过连续九年的高速增长、每三年翻一番、规模达到2个亿以后，我的社长兼总编的任期也进入了第十个年头——即人们常说的事业收官之年，面临着是舒适着陆，还是继续推进高速发展的又一次选择。也许是开惯了高速列车，已不再适应在慢车道上磨蹭；也许是想利用在职的最后一段时间，为军医社的高速发展再做一次冲刺；也许是想为后来者留下一个更好的发展局面；也许什么都不为，只是出于军人永远进击的天性，几乎未经过什么纠结，我直接选择了继续高速发展。

一、由2亿向4亿的漂亮起跳

为了使连续九年翻三番后的新一轮发展更有质量，也为了给继任者留下一份更好的基业，我从2009年春节后，经过深思熟虑，有步骤地抓了以下几件大事：

第一件事，利用整整一个月时间，对8个策划中心和20多个学科逐一进行帮扶，主要是明方向、理思路、出点子。我和总支成员及全社策划中心主任一起，逐个听取各中心和学科汇报。要求学科负责人研究提出各个板块抢占高端作者、推出系列精品、实现持续增长的战略思考。这也是党总支和全社出版骨干对各个中心和学科的一次集体会诊。

通过发挥社领导班子的集体智慧，为各个学科提供了不少好的主意和办法；同时，让各个中心与学科面对面交流，这也是一次很好的相互启发和深度互助；当然，这也是一种打擂台，一种不是比赛的比赛，不是竞争的竞争。一个月的汇报下来，每个中心和学科的发展思路和目标都已相当明确，对把本专业办成国内一流的路子和对策都已相当清楚，也都充满了信心。对于我来讲，这次汇报是进一步坚定了要把各个策划中心建设成为产品中心、利润中心的初衷。我相信，只要把各个策划中心都建设成了产品和利润中心，军医社的第四次翻番，即从2个亿到4个亿的翻番，就像由1个亿到2个亿的翻番一样，在军医社目前这个机制、文化、管理和人才平台上，都是不难实现的。

第二件事，是对全社的制度与流程进行一次系统梳理和全面检查。为了防止可能出现的不讲质量、不讲效益盲目发展的情况，我决定利用全军对科学发展观深入学习贯彻的契机，对全社的质量控制体系、制度与机制体系进行一次全面彻底的再梳理。这项工作属于基础性建设，是一项非常吃力而麻烦的重大工程。我之所以不避其难、不厌其烦，赶在正式交棒之前把它做完，也是想把军医社这些年快速发展的成功做法，从制度层面进行系统梳理后，为后来者留下一套实用、管用、能用的东西，通过把这些成功做法融入制度，使之能长期、持续、稳定地在军医社的建设发展中发挥作用。

由于制度、机制、流程涉及全社每一个部门、岗位，每一项工作和环节，需要全社动员，共同参与。这项工作由办公室张卫民主任牵头，从正式启动到全面完成，差不多用了近一年时间。最终在军医社历史上第一次形成了由154项工作制度、53项岗位职责、72项流程组成的健全、完整的全社制度体系。后经装订成册，足有厚厚一大本。有了这一套在实践中形成并经过实践反复检验的东西，标志着军医社的建设真正走上了制度化、规范化的轨道。事实也正如我当初设想的那样，这些制度和流程在军医社的建设和发展中起到了极为重要的作用。从2010年9月到2013年底，军医社虽然已换了三任社长（含代社长），但由于有了基本的制度支撑着全社的惯性运转，因此，各项工作并未因主要领导和班子调整而发生大的波折起伏。因为从组稿到选题，从印数到定价，从发稿加工到三审三校的书稿运转全过程，从编辑出版到发行，从质量控制到奖惩，从书稿发稿到成书到销售到退货入库，环环有章可循，违规有章能纠，人人都按章办事，出版社整个运转全部建立在制度和规范的基础之上。管理者也就能从日常性、流程性工作中解脱出来，集中精力抓好一些随机性、特发性工作和涉及全局与长远的重要工作。我相信，只要把这一套制度与流程坚持好，把社风文化建设与“全员改进活动”坚持好，军医社的快速发展局面就一定能在这样一个轨道上得以长期稳定的持续推进。

第三件事，是在达成思想共识的基础上，研究制定“十二五”发展规划，提出下一轮腾飞的战略、目标与思路。在理顺各中心思路、整顿好攻坚队伍、梳理制度流程的基础上，从2009年第二季度起，我把主要精力放在“十二五”规划的研究和制定上来。做这件事的主要考虑，是全社在进入2010年的时候，在发展思路和发展战略上，要有一个纲领性文件作为总体引领。近十年的社长经历，使我深深体会到正确的发展思路和发展战略的极端重要性。从实际来看，军医社在前几轮发展中，不论是“三大转变”促成第二次腾飞，还是“三大战略”带动第三次腾飞，全社员工已习惯于在进入下一个发展阶段时，有一个纲领性的发展战略来统一认识、鼓舞士气，把各方面力量凝集聚合，朝着一个共同的目标奋进。我还有另外一层考虑是，作为一个老社长，在退下来之前，要把对今后几年的发展思考，向下一届班子贡献出来，供新班子在制定新的发展规划时参考。因此，我用三天时间亲自执笔，起草了《人民军医出版社“十二五”建设发展规划》（讨论稿，以下简称《规划》），经总支集体讨论，于2009年12月初正式上报总后卫生部党委。

为了统一社总支班子和全社员工对全社面临的形势、环境和机遇、挑战的认识，克服连续十年快速发展所助长的自满、麻痹、轻敌、厌战情绪，从问题入手，从认清社情入手来增强全体员工的危机感，增强持续高速发展的决心和信心，在《规划》正式提交总支和全社讨论前，我结合全社学习科学发展观，就起草《规划》的主要设想，在社总支、社务会和全社中层干部会议上，作了一个经过我深入思考的动员报告。题目叫作“判明形势、认清现状、找准问题，为军医社的又好又快科学发展奠定共识”，对于统一全社上下认识，起到了很好效果。这个讲话，我主要从以下四个方面进行了准备：

第一个方面，正确把握和研判形势，真正认清我社面临的三大挑战和五大机遇。

所谓三大挑战，一是来自自身发展能力的挑战，二是来自外部形势的挑战，三是来自职能与使命任务的挑战。

在看清面临挑战的同时，我们还要看到我们正面临着前所未有的五大战略机遇：一是中国特色社会主义事业发展“四位一体”的整体布局，为出版业的发展创造了良好外部环境；二是我国经济的快速发展和人民文化消费水平的快速增长，极大地拓展了出版业的发展空间；三是国家正在大力推进的全民阅读和正在展开的“农家书屋”“社区书屋”“职工书屋”建设，以及由医改带动的医疗卫生机构图书建设，将有力地拉动医学图书的深层需求；四是作为引领21世纪出版潮流和方向的数字出版和网络出版，已成为出版界必须抢占的时代制高点，为我们展现了医学专业出版千载难逢的大好机遇；五是总后卫生部、新闻出版总署支持我们上马数字出版工程，对我社加速实现由传统出版向数字和网络出版的战略性转型，给予了强劲有力的支持和推动。

因此，我们既要直面严峻挑战，又要抓住难得机遇。从历史上看，出版业具有反经济周期的规律，即在经济相对不景气时，出版企业反而出现快速增长的情况。美国的兰登书屋从一个名不见经传的小社，快速发展成为全球著名的出版企业，就是崛起在20世纪30年代经济大萧条时期。只要我们真正按照科学发展观的要求，认清大势，贴近中心，调整思路，主动作为，我社就有可能在新的历史条件下，扬长避短，抓住机遇，推动我社由传统医学出版社向现代医学出版大社的转变，实现我社建设和发展的第四次腾飞，使我社大踏步地跨入中国医学出版大社强社的行列。

第二个方面，正确分析现状，找准主要差距和问题。

将上面提到的“三大挑战”和“三个不相适应”展开，可总结出以下九个方面的重大差距：（1）在科学发展理念和思路方面的差距；（2）在军事医学图书出版保障功能方面的差距；（3）在整合数字出版力量方面的差距；（4）在推进出版转型方面的差距；（5）在主要业务板块质量建设与管理方面的差距；（6）在统筹重大工作关系方面的差距；（7）在制度机制建设和科学化管理方面的差距；（8）在管理队伍和骨干人才队伍建设方面的差距；（9）在总支班子和支部班子建设方面的差距。

第三个方面，对谋划“十二五”建设发展规划的主要思考。

在分析了人民军医出版社面临的有利机遇和新的挑战及工作中存在的主要差距的基础上，我提出了“十二五”建设发展的总体思路、奋斗目标、发展战略和策略以及主要措施。

——在指导思想上，提出以科学发展观为指导，以总后和卫生部党委决策为依据，以提升服务保障效能为主线，以质量效益建设为中心，以改革创新为动力，以学科建设为重点，以数字出版转型为引领，坚定不移地走内涵式可持续发展的路子，坚持面向部队、面向市场、面向转型、面向国际化的工作导向，深入推进以数字出版、高端出版、整合出版为主要内容的三大战略，以适应需求和推进转型为双重牵引，抓住机遇，统一思想，打破常规，加快发展，抢先占领国内数字医学出版高地，为早日实现做中国医学出版引领者的目标而努力奋斗！

——在总体目标上，提出从2010年到2015年，全面保持“十五”期间、“十一五”期间的高速持续增长势头，进一步巩固中国医学出版界的“两强”地位，市场份额占据国内医学出版的20%~25%；打造一批具有领军实力和优势地位的重点学科，重点专著出版占据国内医学专著份额第一；全面实现传统出版向数字出版的战略转型，率先建成国内第一家现代化数字医学出版社；对外输出五年总量达到100种，保障能力、整体实力、发展潜力显著增强，全面实现“军内领先、国内一流、国际知名”的目标。

——在具体目标与任务上，强调把握好以下七个方面：（1）出版、销售、回款增长幅度为年均15%~20%，到2015年实现年出版图书（不含数字产品）1 250种，销售码洋6亿元（其中数字产品占3亿元），资产总额比“十一五”期间翻一番。（2）人均利润、书均利润保持在全国医学出版行业平均利润率之上2~3个百分点，数字产品利润率超过图书20%~30%。（3）建成5~6个占据国内专科出版市场份额第一（超过25%）、年产值3 000万~5 000万元的一级医学专科出版中心；5~8个占据国内专科出版市场份额第二（达15%~25%）、年产值1 500万~3 000万元的二级医学专科出版中心；8~10个占据国内专科出版市场份额前三名至前五名（为8%~15%）、年产值800万~1 500万元的三级医学专科出版中心。（4）军队数字医学集成系统按照时间节点完成。跨媒体图书出版、网络出版、手机出版、数据库出版、智能化平台出版和数字网络期刊群形成新的成熟的业态，总体份额占据国内医学数字出版的30%以上，并成为我社新的快速稳定的增长点。（5）《人民军医》杂志和《解放军医学杂志》的学术与编校质量保持全军最好水平，办成名副其实的军内和国内医学精品名牌示范期刊。成功创办一批电子网络期刊，并和传统期刊形成良性互动与双赢格局。（6）获国家或军队优秀图书奖项每届力争达到2种，每年进入全国医学图书销售排行榜的图书不少于80种、推出品牌图书不少于40种，每年有3~5部电子、音像制品获奖。（7）对外版权输出每年以20%的比例增长，到2015年，年输出版权达30种（五年累计版权输出达到100种），并在中医药版权输出方面形成明显特色和优势。

——在战略层面，全面落实“十二五”规划。主要是：全面实施“四个面向”的工作导向和“双擎牵引”的战略，牢牢把服务保障放在首位，以学科建设为主体，以数字出版转型为突破口，以走出去战略为牵引，统筹谋划社里的各项建设和发展。

——在主要措施上，我总结了以下九个方面：（1）提升综合出版保障能力，在强化使命职能上有更大作为；（2）大力推进各出版中心向数字化的高端出版中心转型，形成对医学出版高地的绝对占领；（3）以重大项目为牵引，以基础建设为支撑，全面实现向数字出版的战略转型；（4）以中医药图书走出去为突破口，提升我社参与国际化竞争的整体水平；（5）转换理念，重在创新，优化队伍，完善机制，提升发行营销水平；（6）强化管理，为持续发展提供机制制度保证；（7）加强队伍建设，为战略转型提供坚强有力的组织和人才保证；（8）强化创新文化，保持永不衰减的进取后劲；（9）建强班子，充分发挥好战斗堡垒作用。

第四个方面，是对总支班子与各支部及中层领导如何做好表率，提出了五条要求：一是班子带头，二是从己做起，三是稳心实干，四是讲求实效，五是大局为重。

经过上述工作，全社上下的认识得到了高度统一，继续持续推进高速发展，实现全社的第四次腾飞，成为大家的共同追求和愿望。虽然我没有来得及全程带领军医社两百多名员工全面实现这个《规划》，但这个《规划》仍然在全社上下起到了统一思想、振奋精神、加快发展的重大作用。在《规划》的感召和指引下，各个学科策划中心和军医社全体员工以更加昂扬奋发的精神面貌，投入到为新一轮腾飞的集体奋斗中。在2008年全社实现2个亿的基础上，2009年全社继续保持了30%的高速增长，年底实现了2.6个亿。首战告捷，大大增强了大家在2个亿的高起点上继续保持高速增长的信心。

二、风驰电掣的数字出版

经过八年孕育，三年耕耘，特别是“全军数字医学集成应用系统”

在2008年底纳入全军卫生工作重点并被列入“军卫四号工程”之后，军医社的数字出版在2009年，如同一列蓄势已久的列车，终于鸣响汽笛，隆隆出发了。

那是一段紧张辛苦却又激情奋发的日子。

珍惜来之不易的数字出版机遇，用一到两年促成军医社的数字出版转型，向大力支持数字出版工作的部领导交出一份合格答卷，不负部领导的期望和信任，成了我和数字出版部全体同志最大的愿望和动力。为此，我提出要把军医社建成“医学信息的高效集约中心、深度整合中心、快速扩散中心”的三大目标，以“军卫四号工程”建设为主线，以加强“一馆四网”“八库十站”“六大产品”建设为重点，精选抓手、重点突破、产品先行，迅速形成保障有力的总体工作思路。在精选抓手方面，选择了电子书、数据库、平台这三项工作，并在这三项工作中各筛选出了两个重点进行攻关突破，采取矩阵架构设计、专人分工负责、时间倒计时、节假日连轴转、多项工作交叉推进的方法，确保当年年底前推出一批创新产品，实现当年规划、当年起步、当年形成保障力的目标。

数字出版部全体人员按照上述思路，从2009年1月开始，即投入到异常紧张的各项工作之中。大家把除了吃饭睡觉之外的全部时间都投入到了工作之中。虽然军医社的数字出版工作在前几年已打下了一定基础，但要赶在一年之内推出一系列被部队和市场认可的产品，这在国内数字出版刚刚起步、还没有任何成功经验可供借鉴、一切都要靠自己摸索的情况下，难度是相当大的。我在那几个月中，除了用白天时间抓军医社全面工作外，每天晚上和早起后的全部时间都投入到数字出版工作之中。我本来睡觉就少，在那几个月中，基本上都是12点钟以后休息，而早上又常常不到4点钟就起床，还经常深夜一两点被头脑里冒出来的新想法唤醒，就再也睡不着了。在这种情况下，往往就要当即披衣起床，或马上打开手机记下这些想法，发给秦新利主任和数字出版部的同事们。这段时间虽然非常辛苦紧张，但由于精神高度兴奋集中，不少好的创意就是在这种情况下想出来的，不少难题就是在这种状态下克服的。数字出版部的全体同志，也多次通宵达旦，一连几个昼夜连续作战。但大家都不以为苦，反而情绪特别高涨，也都为自己能有机会为军医社乃至我们国家的数字出版开路搭桥，深感难得且珍惜。正是由于这种强烈的军人意识和责任感，我们在持续多年的工作基础上，又通过2009年一整年的紧张努力，终于在当年年底前成功推出了一批受到军地欢迎的数字化产品。

一是迅速为全军基层卫生单位制作配发了近7 000万元的数字医学图书。为部队基层制作配发电子图书，不仅是落实“全军数字医学集成应用系统”的需要，也是我们多年来的一个心愿。从2003年后的多次部队基层调研中我们发现，从师医院、旅团卫生队到营卫生所、连卫生室，缺少专业书籍是一个带有共性的普遍问题。为此，我们从近年出版的5 000余种医学图书中，精选出适合基层卫生人员和部队官兵学习和培训需要的500余种，运用当时最先进的数字化、电子化手段，加工改版成新型数字图书，并根据各级各类分级诊疗分工，分别制作了师医院、旅团卫生队、营卫生所和连卫生室四个系列版本下发。总后首长和部首长对此项目给予高度肯定。总后廖锡龙部长、孙大发政委分别作了“牢记服务宗旨，再创辉煌业绩”“开拓创新，服务军民”的题词。张雁灵部长对此项工作给予高度评价，他在序言中指出：“这些电子书的出版和下发，相当于在军营中迅速建起了上万所小型数字医学图书馆，留下了数万名不见面的老师。”这些电子图书受到全军基层卫生人员的热烈欢迎和高度好评，他们纷纷来信来电，表扬军医社“为基层解决了缺书难题”，办了一件“盼望多年的大好事”。

在给部队配发光盘版“数字医学图书馆”的基础上，我们将其中的军事医学图书，换成适合地方卫生人员需要的医学图书，做成光盘版的单主题医学图书，很受地方“农家书屋”的欢迎。连续几年都被多个省市选中，在支援农村卫生与文化建设方面发挥了重要作用。

二是快速建成了面向全军官兵的“军医在线”健康教育网站。如果说数字医学图书主要是面向全军卫生专业人员的话，那么这个网站则主要面向全军基层官兵和老干部，是一个以心理健康知识、防病知识、军事劳动与训练伤防护知识、生活保健知识、常见病防治知识为主要内容的医学科普网站。按照这个建设定位，我们从军医社近年来出版的优秀医学科普图书中，精心挑选出1 000本部队官兵需要的精品图书和100部健康教育视频，建设了名为“军医在线”的军内医学科普网站，这在当时是国内医学科普主题网站中内容最丰富的网站，也是截至目前唯一可提供深度智能化阅读服务的医学科普网站。2009年底，网站全面建成。经总后卫生部领导、部机关和总政宣传部审查通过，赶在2010年元旦在军网正式上线。它的建成和上线，标志着我军健康教育进入了信息化服务的新阶段。对于满足全军官兵对心理、预防和健康知识的急需，提升部队健康水平，维护部队战斗力，发挥了重大作用。

三是研制开发了新型数字化电子图书，主要有以下五个大类：

——第一大类：完全依附于纸书的多媒体电子书。将原来功能单一的纸质图书加工成电子图书，但与市场上一般电子书不同的是，它们同步具备了读、听、看、查等多种跨媒体功能，因此我们将此多功能的电子书称为增能型电子书。读者在购买纸书的同时，即可通过纸书封底定价上方的条形码，扫描后免费获得该书的跨媒体网络版电子书。2009年推出的时候，在国内仅有军医社一家。

——第二大类：将军事医学等相关电子书集成到专用的电子墨水版阅读器中，起名“军医掌上图书馆”。这是我社利用自主版权内容开发的第一款手持医学阅读器。首批预装1 000本医学专业书、科普书和部分文学名著，并专门建设了“军医书城”网站作为内容补充更新的后台支持。2010年总后卫生部首长批示，将其作为后勤保障设备列入基层部队军医背囊，先在沈阳军区试点。2011年4月，我和秦新利主任到沈阳郊区驻军和黑龙江漠河边防部队征求意见，部队反映非常好，称赞我社为部队机动时提供了一座“流动的医学图书馆”，“派来了一批随军指导老师”。

——第三大类：取于纸书、异于纸书的数据库出版。这是军医社与解放军医学图书馆合作建成的一个大型医学数据库群。内容由军医社提供，技术支持由解放军医学图书馆负责。它由疾病库、药品库等10个子数据库组成，包括近万种疾病、数千种药品、近千种检验及上十万条医学最新进展，总字数达10亿字，是目前国内最大的医学专业数据库群。与此同时，我们还将本版图书集合建成了“名医指路——数字医学图书馆”。这个数据库群是我社数字产品的主要后台支撑，其本身也可以作为产品直接销售。这个数据库群的快速合作建成，为军医社后续多个数字版产品的创新推出，奠定了坚实的数字资源基础。

——第四大类：电子书与数据库相结合的拓展型出版。在推出电子书和数据库建设的过程中，考虑到近万种疾病、数千种药品、近千种检验，任何一个医务人员也不能全部记忆，如果能在电子阅读中同步提供数据库关联服务，那对医务人员来讲，将是多么方便！为此，我和数字出版部的全体同志多次商量，并请来与我们合作的解放军医学图书馆的张文举主任，时代先博公司的赵博、赵景明两位老总，以及他们两家的技术骨干李焱、任崇波、陈伟、沈德生等工程师，克服困难，协力攻关，终于在国内首家实现了电子书与数据库的关联阅读，让广大读者在阅读医学电子书的过程中，能一键到数据库中快捷查阅遇到的各种问题。这个功能实现后，为我们实现对产品的策划和重组，一下子拓展出无比广阔的空间。很快，我们就以令同行眼花缭乱的速度，推出了一系列数字产品。

1. 我国第一部跨媒体医学丛书（增值型电子书，跨媒体功能+数据库群关联，单书卡）。这套丛书除纸书全部内容和电子书全部功能外，还附加了与数据库相关联的注解型、拓展型等深度阅读功能，大大实现了对纸书的内容与价值增值，故称之为增值型电子书。书中的医学专业词汇作为索引词，点击后能自动链接疾病库、药品库、辅助检查库和循证医学库等数据库，使读者特别是非医学专业的普通读者能轻而易举地克服阅读医学书这只“拦路虎”，从而实现了集纸质书、电子书、网络书、数据库于一体的新型出版业态，这在国内外医学出版界属于首家。2009年底推出后立刻受到出版界高度关注，当年即被选为“新中国60年百种献礼重点图书”。这是唯一获此殊荣的数字产品。

2. 单主题组合型电子书（主题阅读卡）。每个品种围绕一个主题，选择十余本主题相近、内容互补的图书。能够让读者方便地做到一卡在手，一个主题的系列图书都得到，一个方面的问题都能解决。

3. 自选型电子书（自助阅读卡）。这种自助卡相当于一张具有充值功能的购书卡。读者可用该卡提供的账户及密码到我社“名医指路”网站任意选购与卡等值的跨媒体电子书。

4. 多主题网络版集成型电子书。这方面以《“名医指路”家庭健康知识库》为代表。该库由50张光盘和相应的50张“主题阅读卡”配套组成，全库含600余本图书、300余部视频，并可预览3 000余本医学电子图书，并全部与数据库群实现关联。可以说是一库在手，全家的健康知识问题全解决。这部书出来后，很受市场欢迎。该产品还荣获2010年第三届中华优秀出版物电子奖。

——第五大类：融纸书、电子书数据库于一体的复合型出版（书卡盘一体型出版）。此类产品除了电子书增加跨媒体功能和数据库查询功能外，还以光盘形式单配了与该书内容相关的手术视频和课件等专业性内容，故又称之为增值增容型电子书。因其强大的拓展阅读功能，读者反映较好。

四是全面推进数字出版的配套建设。主要是继续加大书配盘比例，加紧《护考急救包》、电子学习卡、跨媒体复合出版物、手机出版、手持阅读器等主打产品的研发销售。

向全军各卫生单位下发《关于征集〈全军数字医学集成应用系统〉示范手术视频作品的通知》后，各大单位踊跃上报自选手术4 305项，截至2010年底，已上报了近300台手术。

2009年底，“名医指路——大众健康馆”成功建成，成为军医社跨媒体系列数字出版物的主要平台。

在“内容资源数字化、业务流程数字化、出版产品数字化和信息服务数字化”方针引导下，经过从2009年开始到2010年8月这一年多的紧张努力，军医社基本形成了为部队服务与为社会服务互为补充，内容建设与平台建设互为促进，图书、期刊、音像建设同步发展，示范手术视频建设、医学数据库群建设、电子书建设、多媒体出版物建设、网站平台建设互为依存的五位一体的数字出版格局。重点学科网站、内部管理ERP系统等建设，《数字出版管理规定》等数字出版制度建设，都同步迈出了较大步伐，创造了当年投入、当年见效、互动发展、留有后劲的良好局面。到2009年底，在全国新华书店专业书店“跨媒体出版社店交流会”上，我正式宣布军医社已实现了全部数字图书与纸质图书的同步出版，率先实现了跨媒体出版转型。

军医社的数字出版转型，也引起了各级领导和出版业界的高度重视。2010年1月10日，在“2010年北京图书订货会”上，我社展出“名医指路跨媒体图书、网络自助阅读卡、智能阅读卡、跨媒体图书光盘、家庭健康知识库、手持阅读器、跨媒体系列丛书”等七种跨媒体产品，引起了参会者的极大兴趣，数字出版展区成为整个展会的一大亮点，两天内一直挤满了各方嘉宾。国家新闻出版总署柳斌杰署长和阎晓宏副署长、孙寿山副署长，总后卫生部张雁灵部长和陈新年副部长、王玉民副部长，以及中宣部出版局陶骅局长和郭义强副局长、中国出版协会于友先主席、中国编辑学会桂晓风会长、总政宣传部出版局姚计军副局长等领导先后来到展台，亲身体验跨媒体图书的读、听、视、查功能。据中宣部有关人员告诉我，陶骅局长在馆内所有展位逗留时间都没有超过5分钟，而在军医社展区一停就是40分钟。孙寿山副署长称赞“人民军医出版社在数字化方面的探索，不仅为全军带了个好头，也为全国出版社带了个好头”。

在2010年5月14日至16日在深圳召开的有中央政治局常委李长春、委员刘云山出席的“第六届中国国际文化产业博览会”上，总署指定我作为数字出版转型的代表，向大会作“跨媒体数字出版的思考与探索”的

2011年5月13日，在深圳文博会上，时任国家新闻出版总署署长柳斌杰（右一）、副署长蒋建国（右四）参观人民军医出版社展台

2009年4月2日，国家新闻出版总署副署长孙寿山（左二）和科教司司长张毅君（右三）视察人民军医出版社

主题发言。我从做好数字出版必须具备“内容的系统聚合力、数据库的深度建设力、平台高端集成力、资源的跨界借助力、产品的盈利力、卖场的新颖展示力、行政资源的开发争取力、行业的资源整合力、社内的配套建设力、顶层的设计决断力”等十个方面介绍了军医社的做法与经验，受到了参会领导和代表的一致好评。会议主持人在讲评中说：“齐社长有理论、有实践、有经验、有思考的精彩报告，为本届文博会增添了浓墨重彩的一笔，他们的经验值得整个行业认真借鉴。”

三、让飞奔的马儿慢些走

就在全社向着第四次腾飞的目标飞奔时，2010年8月26日，我接到总后卫生部张雁灵部长的电话，说总后勤部已转发我免职的命令，定于9月1日正式宣布，我的社长职务由总后卫生部药材局石虹副局长接任，让我近两天内做好交接准备。

放下电话，我既感到了前所未有的轻松，也有一丝难以言状的不舍。轻松是因为我这个属马的，这么多年来只知奔跑，现在终于有歇歇的理由和机会了。不舍的是，正在和我的战友们全速向第四次腾飞的目标奋进时，我将不再能带领他们携手共进了，心中难免生出一丝惆怅。但想到军医社200多名员工，还有社外近300名加工编辑和校对人员，这么多年来，一直处于紧张战斗状态，从现在开始，或许也可以好好放松一下了，心中又感到了些许慰藉。

根据军队干部服役年限规定，军医社的社长是正师职岗位，最高只能干到55岁；我是1954年生，2009年就应免职；根据规定，任何一级军官，在同一职级岗位上最多只能服役十年，而我从1999年12月31日的任职命令算起，最多只能干到2009年底。因此，根据军队规定，总政治部已于2010年初下达了我免职的正式命令。但总后首长和总后卫生部领导以一时还找不到合适人选接班为由，将命令压了近一年迟迟没有宣布。由于总政的命令是面向全军的，所以有多个大单位的熟人和朋友，还是告诉了我已免职的消息，军医社的部分干部也是知道的。因此，作为我个人早有思想准备，没有丝毫意外或顾虑。从我知道总政年底已下发命令以来，我一直以平常之心，静候这一时刻的到来。但只要命令一天没有宣布，我还是要尽最大的努力，履行好一社之长的职责。我也清楚地知道，在这种形势下推动工作，很大程度上是要靠个人的影响力的。军医社的200多名员工，在不少人知道我已被免职的情况下，仍一如既往，全力以赴地支持配合我的工作，包括制度建设和规划制定这些在正常情况下的推动也有阻力和难度的工作。全社没有一个人以势利之眼、敷衍之心对待我这个已被宣布免职的老社长。回想起来，我对他们充满深深的感激与敬意。实际上，自年初以来，我所抓的各项工作，除了正常运转的工作以外，不论是对各个策划中心工作的全面清理，对制度的全面整理修订，对“十二五”发展规划的研究拟制，也包括对数字出版的大步推进，无一不是为了交班这一天在做准备。因为我想在任满十年社长时，把自已对各个中心建设的思考，通过集体讨论的方式变为各个中心未来发展的方向；把我十年来领导军医社建设发展中行之有效的经验做法，通过制度化的方式变成军医社走向未来的财富；把我对军医社未来五年乃至十年的发展思考，通过“十二五”发展规划的形式来进行推动和保持，从而不让快速发展的步伐停滞或减慢；我更想抓紧退下来前的宝贵时间，把我对数字出版的思考和探索，能够尽快变成实践和实际成果，为未来的全面转型奠基铺路。而这一切，在总后首长和总后卫生部领导的关怀下，在延缓命令宣布的近一年时间里，我都已有条有理、紧锣密鼓地做完了。剩下的只是将文件资料整理好，把办公室收拾好，连同军医社未来发展的重担，一起向石虹新社长交付。

9月1日下午，张雁灵部长在全社在职干部大会上，宣布了新老社长的离职与任职命令，并对我十多年来的工作给予了高度肯定。我在讲话中对部党委部首长和全社同志，表达了衷心的感谢。至此，我终于卸下了这副压在我肩上10年零8个月零1天的重担。一下子，身上感到了从未有过的轻松。

交班之时，首先让我欣慰的是，上级为军医社选派了一位优秀的新社长。石虹是我的老搭档，我们之间有着一种特殊缘分。20年前，我给张立平部长当秘书时，就是接他的班；15年前，我到医疗局当副局长，他在医疗局任助理员。现在，他又来接我的班当社长。他大学毕业分配到总后时，就在《人民军医》杂志编辑部工作，所以对出版并不陌生。他对我也非常尊重，有事都是亲自来我在六楼的新办公室进行磋商。由他来接任社长，我是非常高兴的。到任后不久，他就主持总支会议，明确由我主持人民军医电子出版社工作，并在职责履行上给了我许多特殊政策和条件。因此，作为一名主持工作十多年的老社长，我下来后没有任何失落感。我和全社员工一样，从他处理这些事情特别是对待老同志的态度上，看到了一个优秀领导人的胸怀与人品。

其次，是在我退下来两个月后的2010年11月底，全社首次突破了3个亿大关。在总量快速增长的同时，发展质量得到同步提升。在新闻出版总署组织的全民阅读推荐书目中，我社有十个品种入选；在第二届中华优秀出版物奖和2010年度全行业优秀畅销书品种评比中，我社共获得八项大奖，获奖总数均居军内和国内同行前列。441本（次）图书进入全国医学图书销售码洋排行前100名，68本（次）图书进入全国医学图书销量排行前200名，标志着我社学术专著出版进入国内的最前端。骨科、口腔、超声、影像、检验、考试等图书的市场份额占到全国的20%~30%。虽然后来由于种种原因，军医社未能完成4个亿的第四次腾飞，但从2009年开始向着第四次腾飞的良好起跳，还是很成功、漂亮的一跃！作为一名即将退下来的老社长，我既为军医社在2亿跳台的成功起跳而欣慰，也为3个亿这个收官之作而自豪。

让我感到欣慰和感动的，还有这么多年来各级领导对军医社高速发展的认可和对自己的肯定。2006年，军医社进入全国出版社50强、科技出版社16强，成为军队出版社中唯一获此殊荣的出版社。2008年，荣获中国出版政府奖先进出版单位奖。2009年，被国家新闻出版总署评为“全国百佳出版单位”“国家一级出版社”。2010年，被中宣部表彰为“全国科普工作先进集体”。社党总支连续六年被评为先进党支部。媒体对军医社和我本人也给予了高度关注。中央电视台《焦点访谈》栏目、中国政府网、《解放军报》、《光明日报》、《中国新闻出版报》、《中国图书商报》、《半月谈》、《解放军文艺》等国内权威媒体也对我进行了重点宣传报道。我本人也先后获得“全国百佳出版工作者”（2004年）、“全国出版领军人才”（2005年）、“中国科技期刊编辑学会金牛奖”（2005年）、“总后勤部学习实践‘科学发展观’先进个人”（2007年）、“全国新闻出版抗震救灾先进个人”（2008年）、“中国百名优秀出版企业家”（2009年）、“新中国60年百名优秀出版人物”（2009年）、“建设创新型国家杰出人才”（2009年）、“中国出版政府奖先进个人”（2010年）、“全国最具影响力数字出版人物”（2011年）、“首届解放军出版奖先进个人”（2013年）等重大荣誉，2009年被批准享受国务院特殊津贴，并被总后勤部批准荣记三

作者在获得中国出版政府奖后佩戴奖章留影（右侧上排左起：三等功军功章，二等功军功章，三等功军功章；右侧下排左起：国防服役金质奖章，中国出版政府奖奖章，中国出版百名企业家奖章。左侧奖章左起：两山作战纪念章，救死扶伤纪念章，自卫还击保卫边疆纪念章）

等功（2008年）和二等功（2009年）各一次。总后政治部的一位干事对我讲，作为一个正师职主官，荣立三等功特别是二等功，在和平时期是相当少见的。特别是荣立二等功的正师职主官，总后机关自2005年以来，我是第一个，也是唯一一个。

尤其使我难以忘怀的是，2009年底，中央军委批准我晋升为专业技术三级，成为目前国内唯一一名享受军职待遇（工资享受大区副职待遇）的出版社社长。总后卫生部为我专门举行了隆重的仪式，张雁灵部长在讲话中，对我所做的工作给予了高度评价。他说：“齐学进同志晋升为专业技术三级，是人民军医出版社具有重大历史意义的一件大事。它不仅是齐学进个人的光荣，也是人民军医出版社全体人员共同奋斗、拼搏进取的结果；不仅是军医社的一件大事、喜事，也是总后卫生部的一件大事、喜事。晋升专业技术三级，对一个干部来讲，是一个重大转折。第一，它既是一种荣誉，又是一种责任。人们常把专业技术三级称作文职将军，是一个专业干部进入

时任总后卫生部部长张雁灵主持作者晋升技术三级仪式

高级技术专家行列的标志，也是一个专业干部的最高荣誉。但它更是一种责任，它要求专业技术三级专家要切实发挥好学术带头人的作用，切实担当起技术指导、技术引领、技术领衔的重任。第二，它既是一种待遇，又是一种要求。专业技术三级享受军职干部待遇，基本工资比正军职干部还高。而军职干部是我们党和国家的高级干部，高级干部必须有高级干部的要求。在政治上，要求我们与党中央、中央军委保持高度一致；在工作上，要求我们更加严格、更加认真、更加忠诚地履行好自己的职责；在其他方面，要求我们树好形象、做好表率。我相信，学进同志一定会以此为标志，会更加努力地工作。在座的同志们会与他更好地合作共事，把出版社的各项工作做得更好。全社同志也会以这个仪式为动力，在推动出版社建设发展的同时，实现个人事业的不断进步。”

我作为一个初中还未毕业的农村孩子，从一个不满15岁的小兵，一路走来，收获了这么多荣誉，直到享受国家和军队的高级干部待遇，已是很满足了。虽说自己做了一些工作，但没有军队这个大学校对自己的培养教育，没有各级领导和同志们、战友们的关心帮助，自己是不可能有今天的。不管当不当社长，感恩不忘本，戒骄争一流。这是一个军人的天职，也是一个老兵的本分。军旅40多年，是这样走过来的；今后，还要这样走下去。

第二部分

十年的社长生涯，军医社的四轮腾飞，循着军医社发展的时间主线，已在第一部分叙述完毕。第二部分叙述的军事医学出版、应急出版、走出去出版、发行与社风文化建设，则是贯穿十年始终的五件大事，它们是推进军医社快速发展的几个重要引擎和车轮，共同支撑并推动着军医社的十年腾飞。

第十一章

打造军事医学出版的航母

军医社是伴随着人民军队的成长壮大而发展起来的。军医人对部队的感情，就像孩子对母亲的感情。几十年来，不论形势任务如何变化，军医社始终把做好为部队服务作为最高职责与神圣使命。这既是军医社的方向所在，也是军医社的根本所系。作为军医社社长，尽管发展压力重于千斤，但军事医学出版始终是我的第一关注点与着力点。

一、一份长驻心头的天职与本分

军医社是一个军队出版社，做好军事医学出版，努力为部队提供坚强有力的军事医学出版服务保障，是军医社的建社方向、责任与使命，也是军医社的立足之本与价值所在，更是人民军队对军医社的期望所在。军医社诞生在艰难困苦的红军时期，不论是艰苦卓绝的两万五千里长征和八年抗战，还是新中国成立后多次精简整编，多少单位被撤并精简，但军医社一直被保留下来。在总后勤部的近十个二级部中，也仅保留着军医社这个唯一的正师职建制出版社，由此可见军事医学出版在军队建设中的重要地位。军医社作为军事医学的园地，作为传播健康知识的学校，其工作做得好坏，直接关系到中国军事医学的发展水平，直接关系到部队健康和部队战斗力。从我担任社长第一天起，就已经充分认识到这一点。不论是组织“千万图书送基层”，还是下发“全军部队数字医学图书馆”；不论是上马“全军数字出版集成应用系统”，还是推出军网“军医在线”；不论是组建专职的“军事医学图书编辑室”，还是主动配合部队重大演习、抗震抢险、抗洪救灾；不论是抓《人民军医》杂志与《解放军医学杂志》的建设与服务，还是抓军事医学图书与部队科普读物的系列出版，其目的都是想尽力为我的战友们——战斗在军事医学战线的广大部队卫生人员、拼搏在基层一线的官兵们，提供最好的军事医学出版服务。因此，在我当社长的十多年里，在工作中提过一系列理念、原则，但叫得最响的，并十年如一日地坚持并切实实践的，就是“围绕中心、服务大局、贴近需求、务求实效”。军医社对这个原则的践行，有三个显著特点：

一是工作特别主动。作为军队出版社，一直把部队急什么、难什么、忙什么、需什么，作为军医社工作的第一信号；如果军医社为部队的服务，都要等上级来布置任务，或者等部队上门要求，那就是军医社的失职，也是我们专门做军事医学出版人的羞耻。记得在抗“非典”时，考虑到部队急需防治“非典”知识，我们连夜赶制了部队防“非典”挂图，当我把挂图送到总后卫生部防疫局时，主皓局长正在为出版防“非典”挂图而召集有关人员开会研究，见到我们已做好的挂图，格外高兴，称赞这是为部队雪中送炭，很快就决定连夜印发全军部队。这么多年军医社为部队推出了数百种出版物，95%以上都是军医社主动跟进服务的结果。2004年，为配合某方向大规模重大军事演习，我们未等机关通知，主动组织出版了相关地域系列卫勤保障专用图书，并在部队行动时跟进下发，做到参训官兵、基层军医和卫生科长、队长人手一册，受到总后卫生部领导和基层部队的高度好评，赞扬我们“心中有大局，跟进动作快，想在了机关前面”。

二是摆位特别靠前。凡是军事医学出版物一旦上了出版流程，所有其他各类图书一律让路，确保军事医学出版物一路绿灯，畅行无阻。而且全部指派高水平编辑跟进保障，姚磊副总编和各位中心主任都会冲在一线，加工部周晓州主任、刘平副主任每次都亲自带领骨干突击加工和校对，若是重要出版物，余满松老社长也都亲自出面把关。不少主任在遇到有重大出版任务时，往往不用指派，就会主动到社里来参与加班，这已在骨干人员中形成了一种习惯。

三是从不讲价钱。长期以来，军医社只有《人民军医》杂志和《解放军医学杂志》有上级拨款，军事医学图书等出版物只有上级指令性的项目才有相应经费；而军医社主动组织出版的图书，从来都是不管上级给不给钱，先做起来发下去，满足部队急需再说。上级给补贴更好，不给也从未伸手要过。即使上级给钱，大都也按最低成本补给，不可能有什么利润。比如我们最近推出的最新版“军医掌上图书馆”，定价1.2万元，对外批发价近8 000元，而给部队仅收成本价3 000多元，只相当于硬件的成本价。而在紧急情况下为部队发送的出版物，大多数是由军医社全额负担费用。虽然出人出力又出钱，但只要是部队需要，全社上下绝无二话，也从没有人有一句怨言牢骚，都是争先恐后，以参与为荣，以多做贡献为荣。因为大家都知道，这是我们军医人的本分、责任和义务所在。

二、名副其实的军事医学出版领域航母

按照“围绕中心、服务大局、贴近需求、务求实效”的原则和要

求，我和全社同志一起，先后组织出版了多个系列的军事医学选题，形成了军事医学图书出版的完整板块。在军事医学图书众多系列中，既有由程天民院士、黎介寿院士、王正国院士等著名军事医学家领衔主编的《军事预防医学》《外科学与野战外科学》《预防医学操作常规》《损伤控制性外科技术手册》等预防与军事医学巨（名）著，也有由总部卫勤首长主编的卫勤保障实用著作，如总后原副部长王谦主编的《非战争军事行动卫勤应急管理》、总后陆增祺部长助理主编的《军队医德学》、总后卫生部张雁灵部长主编的《非战争军事行动卫生勤务学》，以及由军内卫勤专家主编的《二炮卫生勤务学》等部队卫生管理类图书；既有如《军队流行病学》基层防病指导丛书，也有如《舰艇军医手册》《军事训练伤防治手册》等部队训练伤防治专用书籍；既有如《青年官兵婚恋指导》用于指导基层官兵婚恋生育方面的生活类图书，以及《部队年轻战士心理指导》《后勤保障部队战时心理调适指导手册》等官兵心理辅导用书，也有如《老干部保健必读》《军队老干部保健指南》等军队中老年医疗保健顾问书籍。经过十年的努力，可以说军医社的军事医学出版，已全面涵盖了军事医学的各个二级和三级学科领域，总量达到近300个品种，没有哪一个学科、哪一个领域留下出版空白。这样一种全品种覆盖、全过程跟进，也成就了军医社作为名副其实的军事医学出版航母的国内地位。

三、军医版期刊的同步腾飞

军事医学出版的又一主体是《人民军医》杂志和《解放军医学杂志》。这两本杂志作为全军100多本医学期刊的排头兵，在军队医学期刊出版方阵中，有着特别重要的地位和影响，也有着特殊的历史和特别的光荣。1932年，《人民军医》杂志诞生在江西红都瑞金，创刊时只是本油印的薄薄小册子，名字叫《红色卫生》。但就是这本带着红色基因的油印期刊，却经历了艰苦卓绝的两万五千里长征，一路走到延安的宝塔山下，由毛泽东主席亲自题名为《国防卫生》；1950年10月，最终由朱德总司令挥毫泼墨，将杂志题名为《人民军医》。从此，这本承载着悠久历史和巨大光荣的杂志，以及以这本杂志诞生为标志的人民军医出版社，就一直伴随人民军队的成长步伐，行走在“八一”军旗的行列中，并在军内外收获了她的巨大声誉和影响。我记得2000年刚就任人民军医出版社社长时，正好赶上庆祝她的50周年诞辰。我和办公室胡仲清主任一起，专门找了时任总政歌舞团团长左青，他听说为《人民军医》杂志举办纪念活动，很爽快地就答应并派出了包括司马义·买买提等著名艺术家在内的近20名团员，到总后文化中心为我们举办了一场简朴而热烈的社庆活动。五年后，在她55周年诞辰纪念大会上，解放军烟台疗养院张雬院长的发言更令人感动，他说在军营30多年，经历了多次调动，大部分家具和个人用品都已不在了，唯有30多年来的几百本《人民军医》杂志，一本不少地伴随着他走南闯北，成为他军旅生活中积累下来的最为珍贵的精神财富。在这本杂志里，有无数未曾谋面的老师可随时讨教，有无数志同道合的同行可砥砺探讨。而他本人从一个卫生员成长为一个院长，从一个读者成为一个作者，《人民军医》杂志起到了特殊而重要的作用。张雬院长的这种感受和经历，在军营中是有相当代表性的。我记得每次到军营中开座谈会，上到院士，下到年轻的军医或卫生员，讲到《人民军医》这本杂志，无一不是充满了感情。而这种感情也无时无刻地感染着我。作为社长，我必须竭尽所能办好这本杂志，为她的光荣续写新篇。为此，我和《人民军医》杂志编辑部的黄栩兵主编、王敏主任及编辑部的同道们一起，为使《人民军医》这本老刊在新的历史时期发展得更好，先后想了不少办法。如成立由总后卫生部和全军各大单位卫勤领导参加的杂志编辑委员会，邀请俞梦孙院士担任总编辑，大大加强了办刊力量；根据部队新时期军事斗争卫勤保障需要，新增了军事医学、预防医学、基层实用技术和专家讲座等专栏，使办刊栏目更加贴近部队需要，也更加具有特色；为解决办刊经费短缺的困难，我向总后财务部综合计划局局长郭春富（现为总后财务部副部长）反映后，几十年未变的办刊经费标准得到了调整提高，为后来的封面调整、开本调整、用纸调整、发行范围调整创造了条件；新进了包括杨永岐、石涛、张林平等老同志在内的一批优秀编辑，增强了编辑部整体办刊实力。

通过上述努力，《人民军医》杂志与为部队服务宗旨贴得更紧，在办刊质量上抓得更严，在学术地位与影响上提升得更快。特别是近几年，《人民军医》杂志在王敏主任的带领下，在保持为军服务方向、保持军事医学定位、保持实用技术特色的前提下，想方设法提升学术质量，使杂志质量和整体水平都上了一个大的台阶。连续几年配合部机关开展“人民军医如何对待病人”大讨论，对受表彰的华益慰先进事迹及军队先进医院、全军优秀医院院领导进行广泛宣传报道，反响大、效果好。精心组织了部队热区卫勤保障研究、战斗应激反应研究、坑道卫生防护研究、战创伤救治研究、战伤救治伤票应用研究、军人心理健康研究、现代火器伤病理研究、国外海军医学动态和外军卫勤研究等15个军事医学专题，以及“外军卫勤研究系列讲座”“国外海军医学动态讲座”“部队高原病防治系列讲座”等20多个系列讲座。这些研究专题或系列讲座在内容上贴近一线、贴近战场，军内外读者普遍反映贴得紧、用得上。编辑部还会同南京军区总医院、北京军区总医院、150医院、89医院，分别举办了多期重症医学、疼痛学与癌症止痛、军事训练医学和创伤骨科学习班，为全军培训了一批战创伤救治骨干。到2009年，一年发表军事医学论文达203篇，占论文总数的24.2%；基金论文39篇，组织研究性专题17个，其中军事医学专题12个，占70.5%，在全军90余种期刊中名列前茅；组发基层医务人员文章260篇，占全年文章发表总数的31.0%；举办全军性学术会议5个，受到部队广大基层医务人员的热烈欢迎。部队卫生人员普遍反映，《人民军医》杂志的办刊定位更准了，“火药”味更浓了。《人民军医》杂志也以其鲜明的军事医学和实用技术特色，跻身于科技论文统计源期刊之列；2008年，获全国首届编校质量优秀期刊称号；2009年，获新中国60年有影响力期刊称号，并5次获全军医学优秀期刊奖、全国无偿献血促进奖、全国抗震救灾宣传报道先进期刊等荣誉。为提高全军医务人员技术水平，维护部队健康和增进部队战斗力，做出了重要贡献。

创刊于1964年的《解放军医学杂志》相比于《人民军医》杂志，虽然要年轻一些，但她的年龄也逾知天命之年。不论是陈毅元帅为其题写的刊名，还是1994年江泽民主席为其创刊30周年所作的题词，都显示出其非凡的地位与影响。作为一本学术类期刊，其发展也有一个从小到大、从低到高的过程。我还清楚地记得，在我刚就任社长时，曾有一位机关领导同志找到我，就《解放军医学杂志》是续办还是停办的问题征求我的意见。这件事对我触动很大，说明其办刊质量、学术地位、军内外影响力，在当时尚未得到各方认可。我和分管杂志的副社长、《解放军医学杂志》编辑部李恩江同志一起，经过对办刊中存在的问题认真分析，决定从调整办刊思路、完善办刊机制、提升质量、扩大发行、增强影响力等方面，采取综合性改革措施。经过编辑部全体同志的努力，期刊在“双核心”的基础上，于2003年1月一举获得第二届国家期刊奖，并跻身百种重点期刊行列，让上级领导到全社同志刮目相看。2003年8月，原总后卫生部卫勤研究室副主任贾万年同志来军医社担任分管期刊的副社长兼《解放军医学杂志》编辑部主任后，在社总支和《解放军医学杂志》总编办盛志勇院士的支持下，勇于开拓、敢于创新，围绕进一步强化为部队服务，提升国际化、网络化水平，全面提升杂志办刊质量、水平和影响力等，进行了多方面的改革和改进。在服务军事医学方面，重点加大了对海水浸泡伤、辐射损伤、创伤脓毒症、水下冲击伤、芥子气中毒、航空生理、海战伤、寰枢椎脱位、航空卫生、地震伤救治、军事训练伤、烧伤、军人心理卫生、缺氧复合化学毒剂伤等未来作战医学救治中的难点和热点问题的关注，开办了“战伤研究进展”“健康信息技术”“战伤抢救黄金1小时和白金10分钟”等多个前沿性专家论坛，同时兼顾军地通用医学新理论、新技术、新方法等研究成果和难点、热点、焦点问题，每年发表军事医学特色专题论文60~80篇，为部队及时提供了一大批前沿、高端、急需的最新知识。此外，还通过与全军重症医学专业委员会及全军检验医学、呼吸、麻醉专业委员会等学术组织合作，举办多个学术会议；通过与部机关有关局室等单位合作，组织出版了《中国—乌克兰两军核事故医学救援文集》《山东10·21辐射事故医学救援文集》等一批有较大影响的军事医学著作，多方位地走出了为部队服务的路子。在国际化出版方面，2005年8月，首次聘请了一批外籍编委；当年9月，还专门邀请了美国的Lrshad H. Chaudry、巴西的Mauricio RoxhaeSllva、德国的Edmund A. M. Neugebauar来社参观访问，之后开始陆续刊发英文及国外专家军事医学论文；2006年，与德国《军事医学与

2009年主持召开第七届全军医学编辑学术会议

药学》杂志继续论文互登，并首次在中国合作推出了“中国医疗目录欧洲版”；先后与15个国家军队建立了对口交流关系，为《解放军医学杂志》走向国际打开了通道。在网络化方面，以2008年3月建成开通了《解放军医学杂志》网站（www.rmhy.org.cn）为标志，实现了全部稿件网上运行。

经过上述种种努力，2008年《解放军医学杂志》影响因子上升到0.62，比2007年增加0.05，被引频次上升到2 100，较2007年增长0.9%，杂志再次被中国科学引文数据库收录，并被中国学术期刊评价研究中心评为“中国权威学术期刊”，在军事医学和特种医学中位居第一。2008年12月，《解放军医学杂志》被国家科技部评为“中国精品科技期刊”；2009年6月，又被评为“中国权威学术期刊”。期刊影响因子、被引频次等主要学术质量指标高居全军医学期刊榜首，并进入全国学术期刊排名前15的行列。2013年，该刊又荣获“解放军首届出版奖优秀期刊奖”。目前在范晨芳主任带领下，正在向着国内名刊大刊的目标前进。

四、卫生音像出版的“同一首歌”

军事医学出版的另一个重要阵地是卫生音像出版。担负卫生音像出版任务的解放军卫生音像出版社，如同人民军医电子出版社一样，是人民军医出版社的子社。在全国出版的序列中，与人民军医出版社一样，同为我们国家的正式出版社，具有法人地位及独立出版资质与账号；而对内则属于军医社建制，为人民军医出版社的音像出版部。但音像社业务工作归总后卫生部直接管理。因此，在我任军医社社长的十多年中，按照上级规定，对音像社实施党政领导，具体业务全部由张肖苏副社长兼解放军卫生音像出版社社长负责（2009年6月从副社长岗位退下来后，先后由唐泽、任淦平接任）。

张肖苏副社长和唐泽主任业务熟悉，工作勤奋，带领音像部近30名员工，把工作做得有声有色。先后制作并向全军部队下发《老年常见病防治与合理用药》8集系列片、《小汤山医院》纪实片以及《紧急防控——甲型H1N1流感》等数十部卫生音像制品，深受部队欢迎。同时，为总后卫生部远程医学教育网无偿提供了160多种教学光盘，向全军老干部下发《保健百科》10万盘。为机关干部制作了《从头练到脚》《休闲健康操》等健身操类音像制品，深受机关干部的好评。音像部还推出了“八一健康网”，开展网上科普宣传、专家网上咨询。10集大型纪录片《中华孝道》系列，入选中宣部重点选题计划；推出了适用于全国二级医院疼痛科医师培训的“镇痛注射技术操作系列”选题，出版发行40天即实现重印；出版阜外医院胡盛寿院长主编的“心脏手术系列”等优质选题。

近年来，音像部多部音像制品入选国家新闻出版总署“农家书屋”推荐目录，12部作品入选第五届中国（深圳）国际文化产业交易会。《中小学生健身操》《环境与健康》系列等多部作品获全国和全军音像类制品大奖。在国内医学音像出版界占有重要地位，是国内公认的医学音像出版强社之一。

现在，音像部在任淦平主任带领下，正在以新的思路进行开拓，各项建设和改革迈出了新的步伐，正在向着新的更高的目标迈进。

第十二章

独具特色的“引进来与走出去”

知识无国界，同样，出版也无国界。一个好的出版物，应该属于全人类。

在中国，任何一家出版社，都面临一个面对国际市场的问题。作为一个有抱负、有作为的出版人，不可能不把视野投向国际市场。如同一个有追求的运动员一样，把在国际市场上争金夺银，作为自己的人生之梦。当然，在文化与出版走出去的后面，除了国家与民族的光荣，还有我们这一代出版人的使命与责任。

军医社的走出去，是从引进来开始起步的。

一、从与德国朋友——哈泽的合作起步

与国外大型出版单位的合作，是资源整合的一个重要方面。军医社的国际出版合作，始于2004年4月与国际精萃出版集团（即德国昆腾氏跨国出版集团，Inteirnatiional Quintessellce Publishing Group）的成功合作。作为全球最大、也是最负盛名的口腔专业出版跨国集团，国际精萃出版集团于1950年在德国柏林成立，截至2004年已经在全球11个国家

设立了分公司，每年出版近200种涵盖英文、德文、西班牙文、意大利文、日文、法文、葡萄牙文等10个语种的图书，同时每年还出版16种语言的48种口腔期刊以及5种电子出版物。集团总裁哈泽先生虽年近七十，但精力充沛，对中国非常友好，也是一个具有全球眼光的出版家。据他告诉我，他是中国自1978年向国外打开国门后，第一个经当时的国家卫生部部长崔月犁同意并报国务院领导同意，在中国举办大型口腔学术会议的外国人。在见到我之前，他已来中国30多次，对中国出版界非常熟悉，但一直未能找到一个合适的中国合作伙伴。就是这么一个非常挑剔的人，和我却一见如故。那是2004年4月22日上午，当他在口腔中心杨化兵编辑的陪同下来到人民军医出版社时，还没有开始谈判，只是在我的陪同下在新办公大楼里看了一圈，他就从每个员工充满活力和阳光的脸上，从军医社整洁的内务和卫生间，认定这就是一个他多年来要找的中

2004年4月22日，国际精萃出版集团总裁哈泽先生（右二）来军医社访问

国合作伙伴。由于双方有了信任，所以谈判进行得很顺利。当天下午，我和他就签订了战略合作协议。协议规定，双方均为彼此在口腔医学领域的唯一合作单位。德国昆腾氏所有产品，均首先交由人民军医出版社引进出版，人民军医出版社则按照双方议定的比例付给版税。协议签订的当年，我们就精选了首批9本国际口腔精品系列丛书。为了把这批国际顶级口腔巨著翻译好、制作好、出版好，我们专门从国内最负盛名的口腔医科大学和医院聘请了国内口腔医学界的领军大家，来为我们这批名著进行翻译。在这些名家大家的努力之下，首批出版的《固定义齿修复学精要》《牙周外科临床图谱》《牙体预备的基本原则》《正畸学荟萃》等9种享誉国际医坛多年的口腔巨著，终于在2004年底全部推出。这套巨著由中华口腔医学会张震康会长作序；在制作上，国内最早采用InDesign排版，128克亚光铜版纸印刷；在装帧、设计、装订方面也全部参照国际标准。2005年1月19日，由人民军医出版社联合中华口腔医学会和国际精萃出版集团一起，在人民大会堂隆重举行了“《国际牙科名著系列》走进中国”新闻发布会。会议由我主持，国内口腔医学界的近百名专家济济一堂，国家卫生部、总后卫生部领导和中华医学会、中华口腔医学会领导亲自出席。会议由我介绍该套巨著的出版情况，哈泽先生也在会上作了演讲。会上还宣布人民军医出版社国际口腔医学出版中心正式成立。由于这批专著源于全球口腔领域内的畅销经典，作者都是国际顶级名家大师，内容是国外口腔医学的最新进展与技术，选题紧紧着眼于我国口腔医学界的紧迫需求，因此对我国的广大口腔大夫来说如同久旱遇甘雨，受到了他们的热烈欢迎。人民军医的口腔出版从此一炮打响，由国内口腔出版界默默无闻到一跃而名列前茅。从此以后，军医社和昆腾氏的合作一直非常顺利。从2004到2011年的八年间，我社共出版了80种经典实用口腔图书，其中从昆腾氏出版集团引进产品60种，占出版品种的3/4，码洋4 000多万元，占总码洋的4/5。军医社的口腔出版也一下子变成了国内口腔专著出版的领头羊，成为国内口腔医生的第一选择，尤其是口腔的二级学科如口腔种植学、口腔修复学、口腔正畸学等在口腔专著出版市场的份额一直位居第一。

在口腔图书良好合作的基础上，2007年10月，哈泽先生又与我商量，并在中华口腔医学会张震康老会长和王兴会长的大力支持下，把他原先与中华口腔医学会合作的《中国口腔医学继续教育杂志》交由军医社出版。这虽然仅是一本杂志，但它在军医社第一次开辟了书刊并举、书刊互动的新出版模式。这种模式对图书作者资源的吸引、对前沿资源的跟踪、对营销渠道的拓展，都是单出图书所难以比拟的，而这也是昆腾氏集团与国际上大型跨国出版集团的成功经验。这本杂志转军医社出版后，在总编辑、中华口腔医学会王兴会长的关心和指导下，在各位评委的精心呵护下，经过口腔中心张怡泓主任和杨准、王海燕等的精心努力，很快以焕然一新的面貌出现在口腔医学界面前，并赢得了大家的欢迎和好评，影响日益扩大。目前已发行3万余册，成了中国口腔期刊的第一品牌。继口腔中心的书刊互动出版后，我社的骨科中心、教材考试中心、内科心血管与检验出版中心，也相继走开了书刊互动出版之路。为了深入学习了解国外出版社的管理运作之道，我社还派出口腔中心张怡泓主任到昆腾氏出版社驻社考察一个月。在图书定价和宣传方面，我们也借鉴了哈泽先生的不少做法与经验。所有这些，算是与昆腾氏合作在图书之外的收获吧。

二、集全球医学出版精品为我所用

在成功推开口腔对外合作出版之后，我们又于2005年开始，先后与国际上最大的医学出版集团——爱思唯尔出版集团，以及国际上声名显赫的荷兰威科、美国麦格劳-希尔、美国林品克、德国斯普林格等全球最著名的20多家大型跨国出版集团及世界卫生组织建立了战略合作关系。其中，与爱思唯尔的战略合作，堪称与国外大型出版集团成功合作的典范。2007年，我们与爱思唯尔达成了战略合作协议，获得了骨科、妇产、护理等重点学科的合作优先权。于是，军医社先后推出了号称全球骨科圣经的《坎贝尔骨科学》以及《赫思特心脏病学》《威廉姆斯内分泌学》《Caffey儿科诊断影像学》，分别是全球骨科、心脏病科、内分泌科和儿科领域的顶级巨著，代表了相关学科最为先进的知识和技术，在全球拥有极高的声誉和地位。它们和昆腾氏口腔系列的引进一起，对进一步巩固我社在上述学科领域的出版领先地位、促进相关学科的快速发展，起到了极为重要的作用。军医社之所以和国外大型出版集团合作得如此顺利，如此有成效，主要原因有四点：

一是认识到位。记得在2007年底，我和姚磊副总编一起去看科技出版委于国华老主任时，他特别提醒我们，军医社在应对国际化、数字化大潮中，如果总囿于一己之力，不仅难以做大，且易于错失机遇；一定要在“借”字上做好文章，即借鸡下蛋、借船出海、借灯照明、借路行车、借树上房。临走时，他唯恐我们未听清他的意思，又再次对我说，一定要记住这个“借”字，没有胳膊借胳膊，没有脑袋借脑袋，要靠“借”字再上台阶。于国华主任的这一番话，进一步打开了我们对外合作的思路。我们随即开始了以“借”字为核心的新思考、新探索、新谋

与全球最大的科技出版集团——荷兰爱思唯尔出版集团签订战略合作协议

划。近几年军医社的对外合作特别是数字出版，“借”字战略始终没有动摇过。

二是彼此信任。和昆腾氏出版集团、爱思唯尔出版集团等多家国际出版集团的合作，都已长达十年左右，目前仍在稳定合作，彼此的信任和真诚最为重要。军医社在与国外同行合作一开始，我就明确要求，绝不允许隐瞒一本印数，绝不多算一分成本，绝不少给对方一分利润。在和昆腾氏合作的前几年，我好几次主动对来访的哈泽先生发出邀请，请他到库房现场去核查一下印数，他每次都给予明确的拒绝，并说他相信军医社、相信我。也正因为有了彼此之间的信任，我和昆腾氏的哈泽父子、爱思唯尔亚太区的林玉祥总经理和中国区的王春茹总经理、威科集团驻中国的张莎莎总经理之间都建立了很好的合作关系，有的还成了很好的朋友。

三是方法正确。一本选题错误先天不足的图书，再好的翻译和制作也等于零。引进书也是如此。所以，在每次军医社编辑去国际图书博览会选书之前，我都会组织一次会前会，要求编辑们按照各自专业分工，邀请本专业内外语好、对本专业业务精通、熟悉国内最新进展的医学专家两人，与我社编辑一起，共同组成相关专业选书小组，并在图书博览会开展的第一时间，到各个参展的国外大型出版集团展位前选书。由于我们准备充分，每次北京国际图书博览会开幕的当天，军医社几十位身穿统一制服的员工，带着几十位医学专家，立即分赴世界各国各个对口专业的摊位前，进行紧张而有序的“书海淘宝”，这已成为每届国际书展上一道亮丽的风景线。每年书展下来，军医社都是硕果累累，满载而归。就拿2009年9月3日到7日第16届北京国际图书博览会来说，在这届由56个国家1 320家出版单位参加的国际书展上，军医社除了对参展的医学图书进行海选外，还与22家国外出版社进行了会谈。我和曾星副社长、姚磊副总编辑在会场先后与德国斯普林格公司总裁Haank先生、美国麦格劳-希尔公司高级副总裁Allen先生等就精品图书和数字出版进行会谈。共达成版权引进意向图书98本，其中林品克公司的《成人骨折》、麦格劳-希尔公司的《Hazzards老年和老人医学》、MEDICAL VIEW株式会社的《外科标准手术》、美国骨科协会的《骨科教程》系列等，均为享誉国际医学界的名著，从而在第一时间把全球最新出版的大部分医学图书精品收入囊中。实践证明，我们采用的这种编辑加专家现场选书的办法，对于选准、选精、选全各国最新推出的医学名著，提升选题成功率，防范和减少选题失误，起到了极为重要的作用。

四是有一个好的版权人。军医社虽然没有设立专门的版权部，但在总编办一直有一位专职的版权经理，刚开始是由杨化兵兼管，随着整合出版成为社里的三大战略后，就由孟凡辉专职负责这项工作。作为版权经理，除了要精通外语和版权知识外，还要负责与全球各国医学出版社进行密切沟通，要与社内各个策划编辑密切协同，对自身的素质要求和工作节奏要求都是相当高的。版权管理的专职化、规范化、国际化，保证了军医社大量的版权工作有条不紊地进行，并能一年上一个大台阶。几年来，不仅快步走开了与国际上20多家大型医学出版集团的合作路子，还成功推出了以《坎贝尔骨科学》、昆腾氏口腔系列等为代表的近200本国际高端译著，并连续获得总署颁发的“引进与输出出版物奖”。近几年来，全社每年引进的图书一直稳定保持在80种左右，引进图书总码洋年均为2 000万~3 000万元，占到全社总量近10%，这对全社的快速发展，对一些重点学科精品板块的快速形成和市场地位的快速提高，以及更新出版理念、加速与国外最新最高出版水平的接轨，都起到了有力的提升与拉动作用。

当然，要做到这一点，没有前期的学科专业细分，没有强大的专家资源支撑，没有专业的翻译、加工、制作能力，没有近些年快速发展在国外同行中建立起来的信任度、美誉度，也是不可能的。

三、军医社也能大步走出国门

与国外合作的目的，除了引进最新的医学科学技术，以发展医学、造福社会外，学习他们的先进出版做法与理念，也是一个重要方面。这一点，是我从昆腾氏日本分公司的做法中得到的启示。

记得那是2007年，我和杨准应哈泽先生和昆腾氏日本分公司总裁佐佐木先生的邀请，到日本横滨参加由哈泽和佐佐木共同主持的日本口腔大会。那是有近5万人参加的规模空前的口腔盛会。在会上，我用了近半天时间对日本昆腾氏的数百本展书进行了逐本了解，发现绝大部分都为日本昆腾氏公司自己出版的口腔著作。陪同我的哈泽先生告诉我们，20年前，在昆腾氏日本分公司刚成立的前几年，他们基本上靠大量从德国引进；20年过去了，日本已很少从德国引进；相反，日本的不少产品开始输出到德国和昆腾氏在世界上各个国家的分公司。这个例子对我的启发很大。引进的目的，是为了不再引进，是为了尽快让中国文化、中国医学、中国出版走向国际，这才是我们这一代中国出版人的应有担当。日本人能做到的，我们也一定能做到，而且应该做得更好。记得我和杨淮从日本书展上挑选了近40本样书，装了满满两个大纸箱，两个人硬是背回了北京。回来当天晚上，我连夜赶写了出访报告，制作了PPT，第二天就召开了全社编辑大会，让编辑们现场观摩我们从日本背回来的样书，并进行逐本介绍。同时也介绍了日本昆腾氏的书刊互动、书会互动、书培互动的成功经验，使大家深受启发。加上近几年与美、德、英、荷等国际大型出版集团交往中学到的经验，特别是从与德国昆腾氏深度交往中学到的东西，使全社编辑的眼界大为开阔，了解了国际最先进出版机构的最新理念、思路、做法，使我们从单纯地做传统纸书出版的初级阶段，一下子跨越到了国际出版前沿。这种跨越，如果关起门来自己摸索，不知要费多少时间，走多少弯路。而这种交往，使我们与国外搞了一二百年出版的大型跨国集团站在了一起。也就是从那个时候起，全社同志开始把眼光投向更为远大更为广阔的国际出版大市场，从而在更新出版理念、加快书刊互动、提升图书策划与制作水平的同时，将眼光投向世界，加强对向欧美主流市场输出图书的策划和推动。

在此之前，军医社虽然也有过少量的对外版权输出，但都是中医小册子方面的选题且集中在中国周边国家如新加坡、韩国、日本及中国香港、中国台湾地区，而向欧美等出版大国的输出一直未能迈开步子。通过广泛开展与国际大型跨国出版集团的合作，我们对欧美国家的最新出版理念有了全面了解，我们自身的出版水平和质量也随之不断提高。在选题策划和制作实力方面，我们已开始具备了打入欧美出版市场的能力，但要成批量地打入欧美市场，我觉得还有两个条件没有具备：一是缺少对国外市场及读者需求的深入精准把握，二是缺少准确生动传神的医学英语翻译。2008年初，当中医出版中心的周垒告诉我，原人民卫生出版社的编辑，现任职英国多尼克出版公司的李燕萍老师回国探亲时，我意识到，与既懂中国出版也懂国外出版的人接触，是了解国外出版市场、拓展合作渠道的一个重要机会。在和李燕萍老师交流后，知道在国外有不少读者对中医、针灸、保健等读物非常喜爱，只是由于选题不对路，写作结构方式不适合国外读者阅读习惯，特别是我们自己写的中式英语令国外读者很不舒服，很不利于中国图书进入国外市场。为了解决这个问题，我和李燕萍老师商定，由她在国外组织需求调研，军医社和多尼克公司共同确定选题，由我们在国内组织作者撰写和初步翻译，再交由多尼克公司负责翻译把关后，由国内组织印制，最后由多尼克公司负责组织海外推广和销售。

按照上述思路和分工，我社黄建松主任、王显刚主任开始紧锣密鼓地开展策划、组稿工作。经过半年多的紧张努力，我们终于在2009年德国法兰克福国际书展前，成功地赶出12本专为国外读者量身定做的精美图书，以及中医操作类4张VCD、3种中英文对照版图书和3种挂图。2009年德国法兰克福书展，是全球出版人的一次空前盛会。全球100多个国家7 000多家出版社参展，参展图书达40万种之多。这也是中国作为主办国

在德国法兰克福书展上，作者与美国林品克公司签署版权引进协议

首次参展，时任国家副主席习近平同志亲自出席。国内也派出了由柳斌杰署长亲自带队的272家出版社组成的最强阵容，体现了党和国家对中国文化走出去的高度重视。

2009年10月13日，当姚磊副总编辑带领王显刚、黄建松主任和孟凡辉编辑在法兰克福书展上第一次摆出人民军医的图书后，立即吸引了来自世界各国参展商的眼光。短短三天时间，在我社带去的20本图书中，《中医基础理论（国际针灸教材）》《中医诊断学（国际针灸教材）》《人体经络腧穴（国际针灸教材）》《针灸治疗学（国际针灸教材）》四本书的英文版权被英国杰西卡·金斯利公司购买，《中医基础》《中医针灸》两本书的英文版权被美国琼斯·巴特勒公司买走，还有13本图书和六种数字音像产品分别与美、英、德、法四国有关公司达成了版权输出意向。参加过国际书展的人都知道，在国际书展上，现场签订输出版权协议的难度是非常大的，绝大多数仅能达成合作意向，我社不仅能正式签约，而且数量达到六本之多，这是很少见的。加上有合作意向的，达到20个品种的规模。特别是数字音像产品受到外商的高度重视并达成了合作意向，十分引人注目。军医社在法兰克福书展上的突出表现，也引起了同行、媒体及有关领导的高度关注。中宣部出版局张小影局长（现为经济日报社总编辑）亲临军医社展台，对我社在国际书展上取得的突出成绩给予了充分肯定和高度称赞。法兰克福书展上军医社版权输出工作的首战告捷，极大地鼓舞了全社编辑的士气。

之后的几年中，军医社在走出去方面又陆续取得了一个又一个骄人的成绩：向英国唱龙公司成功输出了*Tuina Manipulations Demonstrated*和*Needling Teaching Demonstration*两本英文版权；在数字出版方面，与全球著名的大型出版集团——荷兰威科出版集团达成了战略合作协议；与多尼克公司合作出版的《针灸治疗伤科与神经科疾病》《分析前因素对临床检验结果影响》《常用腧穴临床应用》荣获全国输出版图书奖。几年中，军医社实现向境外输出版权总量达120项，不仅创造了军医社历史上的最佳纪录，而且使军医社的品牌和影响冲出了国门，并为中国文化走向世界做出了重要贡献。

除了图书合作之外，《解放军医学杂志》也与德国的贝塔出版社（Beta Publishing）进行了杂志的长期合作。总后勤部把军医社作为对外合作的一个窗口，我在军医社先后接待过德国、埃及、印度等多个军队代表团。记得2003年德军军医副总监纳卡特少将到我社访问时曾说：“军医社是我见到的全世界军队中最好的出版社。如果有机会，我愿意成为你的员工，到军医社来工作。”当然，我知道他这是开玩笑，但也确实体现了他对军医社的由衷欣赏之情。三年后的2006年4月，当我受贝塔出版社魏茨克社长邀请去德国访问，同时又作为中国军医代表团成员出席“中德军事医学论坛”时，他作为大会的东道主，百忙之中抽出时间在波恩城外、美丽的多瑙河之滨的一个很有特色的餐馆里，单独设宴款待我这个来自中国军队的老朋友。2010年11月，当“中德军事医学论坛”在上海第二军医大学召开时，我和他又在会上相遇，这时，他已荣任德军军医总监并晋升为中将，作为德军第四军种的司令（注：德军卫生兵不归后勤领导，而是自成体系，排在陆海空三军之后，德军军医总监又称为卫生兵司令）。我们一见面，就像老朋友一样紧紧拥抱并合影留念。交谈中，他还记得七年前访问军医社的很多细节及留给他的美好记忆，风趣地说他一直想成为我的员工，很遗憾至今未能实现，并对军医社再次给予很多称赞。尽管军医社在国内外得到过很多同行的称赞，也得到过很多领导的夸奖，但面对一名德军中将的由衷赞誉，我感到格外自豪。当然，我知道，这些荣誉是属于中国军队的，也是属于军医社的。

第十三章

中国应急出版的轻骑兵

2008年7月28日，汶川地震刚刚过去两个半月，国家新闻出版总署柳斌杰署长专门来军医社看望大家，并满怀深情地讲了下面这段话：“今年的抗震救灾中，人民军医出版社发挥了不可替代的作用，及时出版了20多种有关抗震救灾的、人民群众急需的、灾区军民企盼的图书，这些包括心理、防疫、救治等各个方面内容的优秀图书，受到社会各界的一致好评，更看出我们人民军医社在这样特殊的、关键的时期所发挥的重要作用，令我非常感动。”“你们一直坚持发扬了我党我军的光荣传统，坚持为国家大局服务、为全军服务、为国防建设服务、为出版全局服务的方向，特别是在国家遇到特殊的、突发的重大灾难事件时，人民军医出版社总是走在前面。尤其是在这次抗震救灾中，做得非常好，表现得非常突出，是我国整个出版界的一个优秀代表。”

一、抗“非典”中的军医社速度

2003年的春天，“非典”，一场突如其来的瘟疫，如同铺天而来的黑云，瞬间覆盖了中国大地。特别是当它装扮成普通病毒潜伏于一个个普通发烧感冒的病人身上但又可能随时置人于死地时，它的狰狞和可怕，使人们一下子被笼罩在一片恐慌无助之中。

烈火见真金，板荡识忠臣。在国家民族面临重大灾难的危急时刻，人民子弟兵挺身而出！我所尊敬的张雁灵部长，此刻被中央军委和总后勤部紧急点将，临危受命，从国防大学星夜赶往仅用七天时间赶建出来的有1 000张床位的小汤山医院担任院长，肩负起扑灭抗击“非典”基地总指挥的千斤重担。

作为军医社社长，此时此刻，我虽不能和首长与战友们奋战在抗“非典”的最前线，但我知道，部队官兵和广大人民群众正在企盼我们给他们送去另外一种抗击“非典”的武器——防治“非典”的知识！

我驱车来到总后卫生防疫队找到李锋队长，和他谈了我的想法，请他指派专家连夜赶写一本“非典”防治科普图书，得到了他的赞同和支持。经过几位专家的连夜奋战，一本近4万字的防“非典”手册就拿出了初稿。在总后卫生防疫局李春明局长、防疫队李锋队长审查时，我安排了加工、校对、美编、排版等有关人员同步突击。第三天，一本《部队官兵防非典手册》就开始装车，发往驻京部队和各大书店。

与此同时，我在思考如何为地方广大人民群众出一本更通俗、易懂、实用的科普小册子。而出这本书的前提，就是要准确把握广大人民群众的需求，这在当时要求尽量减少集会的情况下，像平时一样去调研和开座谈会，已无条件做到。既然出去调研不行，那就开家人座谈会吧。晚上下班回家后，当我向夫人郭静和儿子帅帅谈了我的想法，并向他们询问社会上对预防“非典”的知识需求时，他们两人把他们单位的员工和学校同学的各种疑虑、担心，一下子说了很多。比如，出门公交还能不能坐？还能不能和人握手？到底怎样才是正确的洗手方法？室内

2003年4月，抗击“非典”接紧急出版任务时作者与全社员工一起通宵加班

如何科学地通风换气？等等。四五个小时下来，提出的问题已有上百条，经过归类，最后整理为66条。这66个问题，都是老百姓在生活中实实在在所遇到、所关心、所疑惑和所急需解决的。第二天一早，我再次驱车赶到总后卫生防疫队，将这66个问题交给李锋队长，他看后也觉得好，当场就组织了几位专家，分头对这些问题进行解答。不到一天，这66个问题就全部解答完。经紧急编辑加工，汇编成册后，我把它起名为《防非典实招66》。这本书因其系统简明扼要地回答了老百姓所关心的问题，4月底一上市，即受到了特别热烈的欢迎。一周内即发行20万册，创造了名列全国非文学类畅销书前列的不俗业绩。“五一”刚过，江西一家书店就来电话，准备一次性买进20万册。陕西省新华书店领导在众多的防“非典”图书中，挑选出《防非典实招66》，准备印刷100万册向

全省下发，并通过总后宣传部向我社联系订购该书版型。这也打破了军医社建社以来科普图书的最高发行纪录。

在策划出版了以上两本图书并在五一劳动节向部队和社区赠阅的过程中，我发现不少连队和社区的黑板报，都在引用我们出版的书中内容。他们反映这些内容虽然很好，但如能多加些插图，再加上便于记忆和传诵的防治要点，那就更好了。听了他们的反映，我觉得很有道理。于是，我决定利用“五一”假期，以诗配画的形式，赶出一本全新的防“非典”科普图书来。诗配画的“诗”是基础，要通过“诗”这一部分，对防治“非典”的相关知识进行高度概括，使之读起来朗朗上口，便于记忆；虽然我的诗写得不好，但我本人有医学和中文的专业基础，还是能够用“诗”这种形式，把防“非典”的相关知识要求用诗化的语言准确表达出来。至于“画”这一部分，正在我为找不到合适的漫画家而发愁的时候，曾星副社长主动为我推荐了他的中学同学、安徽省著名漫画家、合肥市政协副秘书长韩一民。当我在电话中请他利用“五一”假期为防“非典”诗配画时，他当即一口答应了。当时，军医社能给的稿酬是比较低的，但他表示毫不介意，只要能为抗“非典”出点力就行。就这样，放下电话后，我俩就当即投入了编写工作。为了加快编写进度，决定采取我写一段诗文，他配一幅画的办法。等我把文字写完了，他的几十幅插画也都加班加点同步赶出来了。五一劳动节过后，我俩合作的这本书稿也拿出来了。这本《抗非典歌诀图解》于5月9日推出后，尽管随着天气转热和“非典”发病率降低，防“非典”图书已普遍下滑，但由于该书独具特色，别致新颖，首印5万册，三天内即销售一空。我曾到总后直属单位去走访，发现这些单位的黑板报上，好多是选登《抗非典歌诀图解》一书的相关内容，可见看出这种图文并茂图书的受欢迎程度。

在直接策划和编写这三本书的同时，我还组织军医社相关中心分别出版了《防非典挂图》等七种防“非典”出版物。这十种各具特色的军医版抗“非典”图书，从多个方面创造了行业纪录：一是数量最多，品种最全。所出的十种抗“非典”图书，约占全国防“非典”图书品种的1/5。二是时间最短，速度最快。我社出版的十个品种防“非典”图书，全部用时仅一个月。其中《防非典实招66》和《部队官兵防非典手册》，从选题策划到编印出书，最快的仅用四天时间，创造了军医社历史上出书最快的纪录。三是选题精，销量大。十种防“非典”图书共印53万册，造货码洋达到200万元。四是编辑、发行打破常规。在“非典”流行期间联系专家不便、书店发行渠道不畅的特殊情况下，在社里确定选题思路后，社领导和新老编辑一起动手，拟提纲、写稿子、送样书、搞发行，既当作者，又当编辑。特别是4月底疫情最严重的时候，全社同志按照社里的分片包干任务，冒着危险，分批分组走上北京街头，在一天多的时间里就把图书送到了全市街头的大小书摊，并通过这些大小书摊送达全市群众手中。与此同时，我们还多次组织人员向总后机关、小汤山医院和基层官兵送书，总量达到6 200册，向社会各界送书近14 620册。全社员工也纷纷行动起来，通过各自渠道联系推广。在全国图书销售网站中，我社的十本抗“非典”图书有三本进入了前十名。对于军医社在抗“非典”图书出版中的突出表现，总政宣传部在《解放军报》头版进行了专门介绍。总后卫生部白书忠部长赞扬军医社“在抗‘非典’出版中做出了突出成绩，是一支能打硬仗的队伍”。

第一次应急出版，军医社就打了个漂亮仗！

二、汶川抗震中的特种部队

2009年5月12日，一场突如其来的大地震，撼动了大半个中国。

那天中午，我正在北京的家中，突然感到大楼一阵抖动，让我一下子意识到这场地震的格外不同。当我赶到办公室时，电视上已经预告了这场地震的级别是里氏8级，来自四川汶川。

常识告诉我，超过8级的地震属于特大地震。第一时间我该为灾区做些什么呢？凭着直觉，我觉得要办的第一件事就是组织捐助和救灾应急出版。于是，我马上拨通了几位社领导的电话，紧急召开党总支和社中层干部会。会议决定：（1）马上组织全社员工为汶川灾区捐款。（2）由社办负责了解本社四川籍员工家中受灾情况并进行慰问。（3）由发行部针对灾区需要组织捐书。（4）对这次特大地震所带来的出版需求与走势做出以下三个方面的判断：第一，这是一场现代科技知识含量很高的医学大救援，它将对医疗救治、防疫和心理救助知识产生巨大需求。第二，这次地震将按紧急救治、防疫防病和灾后恢复这三个不同阶段，依次产生医疗救治、震后防疫防病和心理救助出版物三类需求。针对这三类需求，应紧急安排医疗救治、防疫防病和心理救助这三大系列出版物的出版。第三，准确判断这三类出版物的内容、结构与形式特点，最大程度地实现这三类出版物的使用价值与出版功能。在医疗救治系列出版方面，要根据医疗队员大多为来自各大城市和军队大医院中的专业医生，熟悉本专业伤病的救治，而对跨专业、多部位的地震复合伤不熟；熟悉平时一般疾病的诊治，而对压在废墟下多合并有感染、脱水、休克的危重伤不熟；熟悉在医疗设备齐全的正规医院环境条件下展开救治，而对地震伤大都在野外现场救治不熟的特点，加强内容的针对性。医疗救治手册的内容要侧重复合伤、危重伤和野战条件下的急救知识；采用条目式、纲要式编写方式，简明扼要，一目了然；开本选用小32开，方便医务人员装入白大褂口袋随身携带。封底上印有彩色书签，以便医务人员在紧急情况下不查目录即可快速查阅。在防疫防病系列出版方面，考虑到灾区群众易学易懂的需求，我们将内容编写成顺口溜并采取配图画的形式，使之一看就会。考虑到医疗队员急需各类地震伤救治知识、防疫人员急需震后防疫指导知识、普通灾区群众急需震区防病知识的实际，决定启动应急出版机制，火速开展上述选题的紧急组稿和出版工作。

5月13日上午，我在召开的全社员工大会上作了简短动员后，即和各位社领导与总支成员当场带头捐款，全社员工无一不慷慨解囊，踊跃捐款，那种场面至今还历历在目，令人难忘。会后，办公室将捐来的6万元现金，当天即联系中国慈善总会，请其代为转捐给四川灾区（在这次捐款后的一个星期，总后机关再次组织捐款，大家又一次积极参加）。开完捐款会，在安排姚磊副总编带领总编办向灾区捐书（包括《现代创伤骨科学》《实用创伤救治》等）工作后，我即驱车前往全军疾病预防控制中心，与所领导共商为灾区群众出一套震后防疫知识读物。根据专家们的意见，确定从把好饮食、饮水、个人卫生、环境卫生和精神心理卫生这五个环节入手，采取诗配画挂图这种通俗易懂的形式，名字就叫《震后防疫把五关》，并确定由该所科研处贾红处长亲自执笔，很快就拿出了初稿。5月14日晚，我连夜修改定稿后，即交军医社于春华美编绘图，这套全开本两幅一套的宣传画正式定版并付印。

5月15日，全军组建的医疗队和防疫分队开始开赴汶川。地震伤诊治指导手册需要紧急编印，为抗震救灾一线指战员编写一本心理防护手册也是当务之急。为此，15日早上一上班，我和姚磊副总编即来到解放军总医院，找到医务部主任郭渝成少将。她对我们的提议极为赞同，当场商定了书名，并高兴地接受了由她担任这两种出版物主编的邀请（《地震伤急救手册》的另一位主编由著名骨科专家、解放军总医院骨科主任王岩担任，《震区防疫手册》的第二主编由我担任）。她还告诉我们，遵照秦银河院长（现任总后勤部副部长、中将）的指示，他们已着手组织编写《地震伤急救手册》，稿子将尽快交给我们加工。

5月16日晚上，在我召开全社中层干部大会进行应急出版紧急动员后，《震区防疫手册》和《抗震救灾一线指战员心理防护手册》初稿正好赶出来了，我和姚副总编带着编辑开始突击加工。加工完成后，我和姚副总编带着有关人员，于凌晨3点赶到301医院，了解《地震伤急救手册》的编写进展情况。当我们走进医院办公楼三楼会议室时，发现301医院外科的王岩主任、张国华主任、侯树勋主任、杨庭树主任、陈振玉主任、沈洪主任等近30名著名专家，分别围坐在几面大的投影前，正在对书稿进行最后修改把关。看到这些我十分敬重的军内外大家名家，有的都70多岁了，还是通宵达旦地为灾区操劳，我的心里不禁一热，近几天加班的疲劳已随之一扫而光。我仔细看了一下打在各个大屏幕上的书稿，发现有一个共同的特点，那就是对各个部位的伤情诊断和治疗，全部采用统一的条目式编写方式，提纲挈领，非常清爽，使人一目了然，非常便于在野外救治时快速浏览和要领性掌握。看到各位专家如此辛苦，我实在没有理由再催促他们。我想宁愿我们多辛苦一些，也尽可能让专家们少熬点夜，明天还有病人和手术在等着他们呢。想到这里，我和郭渝成主任商量，初稿出来后，就不用专家们辛苦修改了，直接交给我们来编辑加工；也不要等全部稿件出来，现在就开始流水作业，出来多少先交给我们；我们派人派车在这里等着，写出一部分，我们就接一部分。17日凌晨4点15分，第一批稿件接到了军医社。早已在社里等候了大半个通宵的近30名加工编辑、校对编辑、美术编辑，以及排版和版式设计人员，按照各自分工，立即高速运转起来。我和姚副总编则守在照排室，现场研究稿件编写中遇到的各种问题，全部稿件实现了边写、边送、边编、边校。从17日凌晨4点收到稿件到18日晚11点将首批三种出版物全部出齐，只用了43个小时，这部13.6万字的《地震伤急救手册》已全部完成。加上17日前已完成的《震后防疫把五关》《震区防疫手册》和《抗震救灾一线指战员心理防护手册》，各印1万，共计4万册，于18日紧急运往灾区。

汶川地震后军医社紧急出版的部分抗震救灾图书

这是一次特别的行动！

继第一批四种抗震救灾出版物送往灾区后，我立即组织图书编辑部有关人员，研究灾区部队和群众需要，又确定上马《灾区医院感染预防指南》《震后心理指导手册》《灾后传染病防控须知》《灾区驻地卫生须知》《地震灾后传染病防治手册》《救灾防疫消毒技术指南》《震区防疫知识问答》（光盘），音像部还赶出了《凝集的爱》抗震救灾歌曲专辑、《震后音乐心理减压MTV》等近十个品种。全社上下一直以高昂的精神状态，快马加鞭未下鞍，继续争分夺秒地投入到抗震救灾出版之中。

5月18日晚，正当我们在社里继续加班时，接到中宣部出版局郭义强副局长的电话。他说，由于灾区医疗队急需跨专科的伤员救治知识、经验和技巧，希望出版一本简明实用的专业指导手册；随着灾区天气渐渐炎热，震区的防疫工作也被提到重要议事日程。胡锦涛主席和温家宝总理都明确要求，要“确保大灾之后无大疫”！在灾区中普及震后防疫知识，急需一种震后的科普防疫宣传品，以及一本专业的防疫手册。为此，中宣部出版局通过对全国几百家出版社已出版的抗震救灾出版物进行拉网式查找，发现军医社刚出版的《地震伤急救手册》《震后防疫把五关》《震区防疫手册》，选题贴近实际，内容科学实用，版面美观大方，制作精美漂亮。他们准备将这三个产品，另加四川人民出版社和二十一世纪出版社的各一个品种，选为中宣部赠送灾区的五种捐赠图书，要求我们做好捐赠准备。

5月19日清晨，我和家人刚收看完央视播放的国家地震局发布的关于当天四川震区将有6~7级余震的通告，接到中宣部出版局张拥军处长的正式通知，18日确定的五种捐赠图书，经18日晚中宣部分管领导批示后，19日一上班即报中央政治局委员、中宣部部长刘云山，首长当即亲笔批示：“很好，抓紧落实。”张拥军处长让我们按照中央首长指示，尽快前往灾区，就地各印10万册。并告诉我，原定中宣部准备去位领导带队，由于另有重要任务，经研究，由我社去一名领导，代表中宣部，前往灾区实施捐赠。

放下电话，一种庄严的责任感油然而生。当兵40年，我还是第一次接受中央领导交办的任务，而且是直接服务灾区广大人民的任务，它神圣而光荣；但执行这次任务的时间，正好在即将发生大余震的前夕，此时去灾区意味着将面临巨大的危险。从某种意义上讲，这将同1984年上老山战场一样，这又是一次上战场、上前线。如果说平时加班加点只是付出辛劳的话，而这次灾区之行，面临的将是生死伤残的考验。虽然我可以指定一名社领导带队前往，但这不是我的风格。在这危难时刻，我这个当社长的，必须冲在最前面，而不能把它推给他人。因此，几乎没有任何考虑，我已决定，这次灾区之行，我要亲自前往。我当即向在家的贾万年副社长、曾星副社长、姚磊副总编等几位社领导通报了我的想法，并分别交代了手头重要工作。然后通知《人民军医》杂志编辑部王敏主任和骨科出版中心黄建松主任，随我一起去灾区；通知王敏主任负责购买当天12点前的飞成都机票，确保当天下午赶到灾区；通知出版部陈琪福主任，两个小时内准备好全部胶片，交我们带往灾区，以便就地印刷；通知总编办黄春霞主任与四川省委宣传部和省新闻出版局联系，请他们代为联系好三家印刷装订工厂；通知社办取消原定我主持的上午9点全国追悼会军医社分会场的安排，改由贾万年副社长主持。最后，当我告诉郭静要去灾区时，她还是感到很难接受，因为她已从电视中看到了国家地震局关于将要发生强余震的播报，知道这时去灾区意味着什么，但还是在听了我的解释后，最终理解了我的“危难关头，我当社长的不去谁去”的想法，在关键时刻支持了我。

就这样，我和王敏、黄建松主任乘坐中午12点的班机，于下午两点半到达成都。在进城的路上，我发现一个很奇怪的现象：由机场进城的路上，基本没有车辆；而在出城的路上，则挤满了出城的人群，开车的，骑电动车、自行车的，甚至骑平板车、赶马车的，也有少数步行的，扶老携幼，拖家带口，把出城的马路挤得水泄不通，整个人流只能在马路上缓缓地流动。进城以后，发现城里人已很少，大多数楼房已人走楼空。看到地震给有的楼房留下了大小不等的裂隙，如果今晚真的再来一场7级左右余震，这些已有内伤的房屋必倒无疑。在这种情况下，出城避震应该是最好的选择。

为了抓紧时间，我们从成都双流机场驱车直奔在北京已联系过的三家印刷厂。当我们到达第一家印刷厂时，厂里空空荡荡，厂长赶来见我们，告诉我们工人都已出去避震，在强余震即将到来的前夕，再把工人找回来加班，是根本不可能的；况且这些工人中有不少人还要照顾在前几天地震中受伤的家人。告别厂长，我们又来到西南财经大学印刷厂，这家工厂还不错，年轻的厂长告诉我，厂里在接到上级通知后，他们专门留下了部分工人，但只能承担《震后防疫把五关》挂图的印制，其他任务得另找工厂。在和他详细交代了有关事项和要求后，我们来到了成都地区规模最大的四川新华彩印公司，接待我们的公司总经理又称为厂长的姓徐，是从部队转业下来的，他接到通知后，已为这次任务留下了部分工人，正等着我们交代任务。有了他的支持，我在跑前两家工厂时一直悬着的心终于放了下来。跟他来到车间，这是我在北京也未见到过的特大现代印装企业，高大宽敞的厂房、崭新先进的设备、高度自动化的流水线，让我这个老出版也暗自称奇。王敏和黄建松两位主任当即和他们工厂的相关负责人一起，逐张交接胶片，开始现场拼版，工人们各就各位，晚上11点左右，三台大型海德堡印刷机同步启动。雪白的书稿从机器中一张接一张地飞出，在认真检查印刷质量没有问题后，我才突然感觉肚子饿了。原来从早上到现在，只是在飞机上垫了一点，一天竟忙得忘了吃饭。

回到车间，把各台机器印刷出来的样品又检查一遍后，我隐约感到车间气氛有点不对，除了紧张的工作之外，似乎还有一种悲哀凄凉感。抬头看了看，原来车间的大屏幕上，正在滚动播放关于当晚将要有6~7级余震、请大家做好防范准备的通告。想到徐厂长和我讲过的不少工人的家在都江堰，家中都还有伤员，而此时他们为了完成中央下达的任务，既不能照料受伤的亲人，更要冒着随时有可能发生强余震的生命危险，坚守在这个平凡而重要的岗位上。想到此时，我不由得对这些加班的工人师傅们，从内心深处涌出深深的敬意，感到他们就如我在老山前线浴血奋战的战友们一样，是那样的可亲可敬可爱。我也知道，我们此时所在的这个超宽跨度的厂房，如果真的有6~7级余震，在这里面是相当危险的。在此时机器已全部正常开印，我们和徐厂长是完全可以离开厂房，去安全的地方休息的。但面对这些可敬可亲的工人，我觉得，此时我们应当留下来，留在这个厂房，留在这个车间，和工人们患难与共，并肩战斗。徐厂长也是同样的想法，他说，在工人们悲伤危险的时候，我们作为领导，只要出现在他们身边，就是对他们无言的理解和关心。虽然那天夜晚并未像国家地震局预报的那样发生6~7级地震，但不到一个小时就有一次余震，明显感到楼在晃动。但不管怎么地动楼摇，我、徐厂长和王敏、黄建松主任四人，一直坚守在车间，坚守在工人身边。我们虽然不懂印刷，只能做点对印刷品进行检查和协助拼版等小事，并不能为工人师傅们更多地分担工作，但毕竟我们始终和他们并肩战斗在车间，体现了特殊战斗中特殊战友之间的至诚关心。

几个小时后，工人师傅们看到几位领导始终和他们在一起，大家的情绪也都逐渐平复。凌晨4点多钟，徐厂长说让我休息一会儿。虽说地震以来的这些天都未怎么休息，但因为任务一项接着一项地压着，所以始终处于高度亢奋状态。而现在各项任务进展顺利，疲劳和瞌睡也开始一齐袭来。王敏和黄建松也辛苦多日未能休息，这时也开始打起瞌睡。我们三人和徐厂长一起，从墙角找来几片纸板和几张包装纸、报纸，铺在车间大门旁的马路上，权当铺盖；又找来两块砖头，当作枕头。也许是太累的缘故，尽管是睡马路、枕砖头、盖报纸，还是一觉睡到了天亮。早上起来，身上盖的纸都已被露水淋湿，头也被砖头硌得生疼，但还是美美地睡了自“5·12”地震以来最为香甜的一觉。

5月20日上午，为了把这批抗震救灾出版物尽快发送灾区，我们三人吃过早饭后即赶到四川省委宣传部和省新闻出版局。宣传部和省局领导非常重视，和我一起对向汶川和绵阳、都江堰等地的捐赠活动及与省慈善总会捐赠等做了统一安排，决定采取点面结合的方式，即由我代表中宣部直接向部分点上赠送，全省十多个县市灾区的赠送由省新闻出版局和省慈善分会分别组织，并派出四川电视台一套的一个采访组跟随我们并做好全程采访。省新闻出版局在家的周国良局长等五位局领导和我们集体会面，听取我对捐赠活动的安排意见，共同研究实施方案；对西南彩印厂提出的印刷用纸不够问题，决定紧急借调原本为秋季中小学备用的教材专用纸张，并指派省局党组副书记张晓杰和图书出版管理处孙处长专门负责和印装、仓储、运输、书店等有关部门单位的协调。在省委宣传部和省局的高度重视和帮助下，整体捐赠活动进展顺利。

5月21日下午，首批捐赠灾区的三种出版物全部印装完毕，装了满满六辆12吨的大卡车。“中央宣传部捐赠图书”的红色横标，醒目地悬挂在卡车的两侧；每包书的封口上，也都印上了同样的字样。早上8点，我带着由六辆大车和首车、采访车各一辆组成的车队，浩浩荡荡地驶出了印刷厂大门，开始按省委宣传部确定的单位，先后到都江堰抗震救灾指挥部、四川农业大学临时安置点和都江堰市医院，向灾民和医疗救援人员进行现场捐赠。所到之处，我们均在当地志愿者的配合下，一边将挂图进行张贴，一边将图书送给医疗队。医疗队员和防疫队员们对《地震伤急救手册》和《震区防疫手册》非常喜欢，争先恐后地前来领书，其

2008年5月24日，在四川都江堰希望小学捐书后作者和孩子们合影

中《震区防疫手册》半个小时就发放了1 500册。有的领了后立即津津有味地读起来，有的还专程返回要为值班的同事带领一本。每张挂图张贴后，也都会立马围上一大群人观看。我的笔记本上至今还记载着当年现场采访的记录。一位看了宣传画的中年男子说：“这些画形象生动，顺口溜也易背易记，很适合我们看。”一位眼科医生说：“这本《地震伤急救手册》太好了！地震伤大都是复合伤，而我们又大都是专科医生，加之缺少在大医院的检查与诊治条件，与平时在医院处理起来有很多不同，工作中有很多棘手问题，这本书就像是给我们请来了一位老师。”两名志愿者对我说：“《震区防疫手册》篇幅虽然不长，但有100多个知识点，内容涉及灾区防疫的方方面面，像个防疫小百科，对我们这些志

愿者特管用。”都江堰市卫生局刘局长对我说：“这些东西来得太及时了。现在灾区吃住问题基本解决了，但防疫救治工作难度非常大，中宣部给我们送来的防疫救治知识，确实是雪中送炭！”看到自己与战友们的心血和劳动成果如此受灾区人民群众和医务工作者的欢迎，我心里感到莫大的欣慰。接着，我又到成都军区总医院、成都军区疾病预防控制中心、解放军总医院驻成都医疗队等单位，进行了现场捐赠，同样受到了热烈欢迎。

5月21日晚上，我从灾区捐赠地点回成都后，又到四川省民政厅和省慈善总会，与有关领导协商了捐赠方案。

5月22日上午，正式将所有捐赠图书转交给四川省民政厅指定的省慈善总会，并办理了交接手续。22日下午，正当我胜利完成任务准备返京时，接到总政治部宣传部的电话，要我留在成都，准备第二天参加全军出版社为灾区捐赠的活动。5月23日和24日两天，我又与解放军各出版社近20位社长一起，分别到绵阳、绵竹等地灾区开展现场捐赠活动。沿途看到我前两天送来的《震后防疫把五关》张贴画已张贴在不少灾区点，并看到不少灾民正在围着观看；而《地震伤急救手册》已被不少医生装进白大褂口袋随身携带查阅，并亲耳听到好几个医生表达对这本书的喜爱。我大致算了一下，三个品种各10万册送到灾区后，《地震伤急救手册》基本可达到灾区医疗队员和当地医疗人员人手一册，而《震后防疫把五关》张贴画以每套有50人次观看计，10万套张贴画最少可使灾区500万群众从中学到防疫防病知识，在抗震救灾工作中确实发挥了重要作用。

5月25日返回北京，结束了为期近半个月的汶川应急出版工作。在我离京六天间，社里又按计划策划出版了近十种出版物。加上后续陆续出版的，累计起来，军医社共为汶川抗震出版了23个品种的出版物。不论是出版总量，还是43个小时推出出版物的速度，以及被中宣部选中的品种，都居全国出版社之冠。

军医社的汶川抗震应急出版，在国内引起了较大反响。国内军内各重要媒体，均对我社心系灾区、快速出版灾区急需用书一事给予了大量报道。中央电视台则指派四川电视台，对5月22日的捐赠活动进行了全程跟踪与采访。中央电视台一频道和新闻频道于5月22日晚9点和11点，分别播放了捐赠活动及对我的采访，时间长达两分半钟。5月28日，央视准备以此为主题，专门做一期《焦点访谈》，并通知我专门再去四川一趟，主要是为这期节目补拍一些镜头。为此，我于5月29日第三次赶赴灾区，配合《焦点访谈》栏目陈远达编导，顺利完成了任务。《焦点访谈》播出后，在社会上引起了反响，不少领导、战友和亲戚朋友纷纷来电，对我给予了诸多鼓励和问候。

6月3日，中宣部专门致函总后勤部，称赞军医社："心系灾区，发扬中国人民解放军不畏艰险、不怕牺牲、敢打敢拼的优良传统，克服种种困难，按时高质量完成了承担的各项任务，为抵御灾害、防病治病，振奋精神、重建家园，夺取抗震救灾斗争的全面胜利做出了积极贡献。"总后王谦副部长在中宣部的来函上批示："军医社心系大局，服务灾区，成绩显著，事迹突出，很值得大家学习和发扬。"国家新闻出版总署柳斌杰署长于7月28日带领总署机关各部门领导亲自来我社看望大家，称赞军医社是"抗震救灾出版工作的排头兵"，是"我国整个出版战线的优秀代表"，是"军队出版战线的典范"。对我社在抗震救灾工作中的重要贡献和突出成绩，给予了极高评价。10月中旬，军医社和我本人分别被总后政治部和总后表彰为"总后抗震救灾先进单位"和"总后抗震救灾先进个人”。2008年底，以王敏为主任的《人民军医》杂志也被中国期刊协会授予“全国抗震救灾宣传报道先进期刊”。2009年1月12日，在国家新闻出版总署召开的“全国新闻出版战线抗震救灾表彰大会”上，军医社被表彰为“全国新闻出版抗震救灾先进单位”，我本人则被表彰为“全国新闻出版抗震救灾先进个人”，成为全国唯一同时获此殊荣的出版社和出版社社长。

我知道，这些荣誉来自于军医社这个光荣的集体，来自全社每一个同志的汗水和辛劳。我永远不会忘记，姚磊副总编加班的那几天中带着伤病；总编办黄春霞主任承担的任务重、难度大、头绪多，她在接受任务后，把正在生病的孩子送交父母手里就赶到办公室，所有的上下左右联系协调，相关媒体的报道汇总，几乎都是经过她操办完成的；黄建松主任担任《地震伤急救手册》的责任编辑，连续几天没有休息，书印出来后，他已极度疲劳，双腿肿胀，几乎已站不起来，即使在这种情况下，他接到我要他和王敏主任去灾区的通知后，二话没说，又接着在前线连续奋战几个昼夜，经受住了艰难困苦和急难危重任务的严峻考验；焦健姿是《震区防疫手册》的责任编辑，她的孩子才6岁，周末家中无人看护，为了加班只好让孩子吃住在社里；担任《震后防疫把五关》和《抗震救灾一线指战员心理防护手册》等书责任编辑的郭伟疆主任、秦速励主任、张怡泓主任、崔晓荣编辑、加工部周晓州主任和刘平副主任，带领加工部的王三荣、王久红、黄维佳、迟静、常昆、刘新瑞、高磊、任海霞，持续加班了近三个通宵；出版部陈琪福主任、赫英华、杨巍、张丽霞，美编中心吴朝洪、于春华、白杰、龙岩，照排室李治英主任、王新红、高美娟、王雪茹等人，都连续加班加点，为汶川抗震救灾出版做出了各自贡献。灾难，让我们更坚强，让我们更团结。军医社也通过这次特殊的历练，变得更加成熟，更有朝气，更加有战斗力！

军医社的应急出版能力，也由此掀开了新的一页。

三、“朝令夕至”的出版奇迹是怎么创造出来的

2010年4月14日7点49分，来自玉树的里氏7.1级地震，再次撼动了半个中国。

灾情就是命令！中央军委迅即组建了四总部玉树抗震救灾前方工作组，由总参作战部白建军部长任组长，总后卫生部张雁灵部长任副组长兼后勤组组长。当天中午，兰州军区第四医院一支由30人组建的医疗队已赶赴灾区，另外四支各由60人组成的医疗队随后出发，由北京军区某工兵团和武警总医院联合组建的我军第一支地震专业力量——国家地震灾害紧急救援队，从海地救援刚回来不久就再次披挂出征。一场全国瞩目的玉树抗震救灾，就此拉开了序幕。

作为军医社社长，我的心也一下子飞到了玉树。

玉树，海拔4 000多米。作为一个在青海待过八年多的老高原，我非常清楚地知道，这样一个海拔高度，对于一个从平原快速进入的人来说，它意味着头晕、头痛、腹胀、胸闷、气喘，如果患有感冒、气管炎、高血压、心脏病，还极易诱发肺水肿、脑水肿等危及生命的凶险重症。记得1998年，我在任总后医疗局副局长时，曾和中国残联领导一起率领四支医疗队进藏开展白内障义务复明活动。参与这项活动的香港狮子会代表，尽管都严格遵循“少说、少动、少吃”的原则，但还是在海拔3 700米的拉萨就患了急性肺水肿，差点发生生命危险。而现在，大批从内地快速进入玉树的抗震救灾人员，不仅要面对海拔4 000多米的高原，还要面对高强度的体力劳动，稍有不慎，如大批量发生高原反应，

出现救人的人要被人救治的局面，那将使灾区救援工作雪上加霜，后果不堪设想。除此之外，还有极度寒冷可能带来的冻伤与高原反应也会互为诱发，且玉树地处疫源地，鼠间鼠疫等时有流行。所有这些，将会给救援工作和救援人员带来多重威胁。加之玉树高原高寒，地广人稀，后送不便，使救治工作面临比内地救灾更大的困难。

急灾区所难，帮灾区所需，我立即启动了军医社的应急出版方案。经过抗击“非典”和汶川抗震的锻炼，军医社已在实践中探索形成了从选题到出版的一整套行之有效的应急出版方案。在研究选题时，为了抢时间、争速度，尽快为灾区救援人员提供应急出版服务，大家提出借鉴汶川抗震选题和形式。这样，首批为玉树灾区出版的选题确定为《震后救灾把好关》《震后防疫手册》《震区卫生防护指导》三个品种，为震区群众、震区防疫人员、外来救援人员分别提供他们所需要的高原高寒地区抗震救护指导。经过20多个小时的连续作战，于4月16日早晨，我和曾星副社长、杨越朝副社长、姚磊副总编等同志一起，在北京南苑机场，连同我社捐赠灾区的《外科急症手术指导》等专为灾区选的五种图书一起，亲手装上赴玉树的军用飞机，并派数字出版部的秦新利主任亲自赴灾区送书，成了国内首家向灾区捐赠抗震救灾图书的出版社。

4月16日晚，就在我社首批三种抗震救灾出版物发出5个小时后，新闻出版总署连夜召开紧急会议，要求我社和民族出版社分别为玉树灾区出版《灾后疾病防控手册》和一本藏文版的《震后避灾手册》，并要求务必于4月18日18时前赶出，由我社联系军用飞机直接运送灾区。接到姚磊副总编传达的会议精神后，我当即召开了紧急会议，确定编写架构、责任编辑、美术编辑、加工编辑和校对责任人，明确衔接节点、时间要求，各项工作迅即有条不紊地同步展开。4月17日下午，当我和姚磊副总编带领有关编辑正在策划编辑部就样稿进行最后一轮审读时，新闻出版总署图书出版管理司吴尚之司长突然来到我社，对前一天晚上所布置的应急出版任务进行现场检查。当他仔细审看了我们突击赶出来的《灾后疾病防控手册》书稿清样后，表示非常满意，说未想到军医社的任务完成得这么快、这么好，不愧是全国新闻出版抗震救灾先进单位。就在他和我们一起吃完盒饭准备离开时，我建议他将民族出版社的样书调到军医社来检查，如有不满意处，我们可以给予协助，以确保总署布置的两种应急出版物都能按时完成。

在连续五天五夜连轴转为玉树灾区赶出五种出版物，我原想好好睡一觉的时候，4月19日早晨，我刚刚起床，手机突然响起，电话中传来张雁灵部长的声音。部长告诉我，玉树是鼠间鼠疫的疫源地，为了防止鼠疫在大灾后发病和传播，要我在两天之内赶出一套预防鼠疫挂图，越快越好。我知道，鼠疫是危害人类最严重的传染病，一旦发生，它的威胁将远远超过地震。张雁灵部长作为玉树抗震救灾工作的两位最高首长之一，在日理万机中一大早就亲自来电布置任务，一定是前方急需。和疫情赛跑，必须分秒必争！我当即向部长表态："部长请放心，我保证一天内完成任务！"

放下电话，我看了一下表，正好是早晨7点整。我当即通知司机胡玉阳，15分钟赶到我家；通知姚磊副总编，7点15分下楼和我会合；同时，打电话给军事医学科学院分管业务的徐卸古副院长，请他为我指定两名鼠疫防治专家，务必于8点前赶到办公室。7点10分，徐卸古副院长打来电话，有关鼠疫防治专家已安排好，并会在40分钟后赶到军事医学科学院五所办公楼会议室。

7点15分，司机赶到家门口，我和姚磊副总编会合后，立即驱车直奔位于丰台的军事医学科学院五所。上车后，我电话通知社总编办黄春霞主任，请她通知相关策划编辑、加工编辑、美术编辑迅速到社，并要求策划编辑从网上和社里的出版物中，找出有关鼠疫的传播途径、危害和预防要点，要求美术编辑找出旱獭（玉树是旱獭鼠疫疫源地，旱獭是主要传播源）及其生活习性的相关图形照片，要求相关加工编辑全部到位做好应急加工准备；上述准备务必于9点前全部完成。打完电话后，我和姚磊副总编在车上就编写内容和要求进行紧急磋商，决定该挂图从鼠疫的传播特点、传染源、传播途径、预防要点等关键环节入手，按照十个知识点进行概括；为便于广大救援人员掌握，每个知识点的文字不得超过200字；同时，明确由他对挂图内容进行把关，以便我集中精力于出版全局的协调。

7点50分，当我们到达军事医学科学院五所所部时，万兴坤政委已在门口迎候。尽管我和万政委是老朋友，但此刻已来不及寒暄。进入二楼会议室后，两位专家已按徐卸古副院长指示等候在此。我向两位专家传达了张雁灵部长的紧急指示，然后向专家布置了具体编写任务，要求9点前全部完成。

留下姚磊副总编和这两位专家具体商量编写内容，在回社的路上，我和总后司令部联系当天去玉树的军用飞机，答复是只有中午有一班，下午2点后没有。我又马上查了民航，答复下午6点15分有一班民航班机飞往西宁。这一下，我的心里有底了。因为我知道，从西宁到玉树的军用飞机是比较密集的，只要把印刷品想办法空运到西宁，就应该算是基本到了灾区。想到这里，我觉得全部出版环节都要按照下午5点前将出版物运至首都国际机场这一时间节点，来倒计时安排各个出版环节工作。我当即通知社办主任，9点15分，准时召集总编办、策划编辑部、加工编辑部、出版部、社办等相关人员，专题部署紧急出版任务。当我回社时，相关人员已经到齐。我的部署和安排是：当姚磊副总编辑9点30分从五所带回稿件时，加工部立即进行加工，美编同步进行配图，全部完成时间为两小时；11点30分，出片室开始出片；12点前，印装厂来接片的车辆准时到社；下午2点，进行印刷；下午3点，全部成品印完；下午4点前，完成包装和装车；下午5点前，赶到首都国际机场。以上各环节按照分工明确责任，只能提前，不得延误，进展情况且要第一时间报告。

散会后，我考虑到当时大量抗震救灾物品都在紧急向灾区空运，为了防止在民航这个环节出现问题，我要求社办开出介绍信，说明这批出版物是支援灾区的紧急物品，请他们予以优先安排，确保落实。考虑到完成这项任务的难度较大，不论是与首都国际机场的联系，还是到西宁自主联系军用飞机，都有大量的协调工作要做，必须要选派一名能够独立应对各种复杂特殊情况、协调办事能力强的同志来承担此项任务。经过反复思考，我挑选了社办公室副主任孙德忠同志。当我找到他交代任务后，他二话没说，立即和首都国际机场联系，机场的同志得知我们要为灾区运送紧急救灾物资，当即表示开通绿色通道，并为孙德忠同志预留了机票。

以后的各项工作，全部严格按计划如期进行。晚上6点15分，飞机正点起飞。晚上9点，到达西宁。当天晚上，我在电话中向在玉树指挥部工作的总后卫生部医疗局刘名华副局长报告了这一消息，并请他报告张雁灵部长。从早上接到部长的指示，到晚上将书送抵青海，整个用时仅仅14个小时。

一个新的出版奇迹，“朝令夕至”的出版奇迹，就这样被创造了出来！

次日早上8点50分，孙德忠同志将挂图送到了玉树。

整整三年过去了，我和张雁灵部长虽然有过无数次的见面，但谁都没有提过此事。直到2013年，我在拜读张雁灵部长所著的《回望玉树》这本书中，发现他写了这样一段话：

> 玉树灾区的防疫工作重点是防鼠疫，是因为玉树是我国鼠疫的主要疫源地之一。令人担忧的是，地震导致原有栖息地受到一定影响，致使人与旱獭活动区域接触增多，加上当地医疗条件较差，防疫力量单薄，灾民防疫意识较差，使灾后发生鼠疫的概率增大。按照以往的经验，旱獭应该在每年5月出蛰。虽然地震是否会引发旱獭生活习性改变尚无确切资料，但震后已有旱獭出现，所以在过渡期以及在恢复重建过程中，灾后防疫的主要任务是预防鼠疫。要打好防疫战，宣传工作不可小视。

第三军医大学高原系高玉琪主任正在用军医社赶制出来的挂图宣讲防病知识

我决定要出一本简易的宣传册。如果配上有趣的插图，官兵和老百姓会更容易接受。我想到人民军医出版社。在汶川大地震中，他们的宣传册让我印象深刻，不但内容通俗易懂，而且出版速度也快。

我当即早上给军医社社长齐学进打电话，说明了灾区急需普及的防疫知识。

“老齐呀，这个宣传册很重要。最好两天内完成出版！”

“请部长放心，保证一天内完成任务！”

老齐是个痛快人，做事认真干练。当天晚上，几千本宣传册就从北京运了过来。我感叹他的速度，也不知道他是怎么搞出来的。

这里，也就算是我对张雁灵部长书中所感叹的出版速度，做出的报告和回答吧！

四、军医社应急出版的奥秘何在

从2003年的抗击“非典”出版，到2008年的汶川抗震出版，人民军医出版社均在很短时间内，突击出版了多个品种灾区急需对路的系列出版物，创造了国内出版社中出版抗震救灾读物数量最多、品种最全、印量最大、时间最短的纪录。而在2010年玉树地震中，则创造了“朝令夕至”的出版奇迹。在叙说了应急出版过程以后，我还想从理论与实践相结合的角度，对军医社应急出版的经验做个总结，这对于做好我们国家今后的救灾与突发事件中的应急出版工作，或许具有一定的借鉴意义。

（一）第一时间响应力——应急出版能力的前提

抗震救灾出版物的组织出版费力、费钱，且无任何市场前景和经济回报；在上级主管部门未下达明确任务，同行又大都没有动作的情况下，出版社往往缺少第一时间响应的动力和激情。而一旦错过第一时间再回过神来组织出版，才发现佳期已失，时机不再。要第一时间做出响应，一是要有奉献意识。必须牢固树立作为出版人为国纾难的良心意识和责任感，不存在也不要希冀任何回报，要明确为震区出书，就是为国分忧，如同子女为父母分忧，只讲义务，不讲回报。二是要有主动作为的意识。不能等上级下达任务后才动，不能等周围同行行动起来再动，而是要想在前面，抢先行动，主动为领导分忧、为灾区解难。三是要有争分夺秒的责任意识。对应急出版来说，时间就是生命。及时宣传一个知识点，早一点推开一项技术，就意味着多提高一分抢救正确率、成功率，多减少一分致残率。四是要有“出版先行”的意识。现代应急救援需要大批量卫生人员广泛参与，现代科技手段和科技知识含量都很高，不论是救援者还是被救援者，都有对大量应急救援医学知识的急迫需求。如果说过去作战是“兵马未动，粮草先行”的话，那么在现代医学大救援中，则要做到“兵马未动，知识先行”“兵马一动，出版同行”。出版虽然是二线工作，但人在二线，心要在一线，作为一个有责任感和职业操守的出版工作者，必须怀着“为国纾难、出版有责”的强烈责任感和使命感，才能做到第一时间快速反应，后方前方同步行动，不等不靠主动作为，并为后续工作赢得主动。因此，灾难等重大事件突发后，作为一个出版单位是快速响应还是迟缓响应甚至是不响应，不仅直接决定出版效用，也是衡量一个出版单位大局意识、服务意识高低强弱的试金石。“5·12”地震后，第二天我们上班后的第一件事，就是紧急召开党总支和社中层干部会，在部署慰问四川籍员工和捐款、捐书的同时，对抗震救灾出版工作进行专题研究部署。紧接着由主要领导带队，立即分赴有关单位进行组稿，说到底，正是这种奉献意识、责任意识和使命意识在支撑。

（二）深刻的预测判断力——应急出版的指路明灯

灾难突发事件发生后，出版单位没有时间对市场需求进行深入调研，情况紧急又不允许犹豫不决而延误最佳出版时机，在这种情况下，最能反映出一个出版单位的深厚积淀、业务眼光和应变能力。当“非典”出其不意地袭来时，军医社迅速针对基层部队和社会上对“非典”防控知识的急需，精选了《部队官兵防非典挂图》《防非典实招66》和《抗非典歌诀图解》三个选题，并创造了十天内重印20万册的奇迹，说明了这个系列选题的精准和独到。而在汶川大地震突发时，我们第一时间做出的关于这是一次现代科技知识含量很高的医学大救援，将对医疗救治、防疫和心理救护知识产生巨大需求的判断；关于这次地震将依紧急救治、防疫防病和灾后恢复这三个不同阶段，依次产生对医疗救治、震后防疫防病和心理自助出版物三类需求的判断；关于正确确定这三类出版物的内容、结构与形式，以最大程度地实现这三类出版物使用价值与出版功能的判断，为整个汶川抗震出版提供了精确全程指导，其判断的科学性和准确性已为整个出版过程所证明。可以说，军医社之所以在这场规模如此宏大的抗震出版中做到游刃有余，全程掌握主动，其根本原因就在于此。至于玉树地震发生后所做出的关于集中做好三个防治即高原病防治、冻伤防治、地方疫情防治的判断，同样为后续出版赢得了主动和先发优势。实践证明，正是由于在宏观、中观和微观上所做出的预测与判断正确，从而为后续出版理清了思路，指明了方向。所谓“凡事预则立，不预则废”，平常工作是如此，应急出版瞬息万变，要赢得主动，抓住每一个稍纵即逝的机会，这种“预”即料事在先的判断，就显得更为重要。道理很简单，预事在先，才能行动在先。离开了这一点，应急出版就失去了行动的方向和依据。可以说，预测判断力是应急出版的指路明灯。当然，它要靠思想的力量来点亮。

（三）资源的掌控动员力——实现应急出版的本钱

当汶川和玉树大地震发生后，相当一部分出版社也有为灾区出书的意愿和冲动，但都苦于手中无合适的专家作者资源而未能实现。军医社在地震后提出出版系列计划后，第一时间与我社有着密切合作关系的全军疾病控制中心、解放军总医院和军事医学科学院联系，得到了这三个在国内医疗、预防领域中堪称龙头单位的真诚响应和强力支持。当我们提出请全军疾控中心为震区紧急编写一套诗配画形式的震后防疫防病招贴画的设想后，所里在已抽调一支防疫队前往灾区、第二支防疫队也正在组建之中、人手高度紧张的情况下，该所领导和业务处室领导亲自牵头，抽调专门人员，用5个小时就编写出了初稿。而编写《地震伤医疗救治手册》，是我们与解放军总医院领导的共同想法。该院在已为一线抽调出三支300多人医疗队的情况下，紧急动员了70多名知名专家，在该院医务部主任郭渝成少将的亲自带领下，通宵达旦突击编写，仅用了30个小时就突击编写出17万字的《地震伤急救手册》初稿。接着，又用了不到10个小时，编写出《震区防疫手册》和《抗震救灾一线指战员心理防护手册》。在整个编写过程中，我社领导带领编辑第一时间深入编写现场，就地研究稿件编写中遇到的各种问题，全部稿件实现边写、边送、边编、边校。当编辑发现《震区防疫手册》缺少心理方面的内容时，当即主动帮助查找资料，为手册补齐了该部分内容。在对《震后防疫把五关》编辑加工时，社领导亲自主持对稿件的深度修改。在整个出版过程中，出版社与编写单位、编写专家的合作天衣无缝，如行云流水般顺畅快捷。玉树抗震中与军事医学科学院领导及专家的配合，则做到了争分夺秒、丝毫不差。实践证明，一家出版社是否有能力第一时间把选题判断转化为出版稿件，特别是在应急出版时做到合作的高度默契，正是靠建立在出版社平时对权威机构和权威专家的高度信任和深度掌控的基础之上。

（四）坚强的协同突击力——应急出版的绿色通道

应急出版具有高度的时限性。但在抢时间的同时，决不能打乱仗，更不能以牺牲质量为代价。要使整个出版工作做到又好又快、忙而不乱、快而有序，必须着重抓好以下三个环节：一是以项目责任编辑为核心整合人力。我社在这几次应急出版中，先后抽调了8名策划中心主任或骨干，由他们分别牵头负责所分工书稿的运作。在运作中，实行项目责任制的运作方式，即根据工作进展需要，策划编辑有权跨部门协调加工、校对、美编和出版，并直接对社领导负责，这就有效防止了按建制运作带来的程序化障碍，保证了书稿的快捷顺畅运作。二是以时间进度为核心整合流程。一种出版物按正常流程运作，大约需100天才能出版，这在紧急状态下显然是不行的。为此，我们采取简化、合并、提前开通绿色通道等方式，对应急出版流程进行了大幅度改造。首先是把原先的初加工、补加工、三审、三校、质控等近十个环节，合并为加工、校对和三审、质控三个环节，减去了补加工、一审、二审、一校、二校。其次是将制图、封面、版式等后续环节提前，与书稿加工同步平行进行，变纵式线形推进为复式立体推进，从而大大节省了时间。与此同时，开辟绿色紧急出版通道，确保抗震出版物一路顺利无阻。三是以任务为核心整合相关资源。当应急出版工作展开后，全社上下形成一盘棋，二线围着一线转，领导围着编辑转，印装发围着出版转，方方面面形成一个整体快速运转，这就确保了应急出版的紧密衔接、极速展开和高效推进，而任何环节无半点迟滞。汶川抗震中，我社从5月17日凌晨4点收到稿件，到18日晚11点将首批三种出版物全部出齐，只用了43个小时，创下了在国内同行业中为灾区出书数量最多、质量最好的纪录；两年后更在玉树抗震中创下当天上马、当天出版、当天送达的奇迹。没有严密的组织力、突击力与协同力，简直是不可想象的。

（五）扎实牢靠的储备力——应急出版的强大灵魂

人民军医出版社在这几次全国性的抗震救灾应急出版中，行动快、成效大、反响好，受到了上至党和国家领导人以及中宣部、总政、总后领导的高度称赞，下到各级地方政府、参战部队官兵的一致好评，除了上级重视、领导得力、员工支持外，究其深层原因，还是在于平时的积累。所谓“冰冻三尺，非一日之寒”，提升一个单位的应急出版能力，关键在于平时建设的根基。这种根基主要体现在：一是有强烈的大局意识。要是一个出版人没有对国家、对民族、对人民的强烈责任感、使命感，在关键时刻让他义无反顾地去奉献、去吃苦、去冒险，可能很难做到。人民军医出版社作为一个创立于红军时期的军队医学出版单位，几十年来一直把“围绕中心、服务大局、主动跟进、务求实效”作为自己的建社宗旨。特别是在近几年中，更鲜明地提出了要把一线“忙什么、缺什么、急什么、难什么”，作为自己的第一出版信号，大局意识、服务意识、责任意识一直非常强烈，不管形势、任务怎么变化，正确的建社方向、服务方向一直没有动摇，这在市场经济条件下，尤为难能可贵。二是有顽强的拼搏精神。在面临紧急出版任务时，全社员工争先恐后，踊跃请战。从接受任务那天起，大多数员工就忘了家庭、忘了健康，连续十几天通宵达旦、加班加点，吃住在办公室。应急出版中，军医人的位置虽然在后方，但他们的目光时刻盯着前方，他们的行动甚至赶超了前方。有了这种精神、这份自觉、这份担当，才能在党、国家和

国家新闻出版总署柳斌杰署长（中）为军医社和作者（左一）颁发抗震救灾先进集体、先进个人奖

人民需要时，挺身而出，攻坚克难，以实际行动演绎出“兵马未动，出版先行”的精彩篇章。三是班子的表率作用强。汶川地震后，整个军医社之所以能形成一个坚强、高效的战斗集体，快速反应，顽强作战，社领导班子起到了坚强的战斗堡垒和一线指挥部的作用。地震发生后的第二天，我们就紧急召开党总支和社务会联席会议，进行抗震救灾工作部署，体现了高度的政治敏锐性、强烈的主动作为精神，自觉担当出版责任。在紧急外出组稿和组织社内员工突击加班中，冲在最前面的都是社领导一班人。特别是当接到代表中宣部为灾区紧急送书的指示后，我冒着震区将有6~7级强余震预报的危险，带领两位主任当即连夜飞往灾区，到灾区后，又从机场直奔车间，连夜组织突击印装。在这两天两夜中，我们睡马路、住帐篷，以纸为被，以地当铺，员工们开玩笑说我们是

“救灾的反成了灾民”！姚磊副总编刚做完手术，还未拆线，他冒着伤口被震开和感染的危险，连续几天几夜带领编辑突击加班。正如总后王谦副部长所精辟概括的那样：“你们之所以能第一时间做出反应，这是你们政治意识强、大局意识强、服务意识强的集中表现，是你们全面建设过硬、作风过硬、素质过硬的长期积淀。”也正如中宣部出版局领导精辟总结的那样：“人民军医出版社政治意识、大局意识和服务意识很强，组织力、执行力、突击力在危急时刻彰显得淋漓尽致。这次捐赠活动是对你们这支队伍奉献精神、作风、意志、毅力、技术、管理的一次重大考验。事实证明，你们这支队伍是一支完全能够让上级机关信赖、完全能够打硬仗的队伍！”

九层高台，起于垒土。应急出版，功在平时。

第十四章

让军医版的图书走天涯

在出版界，人们常把编辑和发行比作出版社的两个轮子，足见其在出版社建设中的重要地位与作用。在当社长的十年间，我对发行工作是相当重视的，或者说是相当“偏心”的。这种偏心，实际上是对图书产品走进市场、走近读者的看重与执着。

一、发行部要选用最具开拓精神的人才

2000年3月，在我到任社长三个月时，发行部主任孙家荣同志因达到最高服役年限退休。为了给发行部找一个优秀的主任，我从解放军医学图书馆选调了副团职干事张卫民同志充当此任。张卫民到任后，团结带领全体同志，使发行部的工作很快有了新的起色。自2000年5月至2004年9月底，发货从2 860万码洋增长到7 100万码洋，使发行工作较好地适应了全社快速发展的需要，内部自身建设也上了一个大的台阶。2004年9月底，根据上级对重要岗位实行轮换制度的要求，我经过反复思考，决定由当时的办公室主任胡仲清同志与张卫民同志互换岗位。一方面，全社新员工大量增加，思想工作、人力资源管理工作都急需加强，而这方面

又正是张卫民同志的优势所在；另一方面，全社的快速发展对发行的市场开拓能力也提出了更高的要求，胡仲清同志曾在作战部队工作16年，后又到总部机关工作过，既具有基层带兵经验，又有一定的宏观统筹能力，办事果断，勇于开拓，善于和敢于攻坚，正是发行部主任的最佳人选。经总支研究并报总后卫生部党委批准，他们二人走马上任后，很快显示出了快速开拓新局面的过人能力。胡仲清同志在发行部主任岗位上，发货从2004年的7 100万码洋增长到2010年的3个亿。在选好配好主任的同时，我又请两位发行部的军队退休干部刘建富、付水生担任发行部副主任。考虑到医学学科多、专业性强，又先后充实了祝世源、李长芝、刘翠萍、张利锋、孙绍芝、王娜等一批具有军队医护背景的同志到发行部任地区经理，引进了张尔、许静、金岩等一批具有印刷发行专业教育背景的同志，杨守堂、张金龙、陈明辉、鲍辉、杨辛荣、赵静、李健、王燕等老员工通过培训迅速成长为骨干，使发行部的队伍结构得到了快速优化，整体实力有了显著加强。

用人不疑，并不等于放任不管。业务主办（有的出版社叫地区经理）是出版社的骨干队伍，一般都具有一定学历或较强的实际工作能力，每人负责几个省的发货、回款业务，包括给某个书店发什么书、发了多少、折扣多少、有多少应收账款等，其日常工作相对独立，可以说是“大权在握”。我在给予高度信任的同时，始终坚持培养教育和制度管理并举，这既是对事业负责，也是对员工的爱护。近两年出版单位发行人员违纪违法，正是因为制度和管理缺陷。为防止发生类似问题，我社发行管理规定中，要求“业务主办与发行部内部统计、本社财务、书店每年对账一次，确保账目一致；每年年底提供书店法人代表签字、加盖单位公章的债权债务确认书”，其目的就是建立起一种内外结合的监管机制。我在社长岗位上工作十年，对这项制度一直是常抓不懈。发行部一直坚持每年组织业务主办与本社统计、财务及书店系统对账，及时调整未达账项，确保账目清楚，账账相符，从未发生过违纪违法行为。

二、发行部要创甩开膀子干事的环境

发行部是出版社与市场对接最为紧密的一个部门，不能用管理编辑部的方式来管理发行。为此，我在实施对发行部的管理中，先后采取了一系列特殊政策，以保证发行部更能按发行工作的特点来实施建设、管理和展开工作。在这方面，主要体现在给了发行部更大的自主权。首先是财权。在军医社，除了我和几位社领导外，部门主任是没有签字报销权的。考虑到发行部人员常年工作在市场一线，足迹遍布天南海北，时刻面对大量问题的临机处置，我经过反复考虑，决定特批给胡仲清主任5 000元以下的签字报销权。听到这个消息，开始有些同志不同意，无非是担心开支会违反原则，或怕大部门主任之间不好平衡。我对他们说，将在外，君命有所不受。对于独当一面的重要干部，必须要有与其责任相适配的权力，才能履行好责任。让担当这一责任的人，去决定是否花钱，比我们在二线的人会用得更合理，从这个意义上讲，他们更有发言权。即使有问题，还有财务在前、审计在后为之把关监督，何虑之有呢？实践证明，这么多年来，胡仲清主任从未在行使签字权上出现过问题；相反，他把这种信任与责任，变成更加勇于担当、更加认真负责的动力。他之所以能成为敢作敢为、社内外都广泛认可的发行部主任，除了他本人的素质和能力外，创造条件让他放开手脚干工作也是重要原因之一。对发行部倾斜的其他方面还包括给了发行部较大的选人权和用人权。2008年，发行部两个主任岗位空出，为了把发行部的班子配强，我全力支持胡仲清主任提出的竞聘上岗意见，现在的中医策划中心主任王宁同志和张金龙同志，都是在这一轮竞聘中脱颖而出的，同时担任发行部一室和二室主任。除此以外，还从分配上对发行部进行了重点倾斜。原来发行部的工资基本上是参照普通员工的工资标准加上出差补助，在社里是属于比较低的。为了充分调动发行部人员的积极性，2007年，我和胡仲清主任商量，将发行人员的收入与各项发行指标紧密挂钩，与“农家书屋”工程、教材发行等阶段性的重点工作挂钩，确定发行部的工资奖金总额以上年为基数，按照年度回款增长比例确定发行部工资奖金总额的增长额度。与此同时，社里对发行部年度发货、回款、退货率、库存率、上架率、呆死账率、发行成本率、零售市场占有率等指标实行考核。在对个人的考核方面，提出了围绕提高有效发货、扩大销售、拉开分配差距、确保出版社持续发展的原则，由发行部结合市场情况及个人业绩实施考核分配。胡仲清主任据此测算设计出一套新的考核办法。包括设立季度回款达标奖，要求业务主办第二季度回款达到全年回款的35%、第三季度回款达到全年回款的60%，较好地保障了回款淡季的资金周转；实行逐年核定业务主办的基本工资，与完成年度发货任务、近三年有效发货率挂钩；根据不同时期的工作重点，先后对畅销书、医学与非医学图书馆装备、“农家书屋”、中小学图书馆装备、“职工书屋”、考试类图书、教材等项目推广实施了专项考核。将发货、回款、退货率、回款率、市场占有率、新书首发期限、到账率等作为对业务主办量化考评的基本指标，与遵章守纪、协调沟通、团队精神等定性测评相结合，按照不同的权重折算成分值，综合排列名次，作为年终考核、评选先进员工、兑现年度奖励的依据。为充分调动发行部协办等二线人员的积极性，将一线业务主办的回款、发货、退货率与业务协办（后台）捆绑考核，利益共享，奖罚共担，有效提高了团队协作能力。这样一个与工作绩效紧密关联的分配方案，不仅使发行人员的收入有了显著提高，更重要的是极大地调动了他们开拓市场的积极性。有为才能有位。由于他们在市场开拓上的出色业绩，全社上下对他们的这些“特殊”，不仅没有意见，反而普遍给予理解和认可。

三、发行部要强全员围着市场转的氛围

凡是发行部组织的市场调研，都要求社领导和编辑必须参与；凡是发行部组织的重大活动，全社都要给予支持，撞车的一律给予让路。在市场如同战场的理念引领下，这样做的理由就变得很简单，那就是二线服务一线、支持一线，没有价钱可讲。军医社作为一个在编的正师级单位，上级对领导干部尤其是主官的外出控制很严，我平时专门为发行出差的机会很少。为弥补这一影响，我除每月都要仔细研读开卷研究所的市场报告，以便第一时间了解发行情况外，每逢到外地参加会议或其他活动，发行部也都会抓住机会插空安排，就近考察卖场、接触书店；发行人员、编辑出差回来的情况汇报，我都会认真阅读，并充分利用重要信息和有价值的建议；业界高层或重要客人来访，我会尽量参与接待交流。发行部每年的年终工作总结，对各片区的点评，我都全程参与；发行部每年年初要汇报新年度工作设想，我都会组织班子成员集体听取汇报，深入研究应对市场变化的策略。对发行部提出的重要建议，我都会高度重视，大力支持。如我社的每周新书介绍制度，就是根据胡仲清同志建议于2006年开始实施的。当时，他提出每周要安排出新书的策划编辑向发行人员介绍新书的特点与卖点、作者与读者对象、同类书情况、铺货与推广建议等，从而让编辑与发行人员之间就新书的首批铺货

数量、范围、预防退货等问题展开深入的交流。我觉得这个想法很好，当即拍板决定，将每周一上午这个原来是社领导办公会的时间，让位给这个新书介绍会；并提议让上周出差的编辑和发行人员，向参会人员报告市场最新动态及提出对策建议；要求分管图书、发行的社领导、发行部和编辑部各中心主任全部参加。我当时做出这个决定，理由同样很简单，那就是周一是大家工作兴奋点最高的时候，应该让这个点首先和市场对接。从这几年的实践来看，这项制度很有必要。作为医学专业出版社，我社每年出版的图书品种多、门类全，覆盖了西医、中医、教材、考试、科普、数字出版等医学的全部类别及学科。在实际工作中，作者的学术地位、在业界的知名度直接影响着销售；每种图书所定位的读者人群、层次、数量、地域分布各异；与市场上同类图书相比，有的具有内容优势，有的具有价格优势；有的书适合在医学书店或网店销售，有的适合在新华书店销售；有的适合在省会城市的大中型卖场展示，有的可以发到地县级书店展示；有的书首批铺货可以高达好几千册，有的却只能发行200~300册；有的需要实施针对性的宣传，有的书内容好、作者名气大、读者人数多，投放市场后就能火爆等，情况非常复杂。采取这项制度后，让销售人员在图书投放市场前基本了解其内容、特点，以及在铺货、销售、宣传等方面的要求，实现对每种图书的精细发货，减少不必要的退货，提高整体经营水平；并让编辑第一时间听到市场一线的声音，让领导第一时间做出反应和决策。这项制度一直沿用至今，显示了其强大的价值和生命力。

四、发行部要能打赢拓展市场的一场场战役

为确保每年25%~30%的增长速度能够实现，我们在发行方面推出了

一系列重大举措。

一是抓分进统结，突破连锁改制影响。2000年以来，全国省级新华书店陆续实行连锁改制，普遍终止了出版社直接对地县级书店的发货权，将出版社主发新书改为省级店主订。由于省级店多数工作人员没有医学背景，很难对医学图书实施有针对性的订货与向下配货；有的省级店物流基地建设不配套，拆包、分拣缓慢；有的信息平台运行不稳定，看不到卖场的在架、动销数据，难以及时有效地组织添货，直接影响到销售。为缓解连锁初期的突出矛盾，我们明确要求发行要向下走，到基层店、到卖场一线去了解市场情况，明确规定向省会城市、地级市配发新书的周期，先后与山东、山西、福建等多个省级店协商，实行分进统结，从而打通了向地县级书店发货的梗阻，将连锁期间的负面影响降到最低程度。

二是抓有效发货以降低退书率。近年来，书业界发货多、退货也多的情况极为普遍。我社也不例外，最高的年度曾达到20%。落实有效发货，遏制非正常退货，成为当务之急。根据社里要求，胡仲清主任带领有关人员，针对西医、中医、科普、考试等各类图书在新华书店、医学书店、网店的发货、退货情况进行面上统计，并重点解剖“麻雀”，按品种、地区对退货进行组合排序，发现有的品种铺货范围过宽，有的铺货复本量过大，有的品种压根就不适合在基层新华书店销售。根据分析结论，2008年以来，我社先后四次调整核定各类图书首批铺货量，西医类图书主要针对医学书店或网店发货，但首批铺货数量仍要适度；科普类图书主要在新华书店及民营综合性卖场上架；考试书、中医书各类书店都可以发，但对特色书店应予以重点关注；面向零售市场的所有新书，都本着试销的原则铺货，重点跟进动销后的回添。由于减少了盲目发货的成分，提高了有效发货，整体发货量不但没有减少，反而稳中有升。而全社各类图书的综合平均退货率，则呈逐年下降趋势。

三是抓畅销书形成重点突破。书业界流传这样一句话：“积压有形，脱销无形。”滞销书走不动，积压在卖场，是“有形”的；畅销书脱销，不易被发现，是“无形”的，这种现象在零售卖场较为普遍。2009年5月，我在分析《开卷监测数据报告》中发现，《经络穴位速记手册》《杨甲三针灸取穴图解》等畅销书在部分地区连续几个月出现零销售。经查，有的是摆放位置不当未动销，有的是添货未跟上断货所致，为此，我考虑提出并建立了逐月跟踪制度，使畅销书在大中型卖场脱销的现象明显缓解。为了促进畅销书在地县级书店的销售，我和胡仲清主任研究，决定对地县级书店上架情况进行摸底调查，并于同年9月筛选了200种畅销书，作为地县级书店指导性订货目录，在河南、山东等28家地县级书店上架部分品种试销，收效较好。2010年继续试点87家，抽样分析了山东、湖南、辽宁、浙江、广西、福建、内蒙古等6个县级店和5个地级店数据，试点品种动销率86%，码洋销售比例77%。以后逐年扩大到全国524家地县级书店，发货达2 075万码洋。我们这一做法，也受到业界广泛关注。江西、广东、陕西、福建、甘肃、新疆等省级店领导明确表态予以支持，《中国新闻出版报》、《中国图书商报》、《新华书目报》、中国新闻出版网等媒体先后多次做了报道。

四是抓非专业发行渠道的拓展。多年来，我社图书一直集中于专业院校图书馆，而对政府公共图书馆、非医学院校图书馆的销售一直未能进入视线。而我社科普书、中医书出书量都较大，此类图书在政府公共图书馆、非医学院校图书馆应有一定销路。为此，我要求发行部进行专题调查研究，证实了这些图书馆对生活保健及部分中医、西医类图书确有一定需求。通过采取走出去、请进来的形式，先后与郑州市、天津市、江苏省、上海市、海南省、内蒙古自治区等部分大中型政府公共图书馆，以及广东中山大学南方学院、航海学院和成都锦江学院等许多院校图书馆成功建立了合作关系，并利用各地新华书店、民营综合类图书公司每年举办的图书馆装备订货会这一机会，作为拓展非医学图书馆的重要平台。有针对性地选配参展品种，扎实做好宣传推广，有重点地引导北京人天、武汉三新等综合类图书公司侧重非医学图书馆的装备，通过培育，这块市场已初见雏形。近年来，我社每年向非医学图书馆装备科普书、中医书均已超过1 000万码洋。

与此同时，我们重点抓了“农家书屋”、医学图书馆装备和考试书推广等一系列大型工程，取得了明显效果。

——在“农家书屋”建设上，我们高度重视。我和曾副社长、姚副总编专门组织部分医务人员、科普编辑和基层书店的同志一起开会，从专业角度研究农村的健康图书需求，确定重点推出农村常见病、家庭生活、婚育知识、中医小技法、心理卫生等主要板块，并系统梳理和突击出版了一批选题。2009年3月，我专门邀请主管“农家书屋”建设工程的国家新闻出版总署阎晓宏副署长及发行司王岩镔司长来我社指导，并向他们展示了军医社为“农家书屋”准备的近百个品种图书，得到总署领导的充分认可。在向总署推荐的目录中，我们从科普和中医两类2 000多个流通品种中，筛选出价格低、内容好、读得懂、学得会的近百个品种向总署推荐，最终有41种图书进入总署推荐目录。连续四年以上被总署推荐的有15种，眼病、白癜风、烧烫伤、农药中毒救治等农村常见病几个品种，被总署连续4~5年推荐，全国单品累计选用达20万~36万册。其中大蒜、生姜、萝卜等妙用系列图书出版后，单品被选用在10万册左右。新闻出版总署先后推荐的25种光盘、7种音像制品中，仅“名医指路——大众健康馆”的皮肤病、两性健康、胃肠病等系列数字医学光盘，单品被选用就达10万盘以上。为使各地新闻主管部门了解我社产品，我们多次到各地新闻出版局走访交流。其中，发行部杨守堂率先到河南省走访成功，张金龙跑遍辽宁省13个地级市，他们俩还先后跨区域到河北、天津、山东、江苏等地，陈明辉跑遍了青海、宁夏、甘肃、新疆、山西、陕西等西部边陲。通过密集过细地做工作，让军医社支持“农家书屋”建设工程的真诚愿望，得到了方方面面的认可和支持。六年来，除上海、西藏外，29个省市区共计选用我社图书722万册，光盘和音像制品64万盘，计1.44亿码洋。这些出版物为向农民朋友普及健康知识发挥了重要作用，受到各级主管部门的高度评价和农民朋友的广泛赞誉。为缓解地方政府经费紧张的压力，我和有关社领导率领发行部，先后对河南、江西、湖北、山东、内蒙古等革命老区和艰苦地区无偿捐书12万册、300多万码洋。

——在医学图书馆装备上，2005—2008年，教育部组织全国高校评估达标。为抓住这一机遇，我们对社地下室库房布局进行了重新调整，专门设立了供图书馆现采的样书室，指定专人定期更新图书目录，并在书目上增加了条码，以方便各地医学书店带图书馆进京现采。经过几年深入地做工作，许多院校图书馆已经发展成为我社的核心客户，不少院校图书馆馆长后来还成了军医社的好朋友，如广州中医药大学符雄馆长。2005—2008年，我社在品种规模有限的情况下，仍实现每年向医学院校图书馆配书1 200万码洋左右。2009年以后，图书馆装备进入常态化，每年按地区实行地毯式跟踪，年实现发货1 200万元左右，近两年已达到1 700万码洋以上。

——在考试书市场的开拓上，2006年以前，我社医学考试图书品种较少。2007年曾进行了初中级职称考试类图书的尝试，但投放市场后走势很一般。为此，我安排发行部、考试中心和市场部组成联合调查组深入一线调研，查找原因，探寻对策，最终确定了突出重点、精选内容、与权威部门合作的策略。我曾先后多次去总政干部部找有关同志沟通，于2009年推出了兼顾服务军队考生，以护理专业为重点的初中级职称考试系列书104种。全体发行人员分片深入到护考人群集中院校，先后在新疆、辽宁、黑龙江、内蒙古、山东、甘肃等数十所院校开展了护考培训合作，每年发行《护考急救包》上万套。为应对同类社在各省大型医学书店实行的“独家代理，代理独家”政策，我社采取避实就虚的策略，充分发挥全国新华书店、各地中小型医学书店在零售市场中的作用，确保面向考生零售的渠道畅通。2008年，发行部向全国发行初中级职称考试书达1 300万码洋，实现首战告捷。此后，我社在医学考试板块逐步形成了涵盖初中级职称、执业医师、执业药师、高级职称、三基等系列考试产品，其中职称考试书在全国已形成较强的品牌影响力，年考试书发行码洋5 500余万，成为国内医学考试市场的一支生力军。

在任社长的十年中，虽然我未分管过发行，但凡是各省局相关领导来京，我和曾星副社长、姚磊副总编无论多忙，都会抽出时间专门接待沟通。我本人也曾专门赴河南、江苏、吉林、辽宁等地，拜访詹玉荣局长、胡宪武局长、徐毅英局长，就“农家书屋”共建进行沟通，并专程向湖北红安、山东沂蒙山、江苏淮安（刘老庄82名烈士牺牲地）等老区捐赠图书，支持老区建设。通过参与发行，强化了对市场一线及变化的跟踪把握，它对于我准确判断需求走向，及时调整出版思路及其重点，都发挥了极为重要的作用。

第十五章

让每个人都快乐地奔跑——记军医社的文化建设

2004年9月，党的十六届四中全会提出建设和谐社会的号召，建设和谐社会开始成为全党全社会工作的主旋律。

2005年6月1日，著名的京西宾馆，第十五届中国科技出版社社长总编辑年会正在隆重举行。会议安排我代表军医社在大会上作“建设和谐出版社”的经验介绍。我发言的题目是“和谐出竞争力——人民军医出版社社风文化建设的做法与体会”。当我的发言结束时，国家新闻出版总署邬书林副署长带头起立鼓掌，说：“如何建设和谐出版社，军医社做得很好。齐社长把这个问题说清楚了！”

军医社之所以能在党的十六届四中全会一结束，就被中国科技出版委选出介绍建设和谐出版社的经验，是因为军医社在四年之前的2001年下半年，就开始了以建设和谐出版社为核心的文化建设。因为我在推进一系列调整改革中，深感没有价值观的支撑，没有文化的认同，没有理想的滋润，所有的改革都显得过于生硬。真正成功的改革，必须与文化同行。

一、文化建设从这里起步

在推进军医社的高速发展中，我一直在思考，要把军医社高速发展的势头十年如一日地保持下去，关键是要让全社员工保持永不衰减的事业激情，让他们一直为一个心中之梦而奋进，决不能让他们沦为没有理想、没有追求、没有职业自信，只是为了养家糊口的编校出版机器。

我记得有一个故事，讲的是有一个人去教堂的建筑工地上，遇到三个建筑工人在干活，他问他们在干什么。第一个工人无精打采地回答道："我在为养家糊口而卖苦力。"第二个工人不紧不慢地回答说："我在盖一所房子。"第三个工人则高兴地回答："我在盖一座伟大的教堂，一件举世无双的艺术品！"20年过去了，第一个工人仍勉强支撑在工地上干活，但已是又老又病；第二个工人也还在工地上干活，只不过随着工作年限的延长，已成为一名资深员工；第三个工人则成长为一名有名气的建筑师，但仍保持着那份愉悦、朝气和健康。这个故事告诉我们一个道理，人生一定要有梦。当平凡无奇的工作被赋予价值、事业与理想的梦之光，并把这种精神融入平凡的工作之中时，这种化平凡为神奇的力量，是工资奖金所能给予和带来的那点快乐根本无法比拟的。它那样神奇而富有魔力，并会改变你的心态甚至整个人生。

这个故事让我很喜欢，并在全社员工大会上多次与大家分享。精彩地干，是一天；平庸地混，也是一天。与其目光短浅、得过且过、将就凑合，甚至满腹牢骚地干活，还不如充满自信、满怀追求、目光远大、心情愉悦地工作。我觉得自己作为一社之长，最大的责任是应该赋予员工这样一种来自平凡职业但却是深入灵魂深处的那种追求、那种快乐、那种自信和那份高贵。让他们在推动军医社高速发展的事业登坡中，能够唱着歌奔跑，最终在推动军医社发展的同时，也能收获属于他们自己的成长和成功。

为此，我开始了为期十年的社风文化推动。

二、“忠诚、亲和、创新、卓越”——八字社风的孕育形成

社风文化的核心是价值与追求。共同价值观使陌路成为知音，而价值冲突则会让至爱亲朋分手反目，形同路人。全社200多人，每个人成长环境不同，入社时每个人的价值观相差很大。当然，在入社前，对这样的员工如能拒之门外，那么对他们本人和军医社来说都是一件好事，所谓“道不同不相为谋”“捆绑不成夫妻”，这比后来分手的痛苦要小得多。但员工既然进了军医社，我们就要尽可能地让他们在事业追求和价值实现上，能够得到最大程度的认同，从而夯实最大限度合作共事的基础。

那么，在众多的文化价值取向中，究竟我们希望军医社的员工有一种什么样的价值追求，才能和军医社的发展目标相契合呢？经过反复思考，我觉得来军医社工作的人，首先应该是热爱医学出版事业、热爱军医社的人，是一心一意而不是三心二意地为军医社的建设和发展做贡献的人，是一个对事业对团队对服务对象忠诚度很高的人——特别是目睹了各式各样的虚伪欺骗背叛之后，在社会上广泛呼唤“诚信回归”的今天，忠诚作为一种最为美好的品德而备受推崇。离开了忠诚，文凭再多、水平再高、能力再强也不用，否则他给你带来的伤害往往会比一般人要大得多。军医社的发展需要人才，尤其是德才兼备的忠直之士。因此，我把“忠诚”列入了社风文化的第一条要求。其次，来军医社工作，不论是编辑还是发行，不论是一线还是二线，对外要为专家、书

店、读者提供热情周到的服务，对内要与各部门间和谐协同。精诚的合作态度，与人为善的心地，凡事多为他人着想的品格，热情开朗的性格，亲和作者、亲和读者、亲和同事，创造亲密和谐的工作氛围与环境，显得特别重要。因此，我把“亲和”列为社风文化的第二条要求。再次，从事新形势下的医学出版工作，正面临数字出版、网络出版、移动出版的重大挑战，墨守成规、循规蹈矩、抱残守缺是不行的，必须有强烈的创新意识和创新能力，善学习、肯动脑、有见解、有定力，思维敏捷，反应灵敏，勇于在医学出版领域中大胆创新的人，对军医社这个有着50多年历史、传统背负很重的老社来说，显得尤为重要。因此，我把“创新”列为社风文化的第三条要求。最后是做人做事的追求与标准，必须要拒绝平庸，追求一流、追求最佳、追求完美。尽管世上没有完美，但不能作为我们不追求完美的理由，因为“取法于上，得之于中；取法于中，得之于下”。如果我们追求的起点不高，那得到的结果只能是下下了。因此，我把“卓越”列为社风文化的第四条要求。这四条合在一起，就是“忠诚、亲和、创新、卓越”，经在2002年8月1日全社老同志座谈会上征求意见，2002年11月8日在全社“全员改进活动”总结会上宣讲，2002年11月20日社总支通过，同日在全社学习十六大精神大会上宣布，到2003年新办公楼竣工时，八字社风文化用四种字体镌刻在军医社一楼大厅的文化墙上。从此，“忠诚、亲和、创新、卓越”这八字社风，成为军医人共同认可和共同实践的价值观，高高地飘扬在军医人的旗帜上。

三、“家庭、学校、争先、净土、快乐”五种氛围的酝酿和倡导

提出“忠诚、亲和、创新、卓越”八字社风后，在实践中我感到，

军医社一楼大厅的社风文化墙

作为一种价值观的倡导，八字社风已经很全面，方向和目标也已经很明确，但在实现目标的过程中，还需要一个实现目标的氛围和平台，一种过程中、行进中的文化。出于这种考虑，那么，建设八字社风文化，究竟需要的是一种什么样的氛围呢？首先，我觉得，你要让员工把心交给你，长期稳定地为军医社做贡献，你就要让员工在军医社找到家一样的感觉，努力营造"家庭"一样的氛围，让他感到温暖和关心；你要让员工不断进步，实现与社里事业的同步成长，就要努力营造"学校"般的氛围，让员工每天都在工作和学习中成长进步；你要员工实现卓越，克服平庸，就要营造强烈的"争先"氛围，让先进分子感受到尊重、感到光荣；要在社会上风气总体不太好的大环境下，努力把内部小环境建设好，给员工一个"净土"般的环境，不钩心斗角，不搞拉拉扯扯和团伙亲疏，内部关系简单纯净，让员工专心做事、干净做人，不为复杂的人际关系分心分神或疲于应付；要努力创造条件，做让员工开心、高兴、心情顺畅的事，不做少做让员工添堵增烦的事。让员工快乐地工作，快乐地相处，这就需要各级领导要由威权型领导向民主型领导、由职务型领导向魅力型领导、由控制型领导向激励型领导转变，这对军医社不少领导从习惯于简单命令向人性化的科学管理转变，也提出了新的挑战。

“家庭、学校、争先、净土、快乐”这五种氛围的提出，实现了与八字社风的互相补充、互相促进，相得益彰。2003年5月8日，我代表总支在全社“全员改进活动”交流会上正式提出后，很快就得到全体人员的认同。不少员工反映，提“家庭”氛围，让人心里舒坦；提“学校”氛围，让人好学上进；提“争先”氛围，让人充满豪情；提“净土”氛围，让人感到脱俗；提“快乐”氛围，让人感到一个字——爽！这五种氛围和八字社风相辅相成，形成了军医社社风文化建设的完整内容体系，并共同组成了军医社社风文化的核心。

四、把激越豪迈的社歌唱起来

也许我对年轻时候高唱着《铁道兵之歌》，从容面对万般苦、豪气薄云天那种精神的怀念向往，使我对一首军歌对鼓舞士气培养作风的巨大作用有着深切的体会。以我长期在基层在前线在机关工作的经历，我能很轻易地从歌声中判断出一支部队的士气是否高昂、作风是否硬朗、战斗力是否顽强，从而给出钦佩或赞赏或喜欢或不怎样的评价。到了大机关工作以后，我相信，除了登台演出以外，绝大多数单位平时是唱不响甚至唱不起来一首军歌的。军医社能不能唱响一支歌，并通过唱响这支歌，起到砥砺斗志、激励士气、加油鼓劲、为理想而奋斗的作用？我梦想有一天，在军医社中能够唱响一支歌，一支军医人自己的歌，一支为大家所喜爱而百唱不厌的歌。这支歌，必须要唱出军医人的理想与追求，唱出军医人的奉献与高尚，唱出军医人的梦想与未来，唱出军医人的豪情与志气；这支歌，只能是军医社的社歌，是军医人自己的歌。我虽然从未写过歌词，文笔也不行，但脑海中的这种念头一直在萦绕，内心中的这股激情一直在涌动，迫使我把它写出来。因此，2004年8月，我写出了第一稿歌词。后来觉得不满意，我自己就把它枪毙了。现在我找出了这一稿，虽然写得不好，但仍然寄托了我对全社员工发自内心的美好祝福和深情希望，也表达了我的办社理想和信念。

社歌（第一稿）

你来自军营，我来自地方，
理想把我们召唤到一起。
共同的信念，共同的追求，
共同的称号都是军医人。
你也光荣，我也自豪，
像温暖的朝霞映在脸上，
军医人的心中多么阳光！

你战斗在一线，我战斗在后方，
使命把我们集合到一起。
快乐地学习，快乐地工作，
快乐地奋斗属于军医人。
你也向上，我也向上，

像欢乐的浪花你追我赶，
军医人的岗位多么高尚！

你追求成功，我追求完美，
事业把我们凝聚到一起。
美好的环境，美好的工作，
美好的前景激励军医人。
你也无怨，我也无悔，
像奔腾的骏马一往无前，
军医人的前程多么辉煌！

因觉得它对军医出版人的内涵挖掘不够，文字偏长，且力度不大，对社风文化的表达也有距离，于是我又写了第二稿，征求全社和军内作曲家的意见。2004年12月16日，邀请我国著名军旅作曲家、兰州军区战友歌舞团李杰作曲。这首歌词经李杰老师谱曲后，曲调雄壮有力，慷慨激昂，每次唱后，都让人全身上下充满豪气和力量。不少员工在上下班路上或上班间歇，常不由自主地哼唱。同年，社里组织了各大部门社歌比赛。从此，社里集会前都要集体高唱社歌，成为惯例。新员工从踏入我社第一天起，在第一堂课上，也是由我主讲社风文化教育，并学唱社歌。通过学唱和比赛，不仅使社歌人人会唱，更重要的是，通过学唱社歌，把军医人的使命、理想、追求、品格、风范、情操，都通过这首歌，走进每一个军医人的心中。

在2006年的全年总结大会上，总后卫生部白书忠部长，傅征副部长，科训局的周先志局长、杜晓梅协理员和全社员工一起高歌社歌。此

人民军医出版社社歌
1=bE 2/4
行进速度，满怀豪情地
作词：齐学进
作曲：李　杰
理想　把　我们　召　唤在一　起　军旗　下　走来　人　民军　医
事业　把　我们　凝　聚在一　起　军旗　下　走来　人　民军　医
播下　新知　传　承文　明　我们　的　追求　多　么高　尚
洒下　心血　铸　造精　品　我们　的　岗位　多　么荣　光
忠　诚亲　和　创　新卓　越　啦
忠　诚亲　和　创　新卓　越　啦
像　那红　烛　一　生奉　献　照亮了　多　少　成功　的
像　那浪　花　一　路追　赶　奔腾着　我　们　奋进　的
希　望
歌　唱　啦
争先　向上　奔向　明天　奔　向　辉煌　奔　向
辉　煌

人民军医出版社社歌

后的年终总结大会上，李建华部长、张雁灵部长和傅征副部长、陈新年副部长、王玉民副部长也都和大家一起高唱。看到这首社歌得到首长和全社员工的认可，我的心中满是幸福和甜蜜。

五、在社徽的照耀下前进

我到军医社时，社里还没有自己的社徽。看到兄弟社的图书封面上都有社徽，而我社的图书只有“人民军医出版社”这几个楷体字，我感到应该有我们社的LOGO。2001年下半年我社美编吴善茂老师设计了两个，但都不太满意。后来，一个无意的机会，我的弟弟齐学飞的战友颜立刚来看我，我让他给我推荐个能设计社徽的人，他向我推荐了解放军艺术学院的高才生刘鉴公。刘鉴公确实很有才能，很快就设计出了三个方案。经社总支研究后，向部首长报了两个候选方案，傅征副部长为我们挑选了现在用的这一个。这个LOGO设计得非常巧妙，当中用书本组成了五角星，五角星中间是个红十字，寓意为军队卫生出版单位；边上三条半弧形的线条，形成一个椭圆形，寓意为音像电子出版；而强烈的向前向上的飞动感，寓意着军医社的飞速发展；三条并列的弧形线条，则又寓意为团结奋斗、开拓进取、争创一流！这个LOGO完全准确地表达了军医社的职能、定位、理想和追求。

人民军医出版社社徽

刘鉴公，这位为军医社设计社徽的人，应该和为我们谱写社歌的李杰老师一样，都是为军医社做出重要贡献的人，当我们唱着社歌、看到社徽的时候，我们是不应该忘记他们的。

六、创建社风文化建设的阵地——《军医人通讯》

我一直想办个小报，不为别的，只是为了每日里那么多让我感动的军医社的各位战友，为了留下他们的感人业绩和贡献，为了让那些感动我的人和事，通过小报来感动大家，也通过小报留下来载入史册、感动后人。当然，小报还是社风文化建设的一个重要阵地。用现在的一句话讲，就是传播正能量。我的这一想法，得到了白书忠部长和傅征副部长的理解和支持。在2006年机关清理文山会海时，机关和部队好多报刊都压减了，但部党委和部首长经过慎重考虑，还是决定保留这张小报。小报于2005年7月8日创刊，由《人民军医》杂志编辑部王敏主任任第一任主任。如果说我是这个小报的发起者，王敏则是这份小报的实际办刊人，是这份小报的社长兼总编辑。小报在他的努力下，经过很艰难的起步，终于成长为全社员工都非常喜爱的一份内刊。在宣传总支决议、弘扬社风文化、推动重大工作、表彰先进人物、交流重要动态等方面，都起到社风文化主阵地的重要作用。

軍醫人通讯
JUNYIREN TONGXUN
2008年5月19日 第63期 军医人通讯编辑部 主办

军人决战岂止在战场
——我社两天内出版3部灾区急需图书并运达四川
■ 本刊编辑部

"5.12四川汶川大地震，牵动着全国人民的心，也牵动着全社员工的心。我们作为医学出版工作者，在国家遭受危难的时候，在灾区人民需要的时候，有责任奉献一切。当前，抗震救灾进入到了全面挽救生命、伤员救治和卫生防疫的关键时期，灾区人民在十分急迫地祈盼着地震伤防治、震后防疫的出版物。这也是确保大灾之后无大疫的十万火急、压倒一切的工作。人民养育了我们，我们有责任、有义务、有信心、有能力承担这一光荣任务。党考验我们的时候到了，人民考验我们的时候到了……"齐学进社长在5月16日晚召开的全社中层干部会上的短短政治动员，拉开了人民军医出版社抗震救灾大决战的帷幕。

灾情就是命令，时间就是生命。这个具有光荣历史和优良传统的出版社的"应急机制"就这样在周末的晚上启动了。180多名员工动员起来了，出版物的选题在短短的几分钟之内确定了，赶制它们的"绿色通道"开通了，各部门各环节的责任人落实了。从这时开始，上班时间和下班时间的概念在员工们的脑海中已经荡然无存了。一方有难，八方支援，"第一时间"如此珍贵，早一分钟出版，就意味着更多的生命得到拯救，更多的灾民得到有效安置，更多的医务人员得到正确的工作指导，灾区的损失就会得到更好地控制。为了灾区人民，为了国家利益，年轻的母亲不再去照料刚满周岁的孩子；青年小伙不再同女友携手并肩共度花前月下的良宵；刚刚做过手术的副总编也中断了休病假；被通知到的员工，星夜兼程，凌晨4点骑着自行车急速赶到单位。这边，齐学进社长直接指挥并亲自校对文稿；那边，姚磊副总编紧急与中宣部和新闻出版总署协调印数，联系运力。这边，策划编辑与作者共同修订选题大纲，加工编辑连夜对书稿进行文字加工；那边，美术编辑提前设计图书封面和插图版式。这边，出版制作部等待录入排版，洗印制作胶片，派专人到印刷厂督促火速印刷；那边，车队司机已等待装货，迅达南苑机场。一切是那样的有条不紊，那样的井然有序。没有一个人叫苦，没有一个人喊累。大家只有一个心愿，那就是：灾区前线需要，急！急！急！"第一时间"出书，快！快！快！真可谓是，办公楼内无眠夜，争分夺秒出书忙；废寝忘食做奉献，人民利益高于天。当5月18日晚，带着180多名军医人温暖之心、博爱之情，凝聚着作者、编者和出版人无数心血的几万册的《地震伤急救手册》《震区防疫手册》和《震后防病把五关》，按照预定时间装上在楼门口待命的汽车送达规定的集结地点时，大家脸上才露出欣慰的笑容。

这是人民军医出版社以最快的速度、最大的努力、最高的效率，为四川汶川地震灾区赶制出版物的一组镜头。一切为了人民，一切想着灾区。危急时刻，方显英雄本色。此情此景，无不令人感佩、为之动容。在这次紧急任务的大动员中，人民军医出版社的领导和员工表现出了非凡的勇气、信心和坚强的执行力、战斗力，整个出版社的向心力得到了新的巩固，凝聚力实现了新的升华；不怕疲劳、连续作战、敢打硬仗的精神，以及军医人政治强、作风硬、纪律严的素质能力也得到空前彰显。

也许有人会问，究竟是什么力量，使军医人如此迅速的集结起来，行动起来，又如此迅速地在（下转第四版）

我社向成都军区总医院捐赠图书

人民军医出版社社报——《军医人通讯》

七、让先进分子去国外旅游

军医社的发展，是全社员工用汗水和劳动换来的。每年年底，面对连年30%的高速增长，我的心中常常充满了对全社员工的愧疚之情。因为他们是在军医社起飞阶段艰苦创业的一代人，他们为军医社所创造的效益，80%以上都用来当作社里的发展基金了，其余部分则是上交上级和留作社里积累。作为社长，我应该给他们很多，但我能给予他们的实在是太少了。我总想，到了军医社腾飞之日、家底厚实之时，我们不用再搞这么快的发展，也不用这么多的发展投入了，就可以拿出钱来好好补偿一下这些有功之臣。遗憾的是，我在位十年中，这种快速发展的步伐一直未能慢下来，这种遗憾也只能寄托于后人了。正是出于愧疚之情和报答之心，我决定尽当时之所能，让社里的优秀分子在每年年终表彰大会后，让他们胸戴大红花，让他们在全社人员的列队欢送中，直接向机场出发，出国旅游。我的这个梦想，得到了军医社在职军人的理解和支持，这些在职军人骨干尽管受军人身份限制不能出国，但他们还是以宽广的心胸支持他们不穿军装的战友们出国。从2007年开始，组织了当年17名优秀员工代表去了新马泰。按计划是由近及远走出亚洲，但后因发行部主任付水生同志在2008年5月22日参加出国旅游团出发去机场途中突发心梗去世，使这一先进分子出国旅游计划只实行了两年就中途搁置。但现在的军医社员工，仍在津津乐道他们出国旅游的美好和快乐。

我期待，在不远的未来，这种美好和快乐，会再次变为现实。

八、出书的人更要多读书

为开展群众性的读书活动，从2005年开始，我在当年所读的书中，选出一部分推荐给大家阅读。随着大家读书热情的高涨，开始了每月一书的读书活动。在军医社全员阅读的书目中，有《细节决定成败》《你在为谁工作》《致亚细亚的信》等多本用于自我教育和激励方面的书，也有各部门的专业用书，到后期还有《名家讲堂》《职业礼仪》《市场营销》等，以及我在人大和清华学习期间，老师和同学们推荐的好书和好的讲座。当金盾出版社和西南物流公司请到知名教授讲课时，我还好几次带领社里的中层骨干前去旁听。另外，我也先后请过原人民卫生出版社刘益清社长、金盾出版社刘新明社长、科学技术文献出版社王琪社长来社讲课。为了提高读书效果，我要求每本书读完后都必须组织一次考试，我和社领导全部参加，评卷后分数公布，对读书起到了很好的促进作用。我的体会是，如果一个单位的领导是真的而不是假的抓单位文化和员工素质提高，认真读书是绝不可少的。

九、忙中偷闲的春游、秋游、晚会

记不清从哪一年起，社里开始每年组织一次春游和秋游。这种活动虽然大都安排一两天，且都在郊区，但由于平常持续辛苦劳累，尽管只有这一两天，大家还都是特别珍惜的。关键是这种全社性的郊游，打破了常年只和本部门人员相处的局限，能够跨部门轻松交流，对增进友谊和了解，加深相互沟通，放松身心，确有多重益处。而每年元旦春节期间的文艺晚会，则是各部门文艺才华的大比拼。每到这个时候，你才会突然发现，原来军医社还有这么多才艺出众的人才。特别是2009年、

与全社员工一起春游

2010年这两年，总后勤部每年组织的文艺会演，总后卫生部连续两年指定由军医社排练节目，代表总后卫生部参加总后会演，结果还都得了优秀演出奖。我本人既不会唱，也不会跳，但我喜欢看，不仅是看演出节目，更多的是喜欢感受员工那种发自内心的快乐和喜悦。因为我觉得，作为社长，让员工快乐是最大的责任，也是最高的追求。一个不能深切感受员工欢乐的人，不会是一个好的社长。

十、特殊的家信

单位的事业靠员工。在员工的付出里面，一定有一部分是来自于他们的亲人。因此，从搬到新办公楼开始，我就嘱咐办公室主任张卫民同志，要代表社里，向每位员工的老人写一封信，汇报一下社里当年的发展情况和主要成绩，并随信寄去200元钱，聊表我们全社同志对老人的感激之情。信发走后，年后收到好多家长的反馈，纷纷表达他们发自内心的感谢。觉得把孩子放在军医社这样有深厚人情味的单位，这样心中始终装着员工的单位，他们放心。我想，老人们对员工的嘱托，同样会化为员工们奋发向上、积极工作的动力。从这个意义上讲，我们应该感谢家长们，他们才是真正的大后方，支撑着、推动着、激励着我们奋进的，是他们。

十一、文化是渗透进军医社每一项工作中的精灵

以上所说的八字社风、五种氛围也好，社歌、社徽也好，都属于军医社的文化产品。毫无疑问，这是一个单位文化建设的重要内容，也是文化建设的必有之义。但一个单位的文化建设，仅仅停留在这个层面是不够的。文化产品，仅是狭义的文化。作为一种真正融入单位灵魂的文化，不仅是一种共同的价值观、一种全员认同的理念、一种至高无上的追求、一种责任、一种义务、一种行为指南，更重要的是，它是一种蕴藏、融入各项工作之中的精灵。正因为这样，文化不能独立地站立与行走，它不能游离于一个单位的战略、体制、机制、制度建设而单独存在。它有点像空气，当它单独存在时，它没有价值，也不可能发挥和实现其价值。只有当它被你吸进身体，它就会融入血液，化作能量，营养你的五脏六腑，滋润你的每一个细胞，提升你的精气神，让你保持生生不息的动力与活力时，你才能体会到它的巨大价值。一个单位的文化也是这样，当它水乳交融般地与你的单位方方面面建设真正融为一体时，它才能称得上是单位的文化，它就会变成无时无处都在养护、生长、照应你的精灵，它会让一个单位充满勃勃生机与无限活力，它是这个单位真正的灵魂。这时候，这个单位才算有了真正称之为文化的文化，它也

就与很多挂在墙上写在纸上念在嘴上的文化和单纯的文化产品，一刀划清了界限。

如果不是仅仅从文化产品，而是从大文化的角度，军医社以“忠诚、亲和、创新、卓越”为核心的社风文化建设，其实质是一种具有军医社特色和以人为本理念的管理方式，这种大文化特点，可以归结为以下四个方面：

（一）文化是愿景，是一面高高扬起的旗帜

记得从制定2000—2005年发展规划开始，到以后每三年规划的制定，总是要伴随一场场争论，总是会出现两种意见。两种意见，从表面上看，反映了两种增长速度、不同奋斗目标的差异，它的背后，代表了两种不同的精神风貌和不同的价值追求。

这种价值追求，实际上包括三个层面。对社会和读者，我提出的是“读军医书，做健康人”，体现的是军医社服务大众、造福读者、增进健康的办社宗旨；对行业和专业读者，我提出的是“读军医书，走名医路”，体现的是服务行业、提升水平、促进行业进步的专业追求；对单位建设即军医社建设，我提出的是“军内领先、国内一流、国际知名”。以上是三个战略层面的目标。为了实现上述战略目标，我先后主持制定的三个五年规划和几个三年计划，则是实现战略落地的几大战役。军医社的三次腾飞，源头也是三次规划。而这些战略与规划的背后，又无一不融入了文化的精灵。它们的提出，至少起到三个方面的重要作用：一是在全社上下扬起了一面旗帜。这种愿景不仅是提出了一个数字，一项压力很大的年度任务指标，更重要的是，它是由全社员工共同参与、共同描绘出来的一幅出版社建设和发展的美好愿景，以及这种愿景提供给每一个员工更多的发展机会，从而使全社员工有了新的追求和动力。二是起到了破除保守、推进改革，凝聚人心、齐心干事，统一思想、振奋精神的作用；对推进出版社的各项配套改革起到了整合、统领作用；对社里各项建设起到了“火车头”的拉动作用。三是对那些原本对社里发展前途持怀疑、观望态度的一部分骨干起到了留心作用，对那些压力与动力不到位的懒散员工起到了激活作用，从而扫除了部分员工的萎靡心态和负面情绪，给全社注入了一股热气腾腾的奋发进取之气。正是在这种愿景的感召和全体员工的共同奋斗下，全社连续十年保持了25%的高增长率（最高达35%）。实践证明，只有基于对共同愿景与目标的追求，以及根植于这种共同追求之中的同梦、同心、同力，才是一家出版社大步发展不可阻挡的源头所在。

（二）文化是价值观，是难以复制的灵魂

如果说发展的起点是共同的愿景、共同的目标和共同的追求，那么发展的途径则同样须靠共同的价值观来支撑。我们这个班子成立时，大家就有一个共识，即一家出版社，如果自由主义、个人主义盛行，重要员工跳槽不断，违规违纪事件时常出现；如果员工关系紧张，部门以邻为壑，上下不通心曲，告状于上，争吵于下；如果多少年一贯制的老思路、老做法、老局面，既没有与时俱进的开拓，也没有独出心裁的创造，甚至连新的想法也没有；如果员工对学习失去了兴趣，对工作失去了热情，对质量失去了责任，对团队失去了信任，对班子失去了尊重，等等。总之，只要一个单位失去了共同的价值观，那么，这个单位的建设和发展就丧失了根基和灵魂。而这类问题和现象在每个单位总是或多或少、不同程度地或隐藏，或显露着。这种失和，最大量、最经常的表现，是通过利益层面反映出来的；但这些利益冲突的背后，又源于价值观的冲突。而消弭这种冲突，重塑价值观，只能通过社风文化或叫企业文化建设来实现。

十年来，我们在这方面进行了不懈探索和努力，并在实践中逐步形成了军医社的特色：在社风文化建设主题上，我们提出了“忠诚、亲和、创新、卓越”八字社风，即“忠于事业、忠于团队、忠于职守，亲和同事、亲和客户、亲和读者，创新体制、创新机制、创新制度，质量卓越、管理卓越、业绩卓越”，并以此为主线统领社风文化建设的全局。在社风文化建设导向上，我们提出要营造“家庭、学校、争先、净土、快乐”五种氛围，并把它作为单位风气建设和引导、调整、重塑员工心态与价值观的主要标尺。在社风文化建设具体举措上，我们通过每周五下午的“全员改进活动”和学习培训，促进风气养成和素质提升；通过表彰、宣传先进员工和批评查处不良的人和事，加大正反两个方面的激励力度，能够对员工起到触动作用；通过每周一的编辑出版例会和周三的策划发行联席例会，创造条件让部门与员工间及时沟通和充分交流，有效地防止了问题积压、矛盾掩盖和感情隔膜；通过把八字社风量化为四个方面十八条考评标准，并辅以相配套的奖惩措施，使抽象的社风文化具体化为看得见、摸得着、能操作的行为准则，从而把社风文化建设由软导向变为了硬要求；通过办社报、开年会、唱社歌等，采取一切能够利用的有效手段和方式，充分发挥社风文化对每一位员工春雨润物般的熏陶、滋润和哺育作用，从而潜移默化地影响、重塑员工的精神面貌与价值取向。不少来我社参观的专家教授都有这样的评价：参观军医社，感到的是一片和气、一派热气；接触军医人，感到的是一身朝气、一派正气。而这“四气”的背后，则有一个共同的支点，那就是共同的价值观和深入人心的社风文化。

（三）文化是以人为本，对员工关心、尊重，促使其成长是终极目标

在推进社风文化建设过程中，我深深体会到，一家出版社真正建设好，必须要把“家庭、学校、争先、净土、快乐”五种氛围深扎在全体员工的内心，这也是建设社风文化的一个关键所在。在这个问题上，我们也经历过一个认识上的变化和深化过程。长期以来，我们总是讲“大河有水小河满”，重视集体，而忽视了个体；我们总是强调员工对集体的责任，而在一定程度上忽视了集体对员工的关爱；我们总是把员工的短处看得太重，而对如何把员工的长处发挥到极致考虑太少；甚至把员工追求个人价值的实现和事业成功，误认为是“私心太重”；我们总是教育员工要当“一块砖”，而较少想到主动为每一个员工提供能够自己选择的舞台；我们一方面抱怨人才难得，一方面却任凭人才消沉和流失；我们强调“集体意志”，却或多或少地忽略了每一个员工的心情舒畅；我们对跳槽的员工常给予指责或者不满，却很少想一想跳槽背后所带来的诸多启示和警告；我们总是指责、抱怨员工对待遇要求的“不知足”，却很少想到要让员工和企业一起成长和成功……长期以来，正是这些忽视、误解或冷漠，构成了一个单位、一家出版社不和谐的深层原因。

十年来，当我们以“以人为本”的理念重新审视和反思这些问题，并采取一些相应对策进行调整和改进后，我们发现，建立好一家出版社的关键，也正隐藏在这些问题的背面。为此，我们以关心人、尊重人、促使人成长为切入点，取得了很好效果。比如，我们以极大的热情抓了人才的培养和成长，除了采取有计划地安排进修、学习、办班等常规办法外，我们还探索走出了一条全员立足岗位成才的路子，常年如一日地在全社坚持开展“全员改进活动”，即每周五下午以室、组为单位，集中查找本周、本岗、本部门工作中出现的问题，分析原因，研讨改进对策。由于“全员改进活动”是把工作与学习结合为一体，从而做到了工作学习化、学习工作化；由于是把目光盯在问题和改进上，从而培养了一种创新意识；由于是全员、全环节、全程参与，从而在全社培养形成了一种精益作风。广大年轻员工都把周五的“全员改进活动”视为学习、进修、提高的难得机会，并把它称为“一所大学校”，感到自己“天天都在进步”。几年来，不仅通过“全员改进活动”提出了近千条改进意见和建议，改进和节约各种开支近千万元，而且还通过这项活动培养、成长起了一批新人，走出了一条被中国版协、中国科技出版委领导誉为“在建设学习型出版社方面进行成功探索”的路子。比如，我们坚持以新的人才观，即坚持“人人都是人才”，坚持“长处用人”，坚信“十步之内必有芳草”，打破身份、学历、资历限制，不拘一格，在社内挖掘、起用了一大批优秀员工，帮助他们走上成长之路。目前全社的中层干部和部门负责人中，既有退下来的老同志，也有优秀的新招员工；既有博士、硕士等高学历人员，也有从普通岗位上成长起来的骨干；既有从网上招聘进来的专业人员，也有从军内外聘请来的资深编审。有退下来的老社长、老主编，有从打字员岗位成长起来的财务骨干，有从司机班走出的省区销售代表，有电工出身的物业管理主任，有仓库保管员出身的业务主办，都是自学成才并在重要岗位上发挥了重要作用。比如，我们本着“你有多少本事，我就为你搭多大的舞台”的理念，为优秀员工更快成才创造了更大的空间和条件。在2005年初的新一轮编辑部中层干部配备中，我们把原来的十个策划中心体制，分类改成“中心、室、组”三个层级，以满足不同类型骨干对不同管理岗位的需求，从而一改“人才适应舞台”为“舞台适应人才”，受到了各类骨干的普遍欢迎。比如，我们在组织体制和分配机制上，变过去的“拉郎配”和领导定收入，改为员工自己选专业、选搭档和选收入档级。前者我们称为“亲密组合，朋友团队”，后者我们称为任务、收入和奖金“三自主”，深受员工好评。比如，我们以“公平、公开、公正”为原则，把分配改革方案全部向分配对象公开，并反复征求意见，真正做到了起点与规则公正、制度与收入高度透明。由于收入与质量、效益紧密挂钩，完成社里的指标要求就变成了员工的自觉行动。比如，我们把员工的收入增长速度和社里效益增长速度紧密挂钩，并承诺在制度上明确员工收入增长速度不低于社里发展速度，真正把员工收入与社里效益捆在了一起，使每年员工收入都随社里发展而同步提高。比如，我们对跳槽人才敞开回来的大门，承诺“出去自由，回来欢迎”，并发足离社后的各项应得待遇，充分体现出社里对所有员工的善意、理解和尊重。比如，我们还通过给全部员工办理“四险一金”，每年春节为员工家庭寄慰问金和新年贺信，为每个员工定制生日蛋糕，上门探望每个生病员工，同时定期组织联欢、春游等活动，使员工得到充分的尊重，感受到友爱和温暖。总之，我们是通过实实在在的工作而不是表里不一的说教，在全社营造出了一片祥和、顺心、舒畅和愿意干事、能干事、能干成事的良好人文环境，从多个层面满足了员工的多方位需求，从而深深地赢得了广大员工的心。每一位员工都发自内心地感到，军医社是真诚地关心员工、尊重员工、成就员工；感到在这里工作，他们能实现个人价值和事业追求。这时，他们就会把人和心一起交给出版社，交给这个他们可以信任、可以托付的集体与团队。也正因为如此，我们的队伍中才涌现出那么多优秀的员工，如有的员工毅然谢绝国外公司的高薪诱惑，有的员工辞职后又回来工作，有的员工把家从城东搬迁到社周围，有的员工身患绝症还常年坚持上班……正是这些用多少金钱也买不来的真情、真心、真爱，共同奏出了军医社和谐发展之歌的最强音。

（四）文化是以上化下，风清气正的关键靠领导表率

一家出版社和谐不和谐，集中体现在领导与群众的关系上。一个单位的领导如果忘记了表率与自律，或以权谋私，中饱私囊；或放纵贪欲，腐败堕落；或拉帮结伙，争权夺利；或斗志衰退，精神萎靡，那么这个单位要实现和谐是不可能的。因此，上下和谐，不仅是指领导亲和下属，更重要的是要做好表率与自律。

十年中，我和军医社的班子成员，始终坚持严格要求自己，严格自律，以身作则，并见诸行动。领导干多少、拿多少，往往是群众关注的一个焦点。我们这个班子成员虽然最忙最累、负担最重、压力最大，但在全社人员的收入总额中，社领导从没有排进前三名，总是把最高的收入让给编辑一线的同志。以我为主牵头组织策划的《临床技术操作规范》及组织编写的防“非典”系列图书都有很高的效益提成，而我一分不留地捐给了社里。营建问题是大家关注的另一个焦点。我们社新建的近8 000平方米的现代化办公大楼，由于支部一班人坚持原则，打破情面，顶住来自方方面面的压力，坚持按最优的质量与造价比严格招标，使整个大楼节省经费超过1 000万元。全军“百项重要工程”检查组的专家们一致称赞这是他们近几年所见到的从设计、质量、管理到造价均是最优的工程，成为北京市万寿路地区的标志性建筑，更成了总后大院一座名副其实的优质楼、形象楼、干净楼。用人问题也是出版社的敏感问题之一。几年来，我社共招聘员工近百人，但从未照顾过社领导的一个亲戚、家人、朋友或同学。对老同志特别是前任领导和班子的态度，往往能反映出现任班子的品格与胸怀。我们坚持有成绩不忘前任班子打下的基础和贡献，有了问题也绝不往前任班子身上推。军医社前三届班子中五位正副社长、三位主编和多位年逾六十的老编审，从班子或岗位退下来无一例外都被聘请回社里工作，有的继续担任重要的领导职务。这种“四世同堂”的现象，被总政宣传部——全军出版主管部门誉为“全军出版社中仅此一家”！

由于支部一班人和管理层吃苦在前、奉献在前，索取在后、享受在后，加上方向明、思路清、干劲大、能力强、自律严、形象好，以及团结、民主、风正、务实的良好风气，推动全社的建设、改革和发展驶上了 “快车道”。全社连续多年保持了年均30%的速度增长，把一个年销售额3 000万码洋、总资产不足5 000万、市场份额排位为国内医学图书市场第六的中小型出版社，迅速发展成为年出版码洋3个亿、市场份额跃居第二、总资产翻了十多倍的医学出版强社，人均效益与书均效益同步创历史最好水平。出版社被评为全国百佳出版社和一级出版社，连续多年获“讲信誉、重服务”先进单位称号，总政宣传部连续四年指定我社在全军出版年会上介绍经验，我社党支部连续六年被总后卫生部和总后勤部评为“先进党支部”，并受到通报表彰。总后首长称赞“军医社发生了翻天覆地的变化”，并被总署首批授予“中国出版政府奖”，成为中国医学出版与数字出版的领军单位。

产品只能赢得市场，文化才能穿透人心。十年的实践证明，一家出版社的市场表现取决于其品牌与市场占有额；而决定其品牌与市场占有额的，则靠它的实力和创新力；而决定其实力和创新力的，则是一家出版社的社风文化；在社风文化中起主导作用的，则是一家出版社内在的价值观与凝聚力。它不是一家出版社的人才、资金、设施、体制等硬件条件，但它却是一家出版社硬件建设的驱动力、支撑力与精神动力，也是一家出版社迎接各种挑战与困难的力量之源、一家出版社的核心竞争力，也是真正支撑一家出版社长期稳定发展的基石。

文化，只有文化，才是衡量一个单位、一个领导者是否成功的真正标志！

第十六章

在全员改进中锻造精益出版之路

当2002年军医社实现了第一个翻番以后，有五个问题一直萦绕在心头：出版社之间的竞争，不是单个编辑、单个产品的竞争，也不是单个部门、单个系统的竞争，而是系统和系统的竞争。要做到整体全优，除了好的体制、机制、文化外，需要全社每一个部门、每一位员工、每一项工作都要做到个体全优，进而叠加实现全社整体全优。而要实现全员个体全优，路径和方式是什么？一家出版社要赢得市场，要靠自身的整体实力和不断成长的后劲，那么提升这种实力和后劲路在何方？抓质量是出版社的永恒追求，而质量又是一项需要全员参与、全程改进的系统工程，如何建立灵敏高效的全面质量改进机制？建设一家学习型的出版社，如何克服时冷时热、有头无尾、动静大成效小的现象，建立起一种广大员工持续受益的学习方式？当一家出版社已做成品牌、做出业绩后，如何加快品牌的不断升值，始终保持变革图强、持续进步的动力？我觉得，只有找到一种形式，一种能够让全体员工自觉地持续参与、持续学习、持续改进的方式，一种以永不满足的精益之风为特点的全员性持续改进活动，并把这种活动与内容、机制、效果有机地连为一体，才能有望实现上述初衷。为此，从2002年开始，我以极大的决心和热情，八年如一日地在全社推广开展了这种称为“全员改进”的活动，力图从理论与实践的结合上解决回答上述问题，并以此正式开启了军医社在建设学习型出版社道路上的成功探索。

一、“全员改进活动”是这样开展起来的

每周五下午两个小时，军医社雷打不动地全员参加。具体做法是：以室、组为单位，眼睛向内，自查为主，逐人逐室回顾本周工作中存在的问题，研究提出改进措施和办法。之所以确定以最小的室、组为单位，是考虑业务相同，能够形成共同的研究主题；之所以放在周五下午，是考虑经过一周的工作，已经积累了一些需要研究解决的问题，应该赶在热点未消退前的周五趁热打铁进行解决；之所以强调研究本单位本部门的问题，是防止眼睛向外，总是盯着别人的问题。只有人人盯着自己，自我查找、自我研究、自我改进，才能使各项工作臻于完美。对上下游相关连续环节的问题，可以提出问题及解决建议，供别的单位研究并有权得到解决回音。所有的“全员改进活动”所提问题及改进措施、改进成效都要登记；每月的最后一个周五，全社召开“全员改进活动”交流大会，由各部门汇报本月改进成果，并在大会现场评出一等奖、二等奖、三等奖予以奖励。年底则举行学术年会，由各部门总结汇报学术成果。这既是对做得好的一种激励，也是对做得差的一种督促，更是对先进做法的一种交流和推广。此项活动与全员读书学习活动相结合，从2002年底开始，直到我不当社长时结束，前后整整坚持了八年。每年改进的问题累计400~600条。收到的成效是多方面且巨大的。

2005年12月，作者主持参加军医社一年一度的学术年会

二、“全员改进活动”是这样深入下去的

刚开始推开“全员改进活动”时，还是有相当阻力的。主要是反映没有问题可找，或找到了问题却是别人的，或找到问题找不到解决办法，或在找问题时互相争执，或开始找了点问题再也持续不下去。为了克服这些模糊认识，并帮助大家掌握全员改进的方法和途径，我专门召开全社大会进行强调：一是发现问题、解决问题，才是工作进步的台阶。二是一定要紧紧盯着问题。找不到问题就是最大的问题。三是找不到问题的原因是工作标准不高，工作永远没有做到顶的时候。我们要把工作做好，必须要把工作定在最好最高的水准上。四是只看到别人的问题看不到自己的问题。这就需要换位思考，或进行问题交换。五是解决不了问题说明学习不够，需要结合学习并依靠集体智慧就能解决。六是

每个部门的工作分工虽然不同，但全员改进的主题都是围绕质量（能做得更好一点儿吗）、效率（能做得更快一点儿吗）、成本（能做得更省一点儿吗）、流程（能做得更顺一点儿吗）、服务（能做得更开心一点儿吗）这五条主线来展开。七是当部门的工作改进以后，感到已近完美并觉得没什么可改进之时，就要把工作标准提高，并不断地问自己：还能做得更好、更快、更省、更顺、更开心一点儿吗？八是积少成多，每天或每周改进一个问题，一年下来，就会有巨大的进步。

经过锲而不舍、持之以恒的全力推动，全员改进逐步为全体员工所认识、所接受，进而开始变成大家的习惯。只要到周五，大家就不约而同地开展“全员改进活动”。几年下来，“全员改进活动”已经变为军医社全体员工的自觉行动，并在实践中逐步形成了制度化、主题化、实效化的特点。所谓制度化，是指每周进行，每人都必须参与；所谓主题化，是指每个组或室的“全员改进活动”围绕大家共同商定的主要问题进行；所谓实效化，是指边学习、边研究、边改进，强调实效是唯一目的和检验标准。八年多来，这项活动在我社每周都开展，在实践中体现出了很强的生命力，取得了明显的成效。时间一长，我和大家都有这样的感觉，这个单位的每一个人，每天都在盯着问题改进，每项工作都在进步，每个人也在进步。那种“太阳每天都是新的”，开始变成了我每天真切的感受。作为一个领导，没有什么感觉比这种众志成城、自发改进、不用操心，每一个人都能把工作做到极致的风气和氛围，更让自己开心舒心顺心高兴满意的了。好多年过去了，我对军医社连续十年的高速增长，包括每年挣多少钱、获多少奖、得多少表扬，已看得很淡，只有那些年全社上下意气风发、热气腾腾、精益求精的“全员改进活动”，每一个战友在全员改进中那种同心奋进的身影画面，每每想起，还一直让我激动和感念不已。

三、“全员改进活动”才是真正的精益之道

一是找到了一种实效型学习的新方式。“全员改进活动”的全部着眼点就是一个，即研究改进工作中的实际问题。而工作中的问题又通过学习研究、依靠全体员工的智慧和创新得以解决。因此，这种学习的特点，就是从发现工作中的不足与问题入手。由于“全员改进活动”是围绕与问题有直接关联的内容来展开，因而学习和研讨的目的性、针对性都很强，且易于收到实效。仅2004年，全社就提出意见和建议360多条，其中80%以上的问题得到了及时研究解决。这也就摆脱了过去“坐而论道”和与实际工作“两张皮”的老一套学习方式，使学习真正进入了工作，进入了问题，学习变成了研究工作、改进工作的有力武器。

二是建立了一条全员抓质量的新途径。质量是出版社全部工作的核心，也是“全员改进活动”的核心。几年来，我们的“全员改进活动”，主要是围绕改进质量来展开。通过发动全员参与，推动了全社工作质量的明显进步。质改工作已由过去的由领导和少数人抓，变成全员无一人例外地广泛参与；由终末质控、被动质控、阶段性质量大检查，变成了全程质改、主动质改和经常性质改；把习惯于盯着别人的问题，变成了集中查找改进自己的问题；把泛泛地讲质量，变成了经常性的大量扎实具体的改进行动。2005年，全社研究提出质量改进的项目达280多项（仅加工部就达120项）。其中，不少改进项目收到了显著的质量、效率提升和成本节省之效。

三是开创了一条员工快速成长的新通道。过去对新编辑的培养，一直沿用“师带徒”的方式，手段单一、周期长、成长慢。开展“全员改

图书加工部召开流程改进讨论会

进活动”后，每周一次问题研究改进会议，对每一个新员工来说，都是一次难得的进修、学习、提高机会，有的新员工把它比喻为“第二次上学”，是“在职读研”。硕士研究生、新编辑高爱英（2013年已担任策划编辑部第一策划中心主任）在年底总结大会上说：“‘全员改进活动’的开展，使我和每个新编辑都亲身感受到这里像个大学校。在军医社，我天天都在进步。”她的话，确实代表了大多数员工的心声。

四是激发了立足岗位成才的新追求。随着“全员改进活动”的深入，“当学习型员工、走岗位成才之路”“爱社如家、争做贡献”的口号日益深入人心，蕴藏在广大员工身上的巨大智慧和创造力开始迸发出来。就拿办公室房管办袁文兵主任来讲，他为了做好对新办公楼的管理工作，积极动脑筋、想办法，如他提出的对空调机组的轮开方案，每天可节电近200千瓦时；他对抽水马桶用水量进行计算改进，每年可省水近5吨；他采取保洁员兼做门卫值班，可少用三个门卫专职保安，仅此一项就给社里节省近20万元；他每年为全社维修家具和办公用品，一年为社里节省开支超过10万元。在全员改进之风的感染下，每一个员工都以苟日新、日日新、又日新为旨，以工作改进与精进为荣。四年来，全社员工提出改进建议就达近千条。不少小发明、小改进、小改革如电话费改革建议，节水节电节油建议，版式封面、印装改进建议，都在实际中收取了较大的效益。一些在质量、流程、成本、服务、效率等方面存在多年难以解决的老大难问题，也依靠全社员工的集体智慧和创造热情，一个一个地得到了较好解决。

五是培养了一种以精益作风为标志的新风气。能否有效地开展“全员改进活动”，提出问题、发现问题、正视问题是前提；而问题的发现与提出，又都是建立在工作的高标准之上的；而要坚持工作的高标准，就必须克服得过且过、斗志萎靡、精神衰退现象。因此，在全员改进中，我们把追求一流的工作标准，保持昂扬争先的精神状态、精益求精的不懈追求，作为推进“全员改进活动”的思想基础；把“能够做得好一点儿，能够做得再好一点儿，能够做得更好一点儿”的理念，作为全体员工参与改进活动的共同追求与口号；把人人盯着问题，人人研究、琢磨、改进问题，作为全社员工的自觉行动。因此，“全员改进活动”本身，既是一种工作改进和全员学习，又是一种作风和风气建设。它营造的是一种融学习、研究、改进、提高于实际工作之中的新学习模式，它起到的是激发全体人员的创新、进取、争先意识的“火车头”作用，它带给出版社的是众志成城、蓬勃向上、昂扬进取的活力。

常年如一日的“全员改进活动”，显示了在改进工作、提高质量、激发热情和学习互动方面的巨大威力，它既是新形势下建设学习型出版社的有效形式，是提高出版社整体竞争实力的重要途径，也是一家出版社拒绝平庸、防止停滞与衰退的治本之策。军医社工作之所以一年一大步，每个员工能感到年年在成长，新员工都感到出版社像一所大学校，正是建立在“全员改进活动”几年如一日地开展和立足岗位学习、研究、成才、争先、奋进的浓厚风气之上。实际上这也已经成为我社核心竞争力的重要组成部分。中国版协和科技出版委的领导对此给予了高度肯定，称赞“这是国内建设学习型出版社中的成功探索”。在促进军医社向着“军内领先、国内一流、国际知名”目标的奋进中，它的作用难以估量。

下篇

根据我的身体情况，我觉得工作到70岁应该没有问题。也就是说，从2010年9月即56岁时卸任军医社社长，还有14年时间。这14年，是人生的另一个黄金期。我经过反复思考，觉得要选择一些应该做、喜欢做、能够做并且能做好的事，再为军队和社会做些贡献，同时创造新的人生价值。

第十七章

再任社长

挑着军医社社长、总编辑兼党总支书记的担子，就像穿上了“红舞鞋”的电影里的主人公，一刻也停不下来；又像一匹只顾奔跑的大马，埋头领着大家长途跋涉。今天，担子卸了，终于可以好好松口气了。可此时我才发现，一台高速运转的机器，要陡然停下来还是不行的。正是张雁灵部长和各位同事、各位新老朋友的理解和照顾，才使得我安然平稳地度过了刚退下来的那个转折期。至今回想起来，好多事情还让我铭记和感动。

一、人民军医电子出版社社长的再任命

2010年9月1日虽然卸任军医社社长、总编和书记的职务，身上只剩下人民军医电子出版社社长和编审这两个职务。但距离60岁正式退休还有四年多时间，而按照有关政策规定，专业技术三级干部只要本人愿意，还可延长。这样计算，我还有好几年的工作年限。如何把这个特殊阶段安排好，我进行了一些思考。我想，总的原则是既要发挥余热，继续尽力为军医社和出版事业做点事情，又不能妨碍新班子工作和年轻人

的成长。为此，我于2010年9月29日给军医社总支班子写了一封题为“对我工作岗位安排的几点建议”的信，书信主要内容如下：

对我工作岗位安排的几点建议

石社长并总支各位同志：

九月一日以来，我已将社长、总编与党总支书记的工作，向新任社长石虹同志进行了全面交接。对于我下一步的工作，部首长与石社长均先后征求过我的意见，要求我负责数字出版方面的工作。对于部首长与石社长的关心，我表示由衷的感谢！经过反复思考，我谨对自己下一步工作安排，提出以下想法，供总支和部首长考虑：

一、为了使石社长和新班子更好更顺当地开展工作，也为了数字出版部优秀人才的顺利成长，卸下军医社社长岗位后，我坚决要求不进总支，不再担任任何行政工作，也包括不再负责数字出版部的工作，不再兼任电子出版社社长。这样做，才是对石社长和新班子的最大支持。

二、我的新岗位是编审和三级出版专家，但由于长期忙于管理事务，对出版业务均研究甚少，从现在起，我希望能把精力集中到对数字出版的研究上，并为社里提供一些建议。如社里决定成立专家委员会或专家组要我牵头，或循旧例担任社顾问，我虽才不堪任，但毕竟这是一个老社长理应效力之处，我愿勉力而为之。

三、对于我担任的社数字出版工作领导小组组长、社重大出版基金项目领导小组组长，中国白求恩研究会副会长和中国编辑学会科技读物委员会副主委的兼职，建议全部转交石社长担任。总后司令部和部里下达的“全军数字出版集成应用系统”这一科研课题，虽然课题负责人是我，但为便于实际工作推进，建议也改为石虹社长负责。

四、作为一个为军医社事业付出了十年多心血的老社长，在新班子和总支需要征求我的意见和建议时，我将毫无保留地、全心全意地予以贡献。至于我在任期间的一些决策，都是相应历史条件下的产物，希望新班子根据新的形势与任务及内外环境变化，大胆地进行扬弃与否定（实际上我近几年来也是一直进行自我否定，以期不断实现自我突破与创新），并在这种扬弃与否定中实现新的创新、新的发展跃升。

以上意见，恳望石社长予以考虑和采纳。最后，我谨对支持我、配合我工作的党总支成员，对石社长和新班子对我的关心，一并表示衷心的感谢！

此致

敬礼！

齐学进

2010年9月29日

这封信，石社长和总支经研究后，表示尊重我不再进总支的意愿，但还是希望我继续担任人民军医电子出版社社长，和秦新利同志一起，继续负责数字出版部的工作。2011年五一劳动节前夕，社里又专门为此下发了一个正式书面通知，在明确我继续担任人民军医电子出版社社长的同时，为保证我有效地履行职责，还给了我经费审批权限，明确让我继续负责军医社的数字出版工作，体现了军医社总支对我的高度信任。很多从老社长岗位上退下来的熟人对我说，从社长岗位退下的人当中，我是安排得最好的之一。

二、温暖和真情的再收获

“人一走，茶就凉”，这是很多人对职场上世态炎凉的共同感受。

我很幸运，我退下来后，反而收获了比在位时更多的关心和爱护，更多的温暖和真诚。

也可能是张雁灵部长担心我刚下来后不适应，他亲自交代有关人员，总后卫生部的重大活动，凡是能让我参加的，一定要通知我参加。我记得2010年国庆节刚过，全军医学科技大会在京西宾馆隆重召开。我虽然是连续两届十年的全军医学科委会委员和全军医学编辑专业委员会主任委员，但会前的换届名单上已更换为石虹社长。由于有部长的交代，大会秘书组仍通知我作为正式会议代表参会。记得在大会隆重开幕的当天下午，张部长作大会主报告，当介绍到全军医学信息和出版工作时，专门脱稿讲了一大段话。他说，人民军医出版社由十多年前的四五间房子、一二十个人，发展到今天有两幢大楼、200多人、3个亿码洋的现代化出版社，进入全国医学出版的“两强”，成为科学发展的先进典型和军队出版战线的一面旗帜。齐学进同志作为社长，付出了巨大心血，做出了突出贡献。说完后，他又让我和石虹同志一起，站到主席台前和全体代表见面。此时，整个会场响起了热烈的掌声。从1990年参与全军医学科技大会筹备算起，我已参加了四届大会，但像这样在大会上受到隆重表扬的，我还是第一个。第二天早晨，我正在家里吃早饭，接到张雁灵部长的电话，他说胡锦涛主席9点要接见全体会议代表，让我迅速赶到京西宾馆，参加接见和照相。我在从家中赶往京西宾馆的路上，又接到部长的电话，交代进照相大厅的路线和如何寻找照相位置。当时我就想，张部长作为数百人大会的主要负责人，在这样涉及党和国家最高领导人参加的重大活动中，有多少大事要事急事等着他处理，可他还始终牵挂着我这个已经退到二线的下级。这里面所包含的关心爱护，真是多少真金也买不来的！

紧接着是2010年11月在上海第二军医大学召开的“中德军事医学学术大会”，张部长又专门交代主办会议的同志，把我列入了正式会议代表名单。也正是因为有了张部长的关照，使我有机会与我的德国朋友——德军军医总监纳卡特中将、贝塔出版社魏茨克社长，在会场上及浦江游轮上多次见面。

石虹新社长和社总支对我也给予了极大的尊重支持，只要有事商量，他基本上不用电话，总是亲自到六楼办公室找我。在总后配发一辆新奥迪到社时，因我已在用一辆奥迪；这辆奥迪新车石社长是完全可以留下给自己和社领导使用，但他执意要把这辆新奥迪给我使用，他和其他社领导用我换下来的那辆旧车。2011年，在上报中国出版政府奖先进个人奖时，他和社总支坚持报我。2012年，在全国数字出版领军人物评选时，又一次报了我参评。在我获得中国出版政府奖先进个人奖和全国数字出版领军人物称号后，他又积极采纳《中国新闻出版报》《中国图书商报》的建议，安排了对我的两次专访。2011年3月18日，《中国新闻出版报》以“将军出版家”为题，在显著位置刊出了由李子木记者采写的一整版对我的专访。2012年9月14日，《中国图书商报》又用近一个整版，发表了潘启雯记者对我的专访——齐学进：用“亮剑精神”打造出版。所有这些，都使得我这个退下来的老社长倍感温暖。

总后政治部宣传部杨杨部长、李信光副部长和唐向东干事，也一直在惦记和关心着我。2010年9月，在得知我从社长岗位上退下来时，唐向东干事特地找到国内著名的报告文学作家、解放军报副总编江永红少将，来对我进行专题采访。江永红副总编专门到军医社住了一个星期，找了军医社40多名员工进行采访（据说采访情况满满记录了五六本）。回去以后，江副总编很快赶写出了长篇报告文学《跨越》，刊登在2010

《中国图书商报》在头版对作者的专题报道

年第12期《解放军文艺》上。

新闻出版总署的领导和朋友们，也一直记得我这个老朋友。在国内规模最大的2011年和2012年深圳文博会召开时，数字出版司张毅君司长连续两年邀请我代表军医社，在大会开幕式上作主题演讲。总署在上海开办的全国出版局领导干部数字出版培训班，张毅君司长又点名邀请新闻出版研究院郝振省院长和我去讲课。全国多个省份的新闻出版局和军地出版社的老朋友们，也经常邀请我去为他们讲数字出版课。仅近一两年中，就曾先后在江西、云南、四川、湖北、陕西等多个地方，以及北京的印刷学院、建筑工业出版社、化学工业出版社、英大传媒投资集团、中国科技出版委、中国出版协会编校工作委员会、中国医师协会等多个单位讲话。作为中国出版政府奖、中国政府出版基金、国家新闻出

作者陪同总后卫生部张雁灵部长（左二）、陈新年副部长（左三）、王玉民副部长（左四）参观2010年图书展览会

版改革项目库、中国科技期刊国际影响力提升计划、解放军出版奖的评委和全军技术职称的高评委，还要经常参加各类重要的评奖立项。能够为自己所热爱的出版行业做点事，使我感到非常高兴，并帮我度过了刚退下来那段特殊的转折期。

三、人生之路的再定位

尽管我还未退休，但我从社长岗位上退下来的消息还是不胫而走。在我退下来不久，一家中央部委出版社的社长就来找我，说他们那里已于三年前申请了电子音像社，但一直未物色好社长，希望我能过去；直到最近，还有一家跨国集团公司，通过我过去的老领导找到我，希望我过去工作，并给我开了50万元的年薪（不包括年底奖金）。尽管面临众多选择，但我始终没有动过心。我想，虽然从社长岗位上退下来了，但我还是一个现役军人，军装穿一天，就要为军队服务一天；同时，我又是一个搞医学出版的，只做与医学及出版有关的事情，不搞跨界发展。

本着这个原则，我谢绝了对我的所有邀请。

而对于到底做什么，经过一段时间的考虑，我确立了“三做一不做”的标准，作为对这个特殊转折期工作的取舍。所谓“三做”，一是作为电子社社长，我要为军医社的数字出版多做点有意义的事，力争能做成造福本社、影响业内、利在后人的几件大事；二是作为三级高级专家，我应该集中精力研究当代数字出版领域的前沿进展，力争在理论上、实践上和教学上多出成果；三是作为国内多个学（协）会工作的长期参与者，在位期间囿于时间和精力而贡献甚少，卸任社长后力争通过多参加行业学（协）会的工作，以对行业有所服务和贡献。所谓“一不做”，就是虽然作为电子出版社社长，但对于电子出版社（数字出版部）内部的具体业务工作和行政管理工作，我都不再过问，全部放手让数字出版部主任和副主任负责，以便于年轻人尽快成长。

按照这个原则和标准，我一方面努力做项目、做学问、做学（协）会工作，另一方面努力去除行政事务绊扰。很快，我发现，我的事业发展之路还很宽广，我还能为军医社、为数字出版事业、为出版和医疗行业，继续贡献出我的智慧与力量，继续书写自己的精彩人生！

第十八章
数字出版领域的再开拓

数字出版作为新时代的产物，正势不可当地呼啸而来。但它的投入大、难度大、风险大，是公认的一把手工程。作为在社长岗位已饱尝数字出版艰难的自己，想要退下来后在数字出版领域有大的作为，岂非难如登天？不论是大笔资金投入的争取，还是由传统出版向数字出版转型的推动，都面临很大的阻力和挑战。因此，打破常规，另辟蹊径，抓住国家大力推进数字出版的难得机遇，利用我在医学和出版领域积累的资源优势，采用以重大基金项目为牵引的办法，就成为我做数字出版的唯一选择。由于不用或少用本社的资金投入，成功规避了本单位大额资金投入的风险，也就从根本上消除了领导和员工对上马特大型数字出版项目的顾虑。

以大型项目为牵引，推动军医社的数字出版延续辉煌，一条新的别具一格的出版转型之路，就此拉开了帷幕。

一、一个项目撑起了出版转型

2009年，随着“全军数字医学集成应用系统”在总后正式立项，军医社数字出版转型进入了快速发展期。到2010年底，已在电子书、数据库、平台三大领域取得了突破性进展。在电子书方面，既包括同步具备读、听、看、带等多种跨媒体功能的增能型电子书、光盘版单主题电子书，也包括将电子书和数据库关联起来的增值型电子书，融纸书、电子书、数据库于一体的复合型电子书，还包括电子墨水阅读器——第一代“军医掌上图书馆”；在数据库方面，建成了由疾病库、药品库、辅助检查库、循证医学库、临床技术操作规范库、手术学库、手术图谱库、医保药品库和疾病研究进展库等组成的中国核心医学数据库群；在平台方面，建成了以“军医在线”“名医指路”为代表的军网和互联网平台，并推出了五大类15个系列共计650余个品种。今天回想起来，当初如果不是张雁灵部长和部办公会力主上这个项目，军医社的数字出版转型是很难取得成功的。这其中，不仅是因为这个项目给了700万元资金，更重要的是，表明了总后卫生部对数字出版转型的坚定支持。这就从思想上、认识上和投入风险上，为军医社的数字出版扫清了障碍。

作为“全军数字医学集成应用系统”项目的主要负责人，从2008年初酝酿提出、年底立项，到2009年和2010年的持续推进，我为这个项目倾注了大量心血。从军医社社长岗位上退下来，使得我有时间对这一项目进行系统回顾和审视。一方面，我觉得这个项目确实进展很快，成果很多，效益也很明显，特别是在2009年底就促成了全社数字图书与纸质图书的同步出版，推出了以“多媒体阅读卡”“部队数字医学图书馆”“家庭健康知识库”“军医掌上图书馆”“军医在线”等为代表的一批中国数字出版领域的创新产品，创造了可观的效益，这在中国出版界是前所未有的；另一方面，我也发现这个项目还有几处短板亟须补齐，主要表现在：一是原来做的电子书格式都是板式数据，既不能满足对手机及各种类型平板电脑的自适应，也不便于对已有出版内容资源的标引、加工和分类。二是原先所选的电子墨水阅读器，当时觉得不错，但随着电子技术的快速发展，已不适应对医学图书中的图片特别是彩图更好显示的需要；加之原阅读器自带功能单一，也严重影响了读者对阅读器的多功能交互使用。三是原有的军医版图书虽然已做成了“军医书库”，但品种偏少，同时还未成为一个能独立对外销售的产品。四是数据库系列产品只用于与电子书的关联阅读，本身的销售还未真正迈开步子。五是在数字产品为部队的服务上，还有大量工作要做，使之在部队卫生建设中发挥出更大作用。六是在电子期刊的出版上，军医电子社在这方面还是一个短板，亟待加强。

问题找准了，工作的切入点和路径也就清晰了。

在板式数据向流式数据的改造上，我找了做电子书的老朋友曾永红，请他把军医社的电子书格式全部改为流式数据即EPAB2的格式，既满足了对手机及各种类型平板电脑的自适应，也便于对内容的标引、加工和分类。他几乎是用不到成本价的价格为我帮忙，很快就为我们做出了3 000多本常用版本。更重要的是，随着这些版本成功地改造成为EPAB2的流式数据，为我们下一步建设军医社出版资源系统，奠定了重要的格式基础。

在移动阅读终端与系统的改进上，我首先请数字部徐敬东副主任在对市场广泛调研的基础上，提出一个电子墨水阅读器的新产品替换方案。他经过反复调研比较，最终提出了用三星最新一款9寸平板电脑来作为“军医掌上图书馆”的终端。这款终端画面清晰，速度很快，内存较大，功能齐全，价格也较合理。为了把书和目录选得更为精准、适用，我和数字出版部徐敬东副主任、王玉煌、朱恺等人一起，对入选书目进行了认真筛选，并重新拟定了目录分类，从而确保了新的版本硬件和内容同步最优。样品出来后，我让曾永红装了两本样书，特地请总后卫生部任国荃部长和王玉民副部长审看，两位部首长都很满意。王玉民副部长还就开机画面专门提出了改进意见。新款“军医掌上图书馆”于2012年底推出后，很快赢得了总后卫生部机关和广大军医的欢迎和好评。2013年春节期间，由于预订量太大，数字部和曾永红公司均加班加点，三星北京总部仓库的库存品全都调了出来，还是难以满足需要。紧接着，为了满足地方医师和广大军地普通读者的需要，我们又以“军医掌上图书馆”为基础，将里面的图书目录按照地方医师、老干部、社会一般读者的不同需要，分别改造推出了“医师掌上图书馆”“老干部保健图书馆”“家庭健康书库”，以满足各类人群的个性化保健知识学习需要。同时，我们还请曾永红公司专门按照我们的需要，制作推出了“军医书城”网站，以满足购买“军医掌上图书馆”系列产品读者在网上下载自选图书的需要，以实现与“军医掌上图书馆”终端相配套的跟进服务。

在研制为部队服务的军医版图书数据库方面，由秦新利主任牵头，和张子修、金惠珍、王飞等同志一起，把原有的军医版电子图书加工改造成“部队数字医学图书馆”（网络版）。自2013年开始，已被总后卫生部选为全军疗养院配备产品。2014年，全军近30家疗养院已基本装备完毕，受到了机关和疗养单位的好评。

在“中华医学核心数据库群”的市场拓展方面，鉴于依托现有传统纸书销售渠道很难打开，而市场又有相当需求的情况，我经过反复思考，觉得清华知网作为一个专门做网络数据库的公司，不仅技术力量强，而且在专业渠道上和我们高度吻合，特别是在市场开发方面力量较强，用户口碑也相当好，是一个很理想的合作伙伴。当我把这一想法向知网张振海副总裁兼总工程师提出后，他当即表态支持。回公司后，他很快促成了我对知网的访问。在知网王明亮董事长的大力支持和分管销售的张宏伟副总裁、葛文礼销售总监的共同努力下，2012年7月1日，军医社和知网顺利地签署了战略合作协议。合作两年多来，“中华医学核心数据库群”已成功地进行了市场拓展，军医社和清华知网通过这项合作实现了很好的双赢。

在电子期刊出版方面，我从2010年初正式启动这项工作，在范晨芳主任的协助下，经过反复做工作，于2011年上半年被国家新闻出版总署批准了六本电子期刊。这也是军医社历史上第一次有了自己的电子期刊。这六本电子期刊分别是：《心血管外科》《心电图杂志》《临床检验杂志》《功能与分子医学影像学》《灾害医学与救援》《国际感染病学》。这些电子期刊的正式出版，不仅为军医社的数字出版源源不断地积累了大量鲜活丰富的内容资源，也为提升军医社的行业地位、争取和团结作者、促进书刊互动提供了新的平台与阵地；对军医社整体实力的提升具有重要意义。

经过近五年的努力，“全军数字医学集成应用系统”已超计划顺利建成。它的建成，从内容、平台、数据库和产品等多个方面，为军医社的数字出版转型提供了全方位支撑，并被同行广泛认可。从产品上看，2011年7月，“名医指路——家庭健康知识库”荣获全国2010—2011年度数字出版优秀奖；2011年11月，“名医指路——跨媒体出版网”荣获2011年全国新闻出版业网站荣誉评选“内容资源多元化经营”示范网站奖；2012年12月，“名医指路——跨媒体出版网”荣获2012年全国新闻出版业网站百强奖；2013年7月和2014年12月，“军医掌上图书馆”又先后获首届解放军出版奖和中华优秀出版物提名奖，可谓硕果累累。军医社也因这个重大项目的成功推进而获得了一系列荣誉：2012年9月，获得“2012年度中国数字出版领军品牌单位”称号；2013年6月，获全国数字出版创新企业奖；2013年7月，被国家新闻出版广电总局评为全国首批“数字出版转型示范单位”（国内医学出版单位仅此一家）。今天回过头来看，军医社的数字出版之所以能够走到今天，这个项目的上马和建成起了基础性、关键性、引领性的巨大作用，在军医社未来的数字出版和深度转型中，还将发挥出重要作用。至于这个项目对部队建设的贡献，对全国数字出版产业的贡献，它所产生的军事效益、社会效益、经济效益，更不是几百万元、上千万元的金钱所能衡量的。

二、一个“名家手术”项目引领了四大工程

“名家手术”项目指的是“中国当代医学名家经典手术”，是我主持的第二个大型数字出版项目。这个项目于2010年7月上报，同年11月获得国家出版基金590万元资助，项目任务是完成500台手术视频，中英文双语，每部平均时长35分钟，高清录制。2013年6月，顺利完成第一期工程的500台手术。2014年2月19日，手术项目第二期工程再次获国家出版基金2 380万元资助，目前正在建设之中。

酝酿和启动这个国家级重大出版项目，要从小时候心中的一个情结说起。

那是在我5岁的时候，我的母亲患左眼急性虹膜睫状体炎，老家医院说要到上海大医院开刀才行。但最终还是由于在老家耽误时间太长，错过了最佳治疗时机而导致双目失明。从那时起，当一个能开刀的好医生，就成了我儿时最大的梦想。若干年后，在我自己做了能开刀的外科

医生的四年中，经常跟着上级医院的外科大夫做手术，多次领略那“妙手回春”的神奇，使我对名医名刀更加钦佩神往。到了北京之后，家乡的亲友到北京看病，托我为他们找手术大夫。看着他们拖家带口、背井离乡、八方求人、四处寻医，更使我萌生了把名医大家的手术技术，用视频这一形象的手段进行推广，以拯救千千万万像我母亲那样的病人的心愿。

怀着这样的想法，当我于2010年1月底去上海专程向第二军医大学东方肝胆外科医院院长、中国著名肝胆外科大师、中国工程院院士吴孟超教授请教，谈起想做一个“中国当代医学名家经典手术”项目，把他和全国各位医学名家大师的手术经验通过视频提供给全国中青年医生学习时，他对这个想法大为赞赏。我记得那是一个周末的下午5点左右，他刚从手术台上下来，说刚刚做完的这种肝癌手术，医院的常规做法一般需要四个小时，他的这种做法，只用不到两个小时。但他一年只能带一两个进修生，而全国肝癌的发病率相当高，如果能把这种手术向全国成千上万的医生推广，那将会造福多少病人啊。回到北京后，我当即向国家出版基金规划管理办公室李宝中主任汇报，他对这个想法也给予了充分肯定。他说，这是一件造福行业、造福百姓的大好事，也是前人所做、当代急需、能传后世的项目，完全符合国家出版基金资助的方向。交谈中我们还谈到，全国医学院士这么多，不少人年事已高，如能为全中国的医学院士出版一套院士文库，同样很有意义。

有了中国顶级医学大家和国家出版基金规划管理办公室主要领导的认可，我的信心更足了。从上海回来以后，我立即投入“中国当代医学名家经典手术”视频和“中国医学院士文库”这两个项目申报报告的组织撰写中。为了争取国家对项目的重视与支持，也为了有别于市场上手术视频平铺直叙的老套做法，在进行产品设计时，我产生了将手术视频设置为八个板块的想法，即每个手术都分为术者简介、适应证与禁忌证、解剖要点提示、麻醉与体位切口、步骤与方法、技巧与创新、手术失误防范、术后处理要点这八个部分，以便于读者根据需要点击查看；为防止分散制作带来的格式不统一问题，要求每部手术视频均统一按照格式制作，包括标准的片头、片尾和“八段论”；为使该产品能走向国外，全部采用中英文双语字幕；为便于对深部手术部位及细微手术部位的展示，尽可能地采用图谱和动画等多种方式综合体现；为确保质量和防止盗版，所有作品均由我社组织专家进行严格审查，以经过加密处理的数字出版物形式出版发行。

这个申请立项的报告于2010年7月上报，国家出版基金规划管理办公室对这两个项目很重视，在评审中专门列为重大项目，并通知我和姚磊副总编作为项目主要负责人去评审现场答辩。评审结果是，这两个项目全部顺利通过评审，并分别获得了590万元和500万元的国家出版基金资助。评委们考虑到项目申报的1 500台手术数量太大，正常情况下一个社一年只能制作10部手术视频，担心军医社难以完成，故建议将项目分为两期推进，第一期工程先上500台手术，后续手术视项目进展情况续报。在国家出版基金刚刚立项的时候，一家出版社能一次性获得两个大项目超过上千万元的资助，这在当时是很少有的。考虑到这两个项目工作量太大，经社务会研究，由我负责“名家手术”项目，而“院士文库”项目则由姚磊副总编负责。

590万元资助虽已相当可观，但距离项目实施所需的实际资金数额还有3 000多万元缺口。虽然军医社可筹集部分资金，但主要缺口还得靠项目合作来解决。比经费缺口更让我焦急的，是技术队伍和人手不足。

手术视频出版与图书出版是截然不同的，后者只要有时间、有电脑，就可以关在家中按部就班地编写。然而，录制一台手术，不仅事前要与手术名家多次联系协调，还要完成协调术者撰写中英文字稿、拍摄方案及脚本、协调手术室、现场录制、录音配音、制作、合成、特效、审校、质控、编程、加工生产等30多个流程。由于各个手术学科、手术病人、手术部位的高度差异化，导致每台手术的拍摄方案、拍摄设备、拍摄方式、拍摄技术也各不相同，这对手术录制的人员素质、技术、设备及协调沟通能力都提出了很高要求。军医社下属的解放军卫生音像出版社虽然也承担了一小部分任务，但因其自身任务已很繁重，难以承担主体任务，加之项目对于录制设备、录制技术、专业人员的特殊要求，再加之国家要求项目必须在两年内完成，如何寻找到一家符合上述各项要求，又要具备合作精神、作风硬朗且能够攻坚克难的合作单位，迫在眉睫。

正当我为找到一个理想的合作单位而四处探寻时，一个在国内手术录制行业颇有名气的“医视界”专业手术录制单位，进入了我的视野。在到该单位考察并同该单位主要负责人杨英、俞晖等深入接触和多次商谈后，我觉得“医视界”正是自己一直在寻找的最佳合作伙伴。他们是国内第一家手术视频专业摄制公司，拥有上百人的专业拍摄录制团队，录制设施设备先进齐全，在手术录制方面具有丰富的实践经验和雄厚实力。尤其是他们的团队有活力、有朝气、不怕吃苦、勇于担当、执行力强，并同意在人财物各方面对项目予以毫无保留地投入。这正是一个军医社在手术项目上苦苦寻觅的理想合作单位，正所谓“踏破铁鞋无觅处，得来全不费工夫”。当我把这个合作建议正式提出后，社里当即派出了胡仲清、唐泽、秦新利、张国深、李旭、徐敬东等同志到“医视界”进行实地考察。社总支和社务会在听了考察组汇报并经慎重研究后，一致同意与“医视界”进行合作建设。在互信、互利、互赢的基础上，很快签订了战略合作协议。有了理想的技术团队和充足的经费支持，加上军医社上到领导班子，下到各个策划中心的大力配合，使我对完成这个项目已成竹在胸。至此，我心中的一块石头终于落了地。

与项目合作建设同步推进的，是组织顾问委员会、编写委员会、专家指导组、术者队伍及工作班子。作为一个要动员全国数千名医学名家大家参与、举军地之力合建的国家级重大项目，必须由深孚众望的医学大家来领衔。我在和石虹社长商量邀请项目名誉主任委员时，不约而同地想到了全国人大常委会副委员长、九三学社主席、中国科协主席、中国科学院院士韩启德（现任全国政协副主席）。韩启德副委员长在听了总后卫生部方国恩副部长关于项目情况的汇报后，当即明确表示对这一项目的支持，并提出了请中华医学会帮助遴选名家和选择手术，以确保入选手术和入选术者质量的重要指示。编委会主任则请了时任国家卫生部部长陈竺和总后卫生部张雁灵部长担任。副主任委员邀请了中华医学会、中国医师协会、中华口腔医学会领导以及相关临床学科院士担任。委员邀请了中华医学会23个专科分会主任委员等专家担任。编委会下设专家指导小组，由中华医学会相关专科分会主任委员、副主任委员和常务委员组成，负责对项目进行指导和审核把关。术者队伍由我国医学院士、学科带头人，以及国内公认的、手术技术精湛的临床专家组成。在术者的遴选上，则得到了国家卫生部医政司领导和中华医学会常务副会长兼秘书长刘雁飞的大力支持，并组成了以近400名外科领域名家为主体的专家队伍，组成了社内编辑与“医视界”技术两套工作班子，完成了这一特大型项目的组织架构建设。

2012年2月7日下午，经过精心筹备的“中国当代医学名家经典手术”视频和“中国医学院士文库”编委会暨编写工作会议，在京西宾馆隆重开幕。会议由中华医学会刘雁飞常务副会长主持。全国人大常委会副委员长、中国科学院院士韩启德，卫生部副部长刘谦，总后卫生部部长张雁灵出席会议并作重要讲话。我国临床学科著名专家以及人民军医出版社领导和编辑、“医视界”领导和员工等120人参加了会议。

在会议开幕现场，韩副委员长即兴写下了“中华人民共和国六十三年，岁在壬辰，早春之初，会于首都之京西，研讨编写巨著事也。群贤毕至，少长咸集。此地虽无崇山峻岭，茂林修竹，亦无清流激湍，映带左右；然引以医界群英，列坐其次，各抒己见，亦足以畅叙幽情，立于史册……”足见韩副委员长对这两个项目的厚望与期许。

韩副委员长在会上指出，组织制作“中国当代医学名家经典手术”和“中国医学院士文库”，具有彪炳史册的历史意义。能参与其中是处在这个时代的一种荣幸、幸运，同时也是一种责任。两个项目对中国医学特别是临床医学百年以来的进步和走过的道路，会是非常好的反映。今天这么多医界领袖人物都能积极参与，就已经说明其意义的重大。两个项目既要反映我国医学科学技术的发展，又要体现出科学的精神、科学的思想、科学的方法；同时要反映医学的人文关怀和人文精神，以及我国医学院士和医学名家在医学技术、医学科学上做出的贡献和爱国主义的精神、高尚的职业道德。

对于做好这两个项目，韩副委员长提出了五点要求：一是要立足于创新。内容上要反映出我国医学院士、名家的个性和鲜明的特色；形式上可以保持不同作者自己的风格，不要千篇一律，使其可读性更强。更重要的是，突出科学意义及人文意义。二是要注意严谨。特别是“中国当代医学名家经典手术”，外科医生会将其作为范例为病人做手术。

在编写上要下苦功夫，特别要注意医学的严谨性。三是要注意实用。使大家能够运用，使两部著作的意义得到彰显。四是要注意包容。因为手术技术在不断发展变化，手术又有艺术性，有时难以比较和评价，中华医学会特别是外科学会和其他学会，要给予把关。要把集体的智慧、集体的贡献体现在著作当中。五是要大力宣传。让更多的人了解这两个项目，让更多的人来帮助这两个项目的出版。

在领导讲话和合影后，参与“中国当代医学名家经典手术”项目的院士和专家在我的主持下，就如何做好手术视频进行了专题讨论。付小兵院士、卢世璧院士、汪忠镐院士等20名专家先后在会上发言，就“当代医学名家”和“经典手术”的界定和遴选、手术学科交叉、手术数量等问题展开热烈讨论，并提出了不少有价值的意见和建议。会议确立了五类手术专家的人选：（1）我国临床学科的中国科学院、中国工程院院士；（2）中华医学会相关专科分会历届主委、副主委、常委和委员以上专家；（3）全军医学科学技术委员会历届常务委员以上专家；（4）中国医师协会、中华口腔医学会专科分会副主任委员以上专家；（5）其他在临床手术方面有重要创新并得到业内公认的专家。专家一律由各专家指导小组按照遴选标准进行初选，然后征求本学科院士、中华医学会相关专科分会领导意见后，上报项目编委会审核并确认。对手术的遴选，确定了以下四类：（1）先进、成熟、疗效确切、具有临床推广价值的手术；（2）对传统手术进行术式改良和创新，并获得同行认可的手术；（3）代表本学科最新发展趋势与前沿技术，并得到业内认可、具有推广前景的新手术；（4）由“中国当代医学名家经典手术”专家指导小组按照遴选标准进行初选，然后征求本学科院士、中华医学会相关专科分会领导意见后，上报项目编委会审核并确认。为保证质量，会议明确，要建立手术及入选专家评审机制，由相关院士、编委会委员及专家指导小组成员组成评审小组，评审各专科分会提交的手术及专家术者计划，并最终确定各学科手术计划。各学科手术录制完成并上报后，评审小组负责视频片审核定稿。这次会议开得非常成功，起到了统一认识、集思广益、鼓劲加油、推动工作的作用，圆满达到了预期目的。国家领导人、国家与军队卫生界的主要领导同近40位医学院士、专家一起，共同研究讨论一种出版物的编写工作，这在人民军医出版社历史上是第一次，在中国医学出版史上也未曾见过先例。

参与项目一期的17名院士和近400位专家，都肩负着十分繁重的医学教研任务。为了完成项目一期任务，他们挤出宝贵时间，加班加点，精心撰写文字稿件，严格选择病例，根据术式特点指导拍摄方案，基本上做到了“一台手术，一套方案”，不少专家亲自到制作一线与技术人员一起进行后期制作。有的专家为了做好一部视频，连续工作30多个小时，有的甚至连续几个通宵。吴孟超院士、董家鸿教授为项目一期提供了精心制作的手术样片。郑树森院士为了做好器官移植学科手术录制工作，亲自出面多方联系合适病例。汪忠镐院士为了确保手术质量，手术录制后坚持随访病人九个月才确认手术成功。为了把好终审关，各个学科的主委（主编），都在百忙之中挤出一到两天的整块时间，组织终审专家对本学科样片逐一进行全程审核，严格避免出现歧义和错误。项目一期建设过程中，专家们还有许许多多感人的事例。各位医学大家科学严谨的治学态度、勤奋扎实的工作作风、开放包容的胸怀格局，使我们深受感染和教育。

为了高标准、高效率地落实好韩副委员长的指示要求，从项目一开始，军医社就成立了由社主要领导牵头的领导小组，抽调骨干组成工作班子，制定了多项配套制度，坚持每周召开专题会议，由曾星副社长和我共同主持，跟踪研究解决问题。凡是工作协调有难度的专家，曾星副社长和我都亲自出面，有时候一个专家一个医院竟要跑上五六次。各个策划中心的主任和编辑如郭伟疆、黄建松、秦速励、马莉、高爱英、张利锋等也都做了大量工作。

项目的实施实践，充分验证了我在选择项目合作伙伴时的准确判断。“医视界”团队在合作过程中表现出了过硬的技术、作风、合作、创新精神和“不打一分折扣的坚强执行力”。他们专门为“中国当代医学名家经典手术”项目组建了60多人的技术团队，成立了10个摄制组，按片区进行了责任分工，以满足多地多点多台同步录制需要。12个后期制作组专门负责视频后期制作加工合成工作，系统平台研发组由近30名技术工程人员组成，负责视频点播系统开发和加密技术研发，创造性地整合运用了多种跨领域数字出版技术，其中包括全学科手术拍摄技术、手术视频后期编程技术、视频点播系统技术、手术数字示教技术、出版物数字加工技术、视频加密技术、视频服务器运载技术等最新技术，确保了该项目的高水平集成和高技术含量。为确保与专家的顺畅配合，坚持录制前与术者逐个沟通。为了配合专家选择最佳病例，摄制组为一台手术多次往返外地，最多的往返八趟。为保证后期制作质量，他们不怕麻烦，严格坚持三审三校，坚持对素材像素、码流、画幅比例的严格审核，并做到与术者循环审改，成片全部经过专家评审委员会终审把关。为了显示好颅脑、盆腔深部手术，合理使用3D技术动画手段进行手术演示。为了使这个体现国内最高水平的项目走出国门、走向国际，全部手术视频实现了高清摄制和中英文双语字幕。为了能把院士手术尽可能多地保存，他们对院士提供了不限手术数量的专门摄制服务。目前，吴孟超、郑树森、汪忠镐、赵玉沛、邱贵兴、周良辅、黎介寿、郝希山、谢立信等13名院士的一期手术都已录制完成，积累了一批国宝级医学知识财富。

韩启德副委员长在百忙之中一直牵挂和关注着这个项目。2013年2月24日上午，在总后勤部副部长秦银河中将、国家出版基金规划管理办公室财务总监祁德树、总后卫生部副部长王玉民少将和科训局局长周先志大校（现任总后卫生部副部长）的陪同下，韩启德副委员长亲临我社检查了解项目进展情况。首长参观了军医社的出版成果成就展览，饶有兴趣地观看了数字网络产品演示，仔细听取了我和姚磊关于“中国当代医学名家经典手术”和“中国医学院士文库”两个项目进展情况的汇报，并作了重要指示。他说：“要成为一个著名的，乃至走向世界且让国际上认可的出版社，还是要靠自己的品牌出版物。对军医社承担的‘中国当代医学名家经典手术’和‘中国医学院士文库’这两个项目，我真的觉得很兴奋，如果我们军医社把这两个项目的工作做到极致，我想是一定能够成为军医社在新时期的品牌的。有了品牌，就可以把我们其他出

2013年2月24日，全国人大常委会韩启德副委员长（左六）在总后秦银河副部长（左七）陪同下视察人民军医出版社

版物、其他工作带动起来。听了你们的介绍，我感到这两个项目的进展是非常鼓舞人心的。对此，我是真的很钦佩！如果不是我们部队的出版社、我们人民解放军的这种精神，在这么短的时间里完成这么大的工作量，简直难以想象！”

他说：“‘中国当代医学名家经典手术’这个项目，前景太美好了。我20世纪60年代末70年代初大学毕业到农村做乡村医生，刚下去的时候没什么技术，就凭一颗为百姓服务的心。当时卫生院只有我一个从正规大学毕业的医生，有些小手术我就自己琢磨着做，那时候也没有指导老师，我只能是偷偷跑到西安一个区的医院去看看，跟着当助手，回来照猫画虎地做。当时我要有现在这些手术光盘的话，那就太好了。现在我们这个项目里都是最好的专家和最好的手术，做成影像，有的甚至是3D的，这不仅适合大医院医生，而且从县医院到乡村医院医生都是可以学习参考的。我们这套‘中国当代医学名家经典手术’视频，可以使无数的基层卫生人员受惠，进而也使得广大老百姓受益。所以，我一直认为，这是一件功德无量的事情，一定要把这个项目做好。刚开始时我有个担心，就是到底选谁的手术，谁做得最好是很难讲的。所以，我提议要交给中华医学会这样的学术共同体，由他们来选。中华医学会也可能会选错，但是没有比这更好的办法了。刚才听你们汇报，到目前没有产生太大的矛盾，说明这个办法是可行的。虽然目前这个项目还没有收益，但一开始就要设计好。现在投入是比较多，但我相信将来是会收回来的。即使收不回来，整个军医社依托这个项目也会产生别的收益，所以这个项目对你们出版社是有好处的。”“军医社要走向世界。比如说‘中国当代医学名家经典手术’这个项目，不仅要向发达国家介绍，也可以考虑向国外欠发达国家推荐，可以作为对外援助的一个重要项目。

比如我国对非卫生援助，可以把我们的‘中国当代医学名家经典手术’提供给援非医疗队，用于培训当地医生。所以，‘中国当代医学名家经典手术’不仅会产生经济效益，还有重大的政治意义。这对我们出版社的影响也会很大。在‘中国当代医学名家经典手术’作者里，我不知道有没有包括港澳台的专家，我们要把港澳台的院士、专家的好的手术加进来，这在政治上也是有影响的，都是中国人嘛！再下一步也可考虑扩大到华人圈，比如把美国华人专家的手术也加进来。总的来说就是要开放，面向国际，走向世界。”

总后勤部秦银河副部长也作了重要指示。他说：“人民军医出版社两个国家级出版项目，在韩副委员长的领导、指导下，取得了阶段性成果。这两个项目确实是意义重大、影响深远的医学文化工程。这种规模、这种影响，它产生的意义，可以说是彪炳史册的。我们一定要把这个工作完成好，要把首长这次视察指导，当成一种再发展的契机，要按照韩副委员长的指示和要求，严把质量，把这两个出版项目做成中国医学图书的精品之作、经典之作、传世之作，为弘扬中华医学文化，维护人民群众的身心健康，做出我们人民军医出版社的巨大贡献。”

国家出版基金规划管理办公室祁德树财务总监在讲话中说：“听了军医社的介绍，看到了高水平的手术演示，感受到有那么多的院士参与和支持，其感想是无法用语言能够表达的。概括地讲，就是水平很高、功德无量。其意义怎么评价都不为过。项目在实施过程中确实还存在一些困难。国家出版基金的支持力度还不是很到位，资助金额和项目支出的总成本相差太远。一定要按照韩副委员长的指示，扎扎实实地推进，不要急于求成。”关于“中国当代医学名家经典手术”项目分期申请的问题，他要求军医社对第一期实施过程中所发现的一些困难，以及预计不到的新的问题，在第二期申报时尽量地想到位、提到位，这样出版基金的支持才能到位。国家应该给予支持的而没有支持，对支持者和被支持者两方面来说，都是一件比较遗憾的事情，希望能够在国家的支持下，恰如其分、恰到好处地把这个这么好的项目推进好。

在韩副委员长、秦副部长和各级领导的关心推动下，“中国当代医学名家经典手术”项目一期任务得以高标准、高质量、高效率完成。2013年12月完成了全部500部手术视频的摄制工作，成品数据总量达1.5T，文字500万字，视频90万秒，音频7 500分钟，图片5 000幅。手术教学系统（1.0版）平台同步建设完成。项目于2013年12月23日，以93分的优异成绩，通过了国家组织的基金项目验收（其中财务管理为满分），被总局领导和国家出版基金规划管理办公室誉为“全国基金项目中的优秀之作、精品之作”，实现了学术内容和制作质量的同步双优。

2013年11月17日，“中国当代医学名家经典手术（二期）”项目顺利地通过了国家出版基金评审；2014年2月19日，再次获得国家出版基金的重点、重大资助。项目二期总体任务仍为500台手术，手术学科25个，编委会由99位领导和专家组成，并组成了200人的专家指导小组和400名的手术专家队伍，参与的编辑技术人员将达155人。计划于2015年9月30日完成。

2014年4月29日，“中国当代医学名家经典手术（二期）”项目编写会议在京西宾馆隆重召开。全国政协韩启德副主席、国家卫生计生委科教司金生国副司长、总后卫生部周先志副部长、中国医师协会张雁灵会长、中华医学会吴明江副会长、中华口腔医学会俞光岩副会长，以及张金哲、郑树森、郭应禄、汪忠镐、韩德民、夏照帆院士和中华医学会26个外科分会的主任委员及专家指导小组成员共150人出席会议。会议由人民军医出版社余化刚社长主持。大会开始时，首先由我作《关于项目一期工程完成情况和项目二期工程的安排意见》的报告，简要地报告了项目一期的完成情况。我主要从以下四点概括了项目特点：一是起点高。创作者皆为中国外科领域顶级医学名家大家，入选手术均为临床实用、经典、创新手术。二是规模大。实现了对手术学科的全覆盖，手术名家全部参与，手术术式全程展示。1 500台手术，将产生2.25万分钟音频、6万分钟视频。不论是质量、数量、体量，均为国内外医学出版以及教育领域所罕见。三是标准严。手术操作严格遵照《临床技术操作规范》，编制各环节严格按《编写制作规范与要求》标准执行，中英文双语讲解，按高清标准录制，辅以二维、三维高清动画，实现跨平台多终端应用。四是创新性强。手术作品内容全部原创，在手术术式、手术技巧、拍摄、动画制作、后期合成上，均有多点创新，实现了医学、视频技术、数字出版、网络技术、移动互联网技术的跨界创新与融合。

我还从项目得益于韩副主席和各位领导的高度关心与帮助指导，得

2014年4月29日，“中国当代医学名家经典手术（二期）”编写工作会议在京西宾馆召开

益于各位专家的全力参与支持配合，得益于项目全体参与人员的坚强执行力这三个方面总结了项目顺利推进的原因。从要严把手术和术者入选关，要强调科学严谨，要便于教学，要落实主编负责制，要规避版权问题，要增进专家、编辑、录制、信息技术四个团队间的协作，要建立共建共赢机制，要为走出国门创造条件等八个方面，对抓好项目二期实施工作进行了部署和要求。韩副主席和张雁灵会长、周先志副部长、金生国副司长分别作了重要讲话，对项目一期的高水平、高质量完成给予了高度评价，对如何做好项目二期作了重要指示。

韩副主席在讲话中提出了三个方面的重要指导意见。他说："我们打造的是一个精品。第一，它要传世，要把它传下去，不要丢掉，同时还要反映20世纪和21世纪交接之际，中华民族开始腾飞这样一个时期的外科手术状况。这部精品除了具有记录历史和对外传播的作用外，更重要的是要在当前发挥作用。只有在当代发挥了作用，才能得到大家的认可。得到了大家的认可，才能把它流传下去。所以，这部精品是具有传承和传播价值的，同时也是对当前我们国家现代医学发展起到推动作用的。要做好这样的精品，最重要的就是精益求精，质量，质量，还是质量，把它做到极致。项目一期工程的发行工作一定要做好，做好了，就可以对二期工程产生好的影响。在推广中，要有意识地收集一些应用案例和意见，及时了解一期工程不足之处，认真检讨并反馈给各位手术专家，使二期工程做得更好。二期应该多一些更基层、更实用的手术。总的来说，二期工程普通手术还是太少，与这个项目的题目有关，因为要传世，所以都是比较经典的大手术，导致基层手术放进去有困难，那么我们能不能有三期呢？或者就不叫'中国当代医学名家经典手术'，而叫'县医院适用手术'，或者叫'乡镇卫生院小手术'？这对加强基层非常有益。我看到过一本《克氏小外科》，深受裨益。我认为基层还是有很多小手术要做的，所以下一步最好接着做三期，专门编写适合于基层医生的经典手术。

第二，在一期、二期完成以后，出版社要开始考虑生产衍生产品了。不能要求读者对整部作品要么不买，要么全买。因为对有的消费者来说，可能只有几个手术对他适用。当然也要有整部的，因为我们整部作品是用来传世的，但要考虑衍生产品，甚至要考虑跟网络教育怎么结合。现在军医社又获批了两个电子杂志，包括《手术电子杂志》，那么二期工程的一些手术就可以放在这个电子杂志上去，这也是一种衍生产品。

第三，出版社要抓住大数据发展机遇搞一个平台。现在的产品形态是单向的，我们在网上发布影像，读者上去学。而现在的信息技术，已经做到互动了，下一步能不能建设一个互动平台，所有临床医生看了名家经典手术以后，认为自己的手术跟他不一样，或者觉得哪一点比名家的更好，都可以自己拍下来，传到平台上去。如果我们国内像样的手术都能够传到平台上来，形成一个大数据库，那么这个手术数据库的影响是不得了的，没有任何一个国家可以和我们相比，而我们则积累了最丰富的手术资料，再结合现代信息处理技术对外科学进行深入研究，这对我国的临床改进会起到划时代的作用。人民军医出版社可以和中华医学会联合起来做中国临床医学外科研究最好的平台，这个也是要传世的。”

最后，韩副主席语重心长地说：“王羲之写的《兰亭序》，距今已经1 600多年了，现在还是人人皆知。我们这个作品，1 600年以后的人们不会认为是最好的，但我相信它肯定是有历史意义的，可以使那时的人了解21世纪初期中国的医学状况，对研究医学史的人是非常有价值的。所以，我们打造传世作品，就是要拿出最好的东西，留给我们的后代，同时为当代造福。”

国家卫生计生委科教司金生国副司长在讲话中说：“听了齐学进社长的介绍，感觉这项工作非常有意义。首先，它对于提高我国医疗卫生队伍的外科手术水平，特别是对于提高基层医务人员的业务能力和技术水平具有重要意义。其次，它把医学专家的技术、知识送到基层，提高基层的业务水平，更好地规范和提高手术质量，可使患者就近得到更好的服务。对于缓解群众看病就医的困难将起到重要作用。最后，它收录的院士名家，都是国内外公认的各个领域学术领军人物，他们的医德高尚、医术精湛，已成为我国医学界的宝贵财富，在住院医师、专科医师培训，特别是在继续教育当中是一个很好的学习示范教材。这个项目虽由军队出版社负责组织实施，但它代表的是国家意志，反映的是我国最高医学水平。各级卫生行政管理部门、相关医疗机构和学会一定会大力支持，各入选学科和相关单位要高度重视，主动配合，为手术和录制提供必备条件，确保项目顺利推进和完成。”

总后卫生部周先志副部长在讲话中说：“‘中国当代医学名家经典手术’是打造当代医学传世之作、功在当代利在千秋的精品工程，是提高医务人员技术水平、造福广大患者、维护生命健康的民生工程，是我国加强对外交流、塑造医学品牌、扩大国际影响的窗口工程。全国人大、全国政协、总后勤部、国家卫生计生委、国家新闻出版广电总局和中华医学会、中国医师协会、中华口腔医学会，以及军地有关医疗机构等各级领导高度重视，人民军医出版社要按照韩副主席和有关领导的指示和要求，紧紧依靠院士和专家，本着瞄准一流、打造精品、精诚合作、携手共赢的原则，圆满完成二期编写任务，为提高我国医学技术水平，做出更大的贡献！”

中国医师协会张雁灵会长在讲话中说：“建设‘中国当代医学名家经典手术’项目具有重要意义。首先，这是兴医为民的重要事业。长期以来，我国存在的医疗和教育优质资源分布不均衡问题，导致很多医护人员毕业后得不到继续教育和培训，业务水平提高受到限制。很多患者千里迢迢涌向大城市，导致大医院人满为患，影响了医患和谐关系。‘中国当代医学名家经典手术’建成后，能使基层医务人员近距离学习观摩名医大家的手术技艺，身临其境地给予传帮带，提供全天候在岗培训，好更快地提高诊疗水平；能使广大患者在家门口得到高水平指导的放心服务，更好地落实分级诊疗要求，缓解看病难、看病贵的矛盾。其次，这是传承经典的重要手段。我国医学名家大师的精湛技艺是毕生心血的积累，也是我国医学界的宝贵财富。受各种主客观条件限制，多年来名家大师的手术技艺未能得以保留和传承，造成了难以弥补的损失和缺憾。‘中国当代医学名家经典手术’项目，把名家大师在职业生涯最佳黄金期所做的手术创新和关键技术，加以记录总结、推广发扬，为子孙后代留下永久流传的精品力作，是一项刻不容缓的紧迫任务，也是我们这一代人义不容辞的时代责任。最后，这是实施文化‘走出去’战略的重要途径。我国是人口大国，病种多、患者多、临床医生实践机会多，为我国手术技艺的发展提供了得天独厚的环境条件，成长出一批国家级名家大师。他们的手术技艺不仅在国内领先，也被国外同行关注认可，不少创新手术在国际上居领先地位。海外华人中也有许多成就卓越的名医名家。‘中国当代医学名家经典手术’的建成，不仅可以显著地提升中华民族医学在国际上的地位和影响力，还可以作为一个高水平的对外援助项目，为其他国家和地区提供医疗服务和技术支撑。这对于传播中华民族的先进医学文化，为人类健康服务带来福音，将产生不可估量的重要作用。”

对于如何建设好二期项目，张雁灵会长提出了以下三个方面的要求：“一要作为系统工程，科学精心组织。‘中国当代医学名家经典手术’是军地合作的重大项目，涉及精选专家、精选手术、精选病例、精写脚本，以及视频前期拍摄、后期制作、结集出版等众多环节。编写队伍中，既有近千名从事临床工作的专家学者，还有上百名医学编辑人员、专业技术人员。不仅包括临床30多个学科专业，还涵盖数百种疾病的手术治疗技术，以及中英文双语字幕和大量的三维动画制作；既有教和学的内容资源建设，也有管理和服务的平台打造。可以说，是一项涉及面广、组织协调难的复杂系统工程。要按照现代大型项目管理的要求，科学统筹各项工作，周密组织各个阶段，精心管控各个环节，确保二期工程有序高效展开、有条不紊推进。二要作为创新工程，密切跟踪前沿。外科手术治疗技术突飞猛进，医疗器械、手术设备、手术室及医疗信息化建设日新月异，给项目建设提出了新的更高要求。一定要瞄准前沿，深入研究把握国际最新手术技术动向，学习借鉴国外相关经验成果，高起点地抓好顶层设计，使二期工程的建设思路、整体架构、技术路径和标准要求，都更加贴近国际最高水平，使之成为医学出版领域的权威之作、前沿之作。三要作为精品工程，确保质量标准。‘中国当代医学名家经典手术’作为国家医学手术技艺的示范项目，寄托着国家领导人和相关部委的厚望，承载着医学界和教育界同仁的期待，必须做成内容权威、平台先进、使用便捷、读者喜爱的精品极品。发扬一期工程认真严谨、精益求精的科学精神和齐心协力、紧前务实的工作作风，保质保量地按时完成这项任务。”

韩副主席和各位领导讲话结束后，由我主持第二阶段会议，在“医视界”延琦和俞晖分别对项目二期的平台和摄制工作进行介绍后，进行了会议讨论。院士和专家踊跃发言，为做好项目二期献计献策。郑树森院士、汪忠镐院士、韩德民院士和董家鸿教授、徐克教授、李兆申教授、周定标教授都在发言中提出了很好的意见和建议。根据韩副主席关于多为基层提供实用示范手术的指示，我在会上提出了请各个专业委员会、各专业基层编写实用手术目录，并与二期手术目录同步上报的要求，使韩副主席的指示第一时间得到了落实。

这次会议还临时增加了为《手术电子杂志》和《介入医学电子杂志》主编颁发聘书的环节。说来也巧，为了配合“中国当代医学名家经典手术”视频项目，我从2011年起一直想申请两本与之相配套的电子杂志。由于管理体制的限制，从2014年开始转到中国医师协会申报。在国家新闻出版广电总局领导和主管部门的支持下，这两本杂志于这次大会前两天正式获得批准。在这次会议上，韩副主席亲自给《手术电子杂志》总编辑郑树森院士和《介入医学电子杂志》总编辑徐克教授颁发了聘书。这不仅为这次会议，也为这个项目增添了新的光彩。从此，中国将结束没有专门手术电子期刊的历史。随着“中国当代医学名家经典手术”项目和《手术电子杂志》的深度互动，互相促进，一个手术学科繁荣发展的新时代将会由此开启。

我作为这个特大型国家出版项目的第一负责人，从2010年酝酿启动这个项目到现在，已经经历了五个年头。为了这个项目，我和我的同事们一起，付出了艰辛的劳动，也收获了奋斗与创造的巨大喜悦。“中国当代医学名家经典手术”虽然只是出版项目，但在国家领导人、国家卫生部领导、总后首长、总后卫生部领导和上千名中国顶级的医学专家眼里，既是一项功在当代的“民生工程”，也是一项意义重大的“兴医工程”；既是一项利在千秋的“文化传承工程”，也是一项国内首创、国际关注的中国医学文化“走出去工程”。一个项目引领了“四大工程”，说明这个项目的巨大价值、前景和生命力。作为一个退下来的出版人，仅用了国家几百万的投入，为国家建成了几千万的项目；作为一个老社长，在基本未用本社人力、物力、财力的情况下，为社里取得巨大的收获；至于这个项目的社会效益、健康效益、服务效益、产业示范效益，更应该是无法计算的。

这个项目，我是深为自豪的，并愿意为之再奋斗一个五年，直至它取得更大成功！

三、一个医学电子书包项目带动了中国医学教育改革

电子书包是指“国家医学电子书包”，也就是“全国医学高等教育数字化规划教材”，是我主持的第三个大型项目。这个项目，从考虑到酝酿，到最后决定上马，前后历时七年多时间。

作为一个医学出版人，长期以来我一直有一个愿望，那就是希冀在网络与出版技术成熟的时候，能够将医学这门学科，用数字化全媒体的形式来承载和表现。原因之一，是我觉得医学这门直观性、实践性、形象性、交互性、关联性都很强的学科，特别需要也特别适合用数字化的形式来体现。原因之二，是我在多次耳闻目睹国内医学院校的学生们背负书包的沉重与无奈后，真切地感受到他们对数字医学读物的渴求与喜爱，我明显地感觉到社会与市场上有一个潜在的巨大需求。2006年，我从相关资料上看到新加坡明德中学使用电子书包已近十年，日本、韩国

也在部分中小学开始试用电子书包的消息后，我更真切地感到，一个全新的全媒体教材出版时代，正挟带着强劲的网络优势和时代需求，大步向我们走来，而我多年的期望也有可能成为现实！

2008年9月，在广西柳州召开的全国医学期刊编辑学术年会上，我对时任人民卫生出版社副总编夏泽民谈了上述想法，得到他的完全赞同。从那时开始，我更加关注和留意有关电子书包的进展和动向。但上马电子书包，除内容资源和人才技术外，还需要政策支持、大额资金支持，需要一个科学的顶层设计。在政策、资金这两条还不具备的情况下，我开始从资源、顶层设计、技术这三个方面为此进行准备：

——在内容资源准备方面，利用上马“军队数字医学集成应用系统”的机会，全面推进 “中国医学核心数据库群”的建设，并全力推进“军队数字医学图书馆”的建设。到2011年底，已建成了11个共计10亿字的医学数据库群，加上“中国当代医学名家经典手术”项目已开始全面建设，都为上马医学电子书包奠定了扎实的内容资源基础。

——在顶层设计方面，主要考虑了目标定位、指导原则、总体架构三大部分。在目标定位上，提出要以国家《教育信息化十年发展规划（2011—2020年）》为依据；以海量医学内容资源、矩阵式架构设计、全媒体立体化方式呈现、多终端跨平台应用、适用传统和教改等不同教学模式的个性化需求为基本定位；以数字化手段对教材、教辅、习题、试题、课件、专业数据库、参考书库等文字、图片、音频、视频、3D多媒体等内容资源深度重组为方法；以突破传统医学教育模式局限，使我国医学教育跟上信息化发展步伐，实现对优质医学教育资源的整合利用，提升医学教育的整体水平和质量，增强我国医学教育的质量、效率、创新力为目标。在原则与要求上，提出了“贴近需求、瞄准前沿、海量内容、矩阵架构、广泛集成、深度创新”的二十四字原则，“整体、精准、灵便、优质”的八字要求。在总体架构上，提出了“三大板块”“四个层级”“八个打通”和“十大功能”，开始描绘出了较为清晰的设计蓝图。

——在技术力量准备方面，考虑到这个项目规模宏大、内容庞杂，除了军医社数字出版部部分编辑可以抽调外，还必须有一个技术先进、阵容强大、作风硬朗、实力雄厚、规模超过上百人的技术团队来支撑，才能承担和推进好这个项目。根据我对业内数字医学出版单位的了解，经过反复考虑，大家一致认为还是“中国当代医学名家经典手术”项目的战略合作单位“医视界”才能够担当这个重任。在和“医视界”团队的合作中，他们所表现出的综合实力、领先技术、过硬作风、积极合作精神、负责任的态度以及创新进取的文化，已赢得了军内外上千名专家和全社同志的认可。2012年8月17日，人民军医出版社与“医视界”的战略合作协议正式签署，标志着“国家医学电子书包”的技术团队正式组建。战略合作协议签署后，“医视界”迅速对内部机构进行了战略重组，建立起以杨英为总协调人、以俞晖为运营负责人、以延琦为技术负责人的实力雄厚的百余人的执行团队，为“国家医学电子书包”的顺利实施，奠定了扎实的组织、团队和技术基础。

2010年初，国家新闻出版总署正式决定将电子书包项目纳入国家“十二五”数字出版重点支持项目。总署领导在多次会议上强调，对于电子书包这颗“数字出版皇冠上的明珠”，要充分利用技术、资源、人才、资金等各方面力量进行攻克。国家主管部门的明确表态，表明在政策层面上上马这个项目的时机已经成熟。为此，我从2011年9月起，开始正式动笔起草“国家医学电子书包”申报报告提纲。报告内容的起草，除了我负责的部分外，技术方案、平台和经费预算由杨英主任负责，而课程的设置安排和各学科主编的人选，则更多地听取夏泽民副总编的意见。考虑到“国家医学电子书包”项目要涉及全国上百所医学高校和数千名医学教育专家，在建设规模、难度和影响上，都要远远超过“中国当代医学名家经典手术”视频项目，必须由最有远见、最有声望、最有号召力和影响力的中国医学领袖来担任最高负责人。为此，在项目总顾问的人选上，我们再一次不约而同地想到了全国政协韩启德副主席。在我们将报告呈报给韩副主席后，很快就收到了他的秘书孙功谊同志的答复，说韩副主席在看了我们的报告后，同意担任这个项目的总顾问。第二天，我就收到了韩副主席“同意”的亲笔批示。在项目编委会主任委员兼总主编的人选上，我们觉得时任第四军医大学校长、中国工程院副院长樊代明院士，是一位横跨基础医学、临床医学、医学教育与医学科研多个领域、成就卓著的医学大家，由他出任最为理想。2011年12月下旬，利用他到北京参加总后勤部党委扩大会的机会，我到他下榻的京丰宾馆当面汇报了我的想法，他当即表示了对这个项目的认可，并当场审阅了我起草的立项论证报告，提出了重要的指导意见。在韩副主席的亲切关怀和樊代明院士的亲自指导下，2012年2月底，我们正式向国家新闻出版总署呈报了“国家医学电子书包”立项报告。同年5月27日，总署正式批复，该项目被列入“国家新闻出版改革项目库”重点项目。

2012年12月27日，国家财政部正式通知总后勤部，“国家医学电子书包”获国家文化产业发展专项资金2 000万元的当年最高额度资助。期盼多年的愿望终于成为现实！高兴与喜悦之情难以言表！但在高兴与喜悦之余，我也知道，这2 000万元用在一般项目上，应该是绰绰有余，但要建成一个代表国家水平的真正意义上的医学电子书包，这个经费缺口还是相当大的。据从美国回来的有关同行介绍，斯坦福与哈佛拟合作上马的医学电子书包，整个项目拟投入5亿美元。我们这个项目，即使再节省也不会低于8 000万人民币。对于整个项目还差的6 000万元缺口，经反复论证、反复研讨、反复沟通，最终决定由军医社与医视界共同投入，以确保把“国家医学电子书包”真正做成精品之作，成就创新之举。

接下来是紧锣密鼓地搭建组织架构，筹建编写班子。为了争取国家主管部门领导和全国各医学高等院校的理解和支持，2012年2—5月，在这近三个月的时间里，我们先后到国家有关部委和国内各著名医科大学，进行密集走访，汇报情况，宣传项目，争取支持。所到之处，得到了各大医科大学校长们的高度重视和大力支持。有了全国各大医科大学领导的支持，很快建立起了以韩启德副主席为总顾问的顾问委员会，以樊代明院士为主任委员的编写委员会，以我为主任委员、杨英和曾星为常务副主任委员的组织委员会的三级组织架构。组织委员会下设7人工作部，主要负责为专家提供教材编写工作服务，以及除教材编写工作以外的全部工作。

与此同时，我和杨英、夏泽民一起，又向教育部主管医学教育的林惠青部长助理和高教司石鹏建副司长、卫生计生委刘谦副主任、国家新闻出版总局孙寿山副局长分别进行了汇报，得到了各位领导的高度重视。林惠青部长助理在听了我的汇报后高兴地说：“你们现在做的事情，是我过去多年来想做而未能做成的。”并表示，产品一旦做出来后，要优先列入“十三五”国家规划教材。孙寿山副局长听了我的汇报后，指示我们一定要做成精品，为国内数字医学出版率先蹚出一条路子来。

在走访的同时，我们在樊代明院士的带领下，紧锣密鼓地推开了样章的编写工作。根据樊院士关于“先要编写好样书，再面上推开”的要求，我们从52本待编教材中，选择了解剖、生理、病理、生化、药理5门基础课和内、外、妇、儿、神经病5门临床课，外加1门医学影像，共计11门，作为首批样章编写学科。

2013年6月2日，第一轮样章编写工作会议在总后一招召开，会议由首都医大吕兆丰校长和李玉林校长主持，内科主编王吉耀教授、外科主编郑树森院士、妇科主编郎景和院士、儿科主编桂永浩校长、神经病学主编王拥军教授、解剖学主编柏树令教授和欧阳钧教授、生理学主编王庭槐教授、病理学主编李玉林教授和卞修武教授、药理学主编苏定冯教授、生物化学主编药立波教授、影像学主编徐克教授，13位名家大师济济一堂，拉开了开创中国首部医学电子书包的建设帷幕。在余化刚社长致欢迎词后，我介绍了编写指导思想、编写架构和编写要求，杨英对编写方法进行了详细说明，大家进行了热烈讨论，对我们提出的编写思路和要求，给予了充分肯定。会议结束时，樊代明院士对编写质量和进度作了强调。会后，13位主编立即展开了紧张的编写工作。这13位主编虽然都是名家大师，著作等身，编写全国医学本科教材都已是轻车熟路，但全媒体数字化教材编写，对于各位主编来讲都是第一次做。为了帮助各位主编尽快熟悉这种全新的编写方法，我们为每位主编选派了一名责任编辑，提供具体帮助和跟踪服务。各位主编虽然身负繁重的医学教研任务，但对编写这套教材都格外重视，妇科主编郎景和院士还多次到编辑部来，亲自和编辑一起制作重点样章。

在推进样章编写的同时，我们以很大的精力组织了对52本教材主编副主编的遴选工作。根据樊院士的要求，此套教材的主编副主编都必须是国内某个学科领域的领军人物，编委必须是长江学者、国家中青年优秀人才、863课题组或国家创新团队成员。为此，我们专门面向全国100多所医学院校开展了征集报名，并特地建成了网上申报平台。由于军医社过去对医学本科教材领域没有涉足，大部分医科大学对军医社都不熟悉，因此，对一些名家大师级的重点学科主编，基本上都是我和杨英、曾星、夏泽民等负责人亲自出面做工作。仅我亲自出面邀请的就有《医学免疫学》主编、中国医学科学院曹雪涛院长，《医学分子生物学》主编、协和医科大学詹启敏院士，《口腔学》主编、华西口腔医学院周学东院长，《病理学》主编、原吉林大学常务副校长李玉林教授，《医学英语》主编、原西安交通大学医学英语系主任白永权教授，《皮肤病学》主编、安徽医科大学张学军校长等多人。虽然辛苦一点，但能把这些名家大师邀请出山，还是很高兴的。有了他们的加盟支持，教材质量及教材的地位和学术影响力就有了保证。

2013年8月17日，在北京召开了由樊代明院士主持的第二轮样章研讨暨主编遴选会。会议决定选出《生物化学》《系统解剖学》《妇科学》《儿科学》4本作为示范样章，在编写大会上进行推荐和展示，并作为52本教材全面推开编写时的样本。会议还对52本教材的主编副主编人选进行了逐一筛选，从而为召开编委会全体会议暨编写工作会议，做了全面细致的准备。

在前期各项筹备工作就绪后，经报韩启德副主席亲自决定，“国家医学电子书包”编委会暨编写工作会议于2013年9月27日在北京科学会堂隆重召开。韩启德副主席和樊代明院士与总后勤部副部长秦银河中将、总后卫生部部长任国荃少将、国家新闻出版广电总局孙寿山副局长、教育部高教司石鹏建副司长、国家卫生计生委科教司王辰副司长、中国医师协会张雁灵会长、中华医学会刘雁飞常务副会长、中国口腔医学会王

2013年6月2日，中国工程院院士、中国工程院樊代明副院长（左五）主持“国家医学电子书包”样章编写会

兴会长及350名主编副主编一起出席了这次盛会。

在余化刚社长宣布会议开幕并介绍来宾后，总后卫生部任国荃部长致了热情洋溢的欢迎词。编委会主任委员、中国工程院副院长樊代明院士作了《生逢其时，就要身赴其事》的精彩讲话。他说：“编写国内第一部NMETS（全国高等教育医学数字化规划教材的英文缩写），我们是生逢其时。这项工作是一种创新、颠覆和突破。与传统的纸质教材相比，这部教材有四大特点：

1. 它是一个国家级的重大创新项目。到目前为止，也是医学数字教材编写领域唯一的一个。因此，国家政府和医学界、教育部都给予了高度关注，并投入高额资金。但是，它又是一个前所未有的创新项目，因此，无样书可仿，无经验可循，很多工作需要白手起家，从头做起，不能照搬照抄，还要摒弃旧念，不是把文字版变成电子版就算了事。因此，难度之大可想而知，需要我们自己闯出一条新路。

2. 它是一个国家级的重大教改项目。它要对教学内容、教学方法、教学手段进行一次整体、全面、深层次的改革，以适应世界医学教育前沿的发展。而不是仅仅在纸质教材层面上的微小变化，动一发而顾全身。因此，难度之大可想而知，需要我们自己闯出一条新路。

3. 它是一个国家级的系统协作项目。需要各行业的广泛协作，涉及医学、教育、信息、出版等多个领域的协作配合，也涉及各种科学技术的应用和创新。同时，它也是一个庞大的系统工程，单打独斗成不了大器，需要几千名各行业专家共同合作，发扬‘两弹一星’的精神来完成编写的全过程。因此，难度之大可想而知，需要我们自己闯出一条新路。

4. 它是一个适时贯彻整合医学理念和实践的国家级项目。千百年来的医学发展和近百年来的医学教育，总体来说是成功的，但是基础与临床的分科细划、专业细划，医学教材的高度专业化和重复性，使医学生乃至医生的知识面越来越窄，局限性越来越凸显。如不加以纠正，不久的将来，现今的医学教育将把医学引向歧途。因此，需要我们尽力、尽快、尽好地把整合医学的理念和实践引入编写全过程，在全面了解现代医学发展前沿的基础上从有所不为中找到自己的有所为。因此，难度之大可想而知，需要我们自己闯出一条新路。

编写国内第一部NMETS，我们要身赴其事。

编好这部教材绝非易事，目前要抓好四项工作：

1. 选好队伍

教材内容的质量和权威，取决于主编副主编队伍和编者队伍的水平和权威，主编副主编的遴选，编委会坚持以从全国医学院校各学科杰出人物中‘优中选优’的方式产生，兼顾考虑地域分布以及各院校积极申报的情况。各学科编者主要依靠主编团队来遴选，希望各主编团队在遴选中，坚持学术第一、适当考虑分布的优选原则，优先从长江学者、国家杰青、教学名师、创新团队中产生。在这个问题上，不能搞照顾，须‘任人唯贤’。

2. 定好标准

能否写好这部教材，怎么写好这部教材，刚才齐学进社长做了很好、很细致的要求。我看最重要的是要按照选出的样章来写，依规矩成方圆，这样既有范本不至于漏项，又有自己的创新。希望大家严格按照样章进行撰写。

3. 搞好交流

写作中多开展交流，既可相互启发、补充，又可相互监督，11个样章就是这样反复提炼出来的。我想各本教材起码要开三次交流会，第一次为全体编委，主要是样章的学习和讨论，当然主编自己最好写出一章来作为你们学科的样章；第二次交流会是全部成稿后再一起讨论，提出问题然后各自去修改；第三次交流会就是定稿会。

4. 抓好进度

进度必须抓紧，不能因为少数人慢了而影响到整套教材的进度，建议组委会办公室编一个‘进度交流’，每周或每半个月发一次，让每位编委都知道整体进度。52本教材，出版可以按每周收集10本的进度报告，那就是出版社可以每周发一期通报，而每一本则是每30~40天报告一次，对启动及进度慢的要给予提醒和帮助。

总之，一定要把我们这套教材写出风格、写出特点来。与纸质教材相比，形式要形象生动，也就是要从纸质的‘读剧本’到数字的‘看电影’；知识要全面广泛，是从纸质的‘单航线’到数字的‘全球通’；内容要易于更新，是从纸质的‘老面孔’到数字的‘新人像’；应用要融会贯通，既适用于医学生和研究生，也适用于医生或专家，是从纸质的‘平地走’到数字的‘步步高’。要实现这样的目标，需要大家努力，需要大家从生逢其时到身赴其事。”

接着，教育部高教司石鹏建副司长代表林惠青部长助理讲话，他说：“前段时间人民军医出版社带着‘国家医学电子书包’11门样书样章去给林部长助理作汇报。林部长助理表示，这个项目立意很好，起点很高，思路明确，构架严谨，技术路径清晰，且已经取得了阶段性成果。可以说是朝着建成中国特色医学电子书包的方向迈出了具有关键性的一步。看了样章，带来眼前一亮的感觉。一是思路比较清晰，它紧跟医学教育改革和创新的发展趋势，贴近医学教育一线师生对数字化学习资源的紧迫的需求，即坚持以人才培养为中心，以优质的教育资源和信息化的学习环境为基础来构建新的人才培养模式，围绕着构建新的人才培养模式来展开的一种多功能的资源性建设。二是方法正确，在编写队伍上，它集合了我们全国医学教育领域的优质资源；在编辑力量上，配备了大量的信息技术人员；在编辑手段上，以全媒体的形式来生动、鲜活、形象、准确地表达各学科内容。所以，我们有理由相信这部新型教材将会把深奥难学的生命科学从呆板枯燥的纸质教材中解放出来。这既是一个创新性的项目，也是一项复杂的系统工程。在6月2日样章编写会上，我也提出了一个新的要求：希望这套教材现在是一本本书，将来可以串起来，不仅能够在知识模块上自由组合，前后贯通，器官系统也好，学科系统也好，能够自由组合；同时也要满足不同学校、不同学历学生的多样性的需求。我相信，各位专家在编制这部教材中会有很多新的想法和新的火花来不断完善我们这个总体的布局和设计。希望编者、高校、军医社通力合作，协同创新，把这个项目做成一种开创性的作品，做成可持续发展的作品。教育部对数字化教材的建设一直是高度重视、大力支持的。我们也将全程参与和关注这个项目，把这个项目作为医学数字化教材建设的一个试验点和试验田。对于数字化教材建设中遇到的困难和问题，我们将会责无旁贷地帮助解决。”

国家新闻出版广电总局孙寿山副局长在讲话中，对项目的重大意义给予了高度肯定，他说：“医学电子书包是国家重点数字出版项目，在编写医学高等教育数字化教材的同时，还将构建包括大型医学数据库在内的数字化教学平台，这对我国医学教育发展具有十分重要的意义。它的建成，将进一步完善我国高等教育医学教材的体系结构，将数字化教育资源共享平台、个性化在线学习平台、科学化教学管理平台融为一体，将为培养高层次医学专业人才和医学教育教学改革的实践提供有力支撑。人民军医出版社包括齐学进同志在内的几届领导班子，从十年前就开始着手建设数据库群，在国内率先实现跨媒体出版转型。目前阶段的工作进展顺利，基础扎实，但接下来的编辑、研发、建设工作任务将十分艰巨，需要举全行业之力和各方面的支持和协作，高度重视，精心组织；紧密配合，开拓创新，精益求精，确保质量；把项目建设工作抓紧、抓好、抓实，为我国数字出版医学教育工作做出新的更大的贡献。”

总后勤部副部长秦银河中将在讲话中代表中央军委委员赵克石上将和总后政委刘源中将，对参会专家表示欢迎和敬意，他说：“‘国家医学电子书包’作为国家出版和文化产业基金的重点项目，肩负着推动我国医学教育跟上当代网络化信息化发展步伐，推动我国医学教改迈出实质性步伐的重要使命，也是我国医学教育发展史上，具有里程碑意义的一件大事、盛事。一定要站在实现强国强军的高度，充分认清做好‘国家医学电子书包’的重大意义。

‘国家医学电子书包’以医学院校一线教改需求为突破口，充分利用现代数字医学教学的内容、手段与功能，积极发挥优质教育资源的整合积累和深度开发优势，以海量医学信息资源、全媒体立体化方式呈现，既是对我国现行医学高等教育模式的重要变革，又是以信息化带动和促进医学教育改革的有益探索。这是一项重大的兴教工程。

‘国家医学电子书包’建成后，大量的自学和培训都能通过全媒体教材和信息化平台来实现，实际上相当于为广大卫生人员提供了一部可随时随处学习查询的医学百科全书，对于解决当前优质医学资源布局不均衡的问题，提高广大医务人员的学习和培训质量，都有重要意义。这是一项重大的兴医工程。

‘国家医学电子书包’作为国内第一部全媒体数字教材，作为一项超大型的数字医学教学系统，它的建成，将从理论与实践、人才与技术、平台与内容、建设思路与建设路径等方面，为各军队医学院校的教育改革提供全新的借鉴，并为下一步编写‘军医大学数字化统编教材’和启动‘军医电子书包’，做好人才、技术和资源准备。这是一项重要的强军工程。”

对于如何抓好项目建设，他强调指出：“‘国家医学电子书包’在国内是首创项目，在国外也刚刚起步，具有跨界多、难度大，整合面广、创新性强等特点。我们一定要以科学严谨的治学态度、坚强有力的组织协调、宽广深厚的知识储备和认真务实的工作作风，保质保量地按时完成这项任务。

项目涉及面广，组织协调难，是一项庞大的系统工程。要按照现代大型项目管理的要求，科学统筹，周密组织，精心实施，确保各项工作、各门业务和各个环节都能协调有序展开，有条不紊地进行。

项目是国家正式立项的首个也是唯一获得财政部重点资助的大型医学数字化教育项目，在国际上也没有成熟经验可供借鉴，一切都要从零开始，工作难度很大。要按照韩副主席的指示和国家部委领导的要求，深入研究把握现代医学教育的特点，特别是数字化教材的编写规律，认真倾听和吸收医学院校一线师生的意见建议，善于学习借鉴国外相关经验成果，从高起点上搞好顶层设计，及时前瞻掌握世界医学发展前沿，使项目的总体思路、整体架构、技术路径、主要内容都体现时代性，富有创新性，把握规律性。

项目作为落实国家《教育信息化十年发展规划》的先行项目，作为国家医学数字化出版转型的示范项目，体现的是国家意志，代表的是国家水平，国家部委领导寄予厚望，医学和教育界同仁充满期待，不仅要搞好、完成好，而且要做成国内外同类产品中内容权威、平台先进、功能强大、使用便捷、师生喜爱的精品、极品。”

最后，项目名誉主任委员、全国政协韩启德副主席作了重要讲话。他说：“军医社承担编写的‘全国高等教育医学数字化规划教材’，也就是‘国家医学电子书包’，我看了样章，很受启发。觉得确有优越性。第一，它的表述比纸质的更加生动、易懂。第二，它有利于互动。第三，有利于分层次，满足不同学历、不同学校、不同学生的不同要求。一本纸质书那么厚，太沉。电子书，容量大，可以有基础的内容，可以有引申的、前沿的、很深入的内容。学生学习需要的内容，不用到处寻找，都能在电子书包里找到。这是非常有利于学生学习的，也更有利于自学。特别是一些不发达的地区，一些医学院校师资力量非常薄弱，有了这样的教材，对提高教学质量是很有帮助的。最后，我觉得更加有利于修订。现在纸质版修订也是在电脑里改，但是需要重印，修订周期很长。如果是电子版教材，修订就很方便，电子书再版，电脑修订，电子复印，甚至实现在网上同步重新改编。所以，数字化教材肯定是有它的优越性的，人民军医出版社决定出版这一套医学数字化教材是非常有意义的事情，对推动我们国家的医学教育发展有非常积极的作用。

这是一项很艰巨的工作，要清醒地认识到所面临的挑战。第一，这是一种从纸质到数字化的转变，从技术到教学理念方面都面临一个全新的挑战。第二，我们正面临着医学教育学制的改革。从长远的方向来看，我们已经基本确定还是要搞五年制教学，加上三年住院医师规范化培训。这是一个挑战。第三，一定要有精品意识，讲求编写效率但不能赶工。第四，要充分发挥协作精神，要多听一线教师的意见，听我们编委以外的同志的意见。这要多发挥我们学会、协会的作用。最后，我认为最重要的还是负责任的精神。我们一定要把这件事当作自己最大的责任。既然领了这个责任，就要把它做好。

在中国，我们是第一批吃螃蟹的人，我们既然做这件事情，就一定要把它做好。医学教育是我们所有医学院校老师第一位的责任。这个项目我是总顾问，我会尽我的能力把这部教材做得尽量完善。教材是千锤百炼、一版一版出的。国际上很多经典教科书，也是这么弄出来的。现在，我们要赶快把这个数字化的教材补起来，先让它冲出去。我希望在这个医学电子书包教材里面能有若干个做得非常好的精品，然后不断地完善、不断地修订。因为我们起步早，占了先机，今后要一步一步站稳。只有带着对教科书发展规律的清醒认识来做这件事情，我们才可以把事做好。我希望大家珍惜这个机会，把这件事当作自己主要的任务，把它当作自己的孩子一样精心地呵护、照看，让它茁壮地成长！”

在领导们讲话结束后，我在大会上作了对这个项目的情况介绍以及样章编写规范介绍。郑树森院士、郎景和院士以及药立波、王拥军等11位专家教授携他们精心打造的全媒体教材样章在大会上作了演示。与会代表反响十分热烈。在紧接着进行的分组讨论中，不少代表兴奋地谈到，新型的医学电子书包“令人耳目一新”，“多年来的医学教材改革之梦有望实现了”！

中央电视台、《人民日报》等主流媒体对此项目高度重视，央视一套在新闻频道做了详细的专题报道。央视七频道和《光明日报》《健康报》《医师报》均在黄金时段和显著位置做了报道。在国内教育界、卫生界和出版界，均引起了强烈反响。会后，不少单位和听众纷纷来电了解，索要资料。特别是前期未能参加申报的院校，纷纷来电来人要求补报编委，参加编写；已有编委的单位则反复要求增加编委名额。到2013年底，参编院校数量已达到146家，参编专家超过3 000人。加上编委秘书、助手、编辑和技术人员，项目参与总人数达到4 200人。这在国内外出版史上，都是非常罕见的。这也反映了医学电子书包项目顺应了数字化的时代需求，反映了各个医学院校加快推进医学教改的迫切愿望。

大会以后，整个教材编写工作开始全面顺利展开。52本教材的主编副主编按照统一部署，开始组织编写班子，准备样章，逐门筹备召开编写会议。只要我时间允许，我尽量参加学科编写工作会议，并在会上作项目情况介绍。由于前期准备工作做得比较细致充分，教材编写工作展开得非常顺利。到目前为止，90%的教材都已完成编写。2014年9月，《病理学》《医学免疫学》这两本教材已顺利出版，并已在36所高等医学院校正式试用。广大老师和学生对这种全媒体、多功能并有海量数据库支撑的跨终端、跨平台的新型数字化医学教材，给予热烈欢迎和极高评价。2015年9月，编写工作将全面完成，并将开始全面试用。

作为一个3 000多名医学名家、网络信息专家和编辑精英携手打造的超大型项目，这个项目对我本人和我的团队来说，都是一个巨大的挑战。作为项目的第一负责人，作为项目的发起者、策划者、组织者，我由衷地感到任务光荣，责任重大，同时也为“生逢其时与身赴其事”而感到无比幸运和自豪。会后，我即和我的同事们一道，全力以赴地投身项目的建设之中。

2013年底，我又面临将满60岁退休的问题，韩启德副主席出于对医学电子书包和名家经典手术两个项目的顺利进展考虑，专门向总后首长提出让我延迟退休，从而避免了一次可能因项目主要负责人调换而导致的项目动荡。总后秦银河副部长和总后卫生部张雁灵老部长、任国荃部长，国家教育部林惠青部长助理和高教司石鹏建副司长，国家新闻出版广电总局孙寿山副局长和数字出版司张毅君司长，国家卫生计生委刘谦副主任和科教司王辰、金生国副司长，国家财政部文化产业基金办公室王家新主任和高书生副主任，以他们的卓识远见和对国家医学教育改革高度负责的精神，对医学电子书包给予了始终如一的高度重视与支持，使得这个项目得以克服重重阻力而顺利成长。中国工程院樊代明副院长为这个项目所倾注的巨大心血，曹雪涛、郑树森、李兰娟、黎介寿、詹启敏、郎景和、胡盛寿、韩德明等各位院士对这个项目的高度重视和倾力付出，吕兆丰、王宪、桂永浩、孙颖浩、罗长坤、黎孟枫、步宏、徐克、周学东、冯友梅、雷寒、李玉林等各位中国著名医科大学校长满腔热情地参与和指导，巴德年等近百名院士为之推荐和审稿把关，以柏树令、王吉耀、王庭愧、卞修武、药立波、苏定冯、王拥军等为代表的近3 000名当代中国医学教育名家携手共同打造，佘化刚社长和杨英、曾星、夏泽民、俞晖、延琦等率领的200多名编辑和技术团队夜以继日奋战，才使得这部牵引全国数万名医科大学老师和学生目光的“国家医学电子书包”项目得以顺利推进。每当想到这一点，我的心中就充满了深深的感激之情。

我坚信，随着2015年9月“国家医学电子书包”的全面推广应用，中国的医学教育，必将掀开崭新的一页！

第十九章

服务行业的另一番天地

从军医社社长岗位上退下来的四年中，我除了继续做以项目为牵引的数字出版工作外，也开始有时间能为出版行业和医疗行业做点力所能及的工作。我感到在位时，为行业尽力甚少，能有机会为出版同行和医疗同行做点服务，这种发自内心的喜悦，是用语言无法表达的。

一、在科技出版委工作的日子

2010年9月1日，当我卸下军医社社长兼总编辑的担子半个月左右，接到科技出版委俸培宗主任的电话，希望我能过去帮助工作。当时，我在社里的工作还未明确，刚从忙碌的社长岗位上退下来，还真有些闲得慌。能有机会到科技出版委去和我所景仰的科技出版前辈们一起工作，这对我是求之不得的，我当即答应下来，并于当年10月10日正式到位于化学工业出版社的科技出版委上班。

科技出版委作为中国版协的分支机构，汇集了全国科技出版界最有影响的出版家和领军人物。主任俸培宗，是中国版协副主席、化学工业出版社社长，是一位在中国科技界深孚众望的行业领袖。周谊、于国华两位名誉主任和曾铎、张学良两位顾问，分别担任过中国建筑出版社、高等教育出版社、中国地图出版社和国防工业出版社社长，周谊、于国华还曾担任过第三届、第四届和第五届科技出版委主任，他们都是在科技出版界德高望重的老一辈出版家。秘书处虽然只有李洁、彭兴杰两名正式工作人员，但她们业务熟、工作主动、认真负责，秘书处的日常工作主要靠她们两人。

我到科技出版委后，曾铎常务副主任兼秘书长和肖振忠副秘书长分别和我进行了交班。俸培宗主任和我说，原定于当年年底召开全国科技出版社数字出版社长总编辑论坛和第19届全国科技出版社社长总编辑工作会议，筹备工作一直未展开，希望我能抓紧时间，把这两个会议的筹备工作尽快抓起来，并力争赶在11月上旬和12月中旬召开。

由于我刚到科技出版委，各方面情况不熟，要在这么短的时间把这两个会议筹备好，这对我来说是一项不轻的任务。但这么多年的军旅生涯，使我养成了知难而上的习惯。在俸培宗主任和周谊、于国华老主任的关心帮助下，我集中精力投入了这两件大事的筹备之中。

首先是抓了以“加快数字出版转型、探索可行盈利模式”为主题的全国科技出版社数字出版社长总编辑论坛的筹备工作。由于我对数字出版比较熟悉，我提出把数字出版会议放到军医社，得到了俸培宗主任的同意，并得到石虹社长的大力支持。军医社数字出版部全体同志做了很好的现场准备。

2010年11月16日，有80多人参加的“全国科技出版社数字出版社长总编辑论坛”在军医社顺利召开。我和人民邮电出版社社长季仲华在会上作了典型发言。军医社的数字出版成果，给代表们留下了深刻印象，并受到了代表们的普遍好评。

紧接着，我迅速投入到第19届全国科技出版社社长总编辑工作会议的筹备之中。我重点抓了俸培宗主任会议主报告的组织起草、对会议典型发言经验材料的遴选和把关，以及相关会务组织等工作。经过加班加点的紧张准备，2010年12月11日，会议终于在北京京丰宾馆隆重召开，来自全国近100家科技出版社的社长、总编辑等150余人参加了会议。中国版协主席于友先、中宣部出版局副局长郭义强、新闻出版总署出版管理司司长吴尚之出席大会并在会上作重要讲话。中国版协副主席、中国版协科技出版工作委员会主任俸培宗作主报告。名誉主任周谊、于国华，副主任王建军、邓宁丰、王珮云、向安全、刘增胜、汤鑫华、杨文银、吴宝安、宋纯智、张敬德、林万泉、季仲华、宗健、宗俊峰、胡国臣、敖然、黄一九，顾问张学良、梁祥丰、胡明琇，高级咨询专家蔡盛林、赵晨、杜肤生、王为珍出席了会议。副秘书长安达、鲜德清，地方工作部顾问杨新书、黄达全，法律顾问张杰等列席会议。我主持会议并作了大会总结。人民邮电出版社社长季仲华、湖南科技出版社社长黄一九、人民卫生出版社社长胡国臣、上海科技出版社社长毛文涛、浙江大学出版社社长傅强、科普出版社社长苏青在大会上分别作了精彩的经验交流发言。大会开得很成功，受到了与会领导和参会代表的好评。大会一开完，好几位老领导对我说：“齐社长，你的这次考试合格了。”老领导的话语，表达了对我这个新接班的常务副主任兼秘书长的赞许和认可。

第二年一开年，除和秘书处的同志一起抓了两次主任扩大会议的筹备与组织、第7期策划编辑培训班和第19期新编辑培训班的筹备与开班、驻京部分出版社的调研外，主要是集中力量办了三件大事：

一是抓了科技出版委网站建设。针对原网站板块架构不全、信息来源太少、信息员队伍不健全、运行机制不畅等问题，我从成立科技出版委网站运营小组、建好建强各社信息联络员队伍、对各社信息联络员实行分组管理、明确各社信息联络员每月提供信息指标数量入手，来解决信息来源太少太差太慢的问题；从建立科技出版委秘书处网站管理员在接到上报信息后24小时内完成信息的审查与发布制度入手，来解决发布不及时的问题；从对现网站的栏目进行部分调整，对内容长期不更新的栏目进行压缩，新增各科技社领导关心和编辑发行等一线人员所喜爱关注的内容，来解决栏目架构贴近一线需求的问题；从建立优秀信息员和优秀运营组长评比制度，对评选出的优秀信息员和优秀运营组长，将由科技出版委给予通报表彰和奖励，并在科技出版委网站上予以公告等措施，来解决动力机制问题。通过上述一系列措施的建立和实施，使科技出版委网站的面貌很快为之一新。2011年全年中，网站刊稿数较上年增加了近两倍，有近100家出版社信息联络员开始为网站提供信息，截至2011年10月底，网站访问总量已达40余万人次，较好地起到了宣传、研讨、服务、交流、桥梁的作用，受到了总署领导及读者的关注和认可。对于及时交流各科技社的最新工作进展和工作经验，发挥了重要作用。

二是协助抓了科技出版委成立30周年纪念文集和纪念邮集的出版。在2011年3月的科技出版委办公会上，我提出的将原计划出版科技出版委成立30周年大事记，改为出版纪念文集的建议，得到了大家的赞同，并成立了以于国华名誉主任为组长，周谊、张学良、曾铎、赵晨和我、彭兴杰为组员的写作组，经过在全国科技出版系统中征文，很快就收到了一批老同志写的回忆文章，加上周谊、曾铎、张学良三位老社长撰写的30周年大事记及所收集的珍贵历史照片，以及国家新闻出版总署署长柳斌杰、副署长邬书林和中国版协主席于友先等撰写的文章，一本内容丰富、史料翔实、生动感人的30周年纪念文集很快赶出来了。文集最后定名为《绿荫履痕》，副标题是“中国出版协会科技出版工作委员会30年”，交由中国建筑出版社后，沈元勤社长亲自组织力量编辑加工。另一本纪念邮集，我提出总体设计方案后，也得到了俸培宗主任和季仲华社长的同意。很快，这两本装潢精美的图书都赶在2011年10月底前完成了出版，为科技出版委成立30周年献上了一份厚礼。

三是抓了第20届全国科技出版社社长总编辑年会和纪念中国出版协会科技出版工作委员会成立30周年暨九九重阳节活动的筹备。为了减少会议，这次大会把30周年纪念活动、年会和九九重阳节活动合为一体。我主要负责大会主报告的起草，这对我这个对过去30周年情况了解甚少的人来讲，要对中国改革开放以来30年的科技出版工作进行全面总结，还是有一定难度的。幸亏30周年纪念文集的出版，为我的起草工作提供了系统的资料来源。主报告完成后，经过俸培宗主任修改和主任办公扩大会议全体与会人员讨论，很快得到了通过。继而我又起草了参会领导讲话稿、我的大会总结讲话稿，并和李洁、彭兴杰一起逐一落实了会务相关准备。各项筹备工作就绪后，2011年10月25日至26日，大会在北京香山饭店成功举行，会议由我主持。国家新闻出版总署副署长阎晓宏，中宣部出版局局长陶骅，国家新闻出版署原署长、原中国版协主席宋木文，国家新闻出版总署原署长、原中国版协主席于友先，国家新闻出版总署原副署长、中国编辑学会会长桂晓风和全国科技出版界近300名代表出席这次盛会。会议开得既隆重热烈，又内容丰富，受到了与会领导和参会代表的高度评价。

2011年5月12日，军医社专门下达文件，明确仍由我负责电子出版社的工作，加上“中国当代医学名家经典手术”视频和“国家医学电子

2011年10月25日，作者主持在北京香山饭店召开的中国版协科技出版委成立30周年纪念大会

书包”这两个重大项目已经或正在紧锣密鼓地上马，事情千头万绪，两边兼顾，实在有点顾此失彼，力不从心。在坚持筹备召开中国版协科技出版委成立30周年纪念大会后，我向俸培宗主任提出不再担任科技出版委常务副主任兼秘书长的请求，并得到了他的理解和支持。2012年1月12日，我将这一摊工作正式移交给了北京科技出版社张敬德社长。

从2010年10月到2012年1月离开，我在科技出版委正式工作了一年零两个月。时间虽短，但给我留下了终生难忘的美好记忆。在这14个月时间里，我一方面辅助俸培宗主任，做了一个常务副主任兼秘书长应做的工作；另一方面，向周谊、于国华名誉主任和曾铎、张学良、赵晨等老同志虚心学习，使我收益很大。要不是军医社数字出版工作的召唤，我可能会在科技出版委长期工作下去。现在，我虽不再坐班并担任副主任，但仍承蒙俸培宗主任和各位老领导的信任和重用，让我担任顾问，并作为科技出版委主任办公会的正式成员，继续参与科技出版委的大事与决策。我和周谊、于国华、曾铎、张学良、赵晨等几位我特别敬重的老领导，仍每季度都有机会在办公会议上见面，并能继续得到他们的教诲和指点，这是我深深为之珍惜的。

二、有幸为医师行业做点事

2012年11月8日，中国医师协会第三届常务理事会在北京召开。我的老首长、原总后卫生部张雁灵部长当选为中国医师协会会长。我作为医学出版界的代表（也作为持有“医师证”的医师），在这次会议上荣幸地当选为常务理事。从此，开始了和中国医师协会的深度结缘。

2013年4月15日晚，张雁灵会长给我打来电话，说他委托中国医师协会谢启麟副秘书长来见我，就医师协会的期刊出版管理工作听听我的意见。第二天，谢副秘书长如约见面，希望我能帮助做些出版管理方面的工作。我知道，这也是我的老首长——张雁灵部长的召唤。作为他的老部下，作为一名老医学出版工作者，也作为一名资深医师和一名为医师服务的管理工作者，几十年来，不论是做医生还是做管理，直接和间接的服务对象，实际上都是医务人员这个群体。考虑到军医社数字出版工作已由曾星副总编和秦新利、徐敬东两位主任主抓，我主抓的几个国家重点项目大都已走上正轨，也能够抽出时间和精力，因此，我很高兴地答应了谢副秘书长，并于2013年5月8日到医师协会报到（每周三个半天去医师协会，其余时间在军医社上班）。

中国医师协会是全国400多万医师之家（包括270多万执业医师和130多万乡村医师），成立于2002年，首任会长是原国家卫生部殷大奎副部长，主要承担培训、定期考核、维权、自律、第三类技术推广、中国医师的行业管理等工作。目前，协会有二级专科医师分会65个、地方医师协会43个，还有6个工作委员会，目前在总会的工作人员有60多人。上班后，协会宣布我担任顾问，协助谢启麟副秘书长分管出版部。

医师协会主办的医学期刊共有22种，虽不能和中华医学会主办的上百种中华牌期刊相比，也少于中国预防医学会主办的70多种期刊，但在国内仍排名第三。在各个办刊单位的努力下，还是办出了一批在国内有影响的期刊。其中，有13本杂志已被《中文核心期刊要目总览》《中国科技核心期刊（中国科技论文统计源期刊）》《中国科学引文数据库（CSCD）》等知名数据库收录。另外，《中国医师》杂志为学会内刊，主要配合协会的中心任务进行宣传。根据张雁灵会长的指示，针对医师协会没有自己承办期刊、没有出版资质、没有电子期刊等问题，我重点抓了协会出版资质建设和新刊物申办。经过近一年的努力，在国家卫生计生委、北京市新闻出版局和国家新闻出版广电总局领导的关心和支持下，《中国医学人文》（纸质期刊）、《手术电子杂志》、《介入医学电子杂志》终于获得国家批准，取得国家正式刊号，成为中国医师协会建会以来第一批自主申办成功的三本期刊。

2013年12月16日，张雁灵会长又正式交办我另一项任务：配合国家卫生计生委科教司，负责推开中国的住院医师规范化培训工作。

住院医师规范化培训是指一个医学生在完成本科院校教育后，在条件良好的基地医院，在经验丰富的上级医师直接指导下，接受系统、严格、规范的临床医疗实践过程培训，全面提升临床业务素质和能力，完成由一个医学生向合格临床医生的必由之路。进行住院医师规范化培训，是医学和医师这一职业的特殊性所决定的。医学是一门实践性很强的科学，医师是一个活到老、学到老的职业，医师的培养具有周期性、阶段性、连续性。因此，一名医师的完整教育包括院校教育、毕业后教育和继续教育这三个阶段。院校教育即大学本科阶段，一般为5年。毕业后教育包括3年的住院医师规范化培训阶段以及2~4年的专科医师规范化培训阶段，院校教育与毕业后教育合起来又简称为“5+3+X”模式。而继续教育则是继院校教育和毕业后教育以后的终身教育。三个阶段构成了完整的医师培养与教育体系，也是国际上主流的医学教育模式和行业惯例。

总的来看，我国的这项工作还处于初级阶段，距离成熟定型还有较大距离。党中央、国务院对此高度重视。党的十八届三中全会《决定》明确提出：“建立适应行业特点的人才培养制度。”2013年12月31日，国家卫生计生委牵头，会同七部委制定印发了《关于建立住院医师规范化培训制度的指导意见》（以下简称《指导意见》），正式启动实施这项医疗卫生领域重大国家政策。

2013年12月31日，七部委文件下发的当天晚上，正巧我和医师协会负责此项工作的邢立颖同志在国家卫生计生委科教司王辰副司长（中国工程院院士，主持科教司工作）的办公室，在接到这个他们为之付出巨大努力、盼望已久的红头文件的时候，我们几个都格外的高兴，王辰副司长手拿文件，高兴地和在场的科教司教育处陈昕煜处长、邢立颖和我分别照相，留下了这难忘的瞬间。我们知道，这个文件，不仅是因为它历经6年协商才得以会签而显得来之不易，更因为它的特殊价值和分量，它将是我国长期以来探索建立住院医师规范化培训制度由量变到质变的里程碑。中国的毕业后医学教育工作，以此为标志，将进入一个崭新的历史发展阶段。

七部委文件的下发，只是给了一个宏观政策。要在全国推开这项工作，还有大量配套具体的工作要做。为此，我和邢立颖同志在王辰副司长和金生国副司长的带领下，与教育处陈昕煜处长、主任科员王波等一起，又投入到了紧张的制度配套建设、培训体系建设之中。

经过近7个月的紧张工作，终于赶出了《住院医师规范化培训管理办法》《住院医师规范化培训专业设置目录》《住院医师规范化培训基地认定标准》《建立住院医师规范化培训制度工作规划（2014—2020年）》（征求意见稿）；会同有关单位起草了《住院医师规范化培训招收实施办法》和《住院医师规范化培训考核实施办法》等，计1份规划、2份总则、3个办法、68个专业细则，共计74份文件，总字数为50多万字。这些

2014年1月1日，作者（左四）受国家卫生计生委科教司王辰副司长（左五）委托，主持“住院医师规范化培训专业目录设置专家研讨会”

文件，已先后经国家卫生计生委办公会讨论通过，并已陆续正式下发执行。这就从政策层面、管理层面、专业设置层面、建设与工作层面上，建成了体例科学、内容完整、衔接缜密的严密制度体系，标志着我国住院医师规范化培训制度的基本建成。

在上述文件的起草和相关实际工作推进过程中，我作为这个领域的新兵，深深地为科教司的工作水平和作风而感动。我记得，七部委文件12月31日下发后，为了争分夺秒地推开这项工作，王辰副司长决定第二天（2014年元旦）就开会，请来包括郭应禄、赵继中等院士在内的顶级国内医学专家近60人，专题研究住院医师规范化培训的专业目录设置问题。由于专家们发言比较热烈，会议从下午两点开始，开到晚上八点半，才就几十个专业目录的设置达成共识。我作为会议主持人，看到各位医学名家新年第一天饿着肚子离开会议室，至今想起来还深感过意不去。但通过这件事，也让我深切感受到了科教司与教育处领导对事业高度负责的精神和抓工作的那种锲而不舍、雷厉风行的作风。从元旦加班开始，加班就成了家常便饭。我记得有好多次都是晚上十点左右，紧急通知我和邢立颖赶到科教司加班，大多数要到深夜两点后才能结束回家。但奇怪的是，每次从科教司加班回来，尽管身体很累，但心里却充满了愉快和很多感慨：要是各行各业的领导干部和领导机关都像他们一样拼命工作，那该多好啊！我是多么的幸运，和我们国家机关这么优秀的领导同志一起，共同为建立我国的毕业后医学教育制度而并肩战斗，又是多好的学习机会！虽然大半年来，基本上没有休过周末，晚上也从没有按时下班过，每天工作时间都在十五六个小时，但我的内心没有半点埋怨。我虽年已六十，但和他们在一起，我还是觉得浑身充满活力、干劲和快乐。尽管这些加班是没有一分钱报酬的，但这种精神上的满足，是多少金钱也买不来的。

七个多月时间里，我和邢立颖同志作为医师协会参与此项工作的代表，在王辰副司长和金生国副司长的带领下，与陈昕煜处长、王波一起，圆满地完成了中国住院医师规范化培训制度的初建与推进工作，并正在为推进中国专科医师规范化培训制度的建立而努力，同时也正在为建设全国首批住培基地申报平台、建立住培基地督导评估方案以培训各省住培管理人员与师资骨干、完成当年招收5万名住院医师等任务，全力推进相关工作。我们的工作也得到了国家卫生计生委领导乃至国家领导人的重视与认可。国家卫生计生委李斌主任和刘谦副主任多次给予表扬。李克强总理、刘延东副总理也对住院医师规范化培训工作给予了充分肯定。

2014年6月3日，经国家卫生计生委领导批准，科教司正式给中国医师协会发来书面委托函，将我国住院医师规范化培训的日常管理任务正式下达给中国医师协会。张雁灵会长和协会高度重视，立即抽调骨干力量，于6月16日快速组建中国医师协会毕业后医学教育部（简称“毕教部”），并决定由我兼任主任，邢立颖同志为副主任。毕教部下设综合处、培训处、评审处，分别由高峰（原二炮卫生部部长）、李一非和张力牵头负责。在6月25日召开的中国医师协会第三届第四次常务理事会上，一致选举我为中国医师协会副会长，专门负责毕业后医学教育工作。7月18日，王辰副司长与陈昕煜处长、主任科员王波一起，专程来到中国医师协会，代表国家卫生计生委正式宣布，将我国住院医师规范化培训、专科医师规范化培训，以及日常管理与考核任务，整体、全部地从科教司移交给中国医师协会。这既是国家卫生计生委转变政府职能、发挥行业协会作用的重大决策，也是建立中国毕业后医学教育组织体系的关键举措。它体现了对中国医师协会的巨大信任，也体现了对我和邢立颖同志工作的充分认可。面对这一份巨大的信任和沉甸甸的责任，我必须鞠躬尽瘁，竭尽所能，不负信任，担起这一重任，为完成“培养人民群众所欢迎的好医生”这一光荣历史使命，贡献出我的全部智慧、心血与力量！

后　记

从来没想到，我会真的写起回忆录来。

2013年8月21日，我收到中国版协的通知，通知中说，确定了包括我在内的出版界有深刻影响的出版大家，作为“中国出版界社长总编辑回忆录丛书”的第一批作者，开始回忆录的撰写工作。当我看到把我的名字也和周谊、巢峰、李朋义、汪继祥、江曾培等我心中仰慕的出版大家排在一起时，我还是感到了前所未有的不安。于是，我先后多次找中国版协秘书处的同志反映，希望从名单中去掉我的名字，因为我与一个出版家更别说是出版大家，距离还相当的大。这不是谦虚，而是发自内心。

为此，一直拖了4个多月。

2013年12月中旬，中国版协专门开会。李宝中副理事长受柳斌杰理事长，邬书林、刘建国常务副理事长之托，对我们这些入选的社长总编们说，写这部回忆录，不是个人的事；而是通过撰写有代表性的个人经历，见证中国出版界的发展历程，从而为后人留下宝贵的历史财富。要求我们一定尽快动起笔来，按期完成这一任务。

既然是任务，那就只能完成。

从2014年元旦开始，我正式动笔了。由于时间紧，工作任务还很繁重，只能利用少数不加班的周末和每晚8点到12点以及凌晨4点到7点的时间。尽管这半年多来，每天只睡4个小时，自感是尽到了最大努力。但稿子写完后，还是感到不满意，主要是觉得不少需要深入思考和总结的东西，还未能进行深度提炼与准确表达。由于出版时间日近，只能这样付梓了。好在文中所记的人和事，都是本着求真求实的原则，尽可能地使记载客观准确。但囿于水平及时间、精力，失实片面之处，定所难免，还祈望各位读者理解并予以指正。

写作与出版过程中，得到中国劳动社会保障出版社张梦欣社长和仲艳平副主任的热情关照。人民军医出版社佘化刚社长给予了大力支持。王敏、丁震、黄春霞、张国深、秦新利、孙德忠、郭伟疆、秦速励、李旭、徐敬东、黄建松、焦健姿、郝文娜、张忠丽、郭威、高爱英、杨守堂、张金龙、袁文兵、于志虹为我提供了大量资料。胡仲清主任帮我撰写了“让军医版的图书走天涯”一章的初稿。成智颖主任为我提供了各个历史时期的照片。我的家人在第一时间看了我的全部初稿，给了我极为宝贵的帮助。杨天树同志在付印前连夜通读润色。在此，我谨向他们一并表示衷心感谢！

作者

2014年8月5日凌晨于家中

丛书编辑委员会

龚曙光　湖南出版投资控股集团董事长
王桂科　广东出版集团董事长
李　刚　辽宁出版集团董事长
林　鹏　中国科技出版传媒股份有限公司董事长、总经理
李　岩　中国出版集团公司副总裁
樊希安　中国出版传媒股份有限公司副总经理
米有录　中国社会新闻出版总社社长、总编辑
邢　岩　中国出版协会副秘书长兼调研培训部主任
海　飞　中国少年儿童新闻出版总社原社长
俸培宗　化学工业出版社原社长
张增顺　高等教育出版社原总编辑
金丽红　华艺出版社原副社长

丛书编辑部

图书在版编目（CIP）数据

学进人生 / 齐学进著．—北京：中国劳动社会保障出版社，2015
（中国出版界社长总编辑回忆录丛书）
ISBN 978-7-5167-1600-7

Ⅰ．①学…　Ⅱ．①齐…　Ⅲ．①出版工作 - 中国　Ⅳ．① G239.2

中国版本图书馆 CIP 数据核字（2015）第 089631 号

策划编辑：张梦欣
责任编辑：仲艳平
书籍设计：薛俊雷
责任校对：马　维

中国劳动社会保障出版社出版发行
（北京市惠新东街 1 号　邮政编码：100029）

北京新华印刷有限公司印刷装订　　　新华书店经销
787 毫米 ×1092 毫米　16 开本　28.25 印张　313 千字
2015 年 6 月第 1 版　　2015 年 6 月第 1 次印刷
定价：68.00 元
读者服务部电话：（010）64929211/64921644/84643933
发行部电话：（010）64961894
出版社网址：http://www.class.com.cn